지역인재

9급 수습직원

[영어]

지역인재 9급 수습직원
[영어]

초판 인쇄   2021년 2월 8일
개정1판 발행   2022년 5월 11일

편 저 자 | 공무원시험연구소
발 행 처 | ㈜서원각
등록번호 | 1999-1A-107호
주   소 | 경기도 고양시 일산서구 덕산로 88-45(가좌동)
교재주문 | 031-923-2051
팩   스 | 031-923-3815
교재문의 | 카카오톡 플러스 친구[서원각]
영상문의 | 070-4233-2505
홈페이지 | www.goseowon.com
책임편집 | 김수진
디 자 인 | 이규희

PREFACE

본서는 지역인재 9급 수습직원 선발시험을 준비하는 수험생을 위해 그동안 시행되어 온 각종 9급 공무원시험 및 지역인재 선발시험을 철저하게 연구ㆍ분석한 수험서로서, 짧은 시간 내에 효과적인 학습이 될 수 있도록 단원별로 핵심이론을 요약정리하고, 그에 맞는 기출문제와 핵심예상문제를 함께 실었다.

갈수록 치열해지는 공무원 시험에서 고득점을 올릴 수 있는 최선의 방법은 체계적인 학습계획을 세우고 보다 좋은 수험서를 선택하여 완벽한 학습이 이루어지도록 꾸준히 노력하는 길일 것이다. 본서가 학습의 길잡이가 되어 수험생 여러분이 합격의 영광을 누릴 수 있기를 바란다.

INFORMATION

✎ 선발개요

1. 학교의 장은 추천 요건에 맞는 우수한 인재를 인사혁신처에 추천
2. 인사혁신처는 필기시험, 서류전형, 면접시험을 통해 수습직원을 선발
3. 최종합격자는 6개월간의 수습근무 후 임용심사 결과에 따라 일반직 9급 국가공무원 이용 여부 결정

✎ 선발규모

직군	직렬	직류	선발인원	임용예정부서(예시)
행정 (260명)	행정	일반행정	191명	전 중앙행정기관
		회계	15명	교육부
	세무	세무	45명	국세청
	관세	관세	9명	관세청
기술 (120명)	공업	일반기계	14명	중소벤처기업부 등 그 밖의 중앙행정기관
		전기	17명	우정사업본부 등 그 밖의 중앙행정기관
		화공	4명	산업통상자원부 등 그 밖의 중앙행정기관
	시설	일반토목	11명	국토교통부 등 그 밖의 중앙행정기관
		건축	16명	국가보훈처 등 그 밖의 중앙행정기관
	농업	일반농업	18명	통계청, 농림축산식품부
	임업	산림자원	5명	산림청
	보건	보건	6명	보건복지부
	식품위생	식품위생	2명	식품의약품안전처
	해양수산	선박항해	4명	해양수산부
		선박기관	2명	
	전산	전산개발	15명	행정안전부 등 그 밖의 중앙행정기관
	방송통신	전송기술	6명	과학기술정보통신부, 행정안전부
총계			380명	

✎ 추천대상 자격요건

1. 응시가능 연령

17세 이상(2005.12.31. 이전 출생자)

2. 졸업자 또는 졸업예정자

(1) 졸업자

졸업일이 최종시험예정일을 기준으로 역산하여 1년 이내인 사람에 한해 추천 가능

(2) 졸업예정자

고등학교는 3학년 1학기까지의 학사과정 이수자 또는 조기졸업예정자, 전문대학교는 졸업 학점의 3/4 이상을 취득한 사람으로 2023년 2월까지 졸업이 가능하여야 하며, 수습시작(2023년 상반기 예정)전까지 졸업하지 못할 경우 합격 취소

3. 학과성적

(1) 고등학교

소속 학과에서 이수한 모든 전문교과 과목의 성취도 평균 B 이상, 그 중 50% 이상의 과목에서 성취도 A, 보통교과 평균석차등급 3.5 이내에 해당

(2) 전문대학교

졸업(예정) 석차비율이 소속 학과의 상위 30% 이내에 해당

4. 선발예정직렬(직류) 관련 전문교과 또는 학사

(1) 고등학교

선발예정직렬(직류) 관련 전문교과를 전문교과 총 이수단위의 50% 이상 이수

※ 졸업예정자의 경우 3학년 1학기까지 이수한 전문교과 총 이수단위 기준

(2) 전문대학교 : 선발예정직렬(직류) 관련 학과 전공

직군	직렬	직류	선발예정 직렬(직류) 관련 전문교과 또는 학과	
			고등학교	전문대학교
행정	행정	일반행정	경영 · 금융 교과(군)	해당 없음
		회계		
	세무	세무		
	관세	관세		
기술	공업	일반기계	기계 교과(군) / 재료 교과(군)	선발직류 관련 학과
		전기	전기 · 전자 교과(군)	
		화공	화학공업 교과(군)	
	시설	일반토목	건설 교과(군)	
		건축		
	농업	일반농업	농림 · 수산해양 교과(군) 중 농림 관련 과목	
	임업	산림자원		
	보건	보건	보건 · 복지 교과(군)	
	식품위생	식품위생	식품가공 교과(군)	
	해양수산 (자격증 필수)	선박항해	선박운항 교과(군) / 농림 · 수산해양 교과(군) 중 수산해양 관련 과목	
		선박기관		
	전산(자격증 필수)	전산개발	정보 · 통신 교과(군)	
	방송통신	전송기술		

① 관련 전문교과(군)에 해당하는지 여부는 초 · 중등학교 교육과정 총론을 따름

② 해양수산, 전산 직렬은 관련 전문교과 또는 학과 기준을 충족하고 자격증을 취득하여야 응시 가능

③ 선발예정직렬(직류) 관련 전문교과 또는 학과 요건을 충족하지 못한 경우에는 선발예정직렬(직류)과 관련된 자격증을 취득하여야 해당 직렬(직류)에 응시 가능

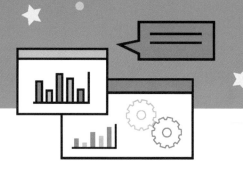

✎ 시험방법

1. 전형절차

| 필기시험 | 서류전형 | 면접시험 |

2. 시험 세부사항

(1) 필기시험

시험과목	출제유형	문항수	배점	배정시간
국어, 한국사, 영어	객관식	과목당 20문항	100점 만점 (문항당 5점)	과목당 20분

① 각 과목 만점의 40% 이상 득점한 사람 중 시험성적 및 면접시험 응시자 수 등을 고려하여 고득점자 순으로 합격자 결정

② 선발예정인원을 초과하여 동점자가 있을 때에는 그 동점자를 모두 합격자로 처리(동점자 계산은 소수점 이하 둘째자리까지 한다)

(2) 서류전형

필기시험 합격자에 한해 기준 적합 여부를 서면으로 심사하여 적격 또는 부적격 여부 결정

(3) 면접시험

직무수행에 필요한 능력과 적격성을 검증하기 위해 5개 평정요소에 대해 각각 상·중·하로 평정하여 불합격 기준에 해당하지 않는 사람 중 평정 성적이 우수한 자 순으로 합격자 결정

평정요소	• 공무원으로서의 정신자세 • 의사표현의 정확성과 논리성 • 창의력·의지력 및 발전가능성	• 전문지식과 그 응용능력 • 예의·품행 및 성실성

(4) 합격자 발표

① 합격자는 사이버국가고시센터(www.gosi.kr)를 통해 공고

② **추가 합격자 결정** : 최종합격자가 수습근무를 포기하는 등의 사정으로 선발예정인원에 미달하는 때에는 수습근무 시작 전까지 추가로 합격자 결정 가능

✎ 합격자 결정시 고려사항

지역별 균형합격, 특성화고 등 고등학교 출신 우대, 관련학과 응시자의 직렬(직류) 유관 자격증 가산점 부여

08 가정법

❶ ·· 가정법의 공식

시제	내용	if절	주절
가정법 과거	현재사실과 반대되는 일을 가정	If + S + 과거형 (were)	S + 조동사의 과거형 + 동사원형
가정법 과거완료	과거사실과 반대되는 일을 가정	If + S + had + p.p.	S + 조동사의 과거형 + have p.p.
가정법 현재	현재·미래사실에 대한 단순한 가정	If + S + 동사원형(현재형)	S + 조동사의 현재형 + 동사원형
가정법 미래	비교적 실현가능성이 없는 미래를 가정	If + S + should + 동사원형	S + 조동사의 현재형(과거형) + 동사원형
	완벽하게 불가능한 일을 가정	If + S + were to + 동사원형	S + 조동사의 과거형 + 동사원형

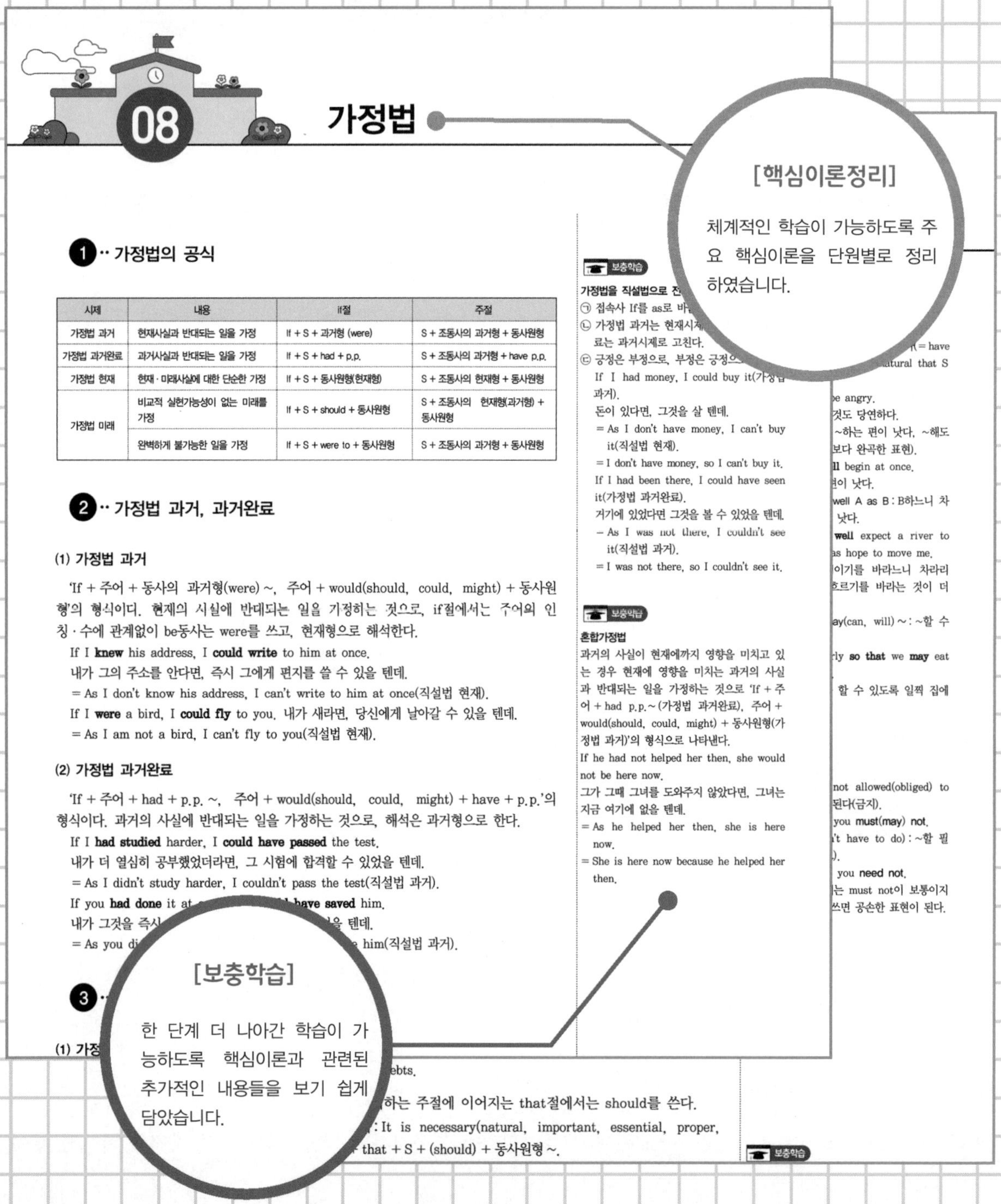

❷ ·· 가정법 과거, 과거완료

(1) 가정법 과거

'If + 주어 + 동사의 과거형(were) ~, 주어 + would(should, could, might) + 동사원형'의 형식이다. 현재의 사실에 반대되는 일을 가정하는 것으로, if절에서는 주어의 인칭·수에 관계없이 be동사는 were를 쓰고, 현재형으로 해석한다.

If I **knew** his address, I **could write** to him at once.
내가 그의 주소를 안다면, 즉시 그에게 편지를 쓸 수 있을 텐데.
= As I don't know his address, I can't write to him at once(직설법 현재).
If I **were** a bird, I **could fly** to you. 내가 새라면, 당신에게 날아갈 수 있을 텐데.
= As I am not a bird, I can't fly to you(직설법 현재).

(2) 가정법 과거완료

'If + 주어 + had + p.p. ~, 주어 + would(should, could, might) + have + p.p.'의 형식이다. 과거의 사실에 반대되는 일을 가정하는 것으로, 해석은 과거형으로 한다.

If I **had studied** harder, I **could have passed** the test.
내가 더 열심히 공부했더라면, 그 시험에 합격할 수 있었을 텐데.
= As I didn't study harder, I couldn't pass the test(직설법 과거).
If you **had done** it at ㅇㅇㅇ **have saved** him.
내가 그것을 즉시 ㅇㅇㅇㅇㅇㅇㅇ을 텐데.
= As you di ㅇㅇㅇㅇㅇㅇㅇ him(직설법 과거).

❸

(1) 가정

ㅇㅇebts.
ㅇㅇ하는 주절에 이어지는 that절에서는 should를 쓴다.
ㅇ : It is necessary(natural, important, essential, proper,
ㅇ that + S + (should) + 동사원형 ~.

🔊 보충학습

가정법을 직설법으로 전
㉠ 접속사 If를 as로 바ㅇㅇ
㉡ 가정법 과거는 현재시제ㅇㅇ
료는 과거시제로 고친다.
㉢ 긍정은 부정으로, 부정은 긍정으ㅇ
If I had money, I could buy it(가정법 과거).
돈이 있다면, 그것을 살 텐데.
= As I don't have money, I can't buy it(직설법 현재).
= I don't have money, so I can't buy it.
If I had been there, I could have seen it(가정법 과거완료).
거기에 있었다면 그것을 볼 수 있었을 텐데.
= As I was not there, I couldn't see it(직설법 과거).
= I was not there, so I couldn't see it.

🔊 보충학습

혼합가정법
과거의 사실이 현재에까지 영향을 미치고 있는 경우 현재에 영향을 미치는 과거의 사실과 반대되는 일을 가정하는 것으로 'If + 주어 + had p.p. ~ (가정법 과거완료), 주어 + would(should, could, might) + 동사원형(가정법 과거)'의 형식으로 나타낸다.
If he had not helped her then, she would not be here now.
그가 그때 그녀를 도와주지 않았다면, 그녀는 지금 여기에 없을 텐데.
= As he helped her then, she is here now.
= She is here now because he helped her then.

(오른쪽 잘린 영역)
ㅇ = have
ㅇㅇatural that S

e angry.
것도 당연하다.
~하는 편이 낫다, ~해도
보다 완곡한 표현).
ll begin at once.
이 낫다.
well A as B : B하느니 차
낫다.
well expect a river to
as hope to move me.
이기를 바라느니 차라리
흐르기를 바라는 것이 더

ay(can, will) ~ : ~할 수

rly **so that** we **may** eat

할 수 있도록 일찍 집에

not allowed(obliged) to
된다(금지).
you **must**(may) not.
't have to do) : ~할 필

you **need not**.
는 must not'이 보통이지
쓰면 공손한 표현이 된다.

🔊 보충학습

기출문제분석

[기출문제분석]

부분 중 어법상 옳지 않은 것은?

2020. 9. 26. 지역인재 9급 선발시험

e and ivory needles ① found at archaeological sites indicate ② that clothes ③ have been sewn
e 17,000years ④ ago.

archaeological 고고학의
④ 현재완료 문장에서 17,000년 전부터 계속되고 있음을 나타내기 위해 ago는 옳지 않다. for some (time) past가
적절하다.
「유적지에서 발견된 뼈와 상아 바늘들은, 의복이 지난 17,000년부터 바느질로 만들어졌다는 것을 보여준다.」

옳은 것은?

2020. 7. 11. 인사혁신처

raffic of a big city is busier than those of a small city.
nk of you when I'll be lying on the beach next week.
s were once an expensive food, and only the wealth ate them.
tensity of a color is related to how much gray the color contains.

① 지시 대명사 those는 traffic을 받고 있기 때문에 that으로 바뀌어야 한다

[기출문제분석]

- 지역인재 기출문제뿐만 아니라 공무원,
  경찰직 등의 과년도 기출문제를 수록하
  여 출제경향을 파악할 수 있도록 하였
  습니다.
- 기출문제를 통하여 해당 단원의 학습
  포인트를 확인할 수 있도록 하였습니다.

1 우리말을 영어로 옳게 옮긴 것은?

① 그는 며칠 전에 친구를 배웅하기 위해 역으로 갔다.
  → He went to the station a few days ago to see off his friend.
② 버릇없는 그 소년은 아버지가 부르는 것을 못 들은 체했다.
  → The spoiled boy made it believe he didn't hear his father calling.
③ 나는 버팔로에 가본 적이 없어서 그곳에 가기를 고대하고 있다.
  → I have never been to Buffalo, so I am looking forward to go there.
④ 나는 아직 오늘 신문을 못 읽었어. 뭐 재미있는 것 있니
  → I have not read today's newspaper yet. Is there anything interested in it?

TIP see off ~를 배웅하다
① 며칠 전(a few days ago)이라는 특정 과거 시점이므로 과거 시제(went)가 맞다.
② made it believe → made believe
  '~인 체하다' 뜻은 make believe (that)으로 나타낸다.
③ looking forward to go → looking forward to going
  looking forward to(~하기를 고대하다, 기다리다)에서 to는 전치사이다. 따라서 뒤에 오는 동사 형태는 동명사이어야 한다.
④ anything interested → anything interesting
  '재미, 흥미를 느끼게 하다' 동사 interest의 주체가 anything이므로 현재분사 형태(-ing)로 써준다.

[핵심예상문제]

- 기출문제를 바탕으로 엄선한 다양한 유형
  의 문제를 다수 수록하여 보다 효과적인
  학습이 가능하도록 하였습니다.
- 문제마다 상세한 해설을 첨부하여 이해도
  높은 학습이 가능하며 이론을 한 번 더
  정리할 수 있도록 하였습니다.

2 우리말을 영어로 가장 잘 옮긴 것은?

소년이 잠들자마자 그의 아버지가 집에 왔다.

① The boy had no sooner fallen asleep than his father came home.
② Immediately after his father came home, the boy fell asleep.
③ When his father came home, the boy did not fall asleep.
④ Before the boy fell asleep, his father came home.

TIP ① no sooner~than은 '~하자마자 ~했다'라는 뜻으로 no sooner가 있는 주절은 had p.p.(과거완료)를 사용해야 하
며 than 종속절은 과거 형태로 사용해야 한다.

CONTENTS

Ⅳ 생활영어

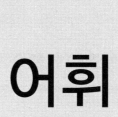

어휘

01 단어

 Type1 다음 문장의 빈칸에 들어갈 가장 적당한 것은?

이 유형은 문장 전체에 대한 정확한 이해의 선행과 보기로 주어지는 단어들의 뜻을 확실하게 알고 있어야 정답을 찾을 수 있는 문제로 출제빈도가 높은 어휘문제의 유형이다.

빈칸에 들어갈 말로 가장 적절한 것은?

For the Greeks, beauty was a virtue : a kind of excellence. If it occurred to the Greeks to distinguish between a person's "inside" and "outside", they still expected that inner beauty would be matched by beauty of the other kind. The well-born young Athenians who gathered around Socrates found it quite _____ that their hero was so intelligent, so brave, so honorable, so seductive − and so ugly.

▶ 외모와 능력이 상반된다는 내용에 주목한다.

① natural   ② essential
③ paradoxical   ④ self − evident

virtue 미덕, 가치, 순결   **excellence** 우수, 탁월, 미덕   **paradoxical** 역설의, 자기모순의   **self-evident** 자명한

「그리스에서, 아름다움이란 미덕의 일종으로 고결을 나타낸다. 만약 사람의 내면과 외면 사이가 구별되는 것이 그리스에서 일어난다면, 그들은 아직까지 외적인 아름다움에 의해서 내면도 동일하게 아름다울거라 기대할 것이다. 소크라테스의 주변으로 모여든 집안이 좋은 젊은 아테네 사람들은 그들의 영웅이 매우 총명하고, 매우 용감하며, 매우 훌륭하고, 매우 매력이 있는 그리고 외모는 매우 추악하다는 <u>모순</u>을 발견하였다.」

 Type2 다음 밑줄 친 부분과 뜻이 같은 것은?

이 유형은 문장 전체에 대한 정확한 이해와 밑줄 친 단어의 정확한 뜻과 다양한 쓰임을 제대로 알고 있어야 정답을 찾을 수 있는 문제로 매년 출제되는 유형이다.

1 다음 밑줄 친 부분과 의미가 가장 가까운 것은?

Sarah frequently hurts others when she criticizes their work because she is so <u>outspoken</u>.

① reserved   ② wordy
③ retrospective   ④ candid

outspoken 솔직한, 노골적으로 말하는   **reserved** (감정 등에 대해) 말을 잘 하지 않는, 내성적인   **wordy** 장황한   **retrospective** 회고(회상)하는, 소급 적용되는   **candid** 솔직한, (사진 등이) 자연스러운

「Sarah는 매우 <u>거리낌 없이 말하기</u> 때문에 다른 이들의 작업을 비판할 때 종종 다른 사람들에게 상처를 준다.」

2 다음 밑줄 친 부분과 의미가 가장 가까운 것은?

One of the most beguiling aspects of cyberspace is that it offers the ability to connect with others in foreign countries while also providing <u>anonymity</u>.

① hospitality
② convenience
③ disrespect
㉠ namelessness

beguiling 묘한 매력이 있는   **anonymity** 익명

① 환대
② 편의
③ 실례, 무례
④ 무명

「사이버공간의 가장 매력적인 측면 중 하나는 그것이 <u>익명성</u>을 제공하면서, 외국의 다른 사람들과 연락할 수 있는 능력을 제공한다는 것이다.」

▶ 서로 유사한 의미의 단어들을 숙지해 두면 이런 유형의 문제를 쉽게 풀 수 있다.

 Type3   다음 중 단어의 의미가 서로 관계없는 표현끼리 짝지어진 것은?

이 유형은 문장 전체에 대한 정확한 이해와 밑줄 친 단어의 정확한 뜻과 다양한 쓰임을 제대로 알고 있어야 정답을 찾을 수 있는 문제로 최근에는 출제되지 않는 유형이다.

다음 중 의미상 서로 어울리지 않은 표현끼리 짝지어진 것은?

① generous - benefactors
② luxuriant - hair
③ complimentary - gift
㉠ stationery - troops

「① 아끼지 않은, 관대한 - 은혜를 베푸는 사람, 후원자
② 풍부한, 무성한 - 털, 머리카락
③ 경의를 표하는, 우대의 - 선물, 경품, 아주 싼 물건
④ 문방구, 편지지 - 군대, 무리」

▶ 서로 유사한 의미의 단어들도 숙지해 두어야 한다.

1 밑줄 친 부분의 의미와 가장 가까운 것은?

2021. 9. 11. 지역인재 9급 선발시험

> Over the last 10years, thousands of products have been released, and while some are definitely cooler than others, their impact on the past decade, and the decade to come, is by no means <u>identical</u>.

① particular
② enormous
③ alike
④ inevitable

TIP release 풀어 놓다 definitely 분명히 cool 멋진 impact 영향 by no means 결코 ~이 아닌
① 특정한
② 막대한, 거대한
③ 같은
④ 피할 수 없는
「지난 10년 동안, 수천 개의 제품이 출시되었으며, 일부 제품은 다른 제품보다 확실히 더 훌륭하지만, 지난 10년과 향후 10년에 미치는 영향은 결코 <u>동일하지</u> 않습니다.」

2 밑줄 친 부분에 들어갈 말로 가장 적절한 것은?

2021. 9. 11. 지역인재 9급 선발시험

> For thousands of years, Tulou, akind of earth building, has not only served as a self-defense system for the Hakka people, but the small community it _____ also completely retains and carries on the long-standing Hakka culture.

① houses
② inhibits
③ destroys
④ modifies

TIP earth building 토건물(흙건물) retain 보유하다 long-standing 오래 지속되는
① 수용하다 ② 억제하다 ③ 파괴하다 ④ 수정하다
「수천 년 동안, 토건물의 일종인 토루는 하카인들을 위한 자기 방어 시스템으로서 역할을 했을 뿐만 아니라, 토건물이 수용한 작은 마을도 오랜 하카 문화를 완전히 간직하고 계승하고 있다.」

Answer 1.③ 2.①

3 밑줄 친 부분의 의미와 가장 가까운 것을 고르면?

2021. 9. 11. 지역인재 9급 선발시험

> This results in a lack of coordination between the left and right arms.

① sturdy   ② balanced

③ insufficient   ④ adequate

> **TIP** result in 결과 ~를 초래하다 lack 부족, 결핍 coordination 협조
> 「이것은 왼팔과 오른팔의 협응력의 부족을 초래한다.」
> ① 튼튼한 ② 불충분한 ③ 균형 잡힌 ④ 충분한

※ 밑줄 친 부분의 의미와 가장 가까운 것을 고르시오. 【4~5】

2020. 9. 26. 지역인재 9급 선발시험

4

> His behavior was spontaneous and clearly not forced.

① calculated   ② compelled

③ improvised   ④ apprehended

> **TIP** ① 계산된
> ② 강요받은
> ③ 즉흥의
> ④ 걱정되는
> 「그의 행동은 자발적이었고 분명히 강요받은 것이 아니다.」

5

> Edna and her father had a warm and almost violent dispute upon the subject of her refusal to attend her sister's wedding.

① disregard   ② argument

③ perspective   ④ relationship

> **TIP** dispute 분쟁
> ① 무시
> ② 말다툼
> ③ 관점
> ④ 관계
> 「Edna와 그녀의 아버지는 그녀가 여동생 결혼식에 참석을 거절한 문제로 격렬하고 거의 폭력적인 논쟁을 했다.」

Answer 3.② 4.② 5.②

※ 밑줄 친 부분의 의미와 가장 가까운 것을 고르시오. 【6～8】

2019. 8. 17. 지역인재 9급 선발시험

6

Mushrooms can be <u>processed</u> to taste, look, and smell like meat.

① boiled   ② treated

③ colored   ④ formatted

> **TIP** ① 끓인, 삶은
> ② 처리한
> ③ 색깔이 있는
> ④ 형식화된
> 「버섯은 맛과 모양 그리고 향기를 고기처럼 <u>가공할</u> 수 있다.」

7

This is the city that everyone wants to see at least once in a lifetime, while others <u>nourish</u> the dream of visiting it over and over again.

① cherish   ② abandon

③ frustrate   ④ construct

> **TIP** nourish ~에 자양분을 주다, 마음에 품다
> ① 소중히 여기다, (마음 속에)간직하다
> ② 버리다
> ③ 좌절감을 주다
> ④ (건축물을)건설하다
> 「이 곳은 모든 사람들이 일생에 한 번이라도 보고 싶은 도시인 반면, 다른 사람들은 반복해서 방문하는 꿈을 <u>마음에 품는다.</u>」

8

Some of the light of <u>astonishment</u> was gone from their eyes, but still a light of anger had not taken its place.

① settlement   ② amazement

③ refreshment   ④ improvement

> **TIP** astonishment 놀람, 경악
> ① 합의
> ② 놀라움
> ③ 원기회복
> ④ 향상
> 「그들의 눈에서 <u>놀란</u> 빛은 사라졌지만 여전히 분노의 빛은 그 자리에서 사라지지 않았다.」

Answer 6.② 7.① 8.②

9 의미상 밑줄 친 부분에 들어갈 말로 가장 적절한 것을 고르시오.

2017. 8. 26. 지역인재 9급 선발시험

> The best known _____ are preservatives, colors, and flavors, but many others are commonly used, such as antioxidants, thickeners, and sweeteners. Some of these _____ are essential in our modern world.

① additives
② nutrients
③ dressings
④ antibiotics

> **TIP** preservative 방부제 antioxidant 산화 방지제 thickener 걸쭉하게 만드는 물질 sweetener 감미료
> ① 첨가물 ② 영양소 ③ 드레싱 ④ 항생제
> 「가장 잘 알려 진 첨가제는 방부제, 색소 그리고 향미료가 있지만, 많은 다른 사람들은 산화 방지제, 걸쭉하게 만드는 물질, 그리고 감미료 같은 것들을 일반적으로 사용한다. 이러한 첨가제들 중 일부는 현대 세계에서 필수적이다.」

10 밑줄 친 부분에 들어갈 말로 가장 적절한 것을 고르시오.

2016. 6. 18. 제1회 지방직

> Penicillin can have an _____ effect on a person who is allergic to it.

① affirmative
② aloof
③ adverse
④ allusive

> **TIP** allergic to ~에 대해 알레르기가 있는
> ① 긍정의 ② 냉담한 ③ 부정적인 ④ 암시적인
> 「페니실린은 그것에 알레르기가 있는 사람에게 부정적인 효과를 가질 수 있다.」

Answer 9.① 10.③

※ 밑줄 친 부분과 의미가 가장 가까운 것을 고르시오. 【1 ~ 5】

1

> Her co-workers admired her seemingly <u>infinite</u> energy.

① boundless　　　　　　　　　② dedicated
③ mighty　　　　　　　　　　④ efficient

TIP infinite 무한한, 끝이 없는(=boundless)
① 무한한, 끝없는　② 헌신적인　③ 힘센, 강력한　④ 효율적인, 유능한
「그녀의 동료들은 그녀의 겉보기에는 <u>끝이 없는</u> 에너지에 감탄했다.」

2

> Sometimes using <u>desiccated</u> garlic is more convenient when cooking at home.

① dried　　　　　　　　　　② peeled
③ sliced　　　　　　　　　　④ chopped

TIP desiccated 건조한, 말린, 분말의
① dry 말리다, 마르다　② peel 껍질을 벗기다　③ slice 얇게 썰다　④ chop 자르다, 잘게 썰다
「때때로 <u>말린</u> 마늘을 사용하는 것은 가정에서 요리를 할 때 더 편리하다.」

3

> There is a <u>reciprocal</u> relation between goals and data.

① mutual　　　　　　　　　② omnipotent
③ exclusive　　　　　　　　④ incongruous

TIP reciprocal 상호 간의, 서로의(=mutual)
① 상호간의　② 전지전능한(=almighty)　③ 배타적인, 독점적인　④ 일치하지 않는, 모순된
「목표와 데이터 사이에는 <u>상호관계</u>가 있다.」

Answer 1.① 2.① 3.①

4

> It is <u>debatable</u> whether nuclear weapons actually prevent war.

① contradictory   ② reconcilable

③ augmentative   ④ controversial

> **TIP** debatable 논쟁의 여지가 있는(= disputable)
> ① 모순된
> ② 화해할 수 있는
> ③ 증가하는
> ④ 논쟁의 여지가 있는
> 「핵무기가 정말로 전쟁을 막을 것인지 아닌지에 대해서는 <u>논란의 여지가 있다</u>.」

5

> I was told to let Jim <u>pore over</u> computer printouts.

① examine   ② distribute

③ discard   ④ correct

> **TIP** pore over ~을 자세히 조사하다
> ① 조사(검토)하다
> ② 나누어 주다
> ③ 폐기하다
> ④ 바로잡다
> 「나는 Jim이 컴퓨터 출력물들을 자세히 <u>조사해 보도록</u> 해주라는 말을 들었다.」

※ 밑줄 친 부분에 들어갈 가장 적절한 것을 고르시오. 【6 ~ 7】

6

> You have to show a document proving your date of birth or a _____ International Student Identity Card (ISIC) when buying your ticket and boarding the plane.

① faked   ② weird

③ valid   ④ crooked

> **TIP** ocument 서류
> ① 위조된, 가짜의   ② 기이한, 이상한   ③ 유효한   ④ 비뚤어진, 부정직한
> 「표를 사거나 비행기를 탈 때, 여러분은 출생날짜를 증명하는 서류나 <u>유효한</u> 국제 학생증(ISIC)을 보여 주어야 한다.」

Answer 4.④ 5.① 6.③

7

> I didn't like her at first but we _____ became good friends.

① necessarily   ② initially

③ casually   ④ eventually

TIP at first 처음에는
① 필연적으로, 반드시   ② 최초로, 처음에   ③ 우연히   ④ 결국, 궁극적으로
「나는 처음에 그녀를 좋아하지 않았지만, <u>결국</u> 우리는 좋은 친구가 되었다.」

※ 다음 문장의 밑줄 친 단어와 의미가 가장 가까운 것을 고르시오. 【8 ~ 11】

8 Influenza is an acute viral disease of the respiratory tract that is extremely <u>contagious</u> and often reaches epidemic proportions.

① toxic   ② dangerous

③ incurable   ④ communicable

TIP influenza 유행성 감기, 독감   acute (병 등이) 급성의   viral 바이러스(성)의   respiratory 호흡의   contagious 전염성의, 감염성의   epidemic 유행성의, 유행병의   proportion 비율, 몫, 정도   toxic 독성의, 유독한   dangerous 위험한 incurable 불치의, 고칠 수 없는   communicable 전염성의
「독감은 아주 <u>전염성</u>이 강하고 종종 유행병의 정도로까지 이르는 호흡계 급성 바이러스 질병이다.」

9 In the past, investors have often <u>spurned</u> savings accounts for money-market mutual funds.

① replaced   ② preferred

③ rejected   ④ purchased

TIP spurn 쫓아내다, 물리치다, 추방하다   mutual 서로의, 상호의   mutual fund 상호기금, 개방형 투자신탁   replace 대신(대체)하다   prefer 보다 좋아하다, 선호하다   reject 거절하다, 거부하다, 물리치다   purchase 사다, 구입하다
「과거에 투자자들은 금융시장의 개방형 투자신탁을 위하여 저축예금(계좌)을 <u>버렸다.</u>」

Answer 7.④   8.④   9.③

10 It's best not to ask people how their marriage is going if they are <u>touchy</u> about discussing their personal lives.

① sensitive
② distinctive
③ delighted
④ sentimental

> **TIP** touchy 성미가 까다로운, 과민한, 다루기 힘든 sensitive 민감한, 예민한 distinctive 구별되는, 특유한 delighted 기뻐하는 sentimental 감상적인
> 「만약 자신의 개인생활을 말하는 것에 <u>과민한</u> 사람이 있다면, 그들의 결혼생활이 어떠한지 질문하지 않는 것이 가장 좋다.」

11 An intelligent person has no <u>bias</u> in matters of race, color, or creed.

① prejudice
② prediction
③ inspection
④ improvement

> **TIP** bias 선입관, 편견, 사선(斜線) race 인종 creed 신조, 주의, 교리 prejudice 편견, 선입관 prediction 예언, 예보 inspection 검사, 조사, 검열 improvement 개선, 개량
> 「현명한 사람은 인종, 피부색, 신념의 문제에 있어 <u>편견</u>을 가지지 않는다.」

※ 밑줄 친 부분에 들어갈 가장 적절한 것은? 【12 ~ 15】

12

> A _____ gene is one that produces a particular characteristic regardless o whether a person has only one of these genes from one parent, or two of them.

① recessive
② dominant
③ proficient
④ turbulent

> **TIP** gene 유전자 particular 특별한, 독특한 characteristic 특징 regardless of ~과(와) 관계없이 recessive 열성의 dominant 우성의 proficient 능숙한 turbulent 격동의, 요동치는
> 「우성 유전자는 사람이 유전자를 한쪽 부모로부터 받든 양쪽 부모로부터 받든 관계없이 하나의 독특한 특징을 만들어내는 유전자이다.」

Answer 10.① 11.① 12.②

13

> Punctuality is important, and people who are consistently late for appointments are thought to be _____.

① diligent

② friendly

③ practical

④ inconsiderate

14

> Science, in so far as it consists of knowledge, must be regarded as having value, but in so far as it consists of technique the question whether it is to be praised or _____ depends upon the use that is made of the technique. In itself it is _____, neither good nor bad.

① acclaim — valuable

② celebrate — useless

③ blamed — neutral

④ rejoice — central

Answer 13.④ 14.③

15

Thomas Edison was a great inventor but a lousy _____. When he proclaimed in 1922 that the motion picture would replace textbooks in schools, he began a long string of spectacularly wrong _____ regarding the capacity of various technologies to revolutionize teaching. To date, none of them from film to television has lived up to the hype. Even the computer has not been able to show a consistent record of improving education.

① boaster — opinions
② kleptomaniac — theories
③ prognosticator — predictions
④ swindler — imaginations

TIP ousy 형편없는, 저질의 proclaim 선포하다, 단언하다 a string of 일련의 spectacularly 눈부시게 regarding ~에 관해서 live up to ~에 부응하다 hype 과대선전, 거짓말 consistent 일관된
① 허풍쟁이 – 견해
② 절도광 – 이론
③ 예언가 – 예측
④ 사기꾼 – 상상
「토마스 에디슨은 위대한 발명가인 반면에 형편없는 <u>예언가</u>였다. 1922년에 그가 영화는 학교에서 교과서를 대체할 것이라고 발표했을 때, 그는 교육을 혁신할 수 있는 다양한 기술의 능력에 관해 눈부시게 잘못된 <u>예측들</u>을 계속해서 늘어놓기 시작했다. 영화에서 텔레비전까지 시대에 거슬러 그 어느 것도 과대선전의 기대를 충족시켜 주지 못했다. 심지어 컴퓨터마저도 교육을 개선함에 있어 일관된 기록을 보여주지 못했던 것이다.」

Answer 15.③

숙어

 Type1 다음 문장의 빈칸에 들어갈 가장 적당한 것은?

이 유형은 문장 전체에 대한 정확한 이해의 선행과 보기로 주어지는 숙어가 나타내는 의미를 알고 있어야 정답을 찾을 수 있는 문제로 출제빈도가 높은 어휘문제의 유형이다. 숙어는 여러 영단어들의 조합이기 때문에 그 뜻을 추론할 수 있는 경우가 많으므로 그 숙어가 만들어내는 뜻을 잘 이해할 필요가 있다.

---

1 다음 중 밑줄 친 곳에 들어갈 말로 적절한 것은?

His inaugural address was hilarious. Quite a few people were unable to _____ their laughter.

① cut back　　　　　　　　② keep up
③ hold back　　　　　　　　④ hold up

inaugural 취임사, 취임 연설　**address** 인사말, 연설, 말을 걸다, 연설하다　**hilarious** 유쾌한, 즐거운, 들떠서 떠드는　**quite a few** 꽤 많은 수, 상당한 수의, 적지 않은　**laughter** 웃음, 웃음소리　**cut back** 감축, 삭감, 줄이다　**keep up** 유지하다, 지속하다, 떨어뜨리지 않다　**hold back** 억제하다, 자제하다, 지연하다　**hold up** 올리다, 제시하다, 방해하다, 지탱하다, 견디어 내다

「그의 취임연설은 매우 즐거웠다. 많은 사람들은 자신의 웃음을 참을 수 없었다.」

2 다음 대화의 빈칸에 가장 적절한 것은?

A : When is Tom's wedding date?
B : It is up in the _____. He and his fiancee are having a lot of arguments about it.

① air　　　　　　　　　　② cloud
③ brain　　　　　　　　　④ end

up in the air 아직 미정인　**fiancee** 약혼녀　**have an argument** 다투다, 말다툼하다

「A : Tom의 결혼식 날짜가 언제니?
B : 그건 아직 미정이야. 걔랑 걔의 약혼녀가 그것에 대해 많이 다투고 있거든.」

 Type2 다음 밑줄 친 부분과 뜻이 같은 것은?

이 유형은 문장 전체가 나타내는 바를 바르게 이해하고 밑줄 친 숙어의 뜻을 정확하게 알고 있어야 정답을 찾을 수 있는 문제로 출제빈도가 높은 어휘문제의 유형이다.

---

1 다음 밑줄 친 부분과 의미가 가장 가까운 것은?

Quite often, the simple life feels out of reach because of all the problems and challenges that <u>crop up.</u>

① dominate　　　　　　　　② finish
③ happen　　　　　　　　　④ increase

quite 꽤　**out of reach** 닿을 수 없는　**crop up** 불쑥 나타나다, 갑자기 생기다　**dominate** 지배하다, 특징이 되다　**finish** 끝내다　**happen** (계획하지 않은 일이) 발생하는　**increase** 증가하다

「상당히 자주, 단순한 삶은 갑자기 발생하는 모든 문제와 과제 때문에 닿을 수 없는 것처럼 느껴진다.」

2 다음 중 밑줄 친 부분과 의미가 가장 가까운 것은?

Officials at the National Institute of Health say that Severe Acute Respiratory Syndrome(SARS) is spreading and all children under five are <u>at stake</u>.

① speed up　　　　　　　　⑤ compensate for
③ turn down　　　　　　　　④ rule out

at stake 위험에 처하여, 문제가 되어

「국민보건원의 관계자는 SARS가 확산되고 있고 5세 미만의 모든 아동들이 <u>위험에 처해있다고</u> 말한다.」

> ▶ 유사한 의미의 숙어를 찾는 것으로 주어진 문장을 이해한 후 정답을 유추하는 것이 좋다.

 Type3 다음 밑줄 친 부분에 들어갈 표현으로 가장 적절한 것은?

이 유형은 Type1에서 확장된 문제로, 근래 출제문제의 지문길이가 점차 늘어나고 있기 때문에 전체 문맥의 흐름을 파악하는 것이 선행되어져야 하며 숙어의 의미를 숙지하고 있어야 한다.

밑줄 친 부분에 들어갈 표현으로 가장 적절한 것을 고르시오.

Human babies born with tails? That may sound like a headline from the Weekly World News, but it was the respected New Scientist magazine that recently published a cover story about the phenomenon of evolution '_____.' The author of "The Ancestor Within," Michael Le Page, cited the babies with tails as a likely example of atavism, a phenomenon in which ancestral traits suddenly reappear after thousands or even millions of years.

① going through
② moving forward
⑤ running backward
④ passing by

> ▶ 퇴행하는 진화현상에 대한 내용을 다루고 있다.

respected 훌륭한 **publish** 발행하다 **phenomenon** 현상 **evolution** 진화 **author** 작가 **cite** 인용하다 **likely** 그럴듯한 **atavism** 격세유전 **ancestral** 조상의 **trait** 특성 **reappear** 다시 나타나다

「인간 아이가 꼬리를 달고 태어났다? 그것은 아마 주간 세계 뉴스(Weekly World News)의 헤드라인에서 따온 것처럼 들리겠지만, 저명한 New Scientist 지에서 최근 발행한 '<u>퇴행하는</u>' 진화현상에 관한 커버스토리 내용이다. "The Ancestor Within"의 저자인 Michael Le Page씨는, 이 꼬리가 달린 아이를 조상의 특징이 수 천 년 혹은 심지어 수 백 만 년 뒤에 갑자기 다시 나타나는 격세유전의 그럴듯한 예로 들었다.」

1 밑줄 친 부분의 의미와 가장 가까운 것은?

2021. 9. 11. 지역인재 9급 선발시험

By the time he was 17, he had been laboring for more than 7 years to help his family <u>make ends meet.</u>

① pay a reasonable price
② get along harmoniously
③ live within their income
④ break up with each other

TIP ① 적당한 대가를 치르다
② 사이좋게 지내다
③ 그들의 수입 범위 내에서 생활하다.
④ 서로 헤어지다
「그가 17살이 되었을 무렵, 그는 가족이 <u>생계를 꾸려가는 것을</u> 돕기 위해 7년 넘게 일해왔습니다.」

2 밑줄 친 부분의 의미와 가장 가까운 것은?

2020. 9. 26. 지역인재 9급 선발시험

The manager has to <u>buckle down</u> now if he doesn't want to be crammed up with so much business to deal with.

① turn up
② sort out
③ break down
④ set to work

TIP ① 나타나다
② 해결하다
③ 실패하다
④ 일에 착수하다
「처리할 많은 업무가 겹겹이 쌓이길 원치 않는다면, 그 매니저는 이제 <u>본격적으로 일을 시작해야만</u> 한다.」

3 밑줄 친 부분에 들어갈 말로 가장 적절한 것은?

2020. 9. 26. 지역인재 9급 선발시험

I will _____ a better idea than this until mid-March next year.

① round up
② give in to
③ come up with
④ make allowance for

TIP ① 모으다
② ~에 굴복하다
③ 제시하다
④ ~을 감안하다
「나는 내년 3월 중순까지 이보다 더 나은 아이디어를 <u>제시할</u> 것이다.」

Answer 1.③ 2.④ 3.③

※ 밑줄 친 부분의 의미와 가장 가까운 것을 고르시오. 【4 ～ 5】

2019. 8. 17. 지역인재 9급 선발시험

4

> Sam and Tom break into a building looking for a suspect.

① crush ② intrude
③ register ④ purchase

TIP ① 으스러뜨리다
② 침범하다
③ 등록하다
④ 구매하다
「샘과 톰은 용의자를 찾기 위해 건물에 <u>침입했다</u>.」

5

> She cheated on the proposal and thought she could get away with it.

① long for ② do without
③ take part in ④ go unpunished for

TIP get away with 처벌을 모면하다
① 열망하다, 갈망하다
② 없이 견디다
③ …에 참여[참가]하다
④ 처벌받지 않다
「그녀는 그 제안에 대해 속였고 그것에 대한 <u>처벌을 피할</u> 수 있을 거라고 생각했다.」

※ 밑줄 친 부분과 의미가 가장 가까운 것을 고르시오. 【6 ～ 7】

2018. 8. 18. 지역인재 9급 선발시험

6

> A fall in sales was a pretext to lay off some of the staff.

① scold ② motivate
③ reinforce ④ dismiss

TIP pretext 구실, 핑계 lay off 해고하다
① 야단치다 ② 동기를 부여하다 ③ 강화하다 ④ 해고하다
「판매 감소는 일부 직원을 <u>해고하기</u> 위한 구실이었다.」

Answer 4.② 5.④ 6.④

7

> He never <u>lets down</u> a friend in need.

① encourages   ② ridicules

③ supports   ④ disappoints

> **TIP** let down ~의 기대를 져버리다, ~를 실망시키다 in need 어려움에 처한
> ① 격려하다
> ② 조롱하다
> ③ 지지하다
> ④ 실망시키다
> 「그는 어려움에 처한 친구를 절대 <u>실망시키지</u> 않는다.」

8 밑줄 친 부분과 의미가 가장 가까운 것을 고르시오

2017. 8. 26. 지역인재 9급 선발시험

> Susie began to get <u>fed up with</u> her friend Marcus because he was complaining about everything.

① sick of   ② boastful of

③ worried about   ④ sympathetic to

> **TIP** fed up with 진저리가 나다
> ① ~에 신물이 난
> ② ~에 대해 자랑하는
> ③ ~에 대해 걱정하는
> ④ ~을 동정하는
> 「Susie는 그녀의 Marcus에게 <u>진저리가 나기</u> 시작했다. 왜냐하면 그가 모든 것에 대해 불평하고 있었기 때문이다.」

9 의미상 밑줄 친 부분에 들어갈 말로 가장 적절한 것을 고르시오.

2017. 8. 26. 지역인재 9급 선발시험

> The price of this product is 10 dollars _____ delivery charges. You need to pay extra in order to have it brought to you.

① along with   ② in conjunction with

③ exclusive of   ④ on account of

> **TIP** delivery charges 배달료
> ① ~와 마찬가지로
> ② ~와 함께
> ③ ~을 제외하고
> ④ ~ 때문에
> 「이 제품의 가격은 배달료를 <u>제외하고</u> 10달러입니다. 당신은 그것을 당신에게 배달하기 위해서는 추가 지불이 필요합니다.」

Answer 7.④ 8.① 9.③

10 밑줄 친 부분과 의미가 가장 가까운 것은?

2016. 4. 9. 인사혁신처

> Up to now, newspaper articles have only <u>scratched the surface of</u> this tremendously complex issue.

① superficially dealt with
② hit the nail on the head of
③ seized hold of
④ positively followed up on

> **TIP** scratched the surface of ~의 겉만 핥다, 문제의 핵심까지 파고들지 않다 tremendously 엄청나게, 무시무시하게 hit the nail on the head of 정확히 맞는 말을 하다 seize hold of ~을 붙잡다 follow up on ~을 끝까지 하다.
> 「지금까지 신문 기사들은 이 엄청나게 복잡한 문제를 <u>수박 겉핥기</u>만 하고 있었다.」

Answer 10.①

※ 밑줄 친 부분의 의미와 가장 비슷한 것을 고르시오. 【1~4】

1

> She was <u>taken in</u> by his smooth manner of talking and gave him all her saving to invest for her.

① persuaded　　　　　　　　② deceived
③ enlightened　　　　　　　④ absorbed

> **TIP** take in 기만하다, 속이다　saving 저축　invest 투자하다, 쓰다
> ① persuade 설득하다, 납득시키다
> ② deceive 속이다, 기만하다
> ③ enlighten 계몽하다, 교화하다
> ④ absorb 흡수하다, 열중하게 하다
> 「그녀는 그의 부드러운 말투에 <u>속아서</u> 그녀를 위해 쓰려고 저축한 모든 것을 그에게 주었다.」

2

> David is a very persuasive speaker, but when you examine his arguments, most of them are illogical. They simply don't <u>hold water</u>.

① take sides　　　　　　　② make sense
③ clear the air　　　　　　④ pick a quarrel

> **TIP** persuasive 설득력 있는　examine 조사하나, 검토하다　illogical 터무니없는, 비논리적인　hold water (어떤 이유나 설명이) 논리적이다
> ① 편을 들다
> ② 이치에 맞다
> ③ 상황이나 기분을 개선하다
> ④ ~에게 싸움을 걸다
> 「데이비드는 매우 설득력 있는 연설가이지만 당신이 그의 주장을 조사할 때, 그것들 중의 대부분은 비논리적이다. 그것들은 그저 <u>이치에 맞지</u> 않는다.」

3

> The injury may keep him out of football <u>for good</u>.

① permanently　　　　　　② temporarily
③ for getting well　　　　　④ for treatment

> **TIP** injury 부상　permanently 영구히　temporarily 일시적으로
> 「그 부상은 그가 축구를 <u>영원히</u> 못하게 할지도 모른다.」

Answer 1.② 2.② 3.①

4

I <u>am fed up with</u> seeing the same programs on TV week after week.

① am interested in
② am satisfied with
③ am bored with
④ enjoy

> **TIP** be fed up with ~에 물리다, ~에 싫증나다   week after week 매주
> ① be interested in ~에 관심이 있다
> ② be satisfied with ~에 만족하다
> ③ be bored with ~에 싫증나다
> ④ enjoy 즐기다
> 「나는 매주 TV에서 같은 프로그램을 보는 게 <u>지겹다.</u>」

※ 밑줄 친 부분에 들어갈 표현으로 가장 적절한 것을 고르시오. 【5~6】

5

To get in touch with someone is to _____.

① touch him
② respect him highly
③ criticize him
④ communicate with him

> **TIP** get in touch with ~와 연락하다, 접촉하다
> ① 만지다, 건드리다, 접촉하다
> ② 존경하다, 존중하다
> ③ 비평하다, 비판하다
> ④ ~와 의사소통을 하다
> 「누군가와 연락한다는 것은 그와 의사소통을 한다는 것이다.」

6

Do you think this team _____ winning the championship?

① stands a chance of
② stands by
③ stands for
④ stands up for

> **TIP** stands a chance of ~의 가능성이 있다   stands by 곁에 있다, 방관하다   stands for ~을 나타내다, 표상하다, 의미하다, 대리(대표)하다   stands up for 옹호(변호)하다, 두둔하다, 편들다
> 「당신은 이 팀이 챔피언십에서 우승할 <u>가능성이 있다</u>고 생각하십니까?」

※ 다음 문장의 밑줄 친 부분의 의미와 가장 가까운 것을 고르시오. 【7～9】

7

> Melting snow <u>accounts for</u> the regular spring floods in the valley.

① explains
② eliminates
③ participates in
④ overflows

> **TIP** account for 설명하다, 책임을 지다, 원인이 되다   explain 설명하다, 해석하다   eliminate 제거하다, 삭제하다, 배출하다   participate in ~에 참가하다, 참여하다, 가담하다, 관여하다   overflow 넘치다, 넘쳐흐르다, 범람하다
> 「눈이 녹는 것은 계곡에서 정기적인 봄 홍수를 <u>설명한다</u>.」

8

> The allies are <u>at odds</u> over how to respond to the nuclear threat from North Korea.

① in accordance with each other
② in conflict with each other
③ grappling with each other
④ on even ground with each other

> **TIP** ally 동맹국, 연합국   be at odds 다투다, 불화하다, 사이가 좋지 않다   in accordance with ~와 일치하여   in conflict with ~와 충돌(상충)하여, ~와 싸우고   grapple 격투하다, 맞붙어 싸우다, 붙잡다   on even ground 동등한 입장에서
> 「연합국들은 북한의 핵 위협에 응수하는 방법에 대해서 <u>다투고</u> 있다.」

9

> We must <u>take into account</u> the fact that she has a bad eyesight.

① consider
② state
③ depend on
④ describe

> **TIP** take into account ~을 고려하다, 참작하다   consider 고려하다, 참작하다   state 진술하다   depend on 의지(의존)하다   describe 묘사하다, 서술하다
> 「우리는 그녀가 시력이 나쁘다는 사실을 <u>고려해야</u> 한다.」

Answer 7.① 8.② 9.①

※ 다음 문장의 빈칸에 들어갈 가장 적절한 표현을 고르시오. 【10 ～ 12】

10

> Joe's statement _____ one interpretation only, that he was certainly aware of what he was doing.

① admits in
② allows to
③ admits of
④ allows for

TIP interpretation 해석, 설명, 통역 allow for ~을 참작하다, 고려하다, 준비하다, 대비하다 admit of ~의 여지가 있다, 허락하다, 허용하다(= allow of)
「Joe의 진술은 오직 한 가지 해석의 <u>여지만 있는데</u>, 그가 무엇을 하고 있었는지 분명히 알고 있었다는 것이다.」

11

> Those seven-year-old identical twin brothers are as like as two _____.

① peas
② balls
③ melons   ④ oranges

TIP identical 똑같은, 동일한, 일란성의 as like as two peas 흡사한, 꼭 닮은
「저 일곱 살 된 일란성 쌍둥이 형제들은 꼭 <u>닮았다</u>.」

12

> You are talking nonsense, Jack. What you have just said is quite _____.

① out of the point
② to the point
③ beside the point
④ against the point

TIP nonsense 허튼 소리 to the point 적절한, 딱 들어맞는 beside the point 요점에서 벗어난, 요령부득인
「허튼 소리 하고 있군, Jack. 네가 방금 한 말은 <u>요점에서 벗어난 거야</u>.」

Answer 10.③ 11.① 12.③

13 다음 문장이 의도하는 바와 같은 것은?

> He was at his wit's end.

① He lost his way.

② He was short of money.

③ He was never wise.

④ He did not know what to do.

> **TIP** be at one's wit's(wits') end 어쩔 줄 모르다, 어찌할 바를 모르다, 당황하다   lose one's way 길을 잃다   be short of ~
> 이 부족하다, 모자라다
> ① 그는 길을 잃었다.
> ② 그는 돈이 부족하였다.
> ③ 그는 결코 현명하지 않았다.
> ④ 그는 해야 할 일을 알지 못했다.
> 「그는 어쩔 줄 몰랐다.」

14 다음 빈칸에 들어갈 말로 알맞은 것은?

> 문방구점은 학교에서 코 닿을 곳에 있다.
> →The stationery shop stands _____ from the school.

① of stone's throw

② in stone's throw

③ at a stone's throw

④ within stone's throw

> **TIP** at a stone's throw from ~에서 돌을 던지면 닿을 거리에, 가까운 곳에(= within a stone's throw from)

15 다음 문장의 밑줄 친 부분의 의미와 가장 가까운 것은?

> The man spoke <u>at some length</u> about his problems, not giving anyone else a chance to speak.

① at last
② at times
③ for a long time
④ without efforts

TIP at some length 상당히 자세하게, 꽤 길게
at some length의 형태로 '상당히 자세하게, 꽤 길게'라는 의미로 쓰이므로 '오랫동안'이라는 의미의 for a long time 과 의미가 가장 가깝다.
① 마침내, 드디어
② 때때로, 이따금
③ 오랫동안
④ 힘들이지 않고, 문제없이
「그 남자는 다른 사람에게 말할 기회를 주지 않고 자신의 문제들에 대해 <u>꽤 길게</u> 말했다.」

독해

01

글의 핵심파악

 Type1　다음 글의 제목으로 가장 적절한(알맞은) 것은?

〈제목(title) 찾기〉

이 유형은 보통 주제 찾기와 일치하는 문제가 많지만, 제목은 주제보다 상징성이 강하며 간결하고 명료하다. 글의 제목을 찾기 위해서는 무엇보다 글 전체의 내용을 종합적으로 이해할 수 있는 독해능력이 필요하다.

다음 글의 제목으로 가장 적절한 것은?

The sales talk of the old-fashioned businessman was essentially rational. He knew his merchandise, he knew the needs of the customer, and on the basis of this knowledge he tried to sell. To be sure his sales talk was not entirely objective and he used persuasion as much as he could ; yet, in order to be efficient, it had to be a rather rational and sensible kind of talk. A vast sector of modern advertising is different ; it does not appeal to reason but to emotion ; like any other kind of hypnoid suggestion, it tries to impress its customers emotionally and then make them submit intellectually. This type of advertising impresses the customers by all sorts of means such as the repetition of the same formula again and again. All these methods are essentially irrational ; they have nothing to do with the qualities of the merchandise, and they suppress and kill the critical capacities of the customers.

▶ 광고 기법의 변화에 대해서 이야기하고 있다.

① Significance of the Sales Talk
② Change in Advertising Methods
③ Critical Capacities of the Customers
④ Importance of Emotional Advertising Slogans

sales talk 구매권유, 상술　**rational** (행동·생각 등이) 합리적인, 이성적인　**merchandise** 물품, 상품　**objective** 목적, 목표　**sensible** 분별 있는, 합리적인　**vast** 어마어마한, 방대한　**hypnoid** 수면(최면)상태의　**intellectually** 지능의, 지적인

① 상술의 중요성
② 광고기법의 변화
③ 고객들의 비판적인 능력
④ 감성적인 광고슬로건의 중요성

「옛날 상인의 상술은 본질적으로 합리적이었다. 그는 자신의 제품에 대해 알고 있었고, 고객의 필요도 알고 있었으며, 이러한 지식을 바탕으로 상품을 판매하려고 노력했다. 확실히 그의 상술은 전적으로 객관적이지는 않았지만, 그가 할 수 있는 최대한의 설득을 하였다. 그러나 (판매)효과를 얻기 위해서는 보다 합리적이고 분별 있는 종류의 권유여야 했다. 상당 분야의 현대의 광고는 다르다 ; 이성에 호소하는 것이 아니라 감정에 호소한다 ; 여느 다른 종류의 최면상태에서의 암시처럼 현대 광고는 고객들에게 감정적으로 강한 인상을 심어놓고는 고객들을 지적으로 동의시키게끔 만든다. 이러한 유형의 광고는 같은 말을 반복하는 모든 종류의 수단으로 고객들에게 반복하여 인상을 심어 놓는다. 이러한 모든 방법들은 분명히 비이성적이다 ; 그것들은 상품의 질과는 아무 관련이 없으며, 고객들의 비판적인 능력을 억압하고 죽인다.」

〈주제(topic) 찾기〉
주제는 글의 중심생각으로 이 유형은 그것을 묻는 문제이다. 주제는 보통 주제문에 분명하게 드러나므로 전체 글을 이해하여 주제문을 찾는 것이 중요하다.

1 다음 글의 주제로 가장 적합한 것은?

Many women have prolonged difficulties achieving good sleep. As mothers, students, caretakers, and professionals, many of us lead hectic lives, filled with both obvious and subtle stressors that are on our minds as we attempt to settle into sleep. The sheer numbers of over-the-counter and prescription sleep aids give you an idea of how widespread insomnia is today. But the problem with these sleep aids is that even though they induce drowsiness, they do not promote real sleep — deep, lasting, and refreshing. And some of these agents, if taken over the course of months may lead to dependency or stop working altogether. Don't be surprised if your physician is not inclined to prescribe them.

① Women, as opposed to men, suffer from insomnia.
ⓑ There are many different kinds of pills for insomnia, but their safety isn't guaranteed.
③ Many women suffer from insomnia, but they need prescription to purchase sleep aids that help alleviate their symptom.
④ Many women suffer from insomnia, but doctors will never prescribe sleep aids for them.

prolonged 오래 끄는, 장기의　**achieve** 이루다, 달성하다　**caretaker** 관리인, 대행인　**hectic** 몹시 바쁜　**subtle** 미세한, 치밀한　**stressor** 스트레스 요인　**attempt** 기도하다, 시도하다　**settle** 해결하다, 진정시키다 **over-the-counter** 약사의 처방 없이 팔 수 있는　**prescription** 처방　**aid** 거들다, 원조　**insomnia** 불면증 **induce** 권유하다, 설득하다, 유도하다, 유발하다　**drowsiness** 졸음　**promote** 촉진하다, 진행시키다 **dependency** 의존　**altogether** 전적으로, 완전히　**inclined** ~하고 싶은, 내키는

① 남성들과 반대로 여성들은 불면증으로 고생한다.
② 불면증 치료를 위한 많은 종류의 약이 있어도 안전에 대하여는 보장 못한다.
③ 많은 여성들이 불면증으로 고생하지만 증상을 호전시키는데 도움이 되는 수면보조제를 구입하기에는 처방이 필요하다.
④ 많은 여성들이 불면증으로 고생하지만 의사들은 결코 수면보조제를 처방하지 않는다.

「많은 여성들이 숙면을 이루는데 장기적인 어려움을 겪고 있다. 엄마, 학생, 관리자 그리고 전문가 등 많은 여성들이 수면을 취하려고 시도하면 정신을 괴롭히는 명백하고 치밀한 스트레스요인들로 가득 찬 채 바쁜 삶을 살고 있다. 의사의 처방 없이 팔 수 있는 것과 처방이 필요한 수면보조제의 수로 오늘날 불면증이 얼마나 광범위하게 퍼져 있는지 당신은 생각할 수 있다. 그러나 이러한 수면보조제들이 졸음을 유발하지만, 깊고, 지속적이며, 상쾌한 진정한 숙면을 진행시키지는 못한다. 그리고 수면보조제를 몇 달간 복용하게 된다면 수면보조제에 대한 의존을 높이거나 혹은 완전히 효과가 없을 것이다. 만약 당신의 의사가 수면보조제를 처방할 마음이 없다고 하여도 놀라지 마라.」

▶ 수면보조제가 진정한 숙면을 돕지는 못하며 그 안전성에 대해서도 의구심이 든다는 내용을 서술하고 있다.

2 다음 글의 주제로 가장 적합한 것은?

Tobacco kills more people than all other drugs combined. The effects of smoking cause heart attacks, lung cancer, oral cancer, memory loss, and countless other diseases. The reason for these health problems is that each cigarette is filled with more than 200 different toxins including nicotine, a drug so powerful that it's more addictive than heroin. Furthermore, second-hand smoke affects countless innocent people who end up suffering for someone else's bad addiction. For this reason, smoking is more dangerous and less excusable than other drugs.

① The baneful influence of tobacco　② Relationship between tobacco and cancer
③ Hazard of second-hand smoking　④ The toxic effects of nicotine

tobacco 담배　**drug** 약물　**lung** 폐, 허파　**toxin** 독소　**addictive** 중독성의, 습관성의　**futhermore** 게다가　**innocent** 결백한, 무죄의, 순진한　**excusable** 용서할 수 있는, 변명이 서는　**baneful** 파멸시키는, 유해한　**hazard** 위험, 유해성　**second-hand** 간접의, 간접적인

① 담배의 유해한 영향
② 담배와 암 사이의 관계
③ 간접흡연의 위험성
④ 니코틴의 유독한 영향

「담배는 다른 모든 약물을 합친 것보다 많은 사람을 죽인다. 흡연의 영향은 심장마비, 폐암, 구강암, 기억상실, 셀 수 없는 다른 질병을 야기한다. 이러한 건강상 문제들의 원인은 담배 한 개피마다 헤로인보다 중독성이 더욱 강한 마약인 니코틴을 포함한 200개의 다른 독성물질로 가득하기 때문이다. 게다가, 간접흡연은 셀 수 없이 많은 무고한 사람들에게 영향을 미치는데 그들은 다른 사람의 나쁜 중독으로 인해 고통받는다. 이러한 이유로, 흡연은 다른 약물들보다 더욱 위험하고 변명의 여지가 덜 하다.」

▶ 주제문은 보통 글의 첫부분이나 끝부분에 나오는 경우가 많으므로 특히 주의해서 읽어야 한다.

 Type3 다음 글의 요지로 가장 적절한(알맞은) 것은?

〈요지(main idea) 찾기〉
이 유형은 주어지는 글의 요지를 찾는 문제로 주제를 찾는 문제와 드러나는 차이는 보이지 않는다. 다만, 글을 나타내는 상징성의 정도가 요지 < 주제 < 제목의 순으로 드러난다. 이 유형의 문제도 제목·주제를 찾는 문제와 마찬가지로 우선 글의 전체 내용을 개괄적으로 파악하는 능력이 필요하다.

다음 글의 요지로 가장 적절한 것은?

In times of economic recession when jobs are hard to find, it is important to organize your job search carefully. Here are some tips to make your search more productive. First of all, consider that your job is getting a job. Work at getting a job every day for a regular number of hours. Next, ask people whom you know to suggest other people for you to talk to others about a job. Offer to work part-time if a full-time job is not immediately available. Appear willing and eager. Most important, don't get discouraged and give up. Your job search will eventually be successful if you work hard at getting work.

① 힘든 일을 할수록 적당한 휴식을 취하면 능률이 더 높아진다.
② 성공하기 위해서는 먼저 자신의 특기와 적성을 파악할 필요가 있다.
③ 전임근무보다는 시간제 근무로 직장생활을 시작하는 것이 더 유리하다.
④ 직장을 얻기 원한다면 구체적이고 열성적인 구직계획을 세워야 한다.

▶ 이 문제는 문두에서 글의 주제를 어느 정도 나타내고 있으며, 그 이하 문장이 이를 부연설명하고 있다.

recession 불경기, 경기후퇴 organize 체계화하다, 정리하다, 계획하다 tip 정보, 조언, 힌트, 비결 productive 생산적인, 다산의, (토지가) 비옥한 consider 숙고하다, 고찰하다 immediately 즉시, 곧, 직접 available 유효한, 소용이 되는, 이용할 수 있는, 입수할 수 있는 part-time 비상근 appear 나타나다, ~임이 분명하다 willing 자발적인, 기꺼이 ~하는 eager 열심인, 열망하는, 간절히 하고 싶어 하는 discuraged 낙담한 give up 포기하다 eventually 결국

「불경기 때, 직장을 찾기 힘들 때, 당신의 직업을 구하는 것을 신중히 체계화하는 것이 중요하다. 여기 당신의 구직을 더 생산적이게 하는 몇 가지 조언이 있다. 무엇보다도, 당신의 일은 직업을 구하는 것임을 숙고해야 한다. 매일 정해진 시간 동안 직업을 찾으려고 힘을 다해라. 다음에는, 당신이 알고 있는 사람들에게 당신을 위해 다른 사람들에게 직장에 관해 이야기하도록 요청해라. 전임근무가 즉시 유효하지 않다면 비상근직을 제안하라. 자발적이며 열성적인 것처럼 보여라. 가장 중요한 것은 낙담하지 말고 포기하지 말아라. 당신의 구직 활동은 당신이 직업을 얻고자 노력한다면 결국에는 성공할 것이다.」

 Type4 다음 글의 요지를 한 문장으로 요약할 때 빈칸에 들어갈 알맞은 것은?

〈요약하기〉
이 유형은 글의 요지를 파악하는 능력과 함께 쓰기 능력을 간접적으로 평가하는 문제이다. 따라서 글의 요지와 요지와 관계되는 세부내용을 모두 파악하여 간결하게 하나의 압축된 문장으로 바꾸어 표현할 수 있어야 한다.

다음 글을 읽고 밑줄 친 곳에 들어갈 가장 알맞은 것을 고르면?

Wildlife officials would introduce five bears to the Bitterroot Mountains each year for five consecutive years, starting in 2002. They anticipate that the grizzly population, with its slow reproductive cycle, would take more than 100 years to reach the projected goal of about 300 bears.

▶ 야생동물보호 공무원 들은 회색공의 개체수를 300마리까지 증가시키려 하고 있다.

Wildlife officials have a plan _____

① to set bears free to increase their population.
② to observe the grizzlys' behavior in a wild state.
③ to live with five bears in the Bitterroot Mountains.
④ to reproduce bears in an extremely controlled situation.

wildlife 야생동물 official 관리인, 공무원 consecutive 연속적인, 계속되는, 시종일관된 anticipate 예상하다, 기대하다 grizzly 회색곰 reproduce 번식하다, 번식시키다
① 야생동물보호 공무원들은 회색곰의 개체수 증가를 위해 곰을 놓아줄 계획을 가지고 있다.
② 야생동물보호 공무원들은 야생상태에서의 회색곰의 행동을 감시할 계획을 가지고 있다.
③ 야생동물보호 공무원들은 Bitterroot Mountains에 5마리의 곰들과 함께 거주할 계획을 가지고 있다.
④ 야생동물보호 공무원들은 극히 제한된 장소에서 곰들을 번식시킬 계획을 가지고 있다.

「야생동물보호 공무원들은 2002년을 시작으로 5년마다 계속적으로 Bitterroot Mountains에 다섯 마리의 곰을 들여올 것이다. 그들은 낮은 번식률로 인하여 회색곰의 개체수가 목표점인 300마리에 이르는 데까지는 100년 이상이 걸릴 것으로 예상하고 있다.」

1 글의 요지로 가장 적절한 것은?

2021. 9. 11. 지역인재 9급 선발시험

One way to define *organization* is to identify its common elements. First, an organization is composed of people. Without people and their interaction, an organization could not exist. Whether as salaried, hourly, or contract employees or volunteers, these organizational members interact with one another and the organization's clients and customers in purposeful goal-directed activity. Interaction in organizations is purposeful because people interact with organizations with a goal in mind. For example, cashiers at the grocery store expect that they will scan the products that customers bring to their checkout lanes. Customers visit the grocery store to buy items and expect products to be on the shelves in a reasonable order. Whether you are the cashier or the customer, you have an expectation about the communication that will occur as you engage in these organizational roles of store clerk and customer. The point here is that people in organizations do not act randomly. Rather, organizations are sites of controlled and coordinated activity.

① An organization can control its members with no special contract.
② An organization is composed of purposeful and coordinated interaction among people.
③ Customers are required to follow the social and organizational behavior in grocery stores.
④ Good modern organizational behavior considers the needs of other members in advance.

TIP define 정의하다 identify 식별하다 interaction 상호작용 exist 존재하다 salaried 봉급을 받는 contract 계약자 volunteer 자원봉사자 organizational 조직적인 purposeful 목적이 있는 interaction 상호작용 cashier 계산원 shelf 선반 reasonable 합리적인 order 질서 occur 발생하다 randomly 무작위로 coordinate 조정하다
글의 전반부에서 조직의 정의에 대해서 언급하면서 조직은 상호작용 없이 존재할 수 없다고 하였으므로 ②번이 답이 된다.
① 조직은 특별한 계약 없이 구성원을 통제할 수 있다.
② 조직은 사람들 간의 목적적이고 조정된 상호작용으로 구성된다.
③ 고객들은 식료품점에서의 사회적, 조직적 행동을 따라야 한다.
④ 좋은 현대적 조직행동은 다른 구성원들의 요구를 미리 고려한다.
「조직을 정의하는 한 가지 방법은 조직의 공통 요소를 식별하는 것입니다. 첫째, 조직은 사람들로 구성되어 있습니다. 사람들과 그들의 상호작용 없이 조직은 존재할 수 없습니다. 월급쟁이, 시간제, 계약직 직원이든 또는 자원봉사자이든, 조직 구성원들은 서로 상호작용하고, 중대한 목표 지향적인 활동 속에서 조직의 고객 및 손님과 상호작용합니다. 조직 내에서의 상호작용은 사람들이 목표를 염두에 두고 조직과 상호작용하기 때문에 목표 지향적입니다. 예를 들어, 식료품점의 계산원들은 고객들이 계산대로 가져오는 상품들을 스캔할 것으로 예상합니다. 고객들은 물건을 사기 위해 식료품점을 방문하며 제품이 합리적인 순서로 진열되어 있기를 기대합니다. 당신이 계산원이든 고객이든, 당신은 점원과 고객이라는 조직적인 역할에 참여할 때 발생하는 의사소통에 대한 기대를 합니다. 여기서 요점은 조직 내 사람들이 무작위로 행동하지 않는다는 것입니다. 오히려, 조직은 통제되고 조정된 활동을 하는 장소입니다.」

Answer 1.②

2 글의 제목으로 가장 적절한 것은?

2021. 9. 11. 지역인재 9급 선발시험

Asthma can take a toll on the body leading to long-term problems. Frequent asthma attacks make individuals more susceptible to disease. When the body repeatedly gets less oxygen than it needs, every cell in the body is forced to work harder to compensate. Over time, this can weaken the whole body and make people with asthma more susceptible to contracting other diseases. Chronic inflammation, too, can stress the body and make it more vulnerable to disease. In addition, over a period of time, inflammatory chemicals can erode the lining of the lungs, destroying and damaging cells. Frequent asthma attacks can lead to a barrel-chested appearance. People with asthma repeatedly use muscles to breathe that people without asthma use only after strenuous exercise. These muscles, which surround the neck, ribs, collarbone, and breastbone, help expand the rib cage in order to allow more air to be taken in. When these muscles are used often, the lungs become permanently overinflated and the chest becomes contorted, resulting in a barrel-chested appearance.

① Physical effects of asthma
② How to avoid germ and illness
③ Self-protection from asthma attacks
④ Destruction of immune system by asthma

TIP asthma 천식 take a toll 피해를 주다 susceptible 민감한 compensate 보상하다 weaken 약하게 하다 contract 병에 걸리다 inflammation 염증 vulnerable 상처받기 쉬운 in addition 게다가 inflammatory 염증성의 erode 침식시키다 barrel-chested 튼튼한 가슴의 appearance 모양 breathe 호흡하다 strenuous 열심인 collarbone 쇄골 breastbone 흉골 rib cage 흉곽 permanently 영구적으로 overinflated 지나치게 팽창한
첫 문장이 주제문으로서, 천식이 신체적으로 어떤 영향을 미칠 수 있는지를 설명하고 있는 글이다.
① 천식의 신체적 영향
② 세균과 질병을 피하는 방법
③ 천식 발작으로부터의 자기 보호
④ 천식에 의한 면역체계의 파괴
「천식은 신체에 장기간의 문제로 이어지는 타격을 줄 수 있다. 잦은 천식 발작은 사람들을 질병에 더 취약하게 만든다. 몸이 필요한 것보다 적은 산소를 반복적으로 섭취할 때, 몸의 모든 세포는 보상하기 위해 더 열심히 일하도록 강요받는다. 시간이 지남에 따라, 이것은 몸 전체를 약하게 하고 천식을 앓고 있는 사람들을 다른 질병에 걸리기 더 쉽게 만들 수 있다. 만성 염증 또한 신체에 스트레스를 주고 질병에 더 취약하게 만들 수 있다. 게다가, 일정 기간 동안, 염증성 화학물질은 폐의 내벽을 침식시켜 세포를 파괴하고 손상시킬 수 있다. 빈번한 천식 발작은 가슴이 잘 발달된 모습을 초래할수 있다. 천식이 있는 사람들은 호흡하기 위해서 천식이 없는 사람들이 격렬한 운동 후에만 사용하는 근육을 사용한다. 목, 갈비뼈, 쇄골, 가슴뼈를 둘러싸고 있는 이 근육들은 더 많은 공기가 유입되도록 늑골을 확장시키는 데 도움을 준다. 이 근육들이 자주 사용되면, 폐가 영구적으로 과도하게 부풀어 오르며 가슴이 뒤틀려, 가슴이 잘 발달된 모습을 초래하게 된다.」

Answer 2.①

3 글의 주제로 가장 적절한 것은?

2021. 9. 11. 지역인재 9급 선발시험

The term blended learning has been used for a long time in the business world. There, it refers to a situation where an employee can continue working full time and simultaneously take a training course. Such a training course may use a web-based platform. Many companies are attracted by the potential of blended learning as away of saving costs; employees do not need to take time out of work to attend a seminar; they can work on their course in their own time, at their own convenience and at their own pace. Companies around the world have moved parts of their in-house training onto e-learning platform, and use sophisticated tools such as learning-management systems in order to organize the course content. The mode of delivery may include CD-ROM, web-based training modules and paper-based manuals.

① the development process of blended learning
② the stability of a blended learning system
③ the side effects of blended learning in current society
④ the benefits of blended learning in the business world

TIP **refer to** 지칭하다 **simultaneously** 동시에 **seminar** 세미나 **convenience** 편리함 **in-house** 사내의 **sophisticated** 복잡한 **delivery** 전달
글의 전반부에서 많은 기업이 비용을 절감하는 방법으로 블렌디드 러닝의 가능성에 매력을 느낀다고 나와 있으므로 ④번 보기가 가장 정답에 가깝다.
① 블렌디드 학습의 발달 과정
② 블렌디드 학습 시스템의 안정성
③ 현대 사회의 블렌디드 학습의 부작용
④ 비즈니스 세계에서의 블렌디드 학습의 이점
「블렌디드 러닝이라는 용어는 비즈니스 세계에서 오랫동안 사용되어 왔습니다. 종업원이 풀타임으로 계속 일하는 것과 동시에 트레이닝 코스를 수강할 수 있는 상황을 말합니다. 이러한 트레이닝 코스는 웹기반으로 하는 플랫폼을 사용할지도 모릅니다. 많은 기업이 비용을 절감하는 방법으로 블렌디드 러닝의 가능성에 매력을 느끼고 있습니다. 종업원은 세미나 참석을 위해 직장에서 나와 시간을 할애할 필요가 없습니다. 직원은 자신의 시간, 편리함, 페이스에 따라 코스를 밟을 수 있습니다. 전 세계 기업들이 사내 트레이닝의 일부를 e-러닝 플랫폼으로 옮기고, 그 과정의 내용을 정리하기 위해서 학습 관리 시스템과 같은 복잡한 도구를 사용합니다. 전달 방식에는 CD-ROM, 웹 기반 트레이닝 모듈 및 종이 기반 매뉴얼이 포함될 수 있습니다.」

Answer 3.④

4 글의 요지로 가장 적절한 것은?

2020. 9. 26. 지역인재 9급 선발시험

A recent review of 38 international studies indicates that physical activity alone can improve self-esteem and self-concept in children and adolescents. Apparently, the exercise setting also matters. Students who participated in supervised activities in schools or gymnasiums reported more significant growth in self-esteem than those who exercised at home and in other settings. Adolescents' self-concept is most strongly linked to their sense of physical attractiveness and body image, an area where many people struggle. So, encourage more regular exercise programs during and after school, and support team sports, strength training, running, yoga, and swimming—not just for their effects on the body but on the mind as well.

① More physical activities should be encouraged to students.
② Physical attractiveness is closely connected with self-esteem.
③ Team teaching is one of the most efficient pedagogical approaches.
④ The exercise setting doesn't matter for the good image of your body.

TIP adolescent 청소년 gymnasium 체육관 pedagogical 교육적
① 더 많은 신체 활동이 학생들에게 더 장려되어야 한다.
② 신체적 매력도는 자존감에 면밀히 연결되어 있다.
③ 팀을 지도하는 것은 가장 교육적인 접근법들 중 하나이다.
④ 운동 환경은 당신의 좋은 신체상에 문제가 되지 않는다.
「38편의 국제 연구에 대한 최근 논평은 혼자 하는 신체 활동은 아동기와 청소년기에 자존감과 자기개념을 향상시킬 수 있다는 것을 보여준다. 들어보면 운동환경 또한 중요하다. 학교나 체육관에서 감독에게 훈련받는 활동에 참여한 학생들은 집과 다른 환경에서 운동했던 사람들 보다 자존감의 더 큰 성장을 보고했다. 청소년들의 자아개념은 많은 사람들이 고심하는 영역인 신체적 매력도와 신체상 인식에 가장 강하게 관련되어 있다. 그저 신체뿐 아니라 정신에도 영향을 주기 위해서 방과 후와 학교 수업에서 더 규칙적인 운동 프로그램을 권장하고, 팀 스포츠와 근력운동, 달리기, 요가, 수영을 지원하라.」

Answer 4.①

5 글의 주제로 가장 적절한 것은?

2020. 9. 26. 지역인재 9급 선발시험

In the formation of his psychological theory, Carl Jung was for a time strongly influenced by Patañjali's Yoga Psychology. The period of influence was mainly in the 1920s, but by the end of the 1930s Jung's main attention turned back to Western thought. This is especially evident if the cognitive aspects of his psychology, for example, the processes of memory, perception, and thinking are analyzed in relation to the corresponding concepts found in Patañjali's Yoga Sutras. Such an analysis shows that at least one of the reasons Jung could not completely identify with Patañjali's Yoga was the lack of distinction between philosophy and psychology that seems to typify much Eastern thought. In line with other modern Western thinkers, Jung claimed to follow the scientific method of keeping a clear distinction between the description of cognitive processes, on the one hand, and truth claims attesting to the objective reality of such cognitions, on the other.

① the influence of Yoga on Jung
② Jung's desperate search of objective reality
③ Jung combining Eastern intuition with Western science
④ Jung's shift of interest from Yoga Psychology to Western thoughts

TIP formation 형성 perception 자각 correspond 상응하다, 부합하다 sutras 경전 typify 특징이다 attest 입증하다 intuition 직관력
① Jung에게 미친 요가의 영향
② 객관적인 실재를 향한 Jung의 절박한 연구
③ 서양의 과학과 동양의 직관력을 결합힌 Jung
④ 요가 심리학에서 서양 사상으로 Jung의 관심 변화

「심리학적 이론의 형성에서 Carl Jung은 잠시 Patañjali의 요가 심리학에 강하게 영향받았다. 영향받은 기간은 주로 1920년대였지만, 1930년 끝에 Jung의 주요 관심은 서양 사상으로 다시 바뀌있다. 만약 그의 심리학 인지 양상, 예를 들어 기억 처리, 자각, 사고가 Patañjali의 요가 경전에서 보이는 상응 개념과 관련이 있다고 분석되었다면 이 점은 특히 자명하다. 그런 연구에서 적어도 Jung을 Patañjali의 요가와 완전히 동일시킬 수 없는 이유들 중 하나가, 많은 동양적 사상을 특징짓는 것으로 보이는 철학과 심리학 사이에서의 차이점 부족이다. 다른 현대 사상가들과 함께, Jung은 한편으로는 인지 과정의 서술들과, 다른 한편으로는 그런 인지의 객관적인 실재성을 입증하고 있는 실증되지 않은 가설들 사이에서, 분명한 차이를 유지하는 과학적 방법을 따라야 한다고 주장했다.」

Answer 5.④

6 글의 주제로 가장 적절한 것은?

2019. 8. 17 지역인재 9급 선발시험

> Every aspect of human development, health and well-being depends on our ability to navigate and form loving social relationships. Several recent studies, however, suggest that adults are compromising those relationships when they divert their attention from their infants to the cell phones. In one, infants were more negative and less exploratory when parents picked up their phones. Society's 12-year unintended experiment since smart phones were introduced may be the culprit for tweens who are less socially attuned and for the 74% of pre-K-to-8 school principals who lamented that their biggest concern was the stark increase in children who suffer from emotional problems. Our digital habits might be getting in the way of our interpersonal relationships.

① How cell phones can assist young students' study
② How cell phones can change the education system
③ How cell phones interrupt human relationships
④ How cell phones affect physical development

TIP aspect 측면 compromis (특히 무분별한 행동으로) ~을 위태롭게 하다, 타협하다 exploratory 탐사의 ; 탐구의 culprit 범인, 장본인, 원인 attune 익숙하게 하다 lamente 애통[한탄]하다

마지막 문장에서 디지털 습관이 대인관계에 방해가 될 수 있다고 했으므로 글의 주제는 ③번이 적절하다.
① 휴대폰이 어린 학생들의 교육을 어떻게 도울 수 있는가
② 휴대폰이 어떻게 교육 시스템을 바꿀 수 있는가
③ 휴대폰이 인간관계를 어떻게 방해하는가
④ 휴대폰이 신체발달에 어떻게 영향을 미치는가

「인간의 발전, 건강, 그리고 웰빙의 모든 측면은 사랑하는 사회적 관계를 탐색하고 형성하는 우리의 능력에 달려있다. 그러나 최근 몇몇 연구는 성인들이 그들의 관심을 그들의 아이에게서 휴대전화로 돌릴 때 그러한 관계를 위태롭게 하고 있다는 것을 시사한다. 일례로, 유아들은 부모들이 그들의 핸드폰을 들었을 때 더 부정적이고 덜 탐구적이었다. 스마트폰이 출시된 이래로 사회의 12년간의 의도되지 않은 실험은 사회적으로 잘 적응하지 못하는 십대들과, 그들의 가장 큰 염려는 정서적 문제로 고통받는 아이들의 극명한 증가라고 한탄한 K-8의 교장 74%의 원인일지도 모른다. 우리의 디지털 습관은 대인 관계에 방해가 될 수도 있다.」

Answer 6.③

7 글의 요지로 가장 적절한 것은?

2019. 8. 17 지역인재 9급 선발시험

> Much will be done if we do but try. Nobody knows what he can do till he has tried; and few try their best until they have been forced to do it. "If I could do such and such a thing," sighs the desponding youth. But nothing will be done if he only wishes.

① 누군가의 강요 때문에 최선을 다하는 것은 의미가 없다
② 최선을 다하기 전에 실망하는 것은 금물이다.
③ 젊은이들은 먼저 자신의 능력을 알아야 한다.
④ 모든 일에서 시도해 보는 것이 중요하다.

TIP ④ 제시된 글은 시도하고 노력해 봐야지 자신의 능력을 알 수 있다고 말한다.

「우리가 노력만 한다면 많은 것이 행해질 것이다. 그가 노력을 할 때까지 그가 무엇을 할 수 있는 지는 아무도 모른다.; 그리고 그들이 그것을 하라고 강요받기 전까지 그들의 최선을 다하는 사람은 거의 없다. "만약 내가 그러한 일을 할 수 있다면," 낙담한 청년들은 한숨짓는다. 그러나 소원을 빌기만 해선 아무것도 이루어지지 않는다.」

8 글의 요지로 가장 적절한 것은?

2019. 8. 17 지역인재 9급 선발시험

> Words are powerful and they can be a leader's greatest friend or foe. Wise leaders will find a way to use their words to their advantage. Great leaders will use their communication as a tool to empower and develop their followers. Leadership is all about the people, not the leader. Leadership is the ability to inspire vision, strength, and influence into people through the usage of positive communication. Thus, positive communication is essential to leaders who are attempting to develop people. Leaders will be much more likely to empower and develop their followers by being quick to praise, slow to judge, leading by faith, not by fear, and restoring people gently through positive communication.

① 리더에게는 적극적인 의사결정 능력이 필요하다.
② 리더에게는 긍정적인 말의 사용이 중요하다.
③ 리더는 의사소통에 자신감을 가져야 한다.
④ 리더는 상대방의 의견을 존중하여야 한다.

TIP foe 적   empower 권한을 주다   restore 회복시키다

「말은 강력하고 그것들은 지도자의 가장 좋은 친구이자 적이다. 현명한 지도자들은 그들의 말을 그들에게 유리하게 사용하는 방법을 찾을 것이다. 위대한 지도자들은 그들의 의사소통을 그들의 추종자들에게 힘을 주고 발전시키는 도구로 사용할 것이다. 리더십은 리더가 아니라 국민에 대한 모든 것이다. 리더십은 긍정적인 의사소통의 사용을 통해 사람들에게 비전, 힘, 영향력을 불어넣는 능력이다. 그러므로, 긍정적인 의사소통은 사람들을 개발하려는 지도자들에게 필수적이다. 리더는 빠르게 칭찬하고 천천히 판단하며 두려움이 아닌 믿음으로 이끌고 긍정적인 소통을 통해 사람들을 부드럽게 회복시킴으로써 그들의 추종자들에게 힘을 주고 발전시킬 가능성이 훨씬 더 높을 것이다.」

Answer 7.④ 8.②

1 다음 글의 제목으로 가장 적절한 것을 고르시오.

University students in several of my seminar classes sat in a circle and each student took turns telling the others his or her name. At the end of the round of introductions, the students were asked to write down the names of as many other students as they could remember. In almost every case, students wrote down the name of students that were seated far away from them. However, surprisingly, they weren't able to recall the names of students who were seated close to them. This effect was worst for the students who sat on either side of them. What was the reason for such findings? The student who was next in line for an introduction was clearly on edge and after finishing his or her introduction, he or she was preoccupied with calming his or her nerves. The effect was clearly due to the social anxiety they experienced immediately before and after having to introduce themselves to the entire group.

① Ways to Cope with Nervousness
② Useful Strategies for Better Memory
③ How to Remember Uncommon Names
④ Nervousness and Its Effects on Memory

TIP take turns ~을 교대로 하다 finding 조사[연구] 결과 on edge 흥분한, 안절부절못하는 nerve 신경, 신경과민 be preoccupied with ~에 몰두하다 calm 진정시키다, 달래다

④ 둥글게 앉아서 돌아가며 자신의 이름을 말할 때, 가까이에 앉은 이들의 이름은 기억하지 못하면서 멀리 있는 이들의 이름을 더 많이 기억하는 이유가 자기를 소개하기 전후에 겪는 초조함 때문이라는 내용의 글이므로, 제목으로 'Nervousness and Its Effects on Memory(초조함과 그것이 기억력에 미치는 영향)'가 가장 적절하다.
① 초조함을 감당하는 법
② 기억을 더 잘하기 위한 유용한 전략
③ 흔하지 않은 이름을 기억하는 방법
④ 초조함과 그것이 기억력에 미치는 영향

「나의 몇몇 세미나 수업의 대학생들은 둥글게 둘러앉았고, 각각의 학생들은 돌아가며 자신들의 이름을 말했다. 소개가 한 번 돌아간 후에 그 학생들은 그들이 기억할 수 있는 한 많은 다른 학생들의 이름을 적으라고 요청을 받았다. 거의 모든 경우에 학생들은 그들로부터 멀리 떨어져 앉은 학생들의 이름을 기억했다. 그러나 놀랍게도, 그들은 그들과 가까이에 앉은 학생들의 이름을 기억할 수가 없었다. 이런 결과는 그들의 양쪽에 앉은 학생들에게는 가장 나빴다. 그러한 조사 결과가 나온 이유는 무엇인가? 소개할 다음 차례의 학생은 분명 초조했고, 소개를 끝낸 후에, 자신의 초조함을 가라앉히는 데 사로 잡혀 있었다. 그 결과는 전체의 무리에게 자신을 소개하기 직전과 직후에 그들이 경험했던 사회적인 걱정 때문이었다.」

Answer 1.④

2 다음 글의 주제로 가장 적합한 것은?

Today's consumers are faced with a wider range of choices than ever before. To buy economically, as well as to protect the environment, follow these basic principles. Before making any purchase, do your research. Select products made from renewable resources, such as wood and wool. Buy reusable products. For example, buy washable cloth towels rather than paper cups. Buy local produce that is in season. It is usually cheaper and fresher and has less impact on the environment. Look for all-natural, non-toxic products that break down without leaving harmful residues in the environment.

① Tips for buying economically and eco-friendly
② Difficulties in choosing the right things
③ Effects of economy on environment
④ Various kinds of resources

TIP consumer 소비자 economically 경제적으로 principle 원칙 renewable 재생 가능한 reusable 재활용 할 수 있는 washable 빨 수 있는, 씻을 수 있는 non-toxic 무독성의 residue 잔여물 eco-friendly 친환경적인
① 경제적이고 친환경적으로 구입하기 위한 조언
② 올바른 물건을 고르기 위한 어려움들
③ 환경에 대한 경제의 영향
④ 다양한 종류의 자원
「오늘날의 소비자들은 예전보다 훨씬 넓은 범위의 선택에 직면한다. 환경을 보호하는 것뿐만 아니라 경제적으로 구매하기 위해서 이러한 기본적 원칙을 따라야 한다. 어떤 구매를 하기 전에, 조사를 해라. 나무와 양모 같은 재생 가능한 자원으로 만들어진 상품을 선택하라. 재사용 가능한 상품을 사라. 예를 들어, 일회용 종이컵 대신 씻을 수 있는 천 타월을 사도록 해라. 제철인 지역 농산물을 구매하라. 그것은 보통 싸고, 신선하고 자연환경에 거의 영향을 주지 않는다. 자연에 해로운 잔여물을 남기지 않고 분해되는 자연의, 천연의 무독성의 상품을 찾아라.」

3 다음 글의 주제로 가장 적절한 것은?

Egypt has many great pyramids. But Egypt is not the only country that built pyramids. The people of Mexico also built pyramids. Their greatest is the Pyramid of the Sun. It is located near Mexico City. It is as high as a twenty-story building. This pyramid was built about two thousand years ago, when workers did not have any metal tools, animals, or carts. It is thought that it took ten thousand workers over twenty years to build this pyramid.

① Interest of tourists
② Egyptian pyramids
③ Pyramids in Mexico
④ Materials used in pyramids

TIP be located ~에 위치하다 story (건물의) 층 metal 금속의 cart 수레
① 관광객들의 흥미
② 이집트 피라미드
③ 멕시코에 있는 피라미드
④ 피라미드에 사용된 재료
「이집트에는 거대한 피라미드가 많이 있다. 그러나 이집트가 피라미드를 건설한 유일한 나라는 아니다. 멕시코인들도 피라미드를 건설하였다. 그들의 가장 큰 피라미드가 태양 피라미드이다. 그것은 Mexico City 근처에 있다. 그것의 높이는 20층짜리 고층건물과 맞먹는다. 이 피라미드는 약 2,000년 전에 건설되었는데, 그 당시는 노역자들에게 금속도구나 가축들, 수레 등이 없던 시절이었다. 이 피라미드를 건설하는 데에 10,000명의 노역자와 20년 이상의 기간이 소요되었을 것으로 추정된다.」

Answer 2.① 3.③

4 다음 글의 요지로 알맞은 것은?

Communication is also possible among bees through their sense of smell. A group of bees, called a colony, uses smell to protect itself from other bees. This is possible because all the bees in a colony have a common smell. This smell acts like a chemical signal. It warns the group of bees when a bee from a different colony is near. This way, bees from outside cannot enter and disturb a hive. If an outsider does try to enter, the bees of that colony will smell it and attack.

① How bees live
② How bees communicate through smell
③ The chemical signals of bees
④ The way bees smell and attack

TIP disturb 방해하다, 건드리다
① 벌들이 사는 법
② 벌들이 냄새로 의사소통하는 법
③ 벌들의 화학적 신호
④ 벌들이 냄새맡고 공격하는 법
「의사소통은 벌들에 있어 후각으로도 가능하다. 콜로니라고 불리는 벌들의 무리는, 다른 벌들로부터 자신을 보호하기 위해서 냄새를 사용한다. 이것은 한 콜로니에 속한 모든 벌들이 공통의 냄새를 갖고 있기 때문에 가능하다. 이 냄새는 화학적 신호처럼 작용한다. 이것은 다른 콜로니의 벌이 가까이 왔을 때, 그 집단의 벌들에게 경고를 해준다. 이런 식으로, 외부의 벌들은 다른 벌집으로 들어가서 교란할 수 없다. 만일 외부의 벌이 들어가려고 하면, 그 콜로니의 벌들은 냄새를 맡고 공격할 것이다.」

5 다음 글의 요지로 가장 절절한 것은?

The intelligent doctor listens carefully to patients' complaints before diagnosing the cause of their illnesses. Investment counselors listen to clients' accounts of how they currently manage their financial portfolios before suggesting any changes. The good car salesperson listens to customers' comments on what they are looking for in a vehicle before showing them around the lot. Assembly line workers and construction workers have to listen to and master safety regulations if the company or crew is to remain accident free. The wise manager listens to subordinates' concerns and ideas before moving forward with some bold, potentially costly ventures.

① Many managers of whitecollar workers are good listeners.
② Many managers of bluecollar workers have poor listening skills.
③ It is necessary for teachers to try to develop students' listening skills.
④ No matter what you do for a living it is important to be a good listener.

Answer 4.② 5.④

6 다음 글의 주제로 가장 적합한 것은?

I have always wondered at the passion many people have to meet the celebrated. The prestige you acquire by being able to tell your friends that you know famous men proves only that you are yourself of small account. The celebrated develop a technique to deal with the persons they come across. They show the world a mask, often an impressive one, but take care to conceal their real selves. They play the part that is expected from them and with practice learn to play it very well, but you are stupid if you think this public performance of theirs corresponds with the man within.

① You shouldn't confuse public performance of the celebrated with their real selves.
② You should have the passion to meet celebrated.
③ You should realize that the celebrated take care of their real selves.
④ You may as well think public performance of the celebrated corresponds with their real one.

Answer 6.①

7 다음 글의 제목으로 가장 적절한 것은?

In 2003, Amos Tversky, my younger colleague, and I met over lunch and shared our recurrent errors of judgement. From there were born our studies of human intuition. We could spend hours of solid work in continuous delight. As we were writing our first paper, I was conscious of how much better it was than the more hesitant piece I would have written by myself. We did almost all the work on our joint projects together, including the drafting of questionnaires. Our principle was to discuss every disagreement until it had been resolved to our mutual satisfaction. If I expressed a half-formed idea, I knew that Amos would understand it, probably more clearly than I did. We shared the wonder of owning a goose that could lay golden eggs.

① Human Intuition and Its Role in Decision Making
② A Recipe for Success: Stick to Your Own Beliefs
③ How Pleasant and Productive Collaborative Work Is
④ Place Yourself in Others' Shoes to Mediate Conflicts

TIP recurrent 재발하는, 되풀이되는 intuition 직관, 직감 continuous 끊임없는 delight 기쁨, 즐거움 hesitant 주저하는 joint 공동의, 합동의 draft 밑그림을 그리다 collaborative 협동적인 decision making 의사결정 recipe 처방, 방법, 비결 stick to ~을 고수하다, 지키다 mediate 조정하다, 중재하다 place oneself in others' shoes 다른 사람의 입장에서 생각하다 conflict 분쟁
① 인간의 직감과 의사결정에 대한 그것의 역할
② 성공을 위한 비결 : 당신만의 믿음을 고수하라
③ 협동은 얼마나 즐겁고 생산적인가
④ 다른 사람의 입장에서 생각하여 분쟁을 조정하라
「2003년, 나의 젊은 동료 아모스 트버스키와 나는 점심식사를 하면서 만났고, 우리의 되풀이되는 판단의 오류에 대해 서로 공유하였다. 거기에서부터 인간 통찰에 관한 우리의 연구가 생겨났다. 우리는 계속되는 기쁨 속에서 확고한 작업에 시간을 보냈다. 우리의 첫 번째 논문을 쓰면서, 나는 내가 혼자 썼던 불확실한 글보다 이것이 얼마나 더 나은지를 깨달았다. 우리는 설문조사 초안 작성을 포함하여 거의 모든 작업을 공동의 프로젝트로 함께했다. 우리의 원칙은 모든 의견 차이가 서로 만족스럽게 해결될 때까지 토론하는 것이었다. 내가 불완전한 생각들을 표현하더라도 아모스가 나보다 더 정확히 그것을 이해할 것이란 것을 나는 알았다. 우리는 황금알을 낳는 거위의 소유에 기쁨을 나누었다.」

Answer 7.③

8 다음 글의 내용을 한 문장으로 요약하고자 한다. 빈칸 ⓐ와 ⓑ에 가장 알맞은 것끼리 짝지은 것은?

The United States is often thought of as the most important movie-making country in the world. Hollywood, after all, is there, and Americans do love films. but it is India that makes more films than any other country. The country's total annual output is in the thousands. The country with the most theaters is Russia, which boasts 15,000 movie houses to the United States' 14,000. But people who seem to be the most enthusiastic movie fans on the planet are the Taiwanese. The average citizen of that tiny island nation goes to sixty-five movies per year. In contrast, the average American attends only five films a year.

America's reputation as the movie capital cannot be (ⓐ) in terms of (ⓑ).

① justified − history
③ justified − statistics

② denied − technology
④ denied − population

TIP after all 결국 film 필름, 영화 annual 1년의, 해마다의 output 생산, 산출(량) boast 자랑하다 enthusiastic 열광적인, 열렬한 capital 수도, 중심지, 대문자, 자본(금) justify 정당화하다 deny 부정하다, 취소하다, 거절하다 statistics 통계(자료), 통계학

「미국은 종종 세계에서 가장 중요한 영화제작국으로 여겨진다. 결국 헐리우드가 그 곳에 있으며 미국인들은 정말로 영화를 사랑하지만, 다른 어떤 나라보다 더 영화를 많이 만드는(영화를 가장 많이 만드는) 나라는 인도이다. 그 나라의 연간 영화 총 제작 수는 수천 편에 이른다. 극장이 가장 많이 있는 나라는 러시아인데, 러시아는 미국이 14,000곳인 데 비해 15,000곳의 극장이 있음을 자랑하고 있다. 그러나 지구상에서 가장 열렬한 영화팬인 것처럼 보이는 사람들은 대만 사람들이다. 이 조그만 섬나라의 국민들은 평균 1년에 65편의 영화를 보러 다닌다. 반면에 미국인들은 평균 1년에 고작 5편의 영화를 보러 다닌다. 영화의 중심지로서 미국의 명성은 통계자료의 관점에서 볼 때 정당화될 수 없다.」

9 다음 글의 제목으로 가장 적절한 것은?

We often hear that high achievers are hard-working people who bring work home and labor over it until bedtime. When Garfield interviewed top people in major industries, however, he found that they knew how to relax and could leave their work at the office. They also spent a healthy amount of time with their family and friends. Successful people are willing to work hard, but within strict limits. For them, work is not everything. Will you work hard all the time?

① The Division of Labor
③ A Balanced Life and Success

② Economy and Industries
④ The Importance of Homework

TIP high achiever 성공한 사람, 많은 것을 성취한 사람 hard-working 근면한 labor over 열심히 일하다 division 분할, 분배, 배분
① 노동의 배분 ② 경제와 산업 ③ 균형잡힌 생활과 성공 ④ 집에서 하는 일의 중요성
「우리는 종종 많은 것을 성취한 사람들은 집에까지 일거리를 가져와 잠잘 시간까지 일을 하는 근면한 사람들이라고 듣는다. 그러나 Garfield가 주요 산업의 총수들을 회견했을 때, 그들은 어떻게 휴식하는지를 알고 있었고, 일거리를 사무실에 남겨두고 퇴근한다는 것을 알게 되었다. 그들은 또한 자신들의 가족, 친구들과 함께 충분한 시간을 보냈다. 성공한 사람들은 기꺼이 열심히 일하려고 하지만, 엄격한 한계를 지킨다. 그들에게 일은 전부가 아니다. 당신은 항상 열심히 일하려고 하는가?」

Answer 8.③ 9.③

10 다음 글의 요지로 가장 적절한 것은?

The notion that one has already been educated offers one social permission never to learn anything more. Is it surprising that, under such conditions, so many people as they grow older become incapable of reading, learning, or thinking altogether? In a long-life world of the future, however, this will have to change. As aging people make up larger and larger percentages of the population, it will become more and more dangerous to permit them to remain a nonthinking weight on society. We will have to alter our attitude toward education. Society will have to take it for granted that learning is a life-long privilege and that education is a process to be continued.

① 평생교육을 실시해야 한다.
② 의무교육을 실시해야 한다.
③ 노령인구대책을 세워야 한다.
④ 교육은 사회적 요구를 수용해야 한다.

TIP permission 허락 altogether 전혀 long-life 수명이 긴 nonthinking 생각하지 않는 weight 세력 alter 바꾸다, 고치다 take it for granted that ~ ~을 당연한 일로 여기다(생각하다) life-long 일생의, 평생의 privilege 특권

「사람이 이미 교육받았다는 개념은 그에게 더 이상 어떤 것도 전혀 배우지 말라는 사회적 용인을 주었다. 그런 조건하에서 너무나 많은 사람들이 늙어가면서 읽고, 배우거나 생각하기를 전혀 할 수 없게 된다는 것이 놀랍지 않은가? 그러나 미래의 긴 수명의 세계에서 이것은 바뀌어야 할 것이다. 노인들이 인구의 더 많은 비율을 구성하게 되면서 그들에게 사회의 생각하지 않는 세력으로 남아 있도록 허용하는 것은 점점 더 위험하게 되었다. 우리는 교육에 대한 우리의 태도를 바꾸어야 할 것이다. 사회는 배움이 일생 동안의 특권이고 교육은 계속되어야 할 과정임을 당연하게 받아들여야 할 것이다.」

11 다음 글의 요지로 가장 적절한 것은?

Could Hamlet have been written by a committee, or the "Mona Lisa" painted by a club? Could the New Testament have been composed as a conference report? Albert Einstein devised the theory of relativity without discussing it with anyone. Thomas Edison invented the phonograph alone. Creative ideas do not spring from groups. They spring from individuals. The divine spark leaps from the finger of God to the finger of Adam, whether it takes ultimate shape in a law of physics, a poem or a policy, a sonata or a computer.

① 발명가는 끊임없이 노력해야 한다.
② 배우는 일은 나이와는 관계가 없다.
③ 창의적인 사고는 개인에게서 나온다.
④ 천재는 주변 여건에 의해 만들어진다.

TIP New Testament 신약성서 compose 구성하다, 작성하다, 작곡하다 phonograph 축음기 spring from ~에서 생기다, 나오다 divine 신의, 신이 준 spark (재능·재치 등의) 번득임 ultimate 최후의, 궁극적인

「햄릿이 위원회에 의해 쓰여지거나 "모나리자"가 클럽에 의해 그려질 수 있었을까? 신약성서가 회의보고서로 작성될 수 있었을까? 앨버트 아인슈타인은 어느 누구와도 상의하지 않고 상대성 이론을 만들어냈다. 토마스 에디슨은 혼자서 축음기를 발명했다. 창의적인 사고(아이디어)는 집단으로부터 나오는 것이 아니다. 그것들은 개인으로부터 나온다. 신이 주는 번득이는 재능은 그것의 궁극적인 형태가 물리학의 법칙이건, 시 또는 정책이건, 소나타나 컴퓨터이건 간에 신의 손가락에서 아담의 손가락으로 껑충 뛰어간다.」

Answer 10.① 11.③

12 다음 글의 내용을 가장 잘 표현한 속담은?

> Far too many foreign visitors find themselves in strange and confusing surroundings, not knowing the language of the country. But they don't have to know even one of the world's 3,000 languages to understand a picture. The back view of an envelope indicates a mail facility. A rectangle with figures for a dollar, pound, and france means a currency exchange. A martini with an olive stands for a bar.

① Don't judge a book by its cover.
② The pen is mightier than the sword.
③ When in Rome, do as the Romans do.
④ One picture is worth a thousand words.

TIP confusing 혼동되는 surroundings 주위, 환경 envelope 봉투 indicate 나타내다 facility 시설, 설비 rectangle 직사각형 figure 그림, 도형 currency exchange 환전 martini 마티니(칵테일의 일종) stand for 상징하다, 대표하다
① 표지(겉모습)만 보고 책(사람)을 판단하지 말라.
② 펜(문)은 칼(무)보다 더 강하다.
③ 로마에 가면 로마인들이 하는 대로 하라.
④ 그림 하나가 천 마디 말의 가치가 있다(백문이 불여일견).

「너무나 많은 외국인 방문객들은 그 나라의 언어를 몰라서 낯설고 혼동되는 상황에 있는 그들 자신을 발견한다. 그러나 그들은 그림을 이해하기 위해서는 전세계의 3,000개 언어 중에서 단 하나도 알 필요가 없다. 봉투의 뒷면 그림은 우편시설을 나타낸다. 달러화, 파운드화, 그리고 프랑화를 그린 그림이 있는 직사각형은 환전을 뜻한다. 올리브 그림이 있는 마티니는 술집을 상징한다.」

Answer 12.④

13 다음 글의 저자가 주장하는 바를 가장 잘 나타낸 문장은?

> There are two ways in which one can own a book. The first is the property right you establish by paying for it, just as you pay for clothes and furniture. But this act of purchase is only the prelude to possession. Full ownership comes only when you have made it a part of yourself, and the best way to make yourself a part of it is by writing in it. An illustration may make the point clear. You buy a beefsteak and transfer it from the butcher's icebox to your own. But you do not own the beefsteak in the most important sense until you consume it and get it into your bloodstream. I am arguing that books, too, must be absorbed in your bloodstream to do you any good.

① You can own a book simply by paying for it, just as you pay for clothes.
② You can claim your property right after purchasing books.
③ Full ownership of a book comes only when you make it a part of yourself.
④ You have to consume a beefsteak and get it into your bloodstream.

TIP property 재산권, 소유권 establish 세우다, 확립하다 prelude 전주곡, 서막 ownership 소유권 illustration 사례, 예시 transfer 이동시키다, 옮기다 butcher 정육점 상인 in the most important sense 가장 중요한 의미에서 bloodstream 혈관 do (a person) good ~에게 혜택을 주다, 도움이 되다

① 당신은 옷값을 지불하는 것과 마찬가지로 단지 책값을 지불함으로써 책을 소유할 수 있다.
② 책을 구입한 후에 당신의 소유권이 정당하다고 주장할 수 있다.
③ 책에 대한 완전한 소유는 오로지 당신이 그것을 당신 자신의 일부로 만든 후에야 가능하다(이루어진다).
④ 당신은 비프스테이크를 소비해서(먹어서) 당신의 혈관 속으로 흡수해야 한다.

「책을 소유하는 데는 두 가지 방식이 있다. 첫째는 옷이나 가구를 살 때처럼 책값을 지불함으로써 확립되는 재산권이다. 그러나 이러한 구매행위는 소유행위의 전주곡에 불과하다. 완전한 소유권은 당신이 책을 당신 자신의 일부로 만들 때에만 획득 가능하며 당신 자신을 책의 일부로 만드는 가장 좋은 방법은 책 안에 필기를 하는 것이다. 예를 들어보면 요점이 명확해질 것이다. 당신은 비프스테이크를 사서 정육점의 아이스박스로부터 당신의 아이스박스로 그것을 옮겨 놓는다. 그러나 당신이 그것을 먹어서 그것이 당신의 혈관 속에 스며들게 된 이후에야 비로소 당신은 가장 중요한 의미에서 비프스테이크를 소유한다. 나는 책 역시 도움이 되기 위해서는 당신의 혈관 속으로 흡수되어야 한다고 주장하고 있다.」

Answer 13.③

14 다음 글의 주제는 무엇인가?

At the time of the first European contact, there were from 500 to 700 languages spoken by North American Indians. These were divided into some 60 languages families, with no demonstrable genetic relationship among them. Some of these families spread across several of the seven cultural areas. The Algonquin family, for instance, contained dozens of languages and occupied a vast territory. Speakers of Algonquin languages included the Algonquins of the Eastern Woodland, the Blackfoots of the Plains, and the Wiyots and Yuroks of California. Other language families, like the Zuni family of the Southwest, occupied only a few square miles of area and contained only a single tribal language.

① Each of the cultural areas was dominated by one of the language families.

② The Zuni language is closely related to the Algonquin language.

③ There is considerable diversity in the size and the number of languages in language families of the North American Indians.

④ Contact with Europeans had an extraordinary effect on the languages of the Indian tribes of North America.

TIP contact 접촉 divide into ~으로 나누다, 분류하다 language family 어족 demonstrable 논증(증명)할 수 있는 genetic 기원·유전·발생의, 발생(학)적인, 유전적인 spread ~을 펴다, 퍼뜨리다, 보급·유포·전파시키다(되다) dozens of 수십 개의 occupy ~을 차지하다, 점유하다, 점령(점거)하다 territory 영토, 영역, (활동)범위, 세력권 tribal 종족의, 부족의, 동족적인 dominate ~을 지배하다, 우세하다, 우위를 차지하다 considerable 상당한, 중요한 diversity 차이(점), 다양(성), 변화 extraordinary 보통이 아닌, 비상한, 특별한
① 각각의 문화지역은 하나의 어족에 의해 지배되었다.
② Zuni어(語)는 Algonquin어(語)와 밀접하게 관련되어 있다.
③ 북아메리카 인디언의 어족에는 규모면에서 상당한 다양성과 많은 수의 언어가 있다.
④ 유럽인과의 접촉은 북아메리카 인디언 부족의 언어에 특별한 영향을 가져왔다.
「최초로 유럽인들과의 접촉이 있었던 시기에 북아메리카의 인디언들은 500~700여개의 언어를 말하고 있었다. 이들 언어는 증명이 가능한 발생학적 연관성 없이 60여개의 어족으로 나뉘었다. 이 어족들 가운데 몇 개의 어족은 7개 문화지역들 중의 몇 지역으로 퍼져나갔다. 예를 들면, Algonquin 어족은 수십 개의 언어를 포함하고 있었으며 광대한 영역을 점유하였다. Algonquin 언어로 말하는 부족은 이스턴 우드랜드의 Algonquin족과 플레인즈의 Blackfoot족, 그리고 캘리포니아의 Wiyot족과 Yurok족이 있다. 다른 어족들은 남서부의 Zuni 어족처럼 겨우 수평방 마일의 지역만을 점유했으며 그 부족의 (고유)언어는 단지 하나밖에 없었다.」

Answer 14.③

15 다음 글의 주제를 가장 잘 나타낸 문장은?

Researchers at the University of Michigan are studying the effects of nicotine on the brain. Nicotine is the major drug in cigarettes. Recently they have found that cigarettes give several "benefits" to smokers that may help explain why quitting smoking is so hard. The nicotine in cigarettes seems to help smokers with problems of daily living. It helps them feel calm. Nicotine also caused short-term improvements in concentration, memory, alertness, and feelings of well-being.

① Researchers at the University of Michigan are studying how to help smokers stop smoking.
② Nicotine improves concentration, memory, and alertness.
③ Some "benefits" of smoking may help explain why smokers have a hard time quitting.
④ Researchers at the University of Michigan have developed a new program to help people stop smoking.

TIP effect 영향, 효과, 효능, 결과   nicotine 니코틴   major 심각한, 대부분의, 중요한, 주요한   cigarette 담배   improvement 개량, 개선, 향상   concentration 집중   alertness 경계, 조심, 경보   well-being 복지, 안녕, 행복
① Michigan 대학의 연구원들은 흡연자들이 금연을 하도록 도와주는 방법을 연구하고 있다.
② 니코틴은 집중력, 기억력, 조심성을 향상시킨다.
③ 흡연의 몇 가지 이로움은 왜 흡연자들이 금연하기 어려운지를 설명하는 데 도움이 된다.
④ Michigan 대학의 연구원들은 사람들이 금연하는 데 도움이 되는 새로운 프로그램을 개발하였다.
「Michigan 대학의 연구원들은 뇌에 미치는 니코틴의 영향에 대해 연구하고 있다. 니코틴은 담배의 주된 약제이다. 최근에 그들은 담배가 흡연자들이 금연하기가 어려운 이유를 설명하는 데 도움이 될 수 있는 몇 가지 이로움을 준다는 것을 알아냈다. 담배의 니코틴은 흡연자들에게 일상생활의 문제에 관해 도움을 주는 것 같다. 니코틴은 흡연자들이 차분해지도록 도와준다. 니코틴은 또한 집중력, 기억력, 조심성, 그리고 행복감을 단시간에 향상시켰다.」

Answer 15.③

문맥 속 어구파악

Type1 다음 글에서 밑줄 친 대명사(this, that, it, etc.) 또는 (고유)명사가 구체적으로 가리키는 것으로 가장 알맞은 것은?

〈지시어 추론〉
이 유형은 주어지는 글에서 쓰이고 있는 대명사나 (고유)명사가 가리키고 있는 대상을 추론하는 문제로, 대부분 글의 전체 내용을 종합적으로 가리키고 있으므로 정확하고 구체적인 정보파악능력과 함께 논리적이고 종합적인 사고능력도 함께 필요로 한다.

다음 중 밑줄 친 these organs가 가리키는 것으로 가장 적절한 것은?

At about 2,000 feet, the ocean is completely black. Yet in these dark depths, fish live. It is pretty amazing to imagine that life can exist in water that deep and dark. These animals are grotesque, with huge mouths and strange shapes. What might be even more amazing is that these creatures emit light. In fact, over half the fish that live below 2,000 feet have organs called photophores. Fish who have <u>these organs</u> do not give off light all the time. They flash their lights at other fish. They will also flash their lights when they bump into something. but the lights are not meant to help the fish see.

▶ 어두운 바다에서 생명체가 빛을 발산하고 있다는 내용에 주목한다.

① 발광기관
② 발성기관
③ 소화기관
④ 호흡기관

emit 발산하다　**bump into** 우연히 만나다　**completely** 완전히, 완벽하게　**depths** 깊이, 깊은 곳
grotesque 괴상한　**give off** (냄새·빛·증기 등을) 방출하다　**huge** 거대한

「약 2,000피트 바다는 완전히 검은색이다. 어둡고 깊은 곳에는 아직도 고기들이 산다. 깊고 어두운 물속에서 생명체가 생존한다고 생각하면 꽤 놀랄만하다. 이 동물들은 거대한 입과 이상한 형상을 가져 괴상하다. 더 많이 놀랄지도 모를 일은 생명체가 빛을 발산한다는 것이다. 사실 2,000피트보다 아래에 살고 있는 고기들의 절반 이상은 발광기라는 기관을 가지고 있다. 고기가 가진 이 기관은 항상 빛을 발산하진 않는다. 그들은 다른 고기에게 빛을 번쩍거린다. 그들은 또한 무엇인가를 우연히 만나게 되면 빛을 번쩍거린다. 그러나 그 빛이 물고기가 보는 것에 도움이 된다는 의미는 아니다.」

다음 글에서 밑줄 친 부분의 의미로 가장 적절한(알맞은) 것은?

〈어구의 의미파악〉
이 유형은 주어지는 글에서 쓰이고 있는 어구의 표면적인 뜻이 아니라 이면적인 의미를 간파해내야 하는 문제로, 주어지는 글에 충실하여 문맥의 전체적인 흐름과 전반적인 분위기를 파악하여 이중적 의미를 찾아내는 것이 중요하다. 또한 이러한 유형의 문제들을 풀기 위해서는 다양한 의미로 쓰이는 어휘와 표현들을 잘 익혀야 한다.

1 다음 밑줄 친 부분과 의미가 가장 가까운 것은?

Mary and I have been friends over 10 years but I sometimes have a strange feeling to her. She is <u>as deep as a well</u>.

① easy to persuade   ② simple to satisfy
③ impatient to deal with   ④ difficult to understand

strange 이상한, 낯선   **well** 우물   **impatient** 짜증난, 못 견디는

① 설득하기 쉬운
② 만족시키기 쉬운
③ 다루기가 짜증나는
④ 이해하기 어려운

「Mary와 나는 10년이 넘게 친구로 지내오고 있지만 나는 때때로 그녀에게서 낯선 느낌을 받는다. 그녀는 우물만큼 깊다(이해하기가 너무 어렵다).」

▶ 앞 뒤 문맥을 잘 살펴 밑줄 친 'as deep as a well'이, 이 글에서 어떤 의미를 가지는 지 먼저 이해하는 것이 중요하다.

2 다음 글의 밑줄 친 부분과 의미가 가장 가까운 것은?

When you overspend on your budget by ten dollars in one day, it's not a big problem. But if you do it again tomorrow, and the next day, and the next, you end up broke. For people who put on weight, it usually isn't a sudden big disaster — <u>it's a bit today and a bit tomorrow</u> — then one day they find themselves in big trouble and ask, "What happened?"
One thing adds to another, and the little things become the big things. The little things in life can make such a big difference.

① Misfortunes seldom come singly.
② One good turn deserves another.
③ You can't eat your cake and have it.
④ Drop by drop, water wears away a stone.

overspend 낭비하다   **budget** 예산, 생활비   **end up broke** 파산하여 끝장나다

① 불행은 드물게 따로따로 찾아온다.
② 행운은 다른 것과 바꿀 가치가 있다.
③ 당신은 케이크를 먹거나 가질 수 없다.
④ 한 방울 한 방울의 물은 돌도 마멸시킨다.

「당신이 어느 날 10달러의 예산을 낭비했다면 그것은 큰 문제가 아니다. 그러나 만약 당신이 내일, 그리고 그 다음날, 그리고 또 다음날에도 계속 낭비한다면 당신은 파산되어 끝장날 것이다. 체중을 늘리려는 사람처럼, 큰 재앙은 일반적으로 갑자기 나타나진 않는다. 그것은 오늘 조금 그리고 내일 조금씩 나타난다. 그러던 어느 날 그들은 큰 문제에 직면한 자신들을 발견하고 묻게 된다. "무슨 일이 일어난거지?"
하나에 또 다른 하나가 더하여지고, 작은 것이 큰 것이 되듯, 인생의 사소한 것이 이와 같이 커다란 다른 깃을 만들 수 있다.」

▶ 갑자기 나타나지 않고 조금씩 나타나게 된다는 의미이다.

1 다음 글의 밑줄 친 부분 중 가리키는 대상이 나머지 셋과 다른 것은?

2020. 9. 19. 제2차 경찰공무원(순경) 시행

In every culture, there are topics that are hard to talk about directly. People often speak about these topics using euphemisms. The reason why people use euphemisms is that they can hide unpleasant or disturbing ideas behind ㉠them. So, people don't have to bring up the ideas directly and upset people. However, euphemisms pose an additional burden to people who are learning English as a foreign language. Learners have to learn which expressions are appropriate in different situations. Euphemisms are also problematic for English learners because ㉡they often contain more difficult words than ㉢their more direct counterparts. Learners of English, for instance, have to memorize that an old person can be referred to as "a senior citizen," while a police officer can be described as "a law-enforcement officer." They also have to learn to use euphemisms like "vertically challenged" when ㉣they can get by with "short."

① ㉠   ② ㉡
③ ㉢   ④ ㉣

 euphemism 완곡어법   counterpart 대응물
㉣의 they는 앞 문장의 주어인 Learners of English와 동일하다.
「모든 문화에서, 직접적으로 말하기 어려운 주제들이 있다. 사람들은 자주 이런 주제들을 완곡한 표현들을 사용해 말한다. 사람들이 완곡 표현들을 사용하는 이유는 그들이 ㉠완곡한 표현들 뒤로 불쾌함이나 불편함을 숨길 수 있기 때문이다. 그래서 사람들은 직접적으로 그런 생각들을 꺼내 다른 사람들 기분을 상하게 할 필요가 없다. 하지만 완곡어법은 외국어로서 영어를 배우고 있는 사람들에게 추가적인 부담을 제기한다. 배우는 사람들은 다른 상황마다 어떤 표현들이 적절한지 학습해야 한다. 완곡어법들은 또한 영어를 배우는 사람들에게 문제가 많다. 왜냐하면 ㉡완곡한 표현들에는 빈번하게 ㉢그것들의 더 직접적인 표현보다 더 어려운 단어들이 있기 때문이다. 예를 들어, 영어를 배우는 사람들은 나이 든 사람이 "어르신"으로 언급될 수 있고, 경찰관을 "경관"으로 나타낼 수 있음을 외워야만 한다. 또한 ㉣영어를 배우는 사람들은 "키 작은"을 쓸 수 있을 때에도 "땅딸보" 같은 완곡한 표현 사용을 배워야만 한다.」

2 밑줄 친 부분이 가리키는 대상이 나머지 셋과 다른 것은?

2020. 6. 20. 소방공무원 시행

The London Fire Brigade rushed to the scene and firefighters were containing the incident when an elderly man approached the cordon. ①He told one of the crew that he used to be a fireman himself, as a member of the Auxiliary Fire Service in London during World War Ⅱ. Now 93 years old, ②he still remembered fighting fires during the Blitz—a period when London was bombed for 57 nights in a row. ③He asked the officer if he could do anything to help. The officer found himself not ready for a proper response at that moment and ④he just helped him through the cordon. Later, he invited him to his fire station for tea and to share his stories with him.

🔑**Answer** 1.④ 2.④

contain 방지하다, 억제하다 incident 사건 cordon 저지선 Auxiliary Fire Service 보조 소방서 blitz 대공습 bomb 폭격하다 in a row 연속으로

①②③은 93세의 노인을, ④는 the officer를 가리킨다.

「런던 소방대가 현장으로 달려갔고 소방관들은 한 노인이 저지선에 접근할 때 그 사건을 진압하고 있었다. ①그는 대원 중 한 명에게 제2차 세계 대전 중 런던의 보조 소방서의 일원으로 소방관이었다고 말했다. 현재 93세인 ②그는 런던이 57일 연속 폭격을 당했던 기간인 대공습 기간 동안 화재와 싸웠던 것을 여전히 기억했다. ③그는 소방관에게 도울 일이 없느냐고 물었다. 그 소방관은 그 자신이 그 순간 적절한 대응을 할 준비가 되어 있지 않다는 것을 알았고 ④그는 단지 그가 저지선을 통과하도록 도왔다. 나중에 그는 그를 소방서에 초대하여 차를 마시게 하고 그의 이야기를 나누게 했다.」

3

밑줄 친 They(they)/their가 가리키는 대상으로 가장 적절한 것은?

2020. 6. 20. 소방공무원 시행

They monitor the building for the presence of fire, producing audible and visual signals if fire is detected. A control unit receives inputs from all fire detection devices, automatic or manual, and activates the corresponding notification systems. In addition, they can be used to initiate the adequate response measures when fire is detected. It is important to note that their requirements change significantly depending on the occupancy classification of the building in question. Following the right set of requirements is the first step for a code-compliant design.

① fire alarm systems
② fire sprinklers
③ standpipes
④ smoke control systems

presence 존재 audible 청취할 수 있는 input 입력 automatic 자동의 manual 수동의 activate 활성화시키다 corresponding 상응하는 notification 통지 in addition 게다가 initiate 시작하다 adequate 적절한 measure 조치 requirement 요구사항 significantly 상당히 occupancy 점유 classification 분류 in question 논의되고 있는 fire sprinkler 화재 스프링클러 standpipe 급수탑 smoke control system 연기 제어 시스템

「그것들은 화재의 발생에 대해 건물을 감시하여 화재가 감지되면 청각 및 시각 신호를 생성한다. 제어부는 모든 화재 감지 장치로부터 자동 또는 수동으로 입력을 수신하고, 해당 알림 시스템을 활성화한다. 또한 그것들은 화재가 감지되면 적절한 대응 조치를 시작하는 데 사용할 수 있다. 논의 중인 해당 건물의 사용 구분에 따라 그것들의 요건이 크게 변경된다는 것을 주목하는 것이 중요하다. 올바른 요구 사항 집합을 따르는 것이 코드 준수 설계의 첫 번째 단계다.」

Answer 3.①

4 밑줄 친 the issue가 가리키는 내용으로 가장 적절한 것은?

2020. 2. 22. 법원행정처 시행

Nine-year-old Ryan Kyote was eating breakfast at home in Napa, California, when he saw the news: an Indiana school had taken a 6-year-old's meal when her lunch account didn't have enough money. Kyote asked if that could happen to his friends. When his mom contacted the school district to find out, she learned that students at schools in their district had, all told, as much as $25,000 in lunch debt. Although the district says it never penalized students who owed, Kyote decided to use his saved allowance to pay off his grade's debt, about $74—becoming the face of a movement to end lunch-money debt. When California Governor Gavin Newsom signed a bill in October that banned "lunch shaming," or giving worse food to students with debt, he thanked Kyote for his "empathy and his courage" in raising awareness of <u>the issue</u>. "Heroes," Kyote points out, "come in all ages."

① The governor signed a bill to decline lunch items to students with lunch debt.
② Kyote's lunch was taken away because he ran out of money in his lunch account.
③ The school district with financial burden cut the budget failing to serve quality meals.
④ Many students in the district who could not afford lunch were burdened with lunch debt.

TIP penalize 부당하게 대우하다　empathy 공감

Kyote가 뉴스를 접하고 자신의 지역 학생들의 상황에 관심을 갖고 그의 어머니가 알아봤을 때, 그 지역에 상당한 급식비 미납 상황이 있음이 드러났고 급식비 미납상황으로 인해 곤란할 학생들을 돕기 위한 활동이 시작됨을 암시하는 글이다. 따라서 ④번이 the issue가 가리키는 내용이다.

① 주지사가 급식비 미납인 학생들에게 점심 메뉴를 줄이려는 법인에 시명했다.
② Kyote가 급식비가 부족했기 때문에 그는 급식을 받지 못했다.
③ 재정적 부담이 있던 교육청은 양질의 급식을 제공하지 못한 예산을 삭감했다.
④ 급식비를 낼 수 없었던 그 지역의 많은 학생들은 급식비 미납인 상태였다.

「9살 인 Ryan Kyote가 그 뉴스를 봤을 때 그는 California Napa에 있는 집에서 아침식사를 하고 있었다. 그 뉴스는 인디애나의 한 학교가 한 여섯 살짜리 아이의 급식계좌에서 급식비가 부족하자 그녀의 식사를 가져가 버렸다는 내용이었다. Kyote는 만약 그런 일이 그의 친구들에게 일어날 수 있는지 물었다. 그의 엄마가 이를 알아내기 위해 교육청에 연락했을 때, 그녀는 그 학군의 학생들에게 통 틀어 급식비 25,000 달러 정도의 미납이 있다는 사실을 알게 되었다. 그 교육청에서는 절대 미납된 학생들을 부당하게 대우하지 않았다고 말하지만, Kyote는 그가 모은 용돈을 그의 학년의 미납금 약 74달러을 지불하는데 사용하기로 결정했고 이것은 급식비 미납을 해결하려는 운동의 시작이 되었다. 10월에 California 주지사 Gavin Newsom은 '부끄러운 점심식사' 혹은 미납 때문에 '질 낮은 급식 제공'을 금지하는 법안에 서명했을 때, 이런 문제에 대한 인식을 높이는 데 있어서 Kyote가 보여준 "그의 공감과 용기"에 감사를 표했다. Kyote는 이렇게 말한다. "영웅들은, 다양한 연령에서 나옵니다."」

Answer 4.④

5 밑줄 친 brush them off가 다음 글에서 의미하는 바로 가장 적절한 것은?

2019. 2. 23. 법원행정처 시행

Much of the communication between doctor and patient is personal. To have a good partnership with your doctor, it is important to talk about sensitive subjects, like sex or memory problems, even if you are embarrassed or uncomfortable. Most doctors are used to talking about personal matters and will try to ease your discomfort. Keep in mind that these topics concern many older people. You can use booklets and other materials to help you bring up sensitive subjects when talking with your doctor. It is important to understand that problems with memory, depression, sexual function, and incontinence are not necessarily normal parts of aging. A good doctor will take your concerns about these topics seriously and not <u>brush them off</u>. If you think your doctor isn't taking your concerns seriously, talk to him or her about your feelings or consider looking for a new doctor.

*incontinence : (대소변)실금

① discuss sensitive topics with you

② ignore some concerns you have

③ feel comfortable with something you say

④ deal with uncomfortable subjects seriously

TIP brush ~ off ~를 무시하다
① 당신과 민감한 화제를 의논하다.
② 당신이 갖고 있는 걱정들을 무시한다.
③ 당신이 말하는 것에 편안해하다.
④ 불변한 주제를 진지하게 다루다.
「의사와 환자 사이의 많은 의사소통은 개인적이다. 당신의 의사와 원만한 관계를 갖기 위해 당신이 부끄럽거나 불편하더라도 섹스나 기억력 문제 같은 민감한 주제들에 관해 이야기하는 것이 중요하다. 대부분의 의사들은 개인적인 문제에 관해 이야기를 나누는 것에 익숙하고 당신의 불편함을 덜어주려 노력할 것이다. 많은 노인들이 이런 주제와 관련되어 있다는 것을 명심해라. 당신은 당신이 의사와 이야기 할 때 민감한 주제를 꺼내는데 도움이 되도록 소책자나 다른 자료들을 활용할 수 있다. 기억력 문제, 우울증, 성기능 문제, 요실금이 불가피한 의 정상적인 증상이 아님을 이해하는 것이 중요하다. 훌륭한 의사는 이런 화제에 관해 당신의 걱정들을 진지하게 다루고, 그것들을 무시하지 않을 것이다. 만약 당신이 의사가 당신의 걱정을 진지하게 듣지 않는다고 생각된다면, 당신의 감정을 의사에게 말하던지 새로운 의사를 찾는 것을 고려해봐라.」

Answer 5.②

1 밑줄 친 부분이 가리키는 대상이 나머지와 다른 것은?

Misty May-Treanor and Kerri Walsh are great athletes, and they are great people. In the semifinals of the beach volleyball event at the 2008 Olympics in Beijing, ①they defeated a very good Brazilian team. Afterward, they shook hands with the members of the Brazilian team and said "thank you." ②They then shook hands with many, many volunteers who do such things as retrieve balls and rake the sand. In awe, journalist Mike Celizic wrote, "They literally chased down some of the volunteers from behind as they were leaving the court, not wanting ③them to get away without knowing how much their efforts were appreciated." ④They also waved to the fans and promised to come back after the mandatory drug testing. They did come back, posing for photographs and signing autographs for many, many fans. And yes, the fans really appreciated shaking hands with them.

TIP retrieve ~을 되찾다 rake 갈퀴질 하다 awe 경외(敬畏)감 mandatory 의무적인, 필수적인

지칭하는 They(they)가(이) 가리키는 것이 나머지 넷과 다른 것을 고르는 문제로서 ①②④는 Misty May-Treanor와 Kerri Walsh를 지칭하고, ③은 자원봉사자들을 지칭한다.

「Misty May-Treanor와 Kerri Walsh는 훌륭한 운동선수이며 멋진 사람들이다. 2008 북경올림픽의 비치발리볼 준결승에서 ① 그들은 매우 훌륭한 브라질 팀을 이겼다. 그 후에, 그들은 브라질 팀의 선수들과 악수를 나누며 "고맙습니다"라고 말했다. 그 런 다음에, ②그들은 공을 되찾아오고, (경기장) 모래를 정리(갈퀴질)하는 것과 같은 일을 하는 많은 자원봉사자들과 악수를 했다. 저널리스트 Mike Celizic는 경탄하면서, "③그들은 그들의 노력이 얼마나 고맙게 생각되고 있는지를 모르는 채 떠나가 도록 하는 것을 원하지 않았기 때문에, 그들은 몇몇의 자원봉사자들이 코트를 떠날 때 글자 그대로 그들의 뒤를 좇아갔었다" 라고 썼다. ④그들은 또한 팬들에게 손을 흔들어 인사를 했으며 의무적인 약물테스트 후에 다시 돌아오겠다고 약속했다. 그들 은 정말 돌아왔고, 사진포즈를 취해주었고 정말 많은 팬들에게 사인을 해주었다. 그리고 물론, 팬들은 그들과 악수했던 것을 진실로 고맙게 생각했다.」

2 다음 글의 밑줄 친 I could see her new house의 의미로 Fred가 의도한 것과 Jane이 이해한 것을 바 르게 짝지은 것은?

Fred and Jane are two friends of mine. I have noticed that Fred has special feelings for Jane even though he has never showed such feelings to me directly. When Jane moved last weekend into a new house in a neighboring city, I advised Fred to go there with a bouquet of roses and to tell her how he felt about her. I saw Fred yesterday, and he looked terribly sad. When I asked why, he answered, "I called Jane and asked if I could see her new house."

"Great!," I said, "What did she say?"

"She said she'd send me a picture of it." He said with a sigh.

Oh, poor Fred!

	〈Fred가 의도한 것〉	〈Jane이 이해한 것〉
①	만나러 가겠다.	집을 보고 싶다.
②	집 사진을 찍겠다.	집을 보고 싶다.
③	집을 사고 싶다.	집 사진을 찍겠다.
④	집을 보고 싶다.	집을 사고 싶다.

Answer 1.③ 2.①

TIP notice 알아차리다, 주목하다 **neighboring** 이웃의 **bouquet** 꽃다발 **terribly** 지독하게 **sigh** 한숨, 탄식

「Fred와 Jane은 나의 친구들이다. 나는 Fred가 내게 직접적으로 그런 감정을 드러낸 적은 없었지만 Jane에게 특별한 감정을 가지고 있음을 알아차렸다. Jane이 지난 주말 이웃 도시의 새 집으로 이사했을 때 나는 Fred에게 장미 꽃다발을 가지고 거기에 가서 그녀에게 그가 그녀를 어떻게 생각하는지 고백하라고 조언했다. 어제 나는 Fred를 보았는데 그는 몹시 슬퍼보였다. 내가 이유를 물었을 때 그는 말했다. "내가 Jane에게 전화해서 <u>내가 그녀의 새 집을 볼 수 있을지</u>(그녀를 만나러 가도 되는지) 물어보았어." "잘했어!"라고 내가 말했다. "그녀가 뭐라고 이야기했어?" "그녀는 내게 집의 사진을 보냈다고 했어." 그는 한숨을 쉬며 말했다. 아, 불쌍한 Fred!」

3 다음 글의 밑줄 친 it의 의미로 가장 알맞은 것은?

> Now researchers have confirmed <u>it</u> — at least in rats. Laboratory animals never exposed to nicotine can take in the rat's equivalent of five drinks an hour, enough to make them unable to run on the treadmill. When researchers give them an injection of nicotine equal to that in 20 cigarettes a day, the rats' alcohol intake shoots up to seven drinks, nearly 50% higher. When nicotine brain receptors are chemically blocked, however, tolerance for alcohol is cut in half in both groups.

① Smoking increases alcohol intake.
② When stressed, people have more desire for alcohol and nicotine.
③ Experiments with rats do not produce the same result as with human beings.
④ The relationship between smoking and alcoholism is not as close as once thought.

TIP confirm 확실히 하다, 확인하다 **at least** 적어도, 최소한 **expose** ~을 드러내다, 노출시키다 **nicotine** 니코틴 **take**
(음식물을) 섭취하다, 먹다, 마시다, (약을) 복용하다 **equivalent** 동등물, 상당물, 대응물 **treadmill** 쳇바퀴 **injection**
주입, 주사 **intake** 흡입, 흡입량, 섭취량 **shoot up** 급속히 성장하다, 우뚝 솟다, (물가 등이) 급등하다, 치솟다
receptor 수용기관, 감각기관, (동물의) (감각)수용체 **tolerance** 관용, 관대, 내성 **alcoholism** 알코올 중독
① 흡연은 알코올 섭취량을 증가시킨다.
② 스트레스를 받을 때, 알코올과 니코틴에 대해 욕구가 더 많아진다.
③ 쥐를 대상으로 한 실험은 인간을 대상으로 할 때와 같은 결과를 산출하지 않는다.
④ 흡연과 알코올 중독의 관계는 생각했던 것만큼 긴밀하지 않다.
「이제 연구원들은 – 적어도 쥐에게 있어서는 – <u>그것을</u> 확신한다. 니코틴에 결코 노출된 적이 없는 실험실 동물들은 쥐가 쳇바퀴에서 달릴 수 없을 정도로 충분한 양인 시간당 5잔의 술을 마실 수 있다. 연구원들이 그 동물들에게 하루 담배 20개피의 양과 같은 니코틴을 주사했을 때, 쥐의 알코올 섭취량은 7잔으로 거의 50%까지 높아졌다. 그러나 뇌의 니코틴 수용체가 화학적으로 차단되면, 알코올에 대한 내성은 두 그룹 모두 절반으로 떨어진다.」

🔎Answer 3.①

4 다음 글에서 밑줄 친 that company가 뜻하는 것은?

> Think of unpacking the box! Think of seeing, on the outside, 'Cut Flowers, immediate,' undoing the string, taking off the paper, lifting the lid! What then? Ah, violets, perhaps, or roses ; lilies of the valley, lilac or pale pink peonies or mimosa with its warm sweetness. The little room would be like a greenhouse. She would borrow jam pots from the landlady, and it would take all evening to arrange them. And the room would be wonderful — like heaven. It would be wonderful to wake, slowly and luxuriously, on a Sunday morning, and see <u>that company</u> — what bliss!

① 동료들
② 하숙생들
③ 항아리들
④ 꽃들

> **TIP** unpack 포장을 뜯다 undo the string 끈을 풀다 lid 뚜껑 violet 제비꽃 lily of the valley 은방울꽃 lilac 라일락 pale 창백한, (빛깔이) 연한 peony 모란, 작약 mimosa 함수초, 미모사 landlady 집주인(여) ↔ landlord(남) luxuriously 화려하게, 호화롭게, 사치스럽게 company 동료, 친구, 집단, 떼 bliss 다시없는 기쁨, 지고의 행복
>
> 「상자를 풀어보는 것을 생각하여 보아라! 겉에 '꽃꽂이를, 당장에'라는 문구를 보고, 끈을 풀고, 종이를 뗀 다음, 뚜껑을 들어올리는 것을 생각하여 보아라! 그런데 (과연) 무엇일까? 아, 제비꽃일거야, 아니면 장미든가, 은방울꽃, 라일락 아니면 연분홍 모란, 어쩌면 훈훈하게 달콤한 향기를 지닌 미모사일거야. 작은 방이 마치 온실 같을 것이다. 그녀는 하숙집 아주머니에게서 잼을 넣는 항아리를 빌려서 꽃꽂이를 하는 데 저녁시간을 몽땅 보낼 것이다. 그리고 그 방은 멋있어질 것이다 – 마치 천국처럼. 일요일 아침에 천천히 그리고 화사하게 깨어나서 <u>그것들</u>과 마주치는 것은 멋진 일이다 – 참으로 축복일 것이다!」

5 다음 글에서 밑줄 친 They가 나타내는 것은?

> In the United States, about 10 million computers are thrown away every year! Because most unwanted computers are sent to a dump, they have caused a problem. The computer industry and the government are working on ways to solve it. They have concluded that there must be changes in the way computers are built. <u>They</u> must be made in ways that will allow their parts to be recycled.

① Old computers
② Unwanted computers
③ The computer industry and the government
④ Computers

> **TIP** throw away 내버리다, 낭비하다 dump 쓰레기더미 unwanted 불필요한, 쓸모없는 recycle 재생하다
>
> 「미국에서는 매년 1,000만 대의 컴퓨터가 버려지고 있다. 대부분의 쓸모없는 컴퓨터들은 쓰레기장으로 보내지기 때문에 문제를 야기시켜 왔다. 컴퓨터 업계와 정부는 그 문제를 해결할 방법을 찾고 있다. 그들은 컴퓨터를 만드는 방법에 변화가 있어야 한다는 결론에 도달했다. <u>그것들(컴퓨터들)</u>은 부품이 재활용될 수 있게 만들어져야 한다.」

Answer 4.④ 5.④

6 다음 글에서 밑줄 친 <u>the search</u>가 뜻하는 것은?

Just as I was leaving my friend's office, it struck me that I had no idea where I had parked my car. I could not go up to a policeman and tell him that I had lost a small green car somewhere! I would have to look for it myself. Walking down street after street, I examined each car closely and saw a small green car just by wall. But how disappointed I was to discover that though the car was exactly like my own, it belonged to someone else! Feeling tired now, I gave up <u>the search</u> and went off for lunch.

① 주차장을 찾는 것
② 식당을 찾는 것
③ 사무실을 찾는 것
④ 자동차를 찾는 것

TIP strike ~을 치다, 때리다, (생각 등이) 떠오르다, 갑자기 생각나다 **park** 주차하다 **go up to** ~에 다가가다, ~쪽으로 가다 **look for** ~을 찾다(= search for) **examine** ~을 검사하다, 조사하다 **give up** ~을 포기하다, 그만두다

「친구의 사무실을 막 나왔을 때, 나는 내가 차를 어디에 주차시켜 놓았는지 모른다는 것을 불현듯 깨달았다. 나는 경찰에게 가서 내가 어디에선가 작은 녹색 자동차를 잃어버렸다고 말할 수는 없었다. 나는 스스로 차를 찾아보아야 했다. 거리마다 걸어가면서 모든 차를 면밀히 조사한 끝에 담장 바로 옆에서 작은 녹색 자동차를 발견했다. 그러나 그 차가 내 차와 꼭 같이 생겼지만 누군가 다른 사람의 차라는 것을 알고 얼마나 실망했던가! 이제 지쳤기 때문에 나는 찾기를 포기하고 점심을 먹으러 갔다.」

7 다음 글에서 광고되고 있는 Transderm Scop는 무엇인가?

Your body goes one way, your stomach goes the other. Your eyes say you're going up, the rest of you says you're going down. That's how motion sickness feels. That's how any enjoyable boat ride or flight turns into complete misery. That's when <u>Transderm Scop</u> can help. Transderm Scop has been clinically tested, proving it safe and effective. When that boat starts to roll, when that plane starts to pitch, you'll be glad you discovered Transderm Scop.

① 진통제   ② 소화제
③ 멀미약   ④ 수면제

TIP motion sickness 멀미 **misery** 비참, 불행(한 상태) **clinically** 임상적으로 **effective** 효과적인, 효력있는 **roll** (배·비행기가) 좌우로 흔들리다 **pitch** (배·비행기가) 앞뒤로 흔들리다

「당신의 몸은 한 쪽으로 가고 당신의 위는 다른 쪽으로 갑니다. 당신의 눈은 당신이 위로 가고 있다고 말하며 당신의 몸의 나머지 부분은 당신이 아래로 내려가고 있다고 말합니다. 멀미는 그런 식으로 느껴집니다. 그런 식으로 즐거워야 할 보트 타기나 또는 비행기여행이 완전히 불행으로 바뀝니다. 그 때가 바로 Transderm Scop가 도움을 줄 수 있는 때입니다. Transderm Scop는 임상실험을 거쳐 안전하고 효과적이라는 것이 증명되었습니다. 배가 좌우로 흔들리기 시작할 때, 그리고 비행기가 앞뒤로 흔들리기 시작할 때 당신은 Transderm Scop를 발견했다는 것을 기뻐할 것입니다.」

Answer 6.④ 7.③

8 다음 글에서 밑줄 친 "What wall?"이라고 말한 의도로 가장 적절한 것은?

> A young man was called up for army service, but he didn't want to become a soldier. When he went for his medical test, he wanted the doctor to decide that his eyesight was very bad. The doctor pointed to the eye chart on the wall and said, "Please read the top line."
>
> "The top of what?," the young man asked.
>
> "The top of the chart," the doctor replied.
>
> "What chart?," the man asked.
>
> "The one on the wall," the doctor replied.
>
> "What wall?," the man asked.
>
> Finally, the doctor decided that the man's eyes were not good enough for army service.

① 의사가 싫다.　　　　　　　　② 잘 안 보인다.

③ 나는 건강하다.　　　　　　　④ 글자를 쓸 수 없다.

> **TIP** call up for 소집하다, 소환하다, 동원하다　army service 군복무　medical test 신체검사　eyesight 시력　be good for ~에 적합하다
>
> 「한 젊은이가 군대에 가야 한다는 연락을 받았지만, 군인이 되고 싶지 않았다. 신체검사를 받으러 갔을 때, 그는 의사가 그의 시력이 대단히 나쁘다고 결정을 내려주기를 바랐다. 의사는 벽에 걸린 시력검사표를 가리키며 말했다. "첫째 줄을 읽어보세요."
> "뭐의 첫째 줄이라고요?" 젊은이는 물었다.
> "표의 첫째 줄이요." 의사는 대답했다.
> "무슨 표요?" 그 남자가 물었다.
> "벽에 있는 표요." 의사는 대답했다.
> "무슨 벽이요?" 그 남사가 물었다.
> 마침내, 의사는 그 남자의 시력이 군복무를 할만큼 충분히 좋지 않다고 결정했다.」

9 다음 글에서 밑줄 친 He's sharing it with a dog!의 의미로 가장 적절한 것은?

> I have two sons and three daughters. You can always tell the difference between a first-born baby and the other ones who come after. For your first baby you buy a very expensive bottle and it is never put in his mouth until it's boiled for two hours. Now, by the time your fifth baby comes along, it's a little different with the bottle. He's sharing it with a dog!

① 아이가 개를 좋아한다.

② 아이가 개를 싫어한다.

③ 아이가 개에게 먹을 것을 준다.

④ 아이에 대한 관심이 적어진다.

> **TIP** tell the difference 차이점을 알다　boil 끓이다　share A with B B와 A를 함께 쓰다, 공유하다
>
> 「나는 아들이 둘이 있고 딸이 셋이 있다. 첫 번째 태어난 아이와 그 뒤에 태어난 다른 아이들 사이의 차이점을 알 수 있다. 첫 번째 태어난 아이에게는 비싼 젖병을 사서, 그 병을 두 시간 동안 끓이고 나서야 비로소 아이 입에 갖다 댄다. 그런데, 다섯 번째 아이가 태어날 때쯤에는 젖병을 다루는 것이 조금 달라진다. 그 아이는 젖병을 개와 같이 사용한다.」

Answer 8.② 9.④

10 다음 글에서 밑줄 친 부분의 의미로 가장 알맞은 것은?

Tom Davis did not have much hair. His wife Grace had thick, black hair. They had a six-year-old daughter. Her name was Jane. There was a photograph of her father in the living room, and a few days ago Jane looked at it for a long time and then said to her mother, "Mom, why has Daddy got very little hair?" Grace laughed and said, "Because he's a clever man." Jane looked at her mother's thick, black hair for a moment, and she asked, "<u>Mom, why have you got a lot of hair?</u>"

① 엄마는 똑똑하지 못한가요?
② 엄마는 아름답지 않은가요?
③ 엄마가 몹시 부러워요.
④ 사진을 찍어보아요.

TIP thick 두꺼운, 굵은, 빽빽한 for a long time 오랫동안 for a moment 잠시 동안

「Tom Davis는 머리숱이 많지 않았다. 그의 아내 Grace는 숱이 많은 검은 머리카락을 가지고 있었다. 그들에게는 여섯 살 난 딸이 있었다. 그녀의 이름은 Jane이었다. 거실에 그녀의 아버지 사진이 있었는데 며칠 전에 Jane은 그것을 오랫동안 쳐다보고 나서 그녀의 어머니에게 말했다. "엄마, 왜 아빠는 머리숱이 아주 적어?" Grace는 웃으면서 말했다. "아빠는 똑똑한 사람이기 때문이란다." Jane은 잠시 동안 엄마의 숱이 많은 검은 머리카락을 쳐다보며 물어보았다. "엄마, 엄마는 왜 머리숱이 많지?"」

11 다음 글에서 밑줄 친 부분을 통해 알 수 있는 TV의 영향력은?

People in the United States spend a lot of time in front of their television sets. In the average home, the TV is on more than six hours a day. But how much attention do people pay to the program? Most people say that when the TV is on, they seldom pay attention to it. During a typical television program, people may eat dinner, do housework, read a newspaper or magazine, or talk or read to their children. The TV becomes '<u>background music.</u>'

① 주의를 끌지 못한다.
② 중요한 역할을 한다.
③ 식사에 방해가 된다.
④ 가족 간의 대화를 단절시킨다.

TIP average 평균의, 보통의 pay attention to ~에 주의를 기울이다 typical 전형적인, 대표적인, 상징적인

「미국 사람들은 텔레비전 수상기 앞에서 많은 시간을 보낸다. 보통 가정에서는 텔레비전이 하루에 여섯 시간 이상씩 켜져 있다. 하지만 사람들은 (텔레비전) 프로그램에 얼마나 많은 주의를 기울일까? 대부분의 사람들은 텔레비전이 켜져 있을 때 거기에다 거의 주의를 기울이지 않는다고 말한다. 전형적인 텔레비전 프로그램들이 진행되는 동안, 사람들은 저녁을 먹고 집안일을 하고, 신문이나 잡지를 읽거나, 아이들에게 이야기를 하거나 책을 읽어줄 수도 있다. 텔레비전은 '배경음악이 되고 있다.」

Answer 10.① 11.①

12 다음 글의 밑줄 친 come down의 의미로 소녀가 의도한 뜻과 점원이 이해한 뜻을 가장 잘 짝지은 것은?

A girl was buying a gift set for her grandfather. High on a shelf behind the counter, she saw the box of honey she wanted. "Could I have a look at that honey gift set?," she asked the clerk. The clerk got a ladder and climbed halfway up. "How much is it?," the girl asked. The clerk looked up at the price. "50,000 won," he said. The girl looked in her purse and counted her money. She didn't have enough. She needed a price cut. "Could you come down a bit?," the girl asked. "Don't worry," the clerk said. "I'll come straight down as soon as I've got your honey."

〈소녀가 의도한 뜻〉 〈점원이 이해한 뜻〉
① 마음을 가라앉히다. 아래에서 계산하다.
② 마음을 가라앉히다. 값을 내리다.
③ 값을 내리다. 내려오다.
④ 값을 내리다. 마음을 가라앉히다.

TIP shelf 선반 have a look at ~을 한 번 보다, 훑어보다 ladder 사다리 count 세다, 계산하다 come down 내려오다, 물건 값이 떨어지다 a bit 조금, 약간

「어떤 소녀가 할아버지를 위해서 선물세트를 사려고 했다. 그녀는 계산대 뒤에 있는 선반 높은 곳에 그녀가 사고 싶어했던 꿀 상자를 보았다. "저 꿀 선물세트 좀 볼 수 있을까요?"라고 그녀는 점원에게 물었다. 점원은 사다리를 가져다가 중간쯤까지 올라갔다. "얼마지요?"라고 그 소녀가 물었다. 점원은 가격표를 올려다보았다. "5만원입니다."라고 그가 대답했다. 소녀는 지갑을 뒤져서 있는 돈을 세어 보았다. 그녀는 돈을 충분히 가지고 있지 않았다. 소녀는 가격을 깎아야 했다. "가격을 조금 깎을 수 있을까요?"라고 소녀가 물었다. "걱정마세요. 꿀을 갖고 곧바로 내려갈 테니."라고 점원이 말했다.」

13 다음 글의 밑줄 친 crane의 의미로 손자가 의도한 것과 할머니가 이해한 것을 바르게 짝지은 것은?

My mother is 75 years old but she often enjoys speaking with her young grandchildren. One afternoon my five-year-old son was reading a picture book next to Grandma. He looked at a picture of a huge crane at a construction site and read the explanation. "Grandma, a crane can lift heavy weights," he said. My mother looked thoughtful for a moment and then replied, "No, my boy. It cannot. A crane isn't able to lift much of anything. It has a long neck and flies with widespread wings." My son looked confused and said, "But Grandma, how can a crane fly?"

〈손자가 의도한 것〉 〈할머니가 이해한 것〉
① 장난감 두루미
② 두루미 기중기
③ 기중기 두루미
④ 장난감 기중기

TIP construction 건설, 건축 site 위치, 장소, 부지 crane 기중기, 두루미 weight 무거운 것

「내 어머니는 75세이지만, 그녀는 종종 어린 손자와 대화하는 것을 즐기신다. 어느 날 오후 내 다섯 살 먹은 아들이 할머니 옆에서 그림 책을 읽고 있었다. 그는 건설현장에 있는 거대한 기중기 그림을 보고 그 설명을 읽었다. "할머니, crane(기중기)은 무거운 물건을 들 수 있대요."라고 말했다. 내 어머니는 잠시 동안 생각에 잠겼다가 이윽고 대답했다. "아니란다, 얘야. 그것은 그럴 수 없단다. crane(두루미)은 많은 것을 들어 올릴 수 없어. 그것은 목이 길다란데, 날개를 넓게 펼치고 날아다닌단다." 내 아들은 혼란스러운 표정을 짓다가 말했다. "하지만 할머니, crane(기중기)이 어떻게 날 수 있어요?"」

Answer 12.③ 13.③

14 다음 밑줄 친 Flash의 의미와 가장 가까운 것은?

> News Flash :
>
> Flood claims the lives of 100 plus in a small village just east of Rome, Italy. Local authorities are still unable to determine the extent of the damages but property damages are expected to run in the millions.

① a sudden burst of light
② to look at someone suddenly or smile at them
③ to look expensive and fashionable
④ to send information quickly

TIP flash 섬광, (감정 등의) 폭발, (신문·방송)속보, 특보 news flash (TV·라디오의) 뉴스속보 claim (목숨을) 빼앗다, 요구하다, 주장하다 authority 권위, 당국(authorities) determine 측정하다, 결정하다, 예정하다 extent 정도, 범위, 한계, 한도 property 재산, 자산, 소유(권) run in ~에 육박하다. (수량·액수 등이) ~에 달하다 burst 파열, 폭발 fashionable 최신유행의, 유행하는, 현대풍의
① 빛의 갑작스런 폭발
② 어떤 사람을 갑자기 쳐다보거나 사람들을 보고 웃는 것
③ 비싸고 최신유행처럼 보이는 것
④ 정보를 신속하게 내보내는 것
「뉴스속보 :
이탈리아 로마 바로 동쪽의 작은 마을에서 홍수가 발생해 100명 이상의 생명을 앗아갔습니다. 지역당국은 지금까지도 피해정도를 측정하지 못하고 있으나, 재산피해는 수백만에 달할 것으로 예상됩니다.」

15 다음 글에서 밑줄 친 they've broken the ice의 의미로 가장 적절한 것은?

> It was the first day of the winter vacation camp. The four boys began to unpack their clothes and make their beds in silence. None of the boys knew each other, and no one knew what to say. Bob couldn't stand the silence any longer. "Hey, look!," he said. The other three boys turned, and Bob did a back flip in the middle of the room. Everyone laughed and clapped, and he bowed. Finally they've broken the ice.

① 잠자리에 들었다.
② 얼음놀이를 했다.
③ 터놓는 사이가 되었다.
④ 모임의 대표를 선출했다.

TIP unpack 풀다 stand 참다, 견디다 do a back flip 공중제비를 돌다 in the middle of ~의 중앙(한가운데)에, ~의 도중에 clap 손뼉을 치다 bow 허리를 굽히다, 머리를 숙이다, 인사하다, 절하다 break the ice 긴장을 풀다, 이야기를 시작하다
「겨울방학캠프의 첫날이었다. 네 소년은 그들의 옷가지를 풀기 시작했고 조용히 잠자리를 만들기 시작했다. 소년들 중의 누구도 서로 몰랐고 아무도 무엇을 말해야 할지 몰랐다. Bob은 침묵을 더 이상 참을 수가 없었다. "헤이, 보라귀"라고 그가 말했다. 다른 세 소년이 돌아보았고, Bob은 방 가운데에서 뒤로 공중제비를 넘었다. 모두 웃으며 손뼉을 쳤고, 그는 인사를 했다. 마침내 그들은 이야기를 하기 시작했다.」

문맥의 이해

 Type1 다음 글의 내용과 일치하지 않는(일치하는) 것은?

〈내용일치 여부의 판단〉
이 유형은 글의 세부적인 내용파악을 주로 요구하는 문제로, 주어지는 글보다 질문과 보기의 내용을 먼저 본 후에 질문에 해당하는 부분을 집중적으로 살펴야 한다. 이 때 중요한 것은 반드시 주어지는 글에 담긴 사실적인 내용을 근거로 판단해야 한다는 것이다.

1 다음 글의 내용과 일치하는 것은?

The umbrella is so old that no one knows where it came from — it was invented before man learned how to write. But for thousands of years, the umbrella was used only for protection from the sun, rather than from the rain. The word 'umbrella', in fact, comes from the Latin word 'umbra', which means 'shade', and ancient slaves held umbrellas over their masters to give them shade. At the beginning, umbrellas were carried only by women, for they weren't considered 'manly' enough to be used by men. It wasn't until about 300 years ago that people began to use waterproof umbrellas in the rain.

① The umbrella was invented after man learned how to write.
② The umbrella was used mainly for protection from the rain.
③ At the beginning, umbrellas were carried only by men.
④ People began to use waterproof umbrellas about 300 years ago.

invent 발명하다 **protection** 보호 **slave** 노예 **waterproof** 방수

① 우산은 인간이 글을 쓰는 법을 배운 후에 발명되었다.
② 우산은 주로 비를 피하기 위해서 사용되었다.
③ 처음에, 우산은 남자들이 들었다.
④ 사람들은 약 300년 전부터 방수용으로 우산을 사용하기 시작했다.

「우산은 매우 오래 되어서 아무도 그것이 어디에서 왔는지 알지 못한다 – 그것은 인간이 글을 쓰는 법을 배우기 전에 발명되었다. 하지만 수 천년동안, 비보다는 오직 태양으로부터 보호를 위해서 사용되었다. 사실, '우산'이라는 단어는 '빛 가리개'를 의미하는 라틴어인 '움브라'에서 왔고, 고대 노예들이 그들의 주인에게 그늘을 만들어주기 위해서 주인의 머리 위로 우산을 들었다. 처음에 우산은 오직 여성만이 우산을 들고 다녔는데, 이는 우산이 남자답지 못한 것으로 여겨졌기 때문이다. 대략 300년 전쯤이 되고 나서야 비로소 빗속에서 방수용으로 우산을 사용하기 시작했다.」

2 다음 글의 내용과 일치하는 것은?

Upstate New York florist Patricia Woysher has been in the business for forty years. She's sold flowers to tens of thousands of folks in the area and even received one of the best assignments a florist could hope for, decorating the White House for the Christmas season. "I had to take a deep breath. I mean, you see pictures of the place all your life, then one day you're in the Oval Office." Despite the excitement, Patricia's focus remained on her day-to-day concerns. "Doing the White House was exciting and rewarding, but my job is to run my business. I want to have something here that will last forever, that I can pass on to my children."

① Patricia runs a flower shop in the White House.
② Patricia was invited to the White House for a party.
③ Patricia worked for the White House and forgot her daily routines.
④ Patricia hopes to turn her business over to her offspring.

upstate New York 뉴욕 주(州))의 북부 지방   florist 화초 재배자(연구가), 꽃가게 주인   tens of thousands of 수만(萬)의, 다수의   folks 사람들   assignment (일·임무 따위의) 할당, 할당된 일(임무)   take a deep breath 심호흡하다   all one's life 평생, 태어나서 줄곧   the Oval Office (백악관의) 대통령 집무실   excitement 흥분   day-to-day 나날의(= daily)   rewarding 가치가 있는, 보람이 있는, 유익한   run ~을 운영하다, 경영하다   pass on to ~에게 전하다, 주다

① Patricia는 백악관에서 꽃가게를 운영한다.
② Patricia는 파티를 위해 백악관에 초대되었다.
③ Patricia는 백악관에서 일해서 자신의 하루 일과를 잊어버렸다.
④ Patricia는 자신의 자식에게 자신의 사업을 넘기기를 바란다.

「뉴욕 주 북부 지방의 꽃가게 주인인 Patricia Woysher는 40년 동안 사업을 해 왔다. 그녀는 그 지역에서 수많은 사람들에게 꽃을 팔았으며 꽃장수라면 기대할 만한 최상의 과제 중 하나라고 할 수 있는 크리스마스 시즌 동안 백악관을 (꽃으로) 장식하는 일을 받기까지 했다. "저는 심호흡을 해야 했습니다. 제가 말씀드리고자 하는 것은 누군가 평생에 (언젠가) 그곳의 사진(그림)을 보게 되며 언젠가 미대통령의 집무실에 있을 날도 있지 않을까 하는 것입니다." 그런 흥분에도 불구하고, Patricia의 초점은 그녀의 일상적인 관심사에 맞춰져 있다. "백악관의 일을 하는 것은 신이 나고 보람 있는 일이었지만 제 일은 저의 사업을 운영하는 것입니다. 저는 여기에 뭔가 영원히 지속될 일, 즉 제가 아이들에게 전해 줄 수 있는 일을 갖고 싶다는 것입니다."」

 Type2   다음 글의 전체 흐름과 관계없는 문장은?

〈무관한 문장 고르기〉
이 유형은 글의 전체적인 일관성과 통일성을 해치는 문장을 골라내는 문제로, 주제와 그 주제를 뒷받침하지 않고 주제를 벗어나거나 서술방향이 다른 문장을 찾아야 한다. 이때 무관한 문장은 그 문장 없이도 글의 흐름이 자연스럽게 연결될 수 있다.

다음 글에서 전체적인 흐름과 관계없는 것은?

Some students make the mistake of thinking that mathematics consists solely of solving problems by means of and rules. ①To become successful problem solvers, however, they have to appreciate the theory, recognizing the logical structure and reasoning behind the mathematical methods. ②To do so requires a precision of understanding the exact meaning of a mathematical statement and of expressing thoughts with accuracy and clarity. ③However, this precision cannot be achieved without real appreciation of the subtleties of language. ④In fact, anyone can advance much beyond mere problem solving tasks without manipulating mathematical formulas and rules. That is, superior ability in the use of language is a prerequisite to become successful problem solvers.

mathematics 수학   formulas 공식   appreciate 인식하다   logical 타당한, 사리에 맞는, 논리적인   structure 구조, 건물, 조직, 구조물   precision 정확성, 정밀성, 신중함   subtleties of language 언어의 중요한 세부요소들   mere 겨우, 한낱 ~에 불과한   manipulating 조정하다   superior 우수한, 우월한, 우세한   prerequisite 전제 조건

▶④ '문제를 성공적으로 푸는 사람이 되기 위해서는 탁월한 언어 사용능력이 필요하다'는 이 글의 중심 주제와 이를 뒷받침하는 근거와 거리가 멀다.

「몇몇 학생들은 수학은 공식들과 법칙들을 사용하여 오로지 문제를 푸는 것으로 구성되어 있다고 생각하는 실수를 범한다. 하지만 성공적으로 문제를 푸는 사람이 되기 위해서는 이론을 정확하게 인식해야만 하며, 논리적 구조와 수학적 방식들 뒤에 가려져 있는 추론을 인식해야 한다. 그러나 이러한 정확성은 언어의 미묘함에 대한 진정한 인식 없이는 얻어질 수 없다. (사실, 누구나 문제를 푸는 것을 넘어 수학적 공식이나 규칙을 능숙하게 다루지 않고서도 많은 진보를 할 수 있다.) 즉, 언어 사용에서의 탁월한 능력은 문제를 성공적으로 푸는 사람이 되기 위한 전제조건이다.」

 Type3 다음 글의 흐름을 보아, 주어진 문장이 들어가기에 가장 적절한(알맞은) 것은?

〈주어진 문장 넣기〉
이 유형은 주어지는 문장이 제자리에 들어가 더 논리적이고 일관성 있는 글이 되는 문제로, 문장과 문장 사이의 관계 추론능력을 필요로 한다.

다음 문장이 들어갈 위치로 가장 적절한 것은?

It is now clear, from the results of the first research studies of this subject, dating from the 1960s, that all of these opinions are wrong.

(A) The first step in considering the nature of sign language is to eradicate traditional misconceptions about its structure and function. (B) Popular opinions about the matter are quite plain : sign language is not a real language but little more than a system of sophisticated gesturing ; signs are simply pictorial representations of external reality ; and because of this, there is just one sign language, which can be understood all over the world. (C) A clear distinction must be drawn, first of all, between sign language and gesture. To sign is to use the hands in a conscious, "verbal" manner to express the same range of meaning as would be achieved by speech. (D)

① A ② B
③ C ④ D

▶ 위치 C 이전에는 수화가 몸짓언어라는 관점에 대해 서술하지만, 이후에는 수화가 언어라는 관점에 대해 말하고 있으므로 기존의 의견들이 잘못되었다는 내용의 제시문은 C에 들어가는 것이 옳다.

step 단계, 조치 nature 특성 sign language 수화 eradicate 없애다, 박멸하다 traditional 전통적인 misconception 오해, 잘못된 개념 popular 대중적인, 인기 있는 plain 평범한, 명백한 little more than : 겨우, 단지 sophisticated 정교한, 세련된, 기교 있는 pictorial 그림의, 그림 같은 representation 대표, 제시 external 외부의 reality 현실, 실체 distinction : 구별 conscious 의식적인 verbal 구두의

「수화의 본질을 고려했을 때 수화의 첫 번째 단계는 수화의 구조와 기능에 대한 전통적 오해를 뿌리뽑는 것이다. 이 문제에 관한 대중적 의견들은 꽤 분명하다 : 수화는 진정한 언어라기보다는 기교적 몸동작의 시스템이다 ; 수화는 외부 현실을 간단하게 그림으로 표현한 것이다 ; 그리고 이 때문에, 전 세계에 걸쳐 이해될 수 있는 단 하나의 몸짓 언어라는 것이다. 1960년대로 거슬러 올라가 이 주제에 대한 첫 조사 연구의 결과를 통해, 지금은 이러한 생각이 잘못됐음이 분명해졌다. 무엇보다, 몸짓 언어와 몸동작 사이의 분명한 차이점이 반드시 정해져야만 한다. 수화는 말을 통해 얻어지는 같은 범위의 의미를 표현하기 위해 의식적이고 "구두적인" 방법으로 손을 사용하는 것이다.」

다음 (주어진 문장에 이어질) 글의 순서로 가장 적절한(알맞은) 것은?

〈문장의 순서 정하기〉
이 유형은 배열순서가 뒤바뀐 여러 문장들을 연결사와 지시어 등에 유의하여 문장과 문장 사이의 논리적 관계를 정확하게 파악하여 논리적으로 재배열하는 문제로, 기준이 되는 문장이 제시되기도 한다.

1 다음 주어진 문장에 이어질 글의 순서로 가장 적절한 것은?

A Brazilian woman who has lived in the United States for many years was explaining why it was difficult for her parents and sister to come to visit her in the United States.

▶ 미국에서 수년을 살고 있는 한 브라질 여성이 자신의 부모와 형제가 그녀를 보러 미국을 방문하는 것이 왜 어려운지에 대하여 설명을 하고 있다.

(A) "What happens if Congress disagrees with the President?" her American friend asked. "Oh", she replied, "the President can just tell the Congress to take a vacation, and then he can go on and pass new laws or do whatever he wants."

(B) When they return, they can get their money back, but no interest is paid on it. This was the decision of the Minister of Finance and the President, she said, and the Congress was not even consulted.

(C) Because the government wishes to discourage people from traveling abroad and spending their money in other countries, the Minister of Finance decided to require Brazilian tourists to deposit $1,200 in a special account before leaving the country.

① (A) - (B) - (C)   ② (B) - (A) - (C)
③ (C) - (B) - (A)   ④ (A) - (C) - (B)

explain 설명하다, 해명하다 Congress 국회, 연방의회 disagree 일치하지 않다, 의견이 다르다 whatever 무엇이든지 interest 이익, 이자 decision 결정, 판결 the Minister of Finance 재무부장관 consult 상의하다, 의논하다 discourage 불찬성의 뜻을 표명하다 abroad 해외에, 국외에 require 요구하다, 명령하다 deposit 예금하다, 공탁하다

「미국에서 수년간 살고 있는 한 브라질 여성은 왜 그녀의 부모와 자매가 그녀를 보러 미국에 오기 힘든지 설명한다.
(C) 정부는 다른 나라로 여행을 가서 돈을 사용하는 것에 찬성하지 않기 때문에 브라질 사람들이 미국을 떠나기 전에 특별계좌에 1,200달러를 예치하도록 결정하였다.
(B) 그들이 돌아왔을 때, 그들은 돈을 돌려받을 수는 있지만 이자는 지급되지 않는다. 이것은 재무부장관과 대통령의 결정이며, 의회와는 의논된 적 조차도 없는 것이라고 그녀가 말했다.
(A) "만약 의회가 대통령의 말에 다른 의견을 표명한다면 무슨 일이 일어날 것인가?" 그녀는 미국인 친구에게 물어보았다. "오", "대통령이 의원들에게 휴가를 가라고 말하고 그런 다음 대통령은 새로운 법을 통과시키거나 무엇이든지 원하는 것을 할 수 있겠지"라고 친구는 대답하였다.」

2 주어진 문장으로 시작하여, 다음 글들을 문맥에 맞게 올바른 순서로 연결한 것은?

The saying for which I had to find the meaning was : "People who live in glass houses shouldn't throw stones."

(A) My first guess was that it was about a situation in which those who want to fight should first think about defending themselves from attack. Obviously, a person whose house is made of glass, which is easily broken, should be careful. If you throw a stone, the person at whom you threw the stone could throw it back and smash your house.

(B) I think this is good advice for anyone who is critical of other people.

(C) However, this saying, whose meaning I looked up in a dictionary of English idioms is not really about fighting. It means that you should not criticize others for faults similar to those you have.

① (A) − (C) − (B)　　　　　　② (A) − (B) − (C)

③ (B) − (C) − (A)　　　　　　④ (C) − (A) − (B)

obviously 명백하게, 분명히　**smash** ~을 산산이 부수다　**critical of** ~을 흠(트집)잡기 좋아하는　**criticize** ~을 비난하다

「내가 그 의미를 찾아내야만 했던 속담은 '유리로 만든 집에 사는 사람들은 돌을 던져서는 안 된다.'라는 것이었다. (A) 처음 내가 한 짐작은 이 속담이 싸우기를 원하는 사람들이 먼저 공격으로부터 자신들을 방어하는 데 대하여 먼저 생각해야 하는 상황에 관한 것이었다. 분명, 자신의 집이 쉽게 깨지는 유리로 된 집이 있는 사람은 주의해야 한다. 만일 당신이 돌을 던지면 당신이 그 돌을 딘진 돌에 표적이 되는 사람은 도로 던질 수 있으며 당신의 집을 부수어 버릴 수 있다. (C) 하지만, 내가 영어숙어 사전에서 그 의미를 찾아낸 이 속담은 실제로는 싸움에 관한 것이 아니다. 이것은 당신이 가지고 있는 결점과 유사한 결점이 있다고 해서 다른 사람들을 비난해서는 안 된다는 것을 의미한다. (B) 나는 이것이 다른 사람들의 흠을 잡기 좋아하는 어떤 사람에게라도 좋은 충고라고 생각한다.」

▶ 'People who live in glass houses shouldn't throw stones.'는 '제 눈의 들보는 못 보고 남의 눈의 티를 본다.'라는 속담이다. (A)에 the saying을 대신하는 it이 있어 연속이 되며 (A)의 마지막 문장에서 이 속담을 설명하고 있다. (C)에서는 대조를 나타내며 the saying을 받는 this saying이 나온다. (B)는 이 속담의 결론을 나타내므로 마지막에 위치시켜야 한다.

 Type5　다음 중 밑줄 친 곳에 들어갈 말로 적절한 것은?

〈내용흐름 문장 추론〉
이 유형은 글의 중간이나 마지막 부분에 들어갈 말을 찾는 문제이므로 글 전체의 내용을 빠르고 정확하게 파악하는 것이 중요하다.

1 다음 중 밑줄 친 곳에 들어갈 말로 적절한 것은?

One custom that is common at weddings in the United States is throwing rice at the bride and groom as they leave the place where the wedding ceremony has just been held. No one knows exactly why people throw rice. One explanation is that the rice assures that the couple will have many children. If this is true, then the custom is not always a good one now because ＿＿＿＿＿＿＿＿.

▶ 쌀을 던지는 관습이 항상 좋은 것만은 아니라는 내용에 주목한다.

① a lot of couples do not want many children
② many people are pleased about it
③ many couples go on honeymoon the next day
④ it is unreasonable to clear away rice after the ceremony

custom 관습, 풍습   **exactly** 정확하게   **explanation** 해명, 이유, 설명   **assure** 장담하다, 확신하다   **pleased** 기쁜, 기뻐하는, 만족해하는   **unreasonable** 불합리한, 부당한   **clear away** 청소하다, ~을 치우다

① 많은 커플들이 많은 자녀를 원하지 않는다.
② 많은 사람들이 그것에 대해 만족해한다.
③ 많은 커플들이 다음 날 신혼여행을 간다.
④ 결혼식 후에 쌀을 깨끗이 치우는 것은 부당하다.

「미국에서 결혼에 있어 공통적인 하나의 관습은 신랑과 신부가 방금 결혼식이 열렸던 장소를 떠날 때 신부와 신랑에게 쌀을 던지는 것이다. 사람들이 쌀을 던지는 이유에 대해서 아무도 정확하게 알지 못한다. 한 가지 설명은 쌀이 커플이 많은 자녀들을 가지는 것을 보장한다는 것이다. 만약 이것이 사실이라면, 지금은 <u>많은 커플들이 자녀를 많이 낳는 것을 원하지 않기</u> 때문에 이 관습이 항상 좋은 것만은 아니다.」

2 다음 글의 내용상 빈칸에 들어갈 말로 가장 적절한 것은?

Governments become more vulnerable when economies falter ; in fact, the credibility of government is often thought to be linked very closely to _____. In the early stages of the 2008 crisis, the governments of Belgium, Iceland, and Latvia fell. In 2009, the government of Kuwait dismissed the parliament after a dispute over the handling of the financial crisis. The Hungarian government collapsed in 2009 for similar reasons. So did that of the Czech Republic, leaving the rotating presidency of the European Union in chaos. There are many historic examples of government collapse in the wake of financial disaster.

▶ 정부와 경제의 상관관계에 대한 글이다.

① cultural conflict management
② historical analysis on the past
③ effective economic performance
④ democratic system in government

vulnerable 취약한   **falter** 불안정해지다   **be linked to** ~와 관련이 있다   **fall** 전복되다   **dismiss** 해산하다   **parliament** 의회   **dispute** 분쟁   **collapse** 전복되다   **wake** 발생

① 문화적인 분쟁의 관리
② 과거에 대한 역사적인 분석
③ 효과적인 경제성과
④ 민주주의 정부체계

「정부는 경제가 불안할 때 더 취약해진다. 실제로 정부의 신뢰성은 종종 <u>효과적인 경제성과</u>와 매우 밀접한 관련이 있다고 생각된다. 2008년 위기 초기 단계에 벨기에, 아이슬란드, 그리고 라트비아 등의 정부가 전복되었다. 2009년 쿠웨이트 정부는 금융위기 관리와 관하여 분쟁이 발생한 이후 의회를 해산했다. 헝가리 정부는 비슷한 이유로 유럽연합의 선회 대통령직을 혼란에 빠뜨렸다. 금융적 재난의 발생으로 정부가 전복되는 역사적인 경우가 많이 있었다.」

1 밑줄 친 (A), (B)에 들어갈 말로 적절한 것은?

2021. 9. 11. 지역인재 9급 선발시험

One of the marvels of language is how we use a limited number of sounds to create an unlimited number of words and sentences. In English, there are only about 45 sounds and 30 patterns for combining these sounds. ___(A)___ we can communicate whatever we want simply by combining this limited number of sounds and patterns. ___(B)___, we can recombine the sounds in the word "string" to form "ring, sing, sin, grin." We can rearrange the words in a sentence to mean entirely different things, as in "John saw Sally" and "Sally saw John." This is what makes languages so marvelous.

	(A)	(B)
①	Yet	Nevertheless
②	Yet	For instance
③	Unfortunately	Likewise
④	Unfortunately	As a result

TIP marvel 경이로움 combine 결합시키다 communicate 전달하다 recombine 재결합하다 rearrange 재배열하다 entirely 완전히 marvelous 경이로운 yet 하지만

「언어의 경이로운 점 중 하나는 우리가 제한된 수의 소리를 사용하여 무한한 수의 단어와 문장을 만든다는 것이다. 영어에는 약 45개의 소리와 이 소리들을 조합하는 30개의 패턴이 있다. 그러나 우리는 제한된 수의 소리와 패턴을 조합하는 것만으로 우리가 원하는 어떤 것이라도 전달할 수 있다. 예를 들어, 우리는 "string"이라는 단어의 소리를 "ring, sing, sin, grin"으로 재결합할 수 있다. 우리는 "John saw Sally"와 "Sally saw John"에서처럼 문장의 단어들을 완전히 다른 의미로 재배치할 수 있다. 이것이 언어를 매우 굉장한 것으로 만드는 것이다.」

2 밑줄 친 부분에 들어갈 말로 가장 적절한 것은?

2021. 9. 11. 지역인재 9급 선발시험

I also found that we encounter more distraction today than we have in the entire history of humanity. Studies show we can work for an average of just forty seconds in front of a computer before we're either distracted or interrupted. (Needless to say, we do our best work when we attend to a task for a lot longer than forty seconds.) I went from viewing multitasking as a stimulating work hack to regarding it as a trap of continuous interruptions. While trying to do more tasks simultaneously, we prevent ourselves from finishing any one task of _____. And I began to discover that by focusing deeply on just one important thing at a time—hyperfocusing—we become the most productive version of ourselves.

① distraction
② significance
③ multiple
④ pettiness

Answer 1.② 2.②

TIP encounter 만나다 distraction 주의산만 humanity 인류 distracted 마음이 산란한 interrupted 방해받는 needless to say 말할 필요 없이 stimulate 자극하다 trap 함정 interruption 방해 simultaneously 동시에 significance 중요성 productive 생산적인
① 산만함 ② 중요성 ③ 다수의 ④ 하찮음

「저는 또한 오늘날 우리가 인류 역사상 경험했던 것보다 더 많은 산만함을 경험한다는 것을 알게 되었습니다. 연구에 따르면 우리는 컴퓨터 앞에서 산만해지거나 방해를 받기 전에 평균 40초 동안만 일할 수 있습니다. (말할 것도 없이, 우리는 작업에 40초 이상 집중해야 최선을 다할 수 있습니다.) 멀티태스킹을 자극적인 작업 해킹으로 보던 것에서 지속적인 중단의 덫으로 여기게 되었습니다. 동시에 더 많은 작업을 수행하려고 노력하면서, 우리는 우리가 중요한 작업 하나를 완료하지 못하게 합니다. 그리고 저는 한 번에 한 가지 중요한 일에만 집중함으로써(과집중) 우리가 우리 자신의 가장 생산적인 버전이 된다는 것을 깨닫기 시작했습니다.」

3 주어진 글 다음에 이어질 글의 순서로 가장 적절한 것은?

2021. 9. 11. 지역인재 9급 선발시험

Imagine swallowing a robot so tiny it would take a microscope to see it. Scientists are working on ways to build very tiny objects called nanorobots. Nanorobots are built by arranging atoms one at a time.

(A) Doctors may even be able to send messages to nanorobots with sound waves to check how many cells they have destroyed.
(B) These nanorobots would destroy the cancer cells and leave healthy cells alone.
(C) In the future, it may be possible to program nanorobots to find cells in the human body that cause illnesses like cancer.

① (B) — (A) — (C)
② (B) — (C) — (A)
③ (C) — (A) — (B)
④ (C) — (B) — (A)

TIP swallow 삼키다 tiny 작은 microscope 현미경 arrange 배열하다 atom 원자
주어진 문장에서 나노로봇에 관한 전반적인 설명과 함께, (C)에서 암과 같은 질병을 일으키는 세포를 발견할 수 있다는 내용이 나오고, (B)에서 암세포만 파괴한다는 내용이 이어지며, (A)에서 얼마나 많은 암세포를 파괴했는지 확인할 수 있다는 내용으로 봐서 (C) – (B) – (A) 순서라는 것을 알 수 있다
「그것을 보기 위해 현미경이 필요할만큼 너무나 작은 로봇을 삼킨다고 상상해 보세요. 과학자들은 나노로봇이라고 불리는 아주 작은 물체를 만드는 방법을 연구하고 있습니다. 나노로봇은 한 번에 하나씩 원자를 배열하여 만들어집니다. (C) 미래에는 나노로봇이 암과 같은 질병을 일으키는 세포를 발견하도록 프로그램할 수 있을지도 모릅니다. (B) 이 나노로봇들은 암세포를 파괴하고 건강한 세포를 그대로 둘 것입니다. (A) 의사들은 나노로봇이 얼마나 많은 세포를 파괴했는지 확인하기 위해 음파를 가지고 나노로봇에 메시지를 보낼 수도 있습니다.」

Answer 3.④

4. 주어진 문장이 들어갈 위치로 가장 적절한 것은?

2021. 9. 11. 지역인재 9급 선발시험

That's how you forget how to do something – forget a fact or a name, or how to do a maths calculation, or how to kick a ball at a perfect angle.

Each time you repeat the same action, or thought, or recall the same memory, that particular web of connections is activated again. (①)Each time that happens, the web of connections becomes stronger. And the stronger the connections, the better you are at that particular task. That's why practice makes perfect. (②)But if you don't use those connections again, they may die off. (③)If you want to relearn anything, you have to rebuild your web of connections – by practising again. (④)After a brain injury, such as a stroke, someone might have to relearn how to walk or speak. That would be if the stroke had damaged some neurons and dendrites which help to control walking or speaking.

TIP relearn 재학습하다 stroke 뇌졸중 neuron 뉴런 dendrite 수상 돌기

들어가야 할 문장은 수학 계산을 하는 것과 같은 방법을 잊어버리는 등의 내용으로, ③번 앞에 연결이 끊어질 수 있다는 내용의 구체적인 내용이다.

「같은 동작이나 생각을 반복하거나 같은 기억을 상기할 때마다, 그 접속의 특정 웹이 다시 활성화됩니다. 그것이 발생할 때마다, 접속의 거미줄은 더 강해집니다. 그리고 연결이 강할수록, 당신은 특정 작업에 더 잘 대처할 수 있습니다. 그래서 연습이 완벽을 만드는 것입니다. 하지만 그 연결을 다시 사용하지 않으면, 끊어질 수도 있습니다. (당신이 사실이나 이름과 같은 어떤 것을 하는 방법 또는 수학 계산을 하거나, 완벽한 각도로 공을 차는 방법 등을 잊어버리는 것입니다.) 만약에 당신이 어떤 것을 재학습 하기를 원한다면, 다시 연습하여 접속 웹을 재구축해야 합니다. 뇌졸중과 같은 뇌손상 후, 누군가는 걷거나 말하는 법을 다시 배워야 할 수도 있습니다. 그것은 뇌졸중이 걷거나 말하는 것을 조절하는 데 도움이 되는 뉴런과 수상돌기에 손상을 입었을 경우일 것입니다.」

Answer 4.③

5 밑줄 친 문장 중 글의 흐름상 어색한 것은?

2021. 9. 11. 지역인재 9급 선발시험

Fish is an excellent source of protein that, up until the middle of the twentieth century, must have seemed limitless. ①Nation states control fishing with quotas. Fish has formed an important component in the human diet in many regions and is the only major exploitation in which humans are still acting as hunters. ②Almost 17 percent of the world's requirements for animal protein is provided by the oceans and, globally, we eat on average approximately 13kg of fish per person (FPP) each year. In the industrialized world this rises to approximately 27kg FPP each year, with Japan consuming 72kg FPP. ③In developing regions the consumption rate is approximately 9kg FPP. Ocean productivity is not uniform and over 90 percent of the global fish catch occurs within 200 miles of land. ④In addition to such an excessive fish catch in the coast, only about 20 countries account for almost 80 percent of the global catch.

TIP protein 단백질 limitless 무한한 component 요소 exploitation 이용 excessive 과도한 account for 차지하다

생선은 중요한 단백질 공급원이며, 전세계적으로 각 나라에서 어느 정도의 어획량을 차지하는 지를 설명하는 글로서 ①번은 쿼터로 조업을 통제한다는 내용은 주제와 어울리지 않는다.

「생선은 20세기 중반까지만 해도 무한해 보였던 훌륭한 단백질 공급원이다. ① 각국은 쿼터로 조업을 통제한다. 물고기는 많은 지역에서 인간의 식단에서 중요한 요소를 형성해 왔고, 인간이 여전히 사냥꾼으로 활동 중인 유일한 주요한 착취이다. ② 동물성 단백질에 대한 세계 요구량의 거의 17%가 바다에 의해 제공되고 있으며, 세계적으로 우리는 매년 평균 약 13kg의 생선을 먹고 있습니다. 선진국에서는 매년 약 27kg FPP까지 상승하고 있으며, 일본은 72kg FPP를 소비하고 있다. ③ 개도국에서는 약 9kg FPP를 소비하고 있다. 해양의 생산성은 균일하지 않고 전 세계 어획량의 90% 이상이 육지 200마일 이내에서 발생한다. ④ 연안에서의 이러한 과도한 어획량 외에도, 약 20개국만이 전 세계 어획량의 거의 80%를 차지한다.」

6 주어진 문장이 들어갈 위치로 가장 적절한 것은?

2021. 9. 11. 지역인재 9급 선발시험

Some research has shown that vegetables lose some of their nutritional value in the microwave. For example, microwaving has been found to remove 97% of the flavonoids — plant compounds with anti-inflammatory benefits— in broccoli. That's a third more damage than done by boiling. However, one 2019 study looking at the nutrient loss of broccoli in the microwave pointed out that previous studies varied the cooking time, temperature, and whether or not the broccoli was in water. It found that shorter cooking times (they microwaved the broccoli for one minute) didn't compromise nutritional content. Steaming and microwaving could even increase content of most flavonoids, which are compounds linked to reduced risk of heart disease. "Under the cooking conditions used in this study, microwaving appeared to be a better way to preserve flavonoids than steaming," the researchers wrote. Yet they also found that microwaving with too much water (such as the amount you'd use to boil) caused a drop in flavonoids.

① Shorter microwaving times can help to preserve nutrients of vegetables.

② According to some research, microwaving can cause damage to vegetable nutrients.

③ There is no straightforward answer as to whether microwaving vegetables leads to greater nutrient loss than other methods.

④ The nutrient loss of broccoli depends on cooking time and temperature but not on the amount of water used for microwaving.

TIP nutritional 영양의 remove 제거하다 compound 성분 anti-inflammatory 항 염증의 benefit 이익 previous 이전의 vary 다르다 compromise 타협하다 steam 증기를 분출하다 reduce 줄이다 appeare ~인 것 같다 preserve 보존하다

글의 마지막 부분에서 많은 물로 전자레인지에 데우는 것이 블라보노이드가 감소를 야기한다고 했기 때문에, ④번 보기는 본문의 내용과 일치하지 않는다.

① 전자레인지의 짧은 시간은 채소의 영양분을 보존하는데 도움을 줄 수 있다.

② 어떤 연구에 따르면, 전자레인지는 식물성 영양소에 피해를 줄 수 있다.

③ 전자레인지 채소가 다른 방법보다 더 큰 영양소 손실을 초래하는지에 대한 직접적인 답은 없다.

④ 브로콜리의 영양소 손실은 조리 시간과 온도에 따라 달라지지만 전자레인지에 사용되는 물의 양에 따라 달라지지 않는다.

「몇몇 연구는 채소가 전자레인지에서 영양가치를 일부 잃는다는 것을 보여 주었다. 예를 들어, 전자레인지로 브로콜리에서 97%의 플라보노이드(항염증 효과가 있는 식물 화합물)를 제거하는 것으로 밝혀졌다. 그것은 끓이는 것보다 3분의 1 정도 더 손상되는 것이다. 하지만, 전자레인지에서 브로콜리의 영양소 손실을 조사한 한 2019년 연구는 이전의 연구들이 요리 시간, 온도, 그리고 브로콜리가 물 속에 있는지 여부를 변화시켰다고 지적했다. 그것은 짧은 조리 시간이(그들은 브로콜리를 1분동안 전자레인지로 요리했다) 영양 성분을 손상시키지 않는다는 것을 발견했습니다. 찜과 전자레인지로 찌는 것은 심지어 심장병의 위험 감소와 연관된 화합물인 대부분의 플라보노이드의 함량을 증가시킬 수 있다. "이 연구에서 사용된 요리 조건 하에서, 전자레인지는 찌는 것보다 플라보노이드를 보존하는 더 좋은 방법인 것으로 보입니다."라고 연구원들은 썼다. 하지만 그들은 또한 너무 많은 물로 전자레인지에 데우는 것이 플라보노이드의 감소를 야기한다는 것을 발견했다.」

Answer 6.④

7 글의 내용과 일치하는 것은?

2020. 9. 26. 지역인재 9급 선발시험

> Halloween (also referred to as All Hollows' Eve) is a holiday that's celebrated in America on 31 October of each year, regardless of what day of the week this date falls on. Although it is rooted in religion, Halloween today is enjoyed mainly because of its decorations, costumes, candy, treats, and general excitement, and furthermore, it is enjoyed by most everyone. Before Halloween, many individuals carve a design into an orange-colored pumpkin, or a solid, durable vegetable. Once a personally satisfying design is carved, a lit candle is typically put inside a pumpkin, thereby making it a Jack-O-Lantern. At night, this design lights up against the darkness. Besides carving pumpkins, some celebrate Halloween by putting decorations up. Supernatural (referring in this case to non-natural creatures that are typically based in fiction) figures, including vampires, ghosts, werewolves, zombies, and more, generally account for most of these decorations. Bugs, spiders, cobwebs, gravestones, and anything else that can be considered creepy (or unusual and possibly scary) can also be found on Halloween, in decoration form.

① Halloween is celebrated on the last Sunday of October each year.

② Originally, Halloween has nothing to do with religion.

③ The designs most popular in a community are usually carved in the pumpkins.

④ Supernatural figures are used as Halloween decorations.

TIP durable 오래가는

① 해마다 10월 마지막 토요일에 핼러윈을 기념한다.
② 원래 핼러윈은 종교와 관련된 것이 아니다.
③ 지역사회에서 가장 인기있는 디자인들이 보통 호박에 새겨진다.
④ 초자연적인 피규어들이 핼러윈 장식품으로 사용된다.

「핼러윈(All Hollows' Eve라고도 일컬어지는)은 미국에서 그 날짜가 그 주의 어떤 요일에 해당하는지에 상관없이 해마다 10월 31일에 기념하는 명절이다. 비록 종교에 뿌리를 두고 있지만, 그 장식, 복장, 사탕, 장난과 전반적으로 신나는 일들 때문에, 더 나아가 거의 모든 사람들이 핼러윈을 즐긴다. 핼러윈 전에, 많은 사람들이 각각 주황색상의 호박이나 단단하고 오래가는 채소 위에 무늬를 새긴다. 일단 개인적으로 만족스러운 디자인이 새겨지면, 보통 불 켜진 양초가 호박 안에 놓이고, 그렇게 다하면 Jack-O-Lantern이 만들어진다. 밤에 이 디자인은 어둠에 맞서 빛을 밝힌다. 호박에 새기는 것 말고도, 어떤 사람들은 장식들을 꾸며 놓으며 핼러윈을 기념한다. 흡결귀와 유령, 늑대인간, 좀비 아니 그 이상을 포함한 초자연적인(일반적으로 허구를 기본으로 한 비생명체인 경우로 언급하는) 피규어들이 보통 이 장식품들의 대부분을 차지한다. 으스스하다고(혹은 특이하고 아마 무서울) 여겨지는 벌레, 거미, 거미줄, 묘지와 어떤 것들이든 장식품 형태로 핼러윈에 발견될 수 있다.」

Answer 7.④

8 글의 흐름상 가장 어색한 문장은?

2020. 9. 26. 지역인재 9급 선발시험

In 1971, an American computer engineer called Ray Tomlinson sent the first ever email. He needed a symbol to identify the location of the email sender within the computer system that sends and receives messages, and he chose @-pronounced 'at.' ① Today, we call it the 'at sign' in English. ② The internet, in particular, has introduced some new kinds of punctuation. ③ But other languages sometimes give it different names. ④ People look at its funny shape and compare it to all sorts of things, such as a worm, an elephant's trunk, or a monkey's tail. It's called a 'malpa' in Poland (that's the word for 'monkey' in Polish), a 'sobaka' in Russia (the word for 'dog' in Russian), and a 'papaka' in Greece (the word for 'duckling' in Greek).

TIP 이메일 발송자 위치를 확인하기 위한 기호로 @가 소개 되고 다른 언어들로 다양한 작명되었다. 따라서 ②번에서 다양한 구두법에 의해 언급되지만 흐름상 어색한 문장이다.

「1971년에 미국 컴퓨터 기술자인 Ray Tomlinson는 사상 첫 이메일을 보냈다. 그는 메시지를 보내고 받는 컴퓨터 시스템 내부에 이메일 발송자의 위치를 확인하기 위한 기호가 필요해서 'at'으로 발음되는 @를 선택했다. ① 오늘날 우리는 그것을 영어로 'at sign' 이라고 부른다. ② 특히 인터넷은 새로운 종류의 구두법을 소개하였다. ③ 하지만 그것은 가끔 다른 언어들로 다른 이름들이 생겼다. ④ 사람들은 그것의 웃긴 모양을 보고 애벌레나 코끼리 코, 원숭이 꼬리처럼 온갖 것들에 비유한다. 그것은 폴란드에서는 폴란드어로 '원숭이'를 뜻하는 단어인 'malpa', 러시아에서는 러시아어로 '개'를 뜻하는 단어인 'sobaka', 그리스에서는 그리스어로 '새끼오리'를 뜻하는 단어인 'papaka'로 불린다.」

9 주어진 문장이 들어가기에 가장 적절한 곳은?

2019. 8. 17. 지역인재 9급 선발시험

Inside the fluid, there are many different cell parts called organelles.

Plants and animals are filled with fluid that is like gelatin. The fluid is called cytoplasm. It is made of cytosol. Cytosol is like a special soup that has everything the cell needs to live. A cell must do many different jobs to survive. (①) Each organelle does a different job; some organelles turn food into energy and other organelles store water. (②) Most organelles are separated from the cytosol by a membrane. (③) The membrane is like a skin that only lets in what the organelle needs. (④) Everything else is kept outside. One special kind of organelle is called chloroplast. Plant cells have these. Chloroplasts turn sunlight into energy that the rest of cell can use. Animals do not have chloroplasts. They must get their energy from eating other things.

TIP fluid 유체, 유동체 cytoplasm 세포질 cytosol 사이토솔(세포질의 액상 부분) organelle 세포 소기관 membrane (인체 피부·조직의) 막 chloroplasts 엽록체

「식물과 동물은 젤라틴과 같은 액체로 채워져 있다. 그 유체는 세포질이라고 불린다. 그것은 사이토솔로 만들어졌다. 사이토솔은 세포가 살아가는데 필요한 모든 것을 가지고 있는 특별한 수프와 같다. 세포는 살아남기 위해 많은 다양한 일들을 해야 한다. ① 유체 내부에는 세포 소기관이라고 불리는 여러 가지 세포 부분이 있다. 각각의 세포 소기관은 다른 일을 한다.; 어떤 세포 소기관들은 음식을 에너지로 바꾸고 다른 세포 소기관들은 물을 저장한다. 대부분의 세포 소기관은 세포막에 의해 사이토솔과 분리되어 있다. 세포막은 세포 소기관이 필요로 하는 것만을 들여보내주는 피부와 같다. 그 밖의 모든 것은 외부에 보관되어 있다. 한 특별한 종류의 세포 소기관은 엽록체라고 불린다. 식물 세포는 이것들을 가지고 있다. 엽록체는 햇빛을 다른 세포가 사용할 수 있는 에너지로 바꾼다. 동물들은 엽록체를 가지고 있지 않다. 그들은 다른 것을 먹음으로써 에너지를 얻어야 한다.」

Answer 8.② 9.①

10 주어진 문장 다음에 이어질 글의 순서로 가장 적절한 것은?

2019. 8. 17. 지역인재 9급 선발시험

English differs from all other major European languages in having adopted natural (rather than grammatical) gender.

(A) But even this aid is lacking in the Germanic languages, where the distribution of the three genders appears to the English students to be quite arbitrary.

(B) In the Romance languages, for example, there are only two genders, and all nouns that would be neuter in English are either masculine or feminine. Some help in these languages is afforded by distinctive endings that at times characterize the two classes.

(C) In studying other European languages, students must learn both the meaning of every other noun and also its gender.

① (A) — (B) — (C)
② (A) — (C) — (B)
③ (B) — (C) — (A)
④ (C) — (B) — (A)

TIP neuter 중성의 distinctive 독특한 distribution 분배, 분포 arbitrary 임의적인, 제멋대로인

「영어는 자연적인(문법적인 것이 아니라) 성을 채택했다는 점에서 다른 모든 주요 유럽 언어와 다르다. (C) 다른 유럽 언어를 공부할 때, 학생들은 모든 다른 명사의 의미와 성별을 모두 배워야 한다. (B) 예를 들어, 로망스어에서는 성별이 두 개뿐이며, 영어에서 중성인 모든 명사는 남성 명사이거나 여성 명사이다. 이러한 언어에서 때때로 두 부류로 특징되는 독특한 어미에 의해 약간의 도움이 제공된다. (A) 그러나 이러한 원조조차도 게르만어에서는 부족한데, 여기서 세 성별의 분포는 영어권 학생들에게 상당히 자의적으로 나타난다.」

Answer 10.④

1 다음 글의 흐름상 빈칸에 들어갈 가장 적절한 것을 고르시오.

Have you ever been made fun of because you were left-handed? These days, most people don't care which hand you prefer, but it wasn't always so. Many ancient cultures discriminated against people who primarily used their left hand for everyday tasks. This sort of thinking has been passed on to modern cultures through language. Think of alternate meanings for the word "right" in English; it also means "being correct or accurate". This is the case in mainly only a few. _____, the Latin word for right-handed is dexter. We recognize this word today in English as "dexterity", which means "skillful". _____, the Latin word for left-handed is "sinister", which is the English word meaning "evil" or "unlucky". This association of left-handed with bad things carries over not into most European languages, but even Chinese, as the Mandarin word for "left" can also mean "improper" or "immoral". Left-handed people weren't well-liked in ancient times.

① Therefore — Besides
② Nonetheless — Despite
③ Futhermore — However
④ In the same way — However

TIP make fun of ~을 놀리다, 비웃다 **left-handed** 왼손잡이의 **discriminate** 구별하다, 차별하다 **only a few** 극히[불과] 소수의, 근소한 **association** 함축, 암시적 의미 **carry over** (습관 등이) 미치다

④ 첫 번째 빈칸 앞에서 right의 예를 들고 있고 뒤에서 비슷한 단어인 right-handed에 대한 예를 들고 있으므로 첫 번째 빈칸에는 In the same way가 적절하다. 두 번째 빈칸 앞에서는 right-handed에 대한 내용이 나오고 빈칸 뒤에서는 left-handed에 대한 내용이 나오는 것으로 보아 서로 상반되는 내용이므로 빈칸에는 However가 적절하다.

「여러분이 왼손잡이라서 놀림을 받은 적이 있는가? 요즈음 대부분의 사람들은 여러분이 어떤 손을 선호하든지 상관하지 않는다. 하지만 항상 그렇지는 않았다. 많은 고대의 문화는 일상적인 일에서 주로 왼손을 사용하던 사람들을 차별했다. 이러한 종류의 생각은 언어를 통해서 현대 문화에 전달되었다. 영어에서 right라는 단어의 다른 의미를 생각해 보아라. 그것은 또한 옳거나 정확하다는 것을 의미한다. 이것은 주로 극히 소수에만 해당되는 경우이다. 같은 방법으로, right-handed에 해당하는 라틴어는 dexter이다. 우리는 오늘날 이 단어를 영어로 'dexterity(손재주 있음, 솜씨 좋음)'로 간주하며 이것은 '솜씨 좋은'이라는 의미이다. 하지만 left-handed에 해당하는 라틴어는 'sinister(불길한)'인데, 이것은 '불길한'이나 '불행한'이라는 의미의 영단어이다. 나쁜 것들을 가진 왼손잡이의 의미는 대부분의 유럽어에는 영향이 미치지 않지만, 중국어에서조차 '왼쪽'에 해당하는 만다린어는 '부적당한'이나 '부도덕한'이라는 의미도 나타낼 수 있다. 왼손잡이인 사람들은 고대에 그다지 선호되지 않았다.」

Answer 1.④

2 다음 주어진 글 뒤에 이어질 글의 순서로 가장 적절한 것은?

Is it a curiosity that the last days of Socrates were spent in meditating on Aesop's fables? The fable of the Crow and the Pitcher illustrates a clever episode.

(A) Unable to reach them, it reasons that the grapes are not ripe and so would rather not eat the sour grapes. The lesson is that people criticize what they cannot achieve. This is also the origin of the English phrase 'sour grapes.'

(B) A crow wants to drink water from a pitcher. When its beak can no longer reach the water, it fills the pitcher with pebbles until the water rises high enough.

(C) The moral of this fable is that ingenuity beats brute strength or that necessity is the mother of invention. Another fable is the Fox and the Grapes. A fox wants to eat grapes hanging high on a tree.

① (A) – (B) – (C)　　　　　　　　② (B) – (C) – (A)
③ (B) – (A) – (C)　　　　　　　　④ (A) – (C) – (B)

TIP curiosity 호기심, 진기함, 신기함　meditate 숙고하다, 명상하다　fable 우화　sour grapes(단수 취급) 지기 싫어함, 오기
pebble 자갈, 조약돌　moral 교훈　ingenuity 창의력, 독창력　brute strength 완력(腕力)
② 까마귀와 주전자의 우화 → (B) 까마귀와 주전자 우화의 내용 → (C) 까마귀와 주전자 우화의 교훈, 또 다른 우화인
여우와 포도 → (A) them은 포도를 가리킴, 여우와 포도 우화의 교훈
「소크라테스가 마지막 날들을 이솝우화를 숙고하는 데 소비했다는 것이 신기한가? 까마귀와 주전자의 우화는 현명한 에피소드
를 보여 준다. (B) 까마귀는 주전자에 든 물을 마시고 싶어한다. 부리가 물에 더 이상 닿을 수 없을 때, 물이 충분히 높이 올
라올 때까지 주전자를 자갈로 채운다. (C) 이 우화의 교훈은 창의력이 완력을 이긴다는 것이나 필요는 발명의 어머니라는 것
이다. 또 다른 우화는 여우와 포도이다. 여우는 나무에 높이 매달려 있는 포도를 먹고 싶어한다. (A) 그것(포도)에 닿을 수 없
자, 포도는 익지 않아서 신 포도는 먹지 않겠다고 판단한다. 그 교훈은 사람들이 성취할 수 없는 것을 비판한다는 것이다.
이것은 영어 관용구 '오기'의 기원이기도 하다.」

3 다음 글에서 전체 흐름과 관계없는 문장은?

Elephants are the giants of the animal kingdom. The most unusual thing about an elephant is its trunk. ⓐAn elephant uses it to smell, wash, eat, drink, 'talk', and hug. ⓑA newborn elephant weighs about 260 pounds and stands about three feet tall. ⓒHowever, elephant babies do not know how to use their trunks, just as human babies are not born with the ability to walk. ⓓIt is not easy for human babies to learn how to walk, and it takes a lot of practice. In the same way, baby elephants must also learn how to use their trunks.

① ⓐ　　　　　　　　② ⓑ
③ ⓒ　　　　　　　　④ ⓓ

Answer 2.② 3.②

TIP unusual 정상이 아닌, 이상한, 이례적인, 색다른, 독특한 trunk (코끼리의) 코, 나무줄기, 트렁크 hug 껴안다, 포옹하다 newborn 갓 태어난 just as ~ 꼭 ~처럼

「코끼리는 동물왕국의 거인이다. 코끼리의 가장 독특한 점은 그 코이다. ⓐ코끼리는 냄새를 맡고, 씻고, 먹고, 마시고 '말하고', 포옹을 하는 데 코를 사용한다. (ⓑ갓 태어난 코끼리는 무게가 약 260파운드이며 키는 약 3피트이다.) ⓒ그러나 사람의 아기가 걷는 능력을 지니고 태어나지 않는 것처럼 아기 코끼리도 코를 사용하는 방법을 모른다. ⓓ사람의 아기가 걷는 방법을 배우는 것은 쉽지 않으며 많은 연습이 필요하다. 똑같은 방식으로 아기 코끼리도 역시 코를 사용하는 방법을 배워야 한다.」

4 다음 글의 흐름으로 보아, 주어진 문장이 들어가기에 가장 알맞은 곳은?

Plankton, another significant source of food, may also someday be harvested commercially.

Life on land is insignificant compared to the vast richness of life in the ocean. (ⓐ) Although life itself probably originated in the ocean and new forms are continually being discovered, many life forms in the ocean remain unknown. (ⓑ) With their abundance, the ocean offers huge potential as a source of food for humans. (ⓒ) Fish, for example, is a source of protein for people who suffer from food shortage. (ⓓ) In fact, Thor Heyerdahl, the Norwegian scientist and writer reported that he found plankton good for eating during a vacation.

① ⓐ   ② ⓑ
③ ⓒ   ④ ⓓ

TIP plankton 플랑크톤 significant 중요한, 의미심장한, 상당한 insignificant 중요하지 않은, 사소한 (as) compared to(with) ~와 비교하여 originate ~에서 시작되다, 기원하다 abundance 풍부 potential 잠재적인, 가능성 protein 단백질

「육지의 생명체는 해양 생명체의 광대한 풍부함과 비교하여 사소한 것이다. ⓐ비록 생명체 그 자체가 아마도 해양에서 기원하였고 새로운 생명체들이 계속 발견될지라도, 해양의 많은 생명체의 형태들은 아직 잘 알려져 있지 않다. ⓑ바다는 그 풍부함으로 인간들을 위한 식량자원으로서 거대한 가능성을 제공한다. ⓒ예를 들어 물고기는 식량 부족으로 고통을 겪는 사람들에게는 단백질의 근원이다. ⓓ또 다른 중요한 식량자원인 플랑크톤 역시 언젠가는 상업적으로 수확될 수도 있을 것이다. 실제로 노르웨이 과학자이자 작가인 Thor Heyerdahl은 휴가 동안 먹기에 좋은 플랑크톤을 발견했다고 보고하였다.」

Answer 4.④

5 다음 글의 내용과 일치하지 않는 것은?

The community center is pleased to announce that it will be hosting the Midwestern Women's Association's 5th annual bazaar next weekend. Items to be sold at the event include home-made quilts, freshly baked pies, jam, and hand-made crafts. All participating community members are asked to bring at least one item to sell at the bazaar. Of course, donations are welcomed and will be used to improve the community center facilities. We are considering the installation of a media center for the education and convenience of the community youth who aren't fortunate enough to have access to such technology. With your contributions, it will also be possible to organize and hold more meaningful events for the community. As always, please spread the word to your neighbors about the event next Saturday.

① The bazaar is a yearly event.

② People can buy some food at the bazaar.

③ All of the participants must donate more than one items.

④ A media center will be set up for the youth of the community.

TIP community center 마을회관 announce 알리다, 발표하다 host 개최하다 association 연합회 annual 연례적인 bazaar 바자회 item 물품 home-made 집에서 만든, 수제의 freshly 신선하게 baked 구워진 craft 공예품 potluck 각자 음식을 가지고 오는 파티 donation 기부, 기부금 installation 설치, 증축 media center 시청각 센터 youth 청소년 contribution 기부금 organize 조직하다 meaningful 의미 깊은 spread the word 말을 퍼뜨리다

All participating community members are asked to bring at least one item to sell at the bazaar.의 내용으로 보아 ③이 이 글의 내용과 일치하지 않는다는 것을 알 수 있다.
① 바자회는 연례행사이다.
② 사람들은 바자회에서 몇 가지 음식을 살 수 있다.
③ 참가자들 모두는 한 가지 품목 이상을 기부해야만 한다.
④ 시청각 센터는 그 마을의 청소년들을 위해 건립될 것이다.

「마을 회관에서 다음 주말에 중서부 여성 연합회의 제5회 연례 바자회를 개최하게 됨을 알리는 바입니다. 행사에서 판매될 품목들에는 집에서 만든 퀼트 제품, 갓 구운 파이들과 잼, 각종 수제품 등이 있습니다. 참가하시는 모든 마을 회원들은 판매할 물건 최소한 한 가지는 가지고 오셔야 합니다. 물론, 기부금은 환영하는 바이고 이는 마을 회관 시설을 향상시키는 데 사용될 것입니다. 저희는 그러한 기술을 접하지 못하는 마을 청소년들의 교육과 편의를 위해 시청각 센터의 설립을 고려하고 있습니다. 여러분의 기여로 지역사회를 위한 좀 더 의미 있는 행사를 조직·개최할 수 있게 됩니다. 언제나처럼 이웃들에게 다음 주 토요일의 행사에 대해 알려 주시기 바랍니다.」

Answer 5.③

6 다음 글의 내용과 일치하지 않는 것은?

> Trade exists for many reasons. No doubt it started from a desire to have something different. People also realized that different people could make different products. Trade encouraged specialization, which led to improvement in quality.
>
> Trade started from person to person, but grew to involve different towns and different lands. Some found work in transporting goods or selling them. Merchants grew rich as the demand for products increased. Craftsmen were also able to sell more products at home and abroad. People in general had a greater variety of things to choose.

① Trade started from a desire for something different.
② Trade grew from interpersonal to international scales.
③ Merchants prospered in business as trade expanded.
④ Trade helped develop new transportation systems.

TIP no doubt 확실히 specialization 특수화 involve 포함하다 merchant 상인 craftsman 장인 home 고국 in general 일반적으로
① 교역은 다른 어떤 것에 대한 욕구에서 시작되었다.
② 교역은 개인 간에서 국제적으로 규모가 성장했다.
③ 상인들은 확장된 무역 사업으로 번창했다.
④ 무역은 수송 시스템의 발달을 도왔다.
「교역은 많은 이유로 존재한다. 분명히 교역은 다른 어떤 것을 가지고자 하는 욕망에서 시작했다. 사람들은 또한 다른 사람들이 다른 상품을 만들 수 있다는 것을 알았다. 교역은 전문화를 낳았고, 이는 질적인 향상을 일으켰다.
교역은 사람에서 사람으로 시작했지만, 점차 다른 도시와 다른 나라로 확대되었다. 어떤 사람들은 물건을 이동시키거나 판매하는 데에서 일자리를 찾았다. 상품에 대한 수요가 늘어나면서 상인들이 부유해졌다. 장인들도 또한 국내외에서 더 많은 물건들을 팔 수 있었다. 일반적으로 사람들은 매우 다양한 선택할 수 있는 물건을 얻게 되었다.」

7 다음 글에서 전체적인 흐름과 관계없는 문장은?

> According to government figures, the preponderance of jobs in the next century will be in service-related fields, such as health and business. ①Jobs will also be plentiful in technical fields and in retail establishments, such as stores and restaurants. ②The expansion in these fields is due to several factors : an aging population, numerous technical breakthroughs, and our changing lifestyles. ③However, people still prefer the traditional types of jobs which will be highly-paid in the future. ④So the highest-paying jobs will go to people with degrees in science, computers, engineering, and health care.

TIP government figure 정부의 자료 preponderance 우위 aging population 고령화 인구 breakthrough 도약, 발전 retail establishment 소매상
「정부자료에 따르면, 다음 세기에 직업의 우위는 건강과 비즈니스 같은 서비스 관련 분야가 점할 것이다. 일자리 또한 기술 분야와 상점, 식당 같은 소매업 분야에 많을 것이다. 이러한 분야로 확장이 되는 것은 몇 가지 이유가 있다. 인구 노령화, 기술의 비약적 발전 그리고 변화하는 생활방식 등이다. (그러나 사람들은 여전히 미래에 고수익이 될 전통적인 유형의 직업을 선호한다.) 그러므로 고수익의 직업은 과학, 컴퓨터, 기계와 의료에 학위를 가진 사람들에게 돌아갈 것이다.」

Answer 6.④ 7.③

8 다음 글의 내용과 일치하지 않는 것은?

> One animal study shows that when a young member of a species is put in a cage, say, with an older member of the same species, the latter will act in a protective, "maternal" way. But that goes for both males and females who have been "mothered" themselves.

① Males who have had the benefit of mothering will themselves act in a maternal way.
② Females and males react to babies in different ways.
③ Older male monkeys are naturally protective of younger male monkeys.
④ Older animals tend to act maternal towards younger animals regardless of gender.

> **TIP** say 이를테면, 예를 들면, 글쎄요 protective 보호하는, 지키는 maternal 어머니의, 모성의, 어머니다운 go for ~에 적용되다, 들어맞다 mother 어머니로서(처럼) 돌보다(기르다), ~의 어머니가 되다 react 반응하다, 반작용하다 regardless of ~에 관계(상관)없이 gender 성(性), 성별
> ① 어미로서의 이점을 갖고 있던 수컷들은 스스로 모성의 방식으로 행동할 것이다.
> ② 암컷과 수컷은 서로 다른 방식으로 새끼에게 반응한다.
> ③ 나이든 수컷 원숭이는 자연히 새끼 수컷 원숭이를 보호하고자 한다.
> ④ 나이든 동물들은 성에 관계없이 새끼 동물들에 대하여 어미처럼 행동하는 경향이 있다.
> 「한 동물에 관한 연구는 어떤 종의 새끼를, 이를테면 같은 종의 나이든 동물과 함께 한 우리에 넣었을 때 후자(나이든 동물)는 보호적이고 "모성적인" 방식으로 행동하게 된다는 것을 보여주고 있다. 그러나 이는 스스로 "어미처럼 돌보는" 수컷과 암컷 모두에 해당되는 것이다.」

9 다음 글에서 전체 흐름과 관계없는 문장은?

> The Thames provided the people with plenty of fish. ⓐFor centuries they believed that salmon from the Thames were the best in Europe. ⓑDuring the 19th century, however, more and more factories were built all over the city and a lot of waste was poured into the river. ⓒThe New London Bridge over the Thames was made of concrete and was opened in 1973. ⓓThe Thames was so polluted that few fish survived in the river. It had almost become a dead river until a cleanup campaign started in the 1960s.

① ⓐ   ② ⓑ
③ ⓒ   ④ ⓓ

> **TIP** salmon 연어 pour 쏟아 붓다 pollute 더럽히다, 오염시키다 survive 살아남다, 보다 오래 살다 cleanup 정화, 청소 campaign (정치적·사회적) 운동, 군사행동
> 「Thames강은 사람들에게 풍부한 물고기를 제공해 주었다. 수세기 동안 그들은 Thames강에서 잡은 연어가 유럽에서 최고라고 믿었다. 그러나 19세기 동안 더욱 더 많은 공장들이 도시 곳곳에 세워지고 많은 폐수가 강으로 쏟아졌다. (Thames강 위에 놓은 New London 다리는 콘크리트로 만들어졌으며 1973년에 개통되었다) Thames강은 너무 오염되어서 물고기가 거의 그 강에서 살아남지 못했다. Thames강은 1960년대에 정화운동이 시작될 때까지는 거의 죽은 강이 됐었다.」

Answer 8.② 9.③

10 다음 글을 문맥에 맞게 순서대로 연결한 것은?

> (A) Many people don't realize that soap can strip the good oils from your skin, as well as the bad oils.
>
> (B) Oil of Lavender has been rated the most popular product for toning and firming skin on the face, neck and around the eyes.
>
> (C) Why? Because you can actually see a difference in just one week you use it daily.
>
> (D) Oil of Lavender facial products were created to add natural oils back to your skin, thereby reducing signs of aging.

① (B) − (A) − (C) − (D) ② (C) − (D) − (B) − (A)
③ (D) − (A) − (C) − (B) ④ (A) − (D) − (B) − (C)

TIP strip 제거하다 tone 색조를 조정하다 thereby 그로 인해 sign 흔적 aging 노화 firm 단단하게 하다

「(A) 많은 사람들은 비누가 피부에서 나쁜 기름 뿐 아니라 좋은 기름도 제거 할 수 있다는 것을 알지 못합니다.
(D) 라벤더 오일 화장품은 천연 오일을 당신의 피부에 되돌려 주도록 만들어졌습니다. 그로 인해 노화의 흔적을 줄여줍니다.
(B) 라벤더 오일은 얼굴과, 목, 눈 주변의 피부를 밝게 하고 탄력 있게 하기 위한 가장 인기 있는 상품으로 평가받아왔습니다.
(C) 그 이유가 궁금하십니까? 당신이 이것을 단 일주일간만 매일 사용하시면 그 차이를 볼 수 있습니다.」

11 다음 글의 바로 뒤에 올 문단의 내용으로 가장 자연스러운 것은?

> There is always an argument concerning whether or not to tell a terminally ill patient the truth about his condition. Many people say that patients with an incurable disease have the right to know the truth. I am also all for total honesty. We should always tell a patient the truth about his illness. If he had a terminal disease and his days were numbered, we should let him prepare for his final day. But this is just my opinion. There are many people who think otherwise.

① 가족이 환자에게 미치는 영향
② 진실이 환자의 건강에 미치는 영향
③ 환자에게 진실을 비밀로 해야 한다는 의견
④ 환자의 권리 보호를 위한 제도적 장치의 필요성

TIP incurable 불치의, 치료할 수 없는 be all for ~에 대찬성이다 terminal 끝의, 말기의 number 수를 세다

「말기의 질병에 걸린 환자에게 그의 상태에 대한 진실을 말해야 하는지 말아야 하는지에 관한 논쟁은 항상 있다. 많은 사람들은 불치병을 앓고 있는 환자들이 진실을 알 권리가 있다고 말한다. 나도 또한 솔직하게 전부 털어놓는 것에 대찬성이다. 우리는 늘 환자에게 그의 병에 대해 진실을 말해야 한다. 만약 그가 말기의 질병을 지니고 있고 그가 살 날이 얼마 남지 않았다면, 우리는 그가 마지막 날을 준비하게 해야 한다. 그러나 이것은 단지 나의 의견일 뿐이다. 달리 생각하는 사람들도 많이 있다.」

Answer 10.④ 11.③

※ 다음 글의 흐름상 빈칸에 들어갈 가장 적절한 것을 고르시오. 【12~13】

12

Throughout history people have observed strange and unexplainable events. Scientists have studied nature and have found perfect order in it, down to the smallest levels of existence. _____, as deep as we go into things, there are always mysteries that lie just beyond our understanding. Within nature we have discovered a particle smaller than the electron. We also have found the link between matter and energy. But _____ all the scientific progress we have made, there are still questions and happenings that we call 'supernatural' because we do not understand them.

① Therefore — besides
② However — despite
③ Instead — despite
④ Moreover — besides

> **TIP** down to A 아래로 A에 이르기까지　particle 미립자, 분자　electron 전자　link (연결)고리　matter 물질　happening 사건　supernatural 초자연적인　therefore 그러므로　besides 게다가　however 그러나　despite + 명사(구) ~에도 불구하고　instead 대신에　moreover 게다가, 더구나
>
> 「역사를 통해서 사람들은 이상하고 설명할 수 없는 사건들을 관찰해 왔다. 과학자들은 자연을 연구하고 그 안에서 아래로 존재의 가장 작은 단계에 이르기까지 완전한 질서를 발견해 왔다. 그러나 우리가 사물에 깊이 들어가면 갈수록 항상 우리의 이해를 넘어서는 신비가 놓여 있다. 자연 속에서 우리는 전자보다 더 작은 미립자를 발견했다. 우리는 또한 물질과 에너지 사이의 관련을 발견했다. 그러나 우리가 이룩한 모든 과학적 진보에도 불구하고, 우리가 그것들을 이해하지 못하기 때문에 '초자연적'이라 부르는 문제들과 사건들이 여전히 있다.」

13

Take a look around and find five things that have blue in them. With "blue" in mind, you'll find that "blue" jumps out at you : a blue book on the table, blue in the painting on the wall, and so on. _____, you've probably, noticed that after you buy a new car, you promptly see the same kind of car everywhere. That's because people find what they are looking for. If you're looking for examples of man's good works, you'll find them. It's all a matter of setting your mental channel.

① In contrast
② Similarly
③ Nonetheless
④ Otherwise

> **TIP** and so on ~등등, ~따위, 기타　promptly 재빨리, 즉시　look for ~을 찾다, 구하다　mental 정신의, 마음의　in contrast 대조적으로　similarly 유사하게, 비슷하게, 마찬가지로　nonetheless 그럼에도 불구하고　otherwise 그렇지 않다면
>
> 「주위를 돌아보라. 그리고 푸른색을 갖고 있는 다섯 가지를 찾아라. 마음을 '푸른색'에 고정시키면 당신은 '푸른색'이 당신에게로 달려드는 것을 발견할 것이다. 책상 위에 있는 푸른색 책, 벽에 걸린 그림 안의 푸른색 등을 발견할 것이다. 마찬가지로, 당신은 아마도 새 차를 산 후에 같은 차종을 어디에서나 즉시 본다는 것을 알아차린다. 그것은 사람들이 그들이 찾고 있는 것을 발견하기 때문이다. 당신이 인간의 훌륭한 행위의 예를 찾는다면 그것을 발견하게 될 것이다. 그것은 당신의 마음의 채널을 고정시키는 문제이다.」

Answer 12.② 13.②

14 다음 글에서 논리적인 흐름상 불필요한 문장은?

Laws exist to maintain safety and order in our communities. ⓐLaws are like rules that tell people what they can and cannot do. ⓑUnfortunately, not everybody obeys these rules. When a person breaks a law, or commits a crime, police officers are often called to arrest the criminal or provide other forms of assistance. ⓒIf the criminal escapes or is unknown, investigators and detectives may be called upon to find the criminal. ⓓThere are no formal education requirements for most private detective and investigator jobs.

① ⓐ   ② ⓑ
③ ⓒ   ④ ⓓ

TIP maintain 유지하다 unfortunately 불행하게도, 유감스럽게도 obey 준수하다, 순종하다, 복종하다 commit (죄·과실 등을) 범하다 crime 죄, 범죄, 죄악 arrest 체포하다, 검거(구속)하다 criminal 범죄자, 범인 assistance 지원, 원조, 보조 escape 달아나다, 도망하다, 도피하다 investigator 조사자, 연구자, 수사관 detective 형사, 탐정, 수사관 call upon 요구하다, (원조 등을) 요청하다 formal 형식적인, 정규의 requirement 요구, 필요(조건), 자격 private 사적인, 개인의, 사립의

「법은 우리 사회의 안전과 질서를 유지하기 위해 존재한다. 법은 사람들에게 그들이 할 수 있는 것과 할 수 없는 것을 구별해 주는 규칙과 비슷하다. 불행하게도 모든 사람이 이러한 규칙을 지키는 것은 아니다. 어떤 사람이 법을 어기거나 죄를 범할 때, 경찰관들은 종종 그 범인을 체포하거나 다른 형태의 도움을 주기 위해 소집된다. 만일 범인이 도주하거나 밝혀지지 않으면, 수사관과 형사들은 범인을 찾도록 요청받을지도 모른다. (대부분의 사립탐정과 수사관의 일에 있어서 정규교육은 필요가 없다)」

15 전체 글의 흐름상 다음 문장이 들어갈 수 있는 가장 적합한 곳은?

Celebrities also sacrifice their private lives.

ⓐ Many people dream of being celebrities, but they might change their minds if they considered all the disadvantages there are to being famous. ⓑ For one thing, celebrities have to look perfect all the time. ⓒ There's always a photographer ready to take an unflattering picture of a famous person looking dumpy in old clothes. ⓓ Their personal struggles, divorces, or family tragedies all end up as front-page news. Most frighteningly, celebrities are in constant danger of the wrong kind of attention. Threatening letters and even physical attacks from crazy fans are things the celebrity must contend with.

① ⓐ   ② ⓑ

③ ⓒ   ④ ⓓ

TIP celebrity 유명 인사, 명성 disadvantage 불이익, 손해 unflattering 아첨(아부)하지 않는, 솔직한 dumpy 땅딸막한, 뭉툭한, 추한 struggle 싸움, 몸부림, 노력 divorce 이혼 tragedy 비극(적 사건) end up 끝나다, 결국 ~이 되다 front-page 신문의 제1면에 실을 만한, 중요한 frighteningly 놀랍게도 constant 불변의, 끊임없는 attention 주의, 관심 threatening 위협(협박)적인 contend with ~와 싸우다, 투쟁하다 sacrifice 희생하다

「많은 사람들은 유명 인사가 되기를 꿈꾼다. 그러나 그들이 유명해지면 생기는 모든 단점들을 생각한다면 그들은 그들의 마음을 바꿀지도 모른다. 첫째로 유명 인사는 언제나 완벽하게 보여야만 한다. 사진사들은 낡은 옷을 입어 추하게 보이는 유명한 사람의 솔직한 사진을 찍을 준비가 되어 있다. (유명 인사들은 또한 그들의 사생활도 희생한다) 그들의 개인적인 싸움, 이혼 또는 가족의 비극적인 사건들이 모두 결국 1면 기사(중요한 기사)가 된다. 가장 놀라운 것은, 유명 인사들은 잘못된 종류의 관심을 받을 위험에 항상 처해 있다는 점이다. 광적인 팬들의 협박편지와 신체적인 공격까지도 유명 인사가 싸워야 하는 것들이다.」

글의 감상

 Type1　다음 글에 나타나있는 어조·분위기로 가장 적절한(알맞은) 것은?

〈글의 어조(tone)·분위기(mood) 파악〉
이 유형은 글 속에 명시적이거나 암시적으로 나타나있는 여러 정황들을 종합적으로 감상하는 능력을 요구하는 문제로, 글의 전체적인 분위기를 잘 드러내는 어휘들, 특히 형용사와 부사에 주목하여야 하며, 평소 글의 어조·분위기를 나타내는 단어를 잘 알아두어야 한다.

1 다음 글의 분위기로 가장 적절한 것은?

The town was beyond description. Heaps of mud and sand crowded all parts of the town. Main street could hardly be recognized. Two large streams were running through the middle of the town. Houses were blown down or brought down by the flood, blocking every possible route. Several dead bodies of unfortunate victims were lying in the streets, while lots of people were searching for their family members and relatives who had disappeared in the ruins.

① calm　　　　　　　　　② solemn
③ boring　　　　　　　　　④ miserable

> Houses were blown down or brought down by the flood, dead bodies of unfortunate victims were lying in the streets, their family members and relatives who had disappeared in the ruins 등에서 글에 나타나 있는 비참한 상황을 느낄 수 있다.

be beyond description 형언(형용)할 수 없다　**heap** 더미, 무더기, 많은　**crowd** 떼지어 모이다, 밀려들다　**stream** (물의) 흐름　**blow down** 쓰러뜨리다　**bring down** 파멸시키다, 붕괴시키다　**route** 통로, 길, 노선　**dead body** 시신　**victim** 희생(자)　**lie in** ~에 놓여있다　**relative** 친척, 일가　**ruin** 폐허, 몰락, 황폐　**calm** 조용한, 고요한, 침착한　**solemn** 장엄한, 엄숙한, 진지한　**boring** 지루한, 따분한　**miserable** 비참한, 불쌍한

「마을은 말로 형용하기 힘들었다. 진흙과 모래더미가 마을 전체에 가득 찼다. 마을의 주요 도로는 거의 알아볼 수도 없었다. 커다란 두 개의 강물 줄기가 마을 중앙을 관통하여 흐르고 있었다. 집들은 모든 통로를 차단하는 홍수에 의해 쓰러지거나 붕괴되었다. 불운하게 희생된 여러 시신들이 거리에 놓여 있었으며, 한편으로는 많은 사람들이 폐허 속에 사라진 가족과 친척들을 찾고 있었다.」

2 다음 글을 읽고 필자의 어조를 가장 잘 나타낸 단어는?

Killing animals for their fur is wrong. Consider the cute mink, the cuddly raccoon, the lovable harp seal. These animals haven't hurt us, so why should we savagely murder these adorable creatures? Think of a puppy. Picture its soulful, trusting eyes. Would you want to wear Spot's hide on your back? The answer, from any thoughtful individual, must be a resounding "No !"

① furious　　　　　　　　② ironic
③ neutral　　　　　　　　④ friendly

> Killing animals for their fur is wrong으로 시작하면서 모피를 위해 동물들을 죽이는 것을 맹렬하게 반대하는 문장들이 계속되고 있다.

fur 부드러운 털, 모피　**cuddly** 껴안고 싶은　**raccoon** 미국 너구리　**lovable** 사랑스러운　**harp seal** 하프 바다표범　**savagely** 포악하게, 잔인하게, 사납게　**murder** 죽이다, 살해하다　**adorable** 숭앙(숭배)할 만한, 귀여운　**puppy** 강아지　**soulful** 감정이 충만한, 감동적인, 활기에 찬　**hide** (짐승의) 가죽, (사람의) 피부　**thoughtful** 생각이 깊은, 사려 깊은　**resounding** 울려퍼지는, 반향하는, 널리 알려진, 틀림없는　**furious** : 격노한, 격렬한, 맹렬한　**ironic** 반어적인　**neutral** 중립적인　**friendly** 다정한, 친절한, 우호적인

「모피를 구하자고 동물을 죽이는 것은 잘못이다. 귀여운 밍크와 껴안고 싶은 만큼 귀여운 너구리, 사랑스러운 하프바다표범을 생각해 보라. 이 동물들은 우리를 다치게 하지 않는데 왜 우리는 그 귀여운 피조물들을 잔인하게 살해해야 하는 것인가? 강아지를 생각해 보라. 그 활기차고 믿음을 주는 눈동자를 그려보라. 당신의 등 위에 오점의 가죽을 쓰고 싶은가? 생각있는 사람에게서 나오는 대답은 틀림없이 "No"일 것이다.」

Type2　다음 글에 나타나있는 필자의 심경·태도로 가장 적절한(알맞은) 것은?

〈글의 심경·태도(attitude) 파악〉
이 유형은 글의 어조·분위기를 감상하는 문제와 같이 글의 종합적인 이해·감상능력을 요구하는 문제로, 어떤 일련의 사건들을 통해 드러나는 등장인물의 성격과 태도를 판단할 수 있으며, 평소 글의 심경·태도를 나타내는 단어를 잘 알아두면 유용하다.

1 다음 글에서 'I'가 겪은 심경의 변화로 가장 적절한 것은?

I blinked snow out of my eyes. I was buried up to my neck. Only my head and right hand were free. My legs were still wrapped around the tree, in snow packed so tight it felt like concrete. Before long there was another horrible roar. What looked like the entire top half of the mountain broke loose, sending a 20-foot-high wall of snow rumbling right toward me, flinging chunks of snow the size of a car. I couldn't move at all. I thought of my wife, our two sons, the sounds of their voice. Lord, I want to see them again! All at once the wall of snow stopped, 30 feet away. Just stopped.

① gloomy → overwhelmed
② surprised → disappointed
③ fearful → relieved
④ lonely → happy

> ▶ 움직일 수 없는 상황에서 자신에게 눈덩어리들이 돌진해오고 눈앞에서 멈추었을 때의 심경의 변화를 추론해 볼 수 있다.

blink 놀라서 보다, 깜짝 놀라다 bury 묻다, 숨기다 wrap 걸치다, 싸다 before long 이윽고, 곧 horrible 끔찍한, 무서운, 잔혹한 roar 노호, 외치는 소리 rumble 우르르 울리다, 덜커덕 덜커덕 소리가 나다 fling 돌진하다, 내던지다, 팽개치다 chunk 큰 덩어리, 상당한 양 lord 하느님, 지배자, 군주, 인물, 거물 all at once 갑자기 overwhelm 압도하다, 당황하게 하다 relieve 안도케 하다, 구원하다, 경감하다, 돋보이게 하다

「나는 눈을 깜짝 놀라서 보았다. 나는 목까지 묻혀 있었다. 단지 머리와 오른손만을 움직일 수 있었다. 다리는 나무 근처의 눈에 갇혀 있었는데, 너무 단단히 쌓여서 그것이 마치 콘크리트처럼 느껴졌다. 이윽고, 또 다른 끔찍한 노호소리가 있었다. 산 전체의 절반처럼 보이는 것이 유리되어 부서지며, 20피트 높이의 눈이 곧장 나를 향해 엄청난 소리를 내며, 자동차 크기의 큰 덩어리로 돌진해 오고 있었다. 나는 전혀 움직일 수 없었다. 아내, 두 아들, 그들의 목소리를 생각했다. 신이여, 나는 그들을 다시 보고 싶습니다. 갑자기 높은 눈덩어리가 30피트 앞에서 멈췄다. 그냥 멈춘 것이었다.」

2 다음 글에서 주인공이 처한 상황으로 가장 적절한 것은?

The taxi driver looked at his watch and grumbled that there was no time to lose. I had allowed one hour to catch my plane. We watched the flashing lights of the police car ahead. We could see that a truck had been involved in the accident and knew it would take some time to move the vehicles to the side of the road. It did fifteen minutes. Then, as we neared the airport, we were faced with another traffic jam due to a series of rear-end collisions.

① 지루하다.
② 다급하다.
③ 부끄럽다.
④ 후련하다.

> ▶ 주인공 I의 입장이 되어 보면, 교통혼잡으로 비행기 시간에 늦을까봐 다급해 하는 주인공의 상황을 알 수 있다.

grumble 불평하다 be involved in ~에 관련되다 vehicle 탈것, 차량 be faced with ~에 직면하다 traffic jam 교통 혼잡 due to ~때문에 a series of 연속된 rear-end (차량)후미 collision 충돌, 대립

「택시기사는 시계를 보았고 지체할 시간이 없다고 불평했다. 내가 비행기를 탈 때까지 한 시간 정도의 여유가 있었다. 우리는 경찰차의 불빛이 앞에서 번쩍이는 것을 지켜봤다. 우리는 어떤 트럭이 사고에 관련되어 있었고 갓길로 차량을 옮기는 데 다소 시간이 걸린다는 것을 알았다. 과연 그랬다. 15분이 걸렸다. 그리고 나서 공항에 가까이 도착하자, 우리는 연속된 추돌사고 때문에 또 다른 교통 혼잡에 직면했다.」

글의 어조 · 분위기 · 심경 · 태도를 나타내는 주요 단어

admiring	감탄하는	affectionate	애정어린
ambiguous	애매모호한	ambitious	야망(야심)적인
amused, amusing	재미있는	angry	화난
anguished	고민하는	annoyed, annoying	성가신, 귀찮은
apprehensive	염려하는	approving	찬성하는
argumentative	논쟁적인	arrogant	거만한
attractive	매력적인	authoritative	권위적인
avaricious	탐욕스러운	awful	무서운
busy	바쁜, 분주한	calm	고요한, 침착한
causal	인과적인	cheerful	기분 좋은, 명랑한
cold	차가운, 냉담한	compassionate	동정적인
confessional	고백적인	confused	혼란스러운
considerate	신중한	contemptuous	경멸적인
contented	만족하는	cordial	애정어린
courageous	용감한	cowardly	겁이 많은, 비겁한
creative	창조적·창의적인	critical	비평(비판)적인
depressed	의기소침한, 낙담한	descriptive	묘사적인
devoted	헌신적인	disappointed	실망한
embarrassed	당황스러운	emotional	감정적·정서적인
encouraging	격려하는	enigmatic	수수께끼 같은
enthusiastic	열광적인	envious	시기하는
exaggerative	과장하는	excited, exiting	흥분한
exhausted	지친	exhilarated	쾌활한
festive	축제분위기의	foolish	어리석은
forgiving	용서하는, 관대한	frightened(-ning)	무서운, 놀라는
frustrated	실망한, 좌절한	funny	재미있는, 우스운
harmonious	조화로운	hateful	증오에 찬, 미운
hostile	적대적인	humble	겸손한, 겸허한
humorous	해학적인	illuminating	계몽적인
impatient	참을성이 없는	impressive	인상적인
indifferent	무관심한	informative	정보를 주는

inhuman	몰인정한		inspiring	고무적인
instructive	교육(교훈)적인		insulted	모욕적인
ironic	반어적인		irritated	짜증난
joyful, joyous	즐거운		kind	친절한
melancholy	우울한		miserable	비참한
monotonous	단조로운		moral	도덕적인
moving	감동적인		mysterious	신비로운
narrow-minded	편협한		negative	부정적인
nervous	신경과민한		neutral	중립적인
noisy	시끄러운		nostalgic	향수(鄕愁)의
objective	객관적인		opinionated	독선적인, 고집센
optimistic	낙관적(낙천적)인		painful	괴로운
patriotic	애국적인		peaceful	평화로운
persuasive	설득적인		pessimistic	비관적인
positive	적극적(긍정적)인		practical	실용적인
prejudiced	편파적인		prophetic	예언적인
proud	자부심이 강한		quiet	조용한
realistic	사실적(현실적)인		reckless	무모한
regretful	후회하는, 뉘우치는		religious	종교적인, 경건한
ridiculous	우스꽝스러운		romantic	낭만적인
satirical	풍자적인		satisfied	만족스러운
scared	겁에 질린		scientific	과학적인
selfish	이기적인		selfless	사심없는
sentimental	감상적인		serious	진지한, 심각한
shy	수줍어하는		skeptical	회의적인
social	사교적인		solemn	엄숙한, 장엄한
sorrowful	슬픈		sour	불쾌한, 못마땅한
sympathetic	동정적인		thankful	감사하는
thoughtful	사려 깊은		timid	겁이 많은, 소심한
tired	피곤한		tragic	비극적인

1 다음 글에 나타난 화자의 심경으로 가장 적절한 것은?

2018. 5. 19. 제1회 지방직 시행

My face turned white as a sheet. I looked at my watch. The tests would be almost over by now. I arrived at the testing center in an absolute panic. I tried to tell my story, but my sentences and descriptive gestures got so confused that I communicated nothing more than a very convincing version of a human tornado. In an effort to curb my distracting explanation, the proctor led me to an empty seat and put a test booklet in front of me. He looked doubtfully from me to the clock, and then he walked away. I tried desperately to make up for lost time, scrambling madly through analogies and sentence completions. "Fifteen minutes remain," the voice of doom declared from the front of the classroom. Algebraic equations, arithmetic calculations, geometric diagrams swam before my eyes. "Time! Pencils down, please."

① nervous and worried
② excited and cheerful
③ calm and determined
④ safe and relaxed

> **TIP** white as a sheet 백지장처럼 창백하다 convincing 설득력 있는 tornado 분출 curb 억제하다, 제한하다 proctor 시험 감독관 desperately 필사적으로 arithmetic 연산 scramble 허둥지둥 해내다 doom 운명 declare 선언하다 algebraic 대수학 swim 빙빙 돌듯 보이다 geometric 기하학
> ① 긴장되고 걱정하는
> ② 흥분되어 들뜬
> ③ 차분하고 단호한
> ④ 편안하고 안전한

「내 얼굴은 창백해졌다. 나는 시계를 쳐다보았다. 지금쯤 시험은 거의 끝나갈 것이다. 나는 완전한 공황상태로 시험장에 도착했다. 나는 내 사정을 이야기하려고 노력했지만 내 말과 설명하려는 몸짓이 너무 혼란스러워 나는 감정이 폭발하는 상황에서 설득력 있는 무엇도 전달할 수 없었다. 나의 산만한 설명을 제지하고자 시험 감독관은 나를 빈 좌석으로 이끌었고 시험지를 내 앞에 놓아두었다. 그는 미심쩍게 나로부터 시계로 눈을 돌렸고, 걸어서 나로부터 멀어져갔다. 나는 필사적으로 놓친 시간을 만회하려고 했고, 미친 듯이 허둥지둥 유사점들과 문장 완성들을 이어갔다. "15분 남았습니다." 운명의 목소리가 교실을 울렸다. 대수 방정식과 산술계산, 기하학도표가 내 눈앞에서 빙빙 도는 것 같이 보였다. "끝. 연필 내려놓으세요."」

🔍 Answer 1.①

2 〈보기〉 글의 분위기로 가장 적절한 것은?

2018. 3. 24. 제1회 서울특별시 시행

〈보기〉

I go to the local schoolyard, hoping to join in a game. But no one is there. After several minutes of standing around, dejected under the netless basketball hoops and wondering where everybody is, the names of those I expected to find awaiting me start to fill my mind. I have not played in a place like this for years. What was that? What was I thinking of, coming here? When I was a child, a boy, I went to the schoolyard to play. That was a long time ago. No children here will ever know me. Around me the concrete is empty except for pebbles, bottles, and a beer can that I kick, clawing a scary noise out of the pavement.

① calm and peaceful　　　　　　② festive and merry
③ desolate and lonely　　　　　　④ horrible and scary

> **TIP** deject 낙담시키다 pebble 조약돌, 자갈 claw (발톱으로) 할퀴다 pavement 인도, 보도, 노면
> ① 평온하고 평화로운 ② 즐겁고 기쁜 ③ 황량하고 외로운 ④ 끔찍하고
> 「나는 경기에 참가하기를 바라며 지역 학교 운동장에 간다. 하지만 아무도 없었다. 그물 없는 농구 골대 밑에서 낙담한 채 모두 어디에 있는 건지 궁금해하며 몇 분을 우두커니 서 있은 후에 나를 기다릴 거라고 생각되는 사람들의 이름들이 내 마음을 채우기 시작했다. 나는 몇 년 동안 이런 장소에서 놀아보지 못했다. 그게 뭐였을까? 나는 무엇 때문에 여기에 온 건가? 어렸을 때, 나는 놀기 위해 학교 운동장에 갔다. 이미 오래전 일이다. 이곳의 어떤 아이도 나를 알지 못할 것이다. 사실 내 주변에는 자갈, 빈병 그리고 내가 발로 차서 인도에서 무시무시한 소음을 내고 있는 맥주캔 말고는 아무것도 없다.」

3 다음 글의 분위기로 가장 어울리는 것은?

2016. 6. 25. 서울특별시 시행

As Ryan Cox was waiting to pay for his coffee order at an Indiana, US fast food drive-through, he decided to try something he'd seen on a TV news show — he paid for the coffee order of the driver in the car behind. The small gesture made the young Indianapolis entrepreneur feel great, so he shared his experience on Facebook. An old friend suggested that rather than paying for people's coffee, Ryan put that money towards helping school students pay off their delinquent school lunch accounts. So the following week Ryan visited his nephew's school cafeteria and asked if he could pay off some accounts, and handed over $100.

① gloomy　　　　　　　　　　② serene
③ touching　　　　　　　　　　④ boring

> **TIP** entrepreneur 사업가 delinquent (돈이) 연체된, 비행의, 범죄 성향을 보이는
> ① 우울한 ② 고요한 ③ 감동적인 ④ 지루한
> 「Ryan Cox가 US 패스트푸드 드라이브 스루인 Indiana에서 주문한 커피 값을 지불하려고 기다리고 있을 때, 그는 TV 뉴스에서 봤던 것—한 남자가 뒤 차 운전자의 커피 값을 지불했다.—을 하려고 결심했다. 그 작은 행동이 젊은 Indianapolis 사업가를 기분 좋게 했고 그래서 그는 그의 경험을 Facebook에 공유했다. 한 오랜 친구가 사람들의 커피 값을 지불하기보다는 그 돈으로 학생들의 밀린 급식비를 지불하는 것을 돕기를 제안했다. 그래서 Ryan은 그 다음 주 조카의 학교식당을 방문했고 그가 몇 개의 계산서를 지불할 수 있는지를 물었고 100달러를 주었다.」

Answer 2.③ 3.③

4 다음 글에 드러난 'I'의 심경으로 가장 적절한 것은?

2014. 3. 8. 법원사무직 시행

I still remember the incident that happened last summer. We were staying at a country inn that had a small movie theater. Before every evening's presentation, my husband and I instructed our three-year-old son to sit quietly. Except for an occasional whispered question, he concentrated on the movie quietly. The soundtrack, however, was impossible to hear. That's because two children bounced on their seats, talked loudly and raced up and down the aisles. Never once did I see their parents. After several evenings of this, I followed the children to the dining room. There sat their parents enjoying a relaxed meal.

① annoyed and irritated
② regretful and apologetic
③ cold and indifferent
④ frightened and scared

TIP instruct 지시하다 incident 사건 occasional 가끔씩, 때때로 concentrate on ~에 집중하다 bounce 뛰다 aisle 통로 apologetic 미안해하는, 사과하는 indifferent 냉담한, 무관심한 frightened 깜짝 놀란
① 약이 오르고 짜증이 난
② 후회하고 미안해하는
③ 냉정하고 무관심한
④ 무서워하고 겁먹은
「나는 아직도 작년에 생겼던 그 일을 기억한다. 우리는 작은 영화관이 있는 한 시골의 여관에 머물고 있었다. 매일 저녁 상영 전 내 남편과 나는 우리의 세 살배기 아들에게 조용히 앉아 있으라고 지시하였다. 그는 가끔 속삭이는 질문 외에는 조용히 영화에 집중하였다. 하지만 그 소리(사운드트랙)는 들을 수 없는 지경이었다. 왜냐하면 두 명의 아이들이 그들의 자리에서 뛰고 크게 말하며 통로 위·아래로 달리기 경주를 했기 때문이다. 나는 단 한 번도 그들의 부모를 보지 못했다. 이런 몇 번이 저녁 후에 나는 식당까지 그 아이들을 따라갔다. 거기에는 그들의 부모들이 앉아서 느긋한 식사를 즐기고 있었다.」

Answer 4.④

1 Mrs. Santos의 심경 변화를 가장 잘 나타내는 것은?

Mrs. Santos saw her two-year-old daughter, Carmelita, leaning out of the kitchen window of a fifth-floor apartment. She had climbed onto a chair, and soon was climbing out onto the window sill. Mrs. Santos called to Carmelita to go back inside. But the little girl did not understand the situation and only waved to her mother. Then she lost her balance and her feet slipped off the window sill. She managed to hold on for a while with her hands, but she began to be afraid. Her mother screamed for help, and now Carmelita was crying desperately. And then she could hold on no longer. Down she fell, five long stories and landed safe and sound in the arms of three strong men who had run out into the street, and been ready to catch her. Carmelita's parents cannot believe how close they came to losing their daughter.

① worried → desperate
② scared → relieved
③ confused → clear
④ uncomfortable → relaxed

TIP slip off 미끄러지다 desperately 필사적으로

제시문에서 Santos 부인은 딸이 떨어질까 걱정스럽고 무서운 상황이었는데, 다행히 3명의 사람들이 구해주어서 안도하는 상황이다.
① 걱정스러운 → 절망적인 ② 무서운 → 안도하는 ③ 혼란스러운 → 명백한 ④ 불편한 → 편안한

「Santos 부인은 5층 아파트의 부엌 창문으로 몸을 내밀고 있는 2살짜리 딸인 Carmelita를 보았다. 그 아이는 의자를 밟고 올라가서 바로 창문턱까지 올라갔던 것이다. Santos부인은 Carmelita에게 안으로 들어가라고 소리쳤지만, 그 작은 여자아이는 그 상황을 이해하지 못하고 엄마를 향해 손짓을 했다. 그러자 그 아이는 중심을 잃고 발이 창문턱으로 미끄러졌다. 손으로 잡고 잠시 동안 버티고 있었지만 두려워하기 시작했다. Santos부인은 도움을 요청하려고 소리를 질렀고 그 때 Carmelita은 필사적으로 울었다. 그러자 그 아이는 더 이상 버틸 수 없어 5층 아래로 떨어졌고, 거리에서 달려와 아이를 받을 준비가 된 세 명의 건장한 남자의 팔에 안전하게 안겼다. Carmelita의 부모는 그녀의 딸을 거의 잃을 뻔했었다는 것을 믿을 수 없었다.」

Answer 1.②

2 다음 글의 분위기로 가장 적절한 것은?

> Edward was now in total darkness. The glow of the oil lamps through the high windows of the hall had been extinguished, wrapped up in an obscurity which was like some black velvet textile or soft inky stuff which filled space and touched Edward's face. His feet, lacking confidence in this deprivation of sensory guidance, moved slowly and uncertainly, and he had lost his sense of direction... The night sky, the arching trees, could as well have been the walls of a tiny black lightless room, an underground prison in the centre of which he was now standing. He reached out again but could touch nothing. Then suddenly something took him by the throat, an insufferable sensation that made him stagger and gasp harshly... The sensation which had suddenly felled him was the one he had never experienced before.

① dreadful
② peaceful
③ festive
④ gloomy

> **TIP** glow 반짝임, 빛남 extinguish 꺼지다 obscurity 잊혀짐, 무명 deprivation 박탈, 부족 insufferable 참을 수 없는 stagger 흔들리다 gasp 숨이 턱 막히다
> 어두운 밤과 참을 수 없는 감각은 무서운 느낌을 준다.
> ① 무서운 ② 평화로운 ③ 축제의 ④ 우울한
> 「에드워드는 그 때 암흑 속에 있었다. 홀의 높은 창문을 통해서 비치는 기름램프의 불빛이 사라져가고 에드워드의 얼굴에 와 닿는 공간을 가득 채운 어떤 검은 벨벳 옷감이나 부드러운 새까만 물질 같은 어둠 속에 둘러싸였다. 이러한 감각의 결핍 속에 자신감 없이 그는 천천히 불안하게 움직였고 방향감각을 잃어갔다... 밤하늘과 아치를 이룬 나무들은 마치 작고 빛이 없는 어두운 방인 지하 감옥의 벽 같았고 그는 그 한가운데에 서 있었다. 그는 다시 손을 뻗었지만 아무 것도 잡을 수 없었다. 갑자기 무언가가 그의 목을 잡았는데 그것은 그를 비틀거리게 하고 무자비하게 숨 막히는, 참을 수 없는 느낌이었다. 그 전에는 한 번도 느껴보지 못한 그 느낌 때문에 그는 갑자기 쓰러졌다.」

3 다음 글의 어조로 가장 적절한 것은?

> Eyes often lighten with age and certain medical conditions cause color variations, but the most likely reason eyes change color is due to your surroundings. Eyes reflect their environment. Your eyes will appear darker if you're dressed in dark colors and are in a dimly lit room. Medications can also permanently darken the eyes. If just one eye changes color, it could put patients at risk of glaucoma.

① cynical
② appealing
③ informative
④ commanding

> **TIP** dimly 희미한 permanently 영구히, 불변으로 glaucoma 녹내장
> 눈에 대해 설명하는 정보를 전달하는 글이다.
> ① 냉소적인 ② 설득적인 ③ 정보 전달적인 ④ 명령적인
> 「눈은 종종 나이가 들면서 밝아지는 경우가 있고, 어떤 의학적인 경우에 의하여 색깔이 변하기도 한다. 그러나 눈의 색깔이 변하는 가장 큰 이유는 주변 상황 때문이다. 눈은 환경을 반영한다. 만약 어두운 색의 옷을 입고 어둑하게 조명이 켜진 방안에 있으면, 눈의 색깔은 더 어둡게 보인다. 약물을 사용하면 눈을 영원히 어둡게 할 수도 있다. 만약 한쪽 눈의 색깔만 변한다면 녹내장의 위험성이 있다.」

Answer 2.① 3.③

4 다음 글에서 주인공 I의 심정으로 가장 적절한 것은?

My mother hadn't seen my dad in four years of war. In my mind, he was a tall, darkly handsome man I wanted very much to love me. I couldn't wait, thinking about all the things I had to tell him of school and grades. At last, a car pulled up, and a large man with a beard jumped out. Before he could reach the door, my mother and I ran out screaming. She threw her arms around his neck, and he took me in his arms, lifting me right off the ground.

① joyful
② lonely
③ worried
④ horrified

TIP pull up (말·차를) 멈추다 beard 턱수염 scream 소리를 지르다, 외치다

「나의 어머니는 4년간의 전쟁 동안 아버지를 본 적이 없다. 내 생각에 그는 키가 크고 검은 피부에 잘 생긴 분이셨고 나는 나를 사랑해 주기를 무척 많이 원했다. 아버지에게 학교와 성적에 대해 시시콜콜 얘기할 생각을 하면서, 나는 조바심을 치며 기다렸다. 마침내 차가 멈추었고 턱수염을 기른 커다란 사람이 뛰어내렸다. 현관문에 이르기도 전에 어머니와 나는 소리를 지르며 달려 나갔다. 그녀는 그녀의 팔로 그의 목을 얼싸안았고, 그는 그의 팔에 나를 안아서 땅에서 번쩍 들어올렸다.」

5 다음 글에서 Tom이 마지막에 느끼는 감정으로 가장 알맞은 것은?

My friend Tom has a lot of land outside town and likes to go out there early in the morning and come back in time for work. One day he returned to town so dirty, he had to take a quick shower. After a hasty breakfast, he ran to reach his office on time. Then, he noticed people staring. Thinking maybe he'd forgotten to comb his hair, he reached up to his head. He found he was still wearing his wife's bathing cap, which he had put on to keep his hair dry while showering.

① 자랑스럽다.
② 실망스럽다.
③ 흐뭇하다.
④ 창피하다.

TIP stare 응시하다, 뚫어지게 보다 comb (머리 등을) 빗다, 빗질하다 put on (옷·모자·안경 등을) 입다, 쓰다(= wear)

「내 친구 Tom은 마을 외곽에 많은 토지를 가지고 있으며 아침 일찍 그 곳에 갔다가 근무시간에 맞춰 돌아오기를 좋아한다. 어느 날 그는 너무 지저분한 상태로 마을로 돌아왔기 때문에 빨리 샤워를 해야만 했다. 서둘러 아침식사를 한 후, 그는 정각에 사무실에 도착하기 위해 달려갔다. 그때 그는 사람들이 바라보는 것을 알아챘다. 아마도 머리 빗는 것을 잊었을 것이라고 생각하면서, 그는 머리 위로 손을 뻗었다. 그는 아내의 샤워캡을 아직도 쓰고 있다는 것을 알았는데, 샤워하는 동안 머리를 젖지 않게 하려고 썼었다.」

Answer 4.① 5.④

6 다음 글에 묘사된 상황이 주는 느낌으로 가장 적절한 것은?

> The mother duck started out with her children behind her. They had to cross a busy street. The street was about forty meters wide. The mother looked right and left and found that there was no traffic. Then she made her children march across the street. The drivers had stopped their cars, and more than a hundred people were watching the march. When the duck family reached the pond, the mother jumped into the water first, and her children followed her one after another. As the last baby duck jumped into the water, there was a big applause from the people watching the march.

① calm and quict
② funny and cheerful
③ noisy and busy
④ shocking and surprising

TIP duck 오리 march 행진(하다), 전진하다 pond 연못 one after another 하나씩 하나씩, 차례로 applause 박수
「어미오리는 새끼들을 뒤에 거느리고 출발했다. 그들은 번잡한 거리를 건너야만 했다. 그 거리는 약 40m 정도의 폭이었다. 어미오리는 좌우를 둘러보고 차량통행이 전혀 없다는 것을 알았다. 그러자 어미오리는 새끼들에게 길을 가로질러 행진하도록 했다. 운전자들은 차를 세웠고, 100명 이상이나 되는 사람들이 그 행진을 지켜보고 있었다. 오리 가족이 연못에 도착했을 때 어미오리가 먼저 물속에 뛰어들었고 새끼들이 차례로 어미 뒤를 따랐다. 마지막 아기오리가 물 속에 뛰어들었을 때 그 행진을 지켜보고 있던 사람들로부터 큰 박수가 터져 나왔다.」

7 다음 글을 쓸 당시의 필자의 심경을 가장 잘 나타내는 단어는?

> I always hear people complaining about having brothers and sisters who bother them. I used to complain a lot about my sister. My sister Misty was handicapped. I had to take her everywhere I went, and include her in my activities. Sometimes I even hated her because she was handicapped and depended on me so much.
> Last May she died in the hospital. I never realized how much a part of me she really was.

① sorry
② thankful
③ angry
④ disappointed

TIP complain 불평하다 bother 귀찮게 하다, 성가시게 하다, 괴롭히다 handicapped 심신장애의, 불구의
「나는 사람들이 형제나 자매들이 성가시게 한다고 불평하는 것을 항상 듣는다. 나도 내 누이에 대해 많이 불평하곤 했다. 나의 누이 Misty는 장애자였다. 나는 내가 가는 곳이면 어디든지 그녀를 데리고 가야만 했고, 그녀를 내 활동영역에 포함시켜야 했다. 때때로 그녀가 장애자여서 나에게 너무 많이 의지하기 때문에 그녀를 미워하기까지 했다. 지난 5월에 그녀는 병원에서 죽었다. 나는 그녀가 정말로 나의 얼마나 많은 부분을 차지하고 있었는지 결코 깨닫지 못했던 것이다.」

Answer 6.② 7.①

8 다음 글의 어조로 가장 적절한 표현은?

> Other major changes in journalism occurred around this time. In 1846 Richard Hoe invented the steam cylinder rotary press, making it possible to print newspapers faster and cheaper. The development of the telegraph made possible much speedier collection and distribution of news. Also in 1846 the first wire service was organized. A new type of newspaper appeared around this time, one that was more attuned to the spirit and needs of the new America. Although newspapers continued to cover politics, they came to report more human interest stories and to record the most recent news, which they could not have done before the telegraph. New York papers and those of other northern cities maintained corps of correspondents to go into all parts of the country to cover newsworthy events.

① objective
② optimistic
③ negative
④ humorous

TIP major 큰(많은) 쪽의, 중요한, 주요한 journalism 저널리즘, 신문(잡지)업 invent 발명하다, 창안하다, 고안하다 cylinder 원주, (엔진의) 실린더, (인쇄기에서) 윤전기의 몸통 rotary press 윤전(인쇄)기 telegraph 전신, 전보 speedy 빠른, 신속한, 즉석(즉시)의 distribution 배포, 배달, 분배 wire service (미국의) (뉴스)통신사 organize 조직·편성·구성하다 attune ~을 맞추다, 조율하다 cover ~을 덮다, 감추다, 망라(포함)하다, 보도(취재)하다 maintain ~을 계속하다, 유지하다, 보존(보유)하다 corps 군단, 단체 correspondent 통신자, 통신원(기자), 특파원 go into ~을 조사하다, 연구하다, ~에 들어가다, 참가하다 newsworthy 보도(뉴스)가치가 있는, 신문기사거리가 되는

「저널리즘의 다른 중요한 변화들도 이 시기를 전후해서 일어났다. 1846년에 Richard Hoe가 증기 실린더를 이용한 윤전기를 발명하여 신문을 더 빠르고, 더 싸게 인쇄하는 것이 가능해졌다. 전보(전신)의 발달은 뉴스의 수집과 전달을 훨씬 더 신속하게 만들었다. 또한 1846년에는 최초의 뉴스통신사가 조직되었다. 새로운 형태의 신문은 새로운 미국의 정신, 새로운 미국의 요구에 더 부합하는 신문으로 이 무렵에 나타났다. 신문은 정치기사를 계속 보도하기는 했으나 사람들이 더 관심을 갖고 있는 이야기를 전달하거나 가장 최신뉴스들을 싣기 시작했는데, 이는 전보가 등장하기 전에는 불가능했을 것이다. 뉴욕의 신문들과 다른 북부 도시의 신문들은 전국 곳곳으로 특파원단(團)을 파견하여 뉴스거리가 될 만한 사건들을 취재하도록 하였다.」

Answer 8.①

9 윗글에 나타난 필자의 태도는?

Can we eliminate pollution altogether? Probably not. Today we pollute with everything we do, so total elimination would require drastic measures. Every power plant would have to shut down. Industries would have to close. We would have to leave all our automobiles in the garage. Every bus and truck and airplane would have to stop running. There would be no way to bring food to the cities. There would be no heat and no light. Under these conditions, our population would die in a short time.

Since such a drastic solution is impossible, we must employ determined public action. We can reduce pollution, even if we can't eliminate it altogether. But we must all do our part. Check your car to see if the pollution control device is working. Reduce your use of electricity. Is air conditioning really necessary? Don't dump garbage or other waste on the land or in the water. Demand that government take firm action against polluters. We can have a clean world or we can do nothing. The choice is up to you.

① pessimistic   ② enthusiastic

③ optimistic   ④ realistic

TIP eliminate 제거하다, 삭제하다 pollution 오염, 공해 pollute 더럽히다, 오염시키다 drastic 격렬한, 철저한, 발본적인 measure(s) 수단, 방책, 조치 power plant 발전소 shut down (공장 등을) 폐쇄하다, 닫다 garage 차고 employ 쓰다, 사용하다, (사람을) 고용하다 determined 단호한, (단단히) 결심한 reduce 줄이다, 감소시키다, 축소하다 do one's part 자기 본분(역할)을 다하다 dump (쓰레기 등을) 내버리다 garbage 쓰레기, (음식)찌꺼기 waste 폐기물, 쓰레기 firm 단호한, 결연한, 굳은

「우리는 공해를 전부 제거할 수 있을까? 아마도 아닐 것이다. 오늘날 우리는 우리가 행하는 모든 것을 가지고 오염시키고 있어서 공해를 완전히 없애는 데에는 발본책이 요구될 것이다. 모든 발전소는 폐쇄되어야 할 것이다. 산업들은 문을 닫아야 할 것이다. 우리는 모든 자동차를 차고에 두어야 할 것이다. 모든 버스와 트럭과 비행기는 운행을 멈춰야 할 것이다. 그렇게 되면 도시로 식량을 가져올 방법이 없을 것이다. 난방이나 불빛도 없어질 것이다. 이러한 상황하에서 우리 사람들은 곧 죽고 말 것이다.
이러한 격렬한 해결방법은 불가능하기 때문에 우리는 대중의 단호한 행동을 사용해야만 한다. 우리는 비록 오염을 완전히 제거할 수 없다고 하더라도 줄일 수는 있다. 그러나 우리는 모두 우리의 본분을 다하여야 한다. 공해제어장치가 작동하고 있는지 당신의 차를 확인해 보아라. 전기사용을 줄여라. 에어컨이 정말로 필요한가? 쓰레기나 다른 폐기물을 땅 위나 물 속에 내버리지 마라. 정부가 공해를 일으키는 사람에 대해 단호한 조치를 취하도록 요구하라. 우리는 깨끗한 세계를 가질 수 있거나 아무것도 가질 수 없다. 그 선택은 당신에게 달려있다.」

10 다음 글의 밑줄 친 반응을 듣고 필자가 느낄 감정으로 가장 알맞은 것은?

My father, an announcer for television commercials, works in Seattle, and it's always a treat to hear his voice when I visit other parts of the country. My job once took me to Pennsylvania. I was at a pub with friends when an ad for athletic equipment came on the lounge TV. As a shapely blonde dressed in a leotard worked out on an exercise device, a very familiar voice delivered the sale pitch. Without thinking, I said, "Hey, you guys, that's my Dad!" My friends turned to look at me. "Geoff!" They replied in unison. "He's beautiful."

① anger   ② excitement

③ elation   ④ embarrassment

TIP commercial 광고방송, 시엠(CM) treat 대접, 한턱내기, 큰 기쁨, 만족 pub 술집, 선술집 ad 광고(= advertisement) athletic 운동(경기)의, 체육의 equipment 장비, 설비 come on (TV 등에) 나오다 lounge 휴게실, 라운지 shapely 균형 잡힌, 맵시 있는 blonde (살결이 흰) 금발의 (여성) leotard 소매가 없고 몸에 착 달라붙는 옷 work out (선수가) 훈련하다, 연습하다, 운동하다 device 장치, 고안품 familiar 잘 알고 있는, 익숙한 deliver 배달하다, 인도하다, 전하다 sales pitch 팔기 위한(구매) 권유 in unison 일제히, 동음으로, 제창으로 anger 노여움, 화 excitement 흥분, 자극 elation 의기양양, 득의만면 embarrassment 난처, 당황, 당혹

「TV광고 아나운서이신 나의 아버지는 시애틀에서 근무하시고, 내가 나라의 다른 지방을 방문할 때 그(아버지)의 목소리를 듣는 것은 항상 큰 기쁨이다. 한때 나의 직장은 펜실베이니아에 있었다. 운동기구 광고가 휴게실에 있는 TV에서 나왔을 때 나는 친구들과 술집에 있었다. 균형잡힌 금발의 여성이 몸에 착 붙는 옷을 입고 운동기구로 운동을 할 때, 매우 익숙한 목소리가 구매권유를 하였다. 생각할 여지도 없이 "얘들아, 나의 아빠야!"라고 나는 말했다. 내 친구들은 나를 쳐다보기 위해 뒤돌았다. 그들은 일제히 대답했다. "네 아버지 아름다우신데."」

🔎 **Answer** 10.④

실용문의 이해

 Type1 다음 글의 종류 · 목적은?

〈글의 종류와 목적 파악〉
이 유형은 실용문을 바탕으로 그 종류와 목적을 정확하게 알고 있는지를 평가하는 문제로, 다양한 실용문을 접해야 한다.

1 다음 글의 종류로 가장 적절한 것은?

In one of the most widespread man-made disasters the region has known, smoke from the fires has blanketed a broad swath of Southeast Asia this month.
Flights have been canceled around the region, the busy shipping lanes of the Strait of Malacca have been disrupted by low visibility, and millions of people are coughing and wheezing. It is impossible to say how many people have been made sick by the smoke. The fires are mostly intentionally set. Hundreds of Indonesian and Malaysian companies—mostly large agricultural concerns, and some with high-placed Government connections—are using fire as a cheap and illegal means of land-clearing.

① 신문기사　　　　　　　　② 문학비평
③ 기행문　　　　　　　　　④ 관광안내

▶ 동남아 지역의 화재로 인한 상황을 알리는 기사문이다.

widespread 광범위한, 일반적인　man-made disasters 인재　blanket 전면을 뒤덮다, 포괄하다　broad 광대한, 넓은　swath 넓은 길, 긴 행렬　Strait of Malacca 말라카 해협　shipping lane 대양 항로　disrupt 붕괴시키다, 혼란시키다　visibility 가시성, 시야　intentionally 의도적으로, 고의적으로　agricultural 농업의, 농사의

「그 지역에서 여태까지 알려진 가장 광범위한 인재 중의 하나에 속하는 화재로 인하여 연기가 이번 달에 동남아시아 지역을 넓게 뒤덮었다. 그 지역의 항공편은 취소되었고, 말라카 해협의 분주한 대양 항로는 낮은 시계성으로 중단되었으며, 수백만 명의 사람들이 기침과 호흡곤란을 겪고 있다. 얼마나 많은 사람들이 연기로 인하어 고통을 받는지 말하기가 불가능하다. 화재는 일반적으로 고의적으로 나타난다. 대개 거대한 농업에 관련된 높은 곳에 위치한 정부기관과 수 백 곳의 인도네시아와 말레이시아 기업들이 개간을 위해 값싼 불법수단으로 불을 사용하고 있다.」

2 다음 글을 쓴 목적은?

MASTER FRANCHISE OPPORTUNITY
An exciting and proven concept in the field of language education for children and adults, Funlanguage is based in the UK where 40,000 students attend its Fun Language Clubs each week. Master Franchises also operate in Europe, South America and the Far East, teaching English, French and Spanish. We are now seeking additional Master Franchises to develop the business in their country. Suitable applicants or companies should apply to info@funlanguages.com.

① to apply　　　　　　　　② to complain
③ to advertise　　　　　　　④ to persuade

▶ 마스터 프랜차이즈 추가모집에 대한 광고문이다.

proven 증명된, 입증된　operate 운영하다　additional 추가적인, 부가적인　suitable 알맞은, 적합한, 적당한　applicant 지원(신청)자　apply 지원(신청)하다　complain 불평하다　advertise 광고하다　persuade 설득하다

「마스터 프랜차이즈 기회
아동들과 성인들을 위한 어학교육분야에서 검증된 흥미로운 개념인 Funlanguage는 4만 명의 학생들이 매주 Fun Language Clubs에 참가하는 연합왕국(UK)에 기초하고 있습니다. 마스터 프랜차이즈는 또한 유럽, 남미, 극동지역에서도 영어, 프랑스어, 스페인어를 가르치면서 운영됩니다. 우리는 그들 국가에서의 비즈니스를 발전시켜 보려고 마스터 프랜차이즈를 추가로 구하고 있습니다. 적합한 지원자나 회사는 info@funlanguages.com으로 신청해야 합니다.」

 Type2 다양한 실용문의 이해

이 유형은 실용문의 내용 중 구체적인 사항에 관한 질문이 주를 이루므로 숫자와 함께 문장구조를 잘 파악해서 정확한 해석을 해야 한다.

다음 광고문으로 보아 이 식당과 어울리지 않는 손님은?

Dynasty Restaurant

2nd floor, Ward Shopping Center, Open 11 A.M. to 10 P.M. 7 days a week, Excellent Chinese cuisine, Shrimp with lobster sauce, Spicy fried beef or chicken, Lemon chicken, Vegetarian orders also available, Dine in or take out! For free delivery call 922 – 4860.

① 월요일 오전 11시에 중국 요리사를 시간제로 고용하려는 손님
② 오후 1시에 새우요리를 집으로 배달시키고자 하는 손님
③ 새우요리 미식가로 일요일에 이 식당에서 닭고기를 먹고자 하는 손님
④ 채식주의자 손님으로 금요일에 중국 요리를 먹고자 하는 손님

dynasty 왕조, 명가(名家) ward (행정단위)구(區) cuisine : 요리(법) spicy 향료(양념)를 넣은 fried 튀긴 vegetarian 채식주의자 available 이용(사용)할 수 있는, 유효한 dine 식사하다, 정찬을 들다 take out (음식을 사서) 가지고 가다

「명가(名家) 식당
구(區)쇼핑센터 2층, 일주일에 7일 모두 오전 11시부터 오후 10시까지 개점, 탁월한 중국 요리, 바닷가재 소스를 곁들인 작은 새우, 향료를 넣은 튀긴 쇠고기 또는 닭고기, 레몬맛(향)을 첨가한 닭고기, 채식주의자 주문도 역시 가능, (식당에서) 식사하거나 (포장해서) 가지고 가세요! 무료배달전화는 922 – 4860」

▶ 식당 광고문으로 식당의 위치, 개점일자와 시간, 메뉴 등이 나타나 있다.

1 글의 목적으로 가장 적절한 것은?

2017. 8. 26 지역인재 9급 선발시험

Hello, I'm Helen, the secretary of World Reading. Thank you for your interest in our magazine. As new or renewing members of our magazine, you may not realize that you must check a box that appears in the My Profile section of our website in order to get emails from us. Even if you were once signed up, and then renewed, you will need to recheck the box to get our emails. If you need any help, please contact me at 836－6447. Thank you.

① 잡지 구독을 권유하려고
② 새로 나온 잡지를 홍보하려고
③ 이메일 받는 방법을 안내하려고
④ 온라인 회원 가입 방법을 소개하려고

TIP secretary 비서 renewing 갱신

「안녕하세요, 저는 World Reading의 비서 Helen입니다. 저희 잡지에 관심을 가져주셔서 감사드립니다. 저희 잡지에 새로운 또는 갱신 회원으로서, 당신은 저희로부터 이메일을 받기 위해서는 저희 웹사이트 My Profile 섹션에 보이는 박스를 확인해야 한다는 것을 모르실 수도 있습니다. 당신이 한 번 등록하고 갱신하셨더라도 저희 이메일을 받기 위해서는 다시 그 박스를 확인하셔야 합니다. 도움이 필요하시면 836-6447로 제게 연락주세요. 감사합니다.」

2 다음 글의 목적으로 가장 적절한 것은?

2016. 6. 25. 서울특별시 시행

Casa Heiwa is an apartment building where people can learn some important life skills and how to cope with living in a new environment. The building managers run a service that offers many programs to children and adults living in the building. For the children, there is a day-care center that operates from 7 a.m. until 6 p.m. There are also educational programs available for adults including computer processing and English conversation courses.

① to argue for a need for educational programs
② to recruit employees for an apartment building
③ to attract apartment residents toward programs
④ to recommend ways to improve the living standard

TIP cope with ~에 대처하다 conversation 대화, 회화

① 교육 프로그램의 필요성에 대해 논의하기 위해서
② 아파트를 위한 고용인을 모집하기 위해서
③ 아파트 주민들을 프로그램들로 끌어들이기 위해서
④ 삶의 기준을 향상시키는 방법을 추천하기 위해서

「Casa Heiwa는 사람들이 중요한 삶의 기술과 새로운 환경에서 어떻게 삶에 대처해야 하는지를 배울 수 있는 아파트이다. 빌딩 매니저는 아파트에 살고 있는 아이들과 어른들에게 많은 프로그램을 제공하는 서비스를 한다. 아이들을 위해 오전 7시부터 저녁 6시까지 운영되는 어린이집이 있다. 또한 성인들이 이용 가능한 컴퓨터 처리와 영어회화 과정을 포함하는 교육 프로그램들이 있다.」

Answer 1.③ 2.③

3 다음 글을 쓴 목적으로 가장 적절한 것은?

2014. 6. 21 제1회 지방직

Last month felt like the longest in my life with all the calamities that took us by surprise. There was only one light at the end of the tunnel, and that light was you. I cannot begin to tell you how much your thoughtfulness has meant to me. I'm sure I was too tired to be thinking clearly, but each time you appeared to whisk my children off for an hour so that I could rest, or to bring a dinner with a pitcher of iced tea, all I knew was that something incredibly wonderful had just happened. Now that we are back to normal, I know that something incredibly wonderful was you. There are no adequate words to express thanks with, but gratefulness will always be in my heart.

① 어려움에 처한 사람을 격려하려고
② 아이들을 돌보아 줄 사람을 찾아 부탁하려고
③ 힘들 때 도와주었던 사람에게 감사하려고
④ 건강이 좋지 않았던 사람의 안부를 물으려고

> **TIP** calamity 재앙, 재난 thoughtfulness 생각에 잠김, 사려 깊음 whisk 휘젓다 incredibly 믿을 수 없을 정도로, 엄청나게 adequate 충분한, 적절한
>
> 「지난 한 달은 우리를 놀라움에 빠트린 재앙들로 인해 제가 살면서 가장 길게 느낀 것 같습니다. 터널의 끝에 단 하나의 불빛이 있었고 그 불빛이 바로 당신이었습니다. 당신의 사려 깊음이 제게 얼마나 큰 의미가 있었는지 이루 말할 수가 없습니다. 제가 분명히 확신하기에는 너무 지쳐있었지만, 당신이 제가 쉴 수 있도록 한 시간 동안이나 제 아이들을 데려간 것이나, 또한 아이스티를 곁들인 저녁을 가져올 때마다 나는 그저 믿을 수 없이 굉장한 일이 일어났다는 것을 알 뿐이었습니다. 이제 정상으로 돌아온 지금 그 믿을 수 없을 정도로 대단한 것이 바로 당신이었다는 것을 알았습니다. 어떠한 말로 고마움을 표현해야 할 지 말로는 충분하지 않지만 감사하는 마음이 항상 제 가슴에 있을 것입니다.」

4 이 글의 성격으로 가장 알맞은 것은?

2013. 9. 7 서울특별시

A bill that passed the National Assembly to promote youth employment is gathering strong backlash from job-seekers in their 30s. The new bill obliges the public sector to reserve more than a 3-percent share for job applicants aged between 15 and 29 in hiring quotas from next year. New hiring in public companies generally does not exceed 3 percent of total employment, which means that job-seekers in their 30s virtually won't be able to get jobs in the public sector from next year.

① Acknowledgement
② Declaration
③ Editorial
④ Advertisement
⑤ Inaugural Address

> **TIP** bill 청구서, 법안 National Assembly 국회 gathering 모임, 수집 backlash 반발 oblige 의무적으로 ～하게 하다 reserve 예약하다, 따로 남겨 두다 quota 한도, 할당 exceed 넘다, 초과하다 virtually 사실상, 거의
>
> ③ 이 글은 청년 고용 할당제에 대한 신문 사설이라고 보는 것이 가장 적절하다.
> ① 답신(접수 통지), 감사의 글 ② 선언문 ③ 사설 ④ 광고 ⑤ 취임연설
>
> 「국회를 통과한 청년 고용 증진과 관련된 법안이 30대 구직자들로부터 강한 반발을 사고 있다. 그 새로운 법안은 내년부터 의무적으로 공공 분야 고용에서 3퍼센트 이상을 15~29세 사이의 구직자를 위해 따로 남겨둘 것을 강요하고 있다. 일반적으로 공기업의 신규 채용은 전체 고용의 3퍼센트를 넘지 않는다, 따라서 이것은 30대 구직자들은 사실상 내년부터 공공 분야에서 직업을 얻을 수 없다는 것이다.」

Answer 3.③ 4.③

5 다음 글의 목적으로 가장 적절한 것은?

2011. 7. 9 경상북도 교육청

Dear Principal,

My daughter Mary loves attending your school, and she is doing well in class. However, I can't help but think she could be performing even better. The problem is that mary is too exhausted after running around at recess to concentrate in her afternoon classes. I realize we have discussed this issue before, but I would just like to repeat my opinion that it would be better to schedule recess before lunch. I think eating later in the day would give students more energy for their afternoon classes. I'm sure that Mary and many other students would benefit greatly from this minor adjustment in the schedule.

Sincerely,

Ann Smith

① 학교 시간표 조정을 건의하려고
② 교사의 교수법에 대해 건의하려고
③ 자녀의 과잉 행동에 대해 사과하려고
④ 일일 시간표 변경에 대한 불만을 제기하려고
⑤ 자녀의 만족스러운 학교생활에 대해 감사하려고

> **TIP** principal 교장 can't help but do ~하지 않을 수 없다 exhausted 지칠 대로 지친 run around 뛰어다니다 at recess 휴식 시간에 adjustment 적응
>
> 글의 내용으로 보아 학부모가 교장 선생님에게 '학교 시간표 조정을 건의하려고' 쓴 편지라는 것을 알 수 있다.
>
> 「교장 선생님께,
> 제 딸 Mary는 학교에 다니는 것을 좋아하고 수업 중에 잘하고 있습니다. 하지만 저는 그 애가 훨씬 더 잘할 수 있을 거라고 생각하지 않을 수 없습니다. 문제는 Mary가 쉬는 시간에 뛰어다닌 후에 너무 지쳐버려서 오후 수업에 집중할 수가 없다는 것입니다. 저는 전에 이러한 문제로 논의한 적이 있다는 것을 알지만, 휴식 시간을 점심시간 전으로 조정하는 것이 더 나을 것이라는 제 의견을 반복하고 싶을 뿐입니다. 저는 하루 중 나중에 먹는 것이 오후 수업을 위해 학생들에게 더 많은 에너지를 줄 것이라고 생각합니다. 저는 Mary와 많은 다른 학생들이 시간표에 덜 적응하는 것으로부터 큰 혜택을 볼 것이라고 확신합니다.
> Ann Smith 올림」

Answer 5.①

1 다음 글은 무엇에 관한 광고인가?

> Top rated digital Coolpix 9500 lets you take greater pictures with ease. Featured aperture priority as well as continuous shooting mode at up to 3 frames per second lets create the effects you want.

① Computer
② Laser Printer
③ Accessories
④ Camera

> **TIP** top rated 최고 등급의 with ease 쉽게(= easily) featured 특색있는, ~한 용모를 갖춘 aperture 틈, 구멍, (렌즈의) 구경(口徑) priority (시간, 순서가) 앞섬, 우선(권) continuous 계속되는, 연속적인 shooting 촬영, 사격 mode 양식, 방식, 모드 up to (최대) ~까지 frame 한 화면, 구도 accessory 부속품, 액세서리, 장신구
>
> 「최고급 디지털 Coolpix 9500으로 멋진 사진을 쉽게 찍을 수 있습니다. 초당 3컷까지 가능한 연속촬영 모드뿐만 아니라 특수 렌즈가 당신이 원하는 효과를 만들어내게 도와줍니다.」

2 다음 글의 목적으로 가장 알맞은 것은?

> There was a shop in a small town. Business was slow, but the shopkeeper could earn a living because there wasn't much competition. The shopkeeper was dismayed, however, when a brand new business much like his own opened up next door and put up a huge sign which read "Best Deals." He was horrified when another competitor opened up on his right, and announced its arrival with an even larger sign, reading "Lower Prices." The shopkeeper panicked, until he got an idea. He put the biggest sign of all over his own shop. It read "Main Entrance."

① to inform
② to announce
③ to complain
④ to entertain

> **TIP** earn a living 생활비를 벌다, 생계를 꾸리다 competition 경쟁 dismay 당황하게 하다, 실망(낙담)시키다 open up 열다, 개업하다 horrified 공포에 휩싸인, 충격을 받은 competitor 경쟁자, 경쟁상대 announce 알리다, 공시하다 panic 당황하게 하다, 허둥거리게 하다 inform 알리다, 정보를 주다 complain 불평하다 entertain 즐겁게 하다, 재미있게 하다
>
> 「작은 마을에 가게가 하나 있었다. 장사는 지지부진했지만, 경쟁이 심하지 않기 때문에 가게 주인은 생계를 꾸릴 수 있었다. 그러나 그 가게 주인은 자신과 유사한 업종의 새로운 가게가 옆 집에 개업하고 "최고의 판매"라고 쓰여 있는 거대한 표지판을 세우자 당황했다. 또 다른 경쟁자가 오른쪽에 개업하여 "보다 저렴한 가격"이라고 쓰여 있는 훨씬 더 큰 표지판으로 개점을 알리자 두려움에 떨었다. 그 가게 주인은 한 가지 생각을 해낼 때까지 전전긍긍했다. 그는 자신의 가게 위에 가장 큰 표지판을 세웠다. 거기에는 "입구"라고 쓰여 있었다.」

Answer 1.④ 2.④

3 다음 편지는 어떤 유형인가?

> Dear Carla,
>
> Thank you for taking the time to attend our Mothers of Young Children meeting. Everyone enjoyed your participation. We believe that each member has something special to offer, and we all look forward to getting to know you better and discovering the treasure in you. God bless.

① A Letter of Apology
② A Letter of Blessing
③ A Letter of Invitation
④ A Letter of Welcome

TIP take the time to do 시간을 내서 ~하다 attend ~에 참석(출석)하다, 다니다 participation 참석, 참가, 가입 look forward to + (동)명사 ~하기를 기대하다, 고대하다 treasure 보물, 보배, 소중한 것(자질) God bless (you)! 신의 가호(축복)가 있기를! apology 사과, 변명 blessing 축복 invitation 초대, 초청, 안내 welcome 환영

「친애하는 Carla씨에게
시간을 내어 자모회(慈母會)에 참석해 주신 것에 대해 감사드립니다. 당신이 참석해 주셔서 모두가 즐거웠습니다. 우리는 회원들 제각기 독특한 제안을 할 것으로 믿으며, 앞으로 당신을 더 잘 알게 되어서 당신의 훌륭한 점을 발견하게 되기를 바랍니다. 신의 가호가 있기를.」

4 다음 글의 목적으로 가장 적절한 것은?

> The Metropolitan Museum of Art, which was founded in 1870 by a group of civic leaders, financiers, industrialists, and art collectors, moved to its present location in Central Park in 1880. Today the Metropolitan is the largest museum of art in the Western Hemisphere. Its collections include more than 3.3 million works of art from ancient, medieval, and modern times and from all areas of world. The educational function of the Museum is implicit in every facet to the Museum's endeavors. The Museum's bimonthly Calendar/News provides a handy index to the many ongoing programs and activities.

① to enjoy   ② to invite
③ to introduce   ④ to report

TIP civic 시민의, 도시의 financier 자본가, 재정가, 금융업자 industrialist (대)기업가 hemisphere 반구, 반구체 implicit 함축적인, 잠재하는, 절대적인, 맹목적인, 암시적인 facet 국면, 면, 상 endeavor 노력, 시도하다, 노력하다 bimonthly 격월의, 월 2회의, 격월 발행의 간행물 handy 편리한, 유용한, 손재주 있는

제시된 글은 메트로폴리탄 박물관을 소개하고자 쓰여진 글임을 쉽게 알 수 있다.

「시민지도자들, 자본가들, 사업가들 그리고 예술품 수집가들에 의해 1870년에 설립된 메트로폴리탄 예술박물관은 1880년에 현재 위치인 센트럴 파크로 옮겨왔다. 오늘날 메트로폴리탄 박물관은 서반구에서 가장 큰 박물관이다. 그 소장품은 고대로부터 해서, 중세 그리고 현대에 이르기까지 그리고 전세계에서 구해진 3백3십만 이상의 작품에 이른다. 그 박물관의 교육적 기능은 박물관을 애호가들에게 여러 면에서 함축적이다. 이 박물관은 격월로 발간되는 Calendar News지는 현재 진행되는 프로그램과 활동에 대한 유용한 색인을 제공한다.」

Answer 3.④ 4.③

5 다음은 편지의 일부분이다. 이 글을 쓴 목적은?

I had the privilege of knowing Mr. James for many years and always regarded him as a personal friend. By his untimely passing, our industry has lost one of its best leaders. He will be greatly missed by all who knew him and had dealings with him. Please convey our sympathy to lady Langley and her family.

① compassion
② advice
③ condolence
④ thanks

TIP privilege 특권 untimely 때아닌, 너무 이른 passing 죽음 convey 나르다, 전달하다 sympathy 동정, 연민 compassion 동정 condolence 애도
「저는 여러 해 동안 James씨를 알고 지내는 영광을 누려왔으며 언제나 그를 개인적인 친구로 여겼습니다. 그의 너무 이른 죽음으로 인해 우리 업계는 가장 훌륭한 지도자 중의 한 사람을 잃게 되었습니다. 그를 알고 그와 교제해 왔던 모든 사람들은 그를 매우 그리워할 것입니다. Langley여사와 그 가족에게 애도의 뜻을 전해 주십시오.」

6 다음 글의 종류는?

We're now taxiing in to gate. May I remind you to remain in your seats with your seat belts fastened until we have come to complete standstill? It in now 7 : 52. The temperature on the ground is 29 °Fahrenheit, with clear skies and some light snow cover. Passengers with connecting flights should report immediately to the Transfer Desk in Concourse A. Thank you for flying us and we hope you'll fly with us again soon.

① a direction sign
② an entertainment guide
③ a broadcast announcement
④ a flight announcement

TIP taxi 비행기를 지상에서 활주하게 하다 seat belt 안전벨트 standstill 정지 Fahrenheit 화씨의 concourse (공항·역 등의) 중앙홀
「우리는 출구를 향해 활주하고 있습니다. 완전히 정지할 때까지 안전벨트를 매고 좌석에 앉아 계시기 바랍니다. 지금 시각은 7시 52분입니다. 지상온도는 화씨 29 °이며, 하늘은 맑고, 눈이 약간 내려 쌓여 있습니다. 비행기를 바꿔 타실 승객은 즉시 중앙홀 A의 환승창구에 신고하십시오. 우리 비행기를 이용해 주셔서 감사드리며, 다시 우리 비행기를 이용해 주시기를 바랍니다.」

Answer 5.③ 6.④

7 다음 글은 신문이나 잡지의 어느 면에 실릴 것 같은가?

> A melon farmer had noticed that thieves were stealing his crop from the fields at night. Desperate to save what was left to sell at market, he put up a sign with a skull and crossbones that read, "One of these melons is poisoned." Sure enough, for two nights not one melon was stolen. But after the third night, he noticed that his sign had been altered. It now read, "Two of these melons are poisoned."

① Editorial
② Advertisement
③ Humor
④ Domestic

TIP melon 멜론 notice 알아차리다, 인지하다, 주의(주목)하다 thief 도둑 steal 훔치다, 도둑질을 하다 desperate 절망적인, 자포자기의, 필사적인 put up 세우다 sign 신호, 표시, 표지판 skull and crossbones 해적의 상징, 죽음의 상징, 독약의 표시 poison 독(약)을 넣다, 독살하다 alter 바꾸다, 고치다, 개조하다 editorial 사설, 논설 advertisement 광고, 선전 humor 유머, 해학, 익살 economy 경제, 절약 domestic 국내의, 가정의

「멜론을 재배하는 어떤 농부가 밤에 도둑들이 밭에서 그의 농작물을 훔치고 있다는 것을 알아차렸다. 시장에 내다 팔 남겨진 것을 필사적으로 구하기 위해서, 그는 해적표시가 그려진 표지판을 세웠는데, 표지판에는 "이 멜론들 중 한 개는 독이 들었음"이라고 쓰여 있었다. 충분히 확실하게도, 이틀밤 동안 한 개의 멜론도 도둑맞지 않았다. 사흘밤 후에, 그는 그의 표지판이 바뀐 것을 알았다. 이제 표지판에는 "이 멜론들 중 두 개는 독이 들었음."이라고 쓰여 있었다.」

8 다음 글의 목적으로 가장 알맞은 것은?

> A good brand name must distinguish the product from competitive brands. The failure to do so creates consumer confusion and increases the chances that consumers will mistakenly select another brand. Sears recently introduced its own distinctively named brand of jeans to compete against the well-known Levi's, Lee, and other brands. Marketers at Sears chose the distinct name — Canyon River Blues — to distinguish this brand from the category leaders as well as to evoke a positive, rustic brand image.

① to explain
② to persuade
③ to reply
④ to warn

TIP brand (상품의) 품질, 등급, 상표, 낙인 distinguish 구별하다 competitive 경쟁적인 confusion 혼란, 혼동 chance 기회, 가능성 mistakenly 잘못되어, 오해하여, 실수로 distinctively 독특하게, 특색적으로 compete 경쟁하다 well-known 유명한, 잘 알려진 category 부문, 범주 evoke (기억 등을) 되살려내다, 환기하다 positive 절대적인, 긍정적인, 적극적·건설적·진보적인, 실재적·현실적·실제적·실용적·실증적인 rustic 시골(풍)의, 꾸밈없는, 소박한 A as well as B B뿐만 아니라 A도 explain ~을 설명하다 persuade ~을 설득하다, 확신(납득)시키다 reply 대답(응답)하다 warn 위험을 알리다, 경고하다

「훌륭한 상표명은 상품을 경쟁상표와 구별해야 한다. 훌륭한 상표명을 짓는 데 실패하는 경우 소비자들은 혼란을 겪게 되고, 소비자들이 실수로 다른 상품을 선택하는 경우가 많아진다. Sears는 최근에 잘 알려진 Levi's, Lee, 그리고 다른 브랜드에 경쟁하기 위해 자신들의 청바지를 독특한 브랜드로 이름 붙여 소개하였다. Sears의 마케팅 담당자는 이 브랜드를 그 분야의 선두 브랜드와 구별할 뿐만 아니라 실용적이고 소박한 브랜드 이미지를 불러일으키기 위해 — Canyon River Blues라는 — 독특한 이름을 선택했다.」

Answer 7.③ 8.②

9 다음 제의에 따라 Good Life를 구독하면 일 년에 얼마를 절약하게 되는가?

60% Saving Certificate

No wonder that Good Life readers are wealthier, healthier and happier, too! Don't miss these Big Trial Subscription Savings — 60% off the single copy price($ 30.00) ; one year(4 issues) for $ 48.00, Plus, get Good Life's 2000 Desk Diary Free when you pay. Send no money now, we will bill you later. Allow 7 weeks for delivery.

---

① $ 40.00
② $ 48.00
③ $ 50.00
④ $ 72.00

> **TIP** certificate 증명서, 증서 no wonder ~ ~은 당연하다, 이상하지 않다(= It is no wonder ~) miss (기회를) 놓치다 trial 시도, 시험 subscription 예약구독 copy 사본, 부, 벌, 권 issue 발행(부수), 판(版) free 공짜의(로), 무료의(로) bill 청구하다, ~에게 계산서를 보내다 delivery 배달, 전달
>
> ㉠ 1년 실제 구독료 = 30달러 × 4회 = 120달러
> ㉡ 1년 할인구독료 = (30달러 × 60%) × 4회 = 72달러
> ㉢ 1년 구독시 절약금액 = 120달러 − 72달러 = 48달러
>
> 「60% 할인증서
> Good Life의 독자들이 보다 더 풍요롭고 건강하고 행복한 것은 당연합니다! 시범적으로 실시하는 대규모 예약구독 할인의 기회를 놓치지 마세요 – 한 권(30달러)당 60%를 할인하여 1년(4회 발행)에 48달러 (할인), 덤으로 대금 지급시 Good Life의 2000년도 탁상용 일지도 무료로 드립니다. 돈은 바로 내지 말고, 차후에 청구서가 발급됩니다. 배달은 7주 소요됩니다.」

---

10 다음 글은 무엇에 관한 광고인가?

Elizabeth Arden Ceramide Herbal 12

These botanical supplements for the face are some of the purest, most potent ingredients to leave skin feeling radiant, healthy and young.

---

① Bath Soap
② Perfume and Odorant
③ Haircare Products
④ Skincare Products

> **TIP** herb 풀, 초본, 식용·약용·향료식물 herbal 풀의, 초본의 botanical 식물(학)의, 식물성의, 식물에서 채취한 supplement 보충, 추가, 부록 pure 순수한, 맑은, 깨끗한 potent 유력한, 강력한, (약 등이) 효능있는 ingredient (혼합물의) 성분, 원료, 재료 radiant 빛나는, 찬란한, 눈부신 bath soap 목욕비누 perfume 향수 odorant 취기제(臭氣劑) haircare product 모발관리상품 skincare product 피부관리상품
>
> 「Elizabeth Arden Ceramide Herbal 12
> 얼굴에 바르는 이 식물성 영양제는 가장 순수하고, 아주 효능이 뛰어난 성분이 함유되어 피부를 윤기있고, 건강하고, 젊게 만들어 줍니다.」

문법

문장의 형식과 종류

1 ·· 동사의 종류

문장을 구성하는 기본요소는 주어(S), 동사(V), 목적어(O), 보어(C)이고 동사의 종류에 따라 문장형식이 결정된다.

(1) 완전자동사

1형식 문장(S + V)에 쓰이는 동사로, 보어나 목적어를 필요로 하지 않는다.

(2) 불완전자동사

2형식 문장(S + V + C)에 쓰이는 동사로, 반드시 보어가 필요하다.

(3) 완전타동사

3형식 문장(S + V + O)에 쓰이는 동사로, 하나의 목적어를 가진다.

(4) 수여동사

4형식 문장(S + V + I.O + D.O)에 쓰이는 동사로, 두 개의 목적어(직접목적어와 간접목적어)를 가진다.

(5) 불완전타동사

5형식 문장(S + V + O + O.C)에 쓰이는 동사로, 목적어와 목적보어를 가진다.

2 ·· 문장의 형식

(1) 1형식[S + V(완전자동사)]

① S + V : 1형식의 기본적인 문장으로 동사를 수식하는 부사구를 동반할 수 있다.
   She smiled brightly. 그녀는 밝게 미소를 지었다.
   The front door opened very slowly. 현관문이 매우 천천히 열렸다.
② There(Here) V + S + 부사구
   There lived a girl near the river. 그 강 가까이에 어떤 소녀가 살았다.
   There is a book on the table. 탁자 위에 책이 있다.

(2) 2형식[S + V(불완전자동사) + C]

① S + V + C : 2형식의 기본적인 문장이다.
   He is a doctor. 그는 의사이다.
② 주격보어의 종류 : 주격보어로는 (보통)명사(상당어구), 형용사(상당어구)가 쓰이며 명사는 주어와 동일물, 형용사는 주어의 상태나 속성을 나타낸다.
   ㉠ 명사
   She is **a nurse**. 그녀는 간호원이다.
   He is **a good student**. 그는 좋은 학생이다.
   I'm **a singer** in a rock'n roll band. 나는 락밴드의 가수이다.

🎓 보충학습

뜻에 주의해야 할 완전자동사
matter(중요하다), do(충분하다), work(일이 되어가다), last(지속되다), pay(이익이 되다), count(중요하다) 등이 있다.

ⓛ 형용사

I am **free**. 나는 자유롭다.

He is very **handsome**. 그는 매우 잘생겼다.

They were **hungry**. 그들은 배가 고팠다.

ⓒ 부사나 구, 절

The movie was already **over**. 영화는 벌써 끝나 있었다.

That's **what I want**. 그것이 내가 바라는 바다.

She seems **to love him**. 그녀는 그를 사랑하는 것 같다.

③ 불완전자동사의 유형

㉠ be동사

We **are** happy. 우리는 행복하다.

ⓛ '~이 되다, 변하다'의 뜻을 가지는 동사 : become, grow, go, get, fall, come, run, turn 등이 있다.

It **is getting** colder. 점점 추워지고 있다.

ⓒ 지속의 뜻을 가지는 동사 : continue, hold, keep, lie, remain 등이 있다.

She **kept** silent all the time. 그녀는 종일 침묵을 지켰다.

ⓔ 감각동사 : 반드시 형용사가 보어로 위치하며 feel, smell, sound, taste, look 등이 있다.

That **sounds** good. 그거 좋군요.

④ 유사보어 : 완전자동사 뒤에서 주어를 수식하는 보어가 쓰일 경우 이를 유사보어라고 한다.

He died **a beggar**. 그는 거지로 죽었다.

We met enemies but parted **friends**. 우리는 원수로 만났지만 친구가 되어 헤어졌다.

They lived **poor**. 그들은 가난하게 살았다.

(3) 3형식[S + V(완전타동사) + O]

① S + V + O : 3형식의 기본적인 문장이다.

I love you. 나는 너를 사랑한다.

I shot the sheriff. 나는 보안관을 쏘았다.

② 목적어의 종류(Ⅰ)

㉠ 명사(절), 대명사

She always wears **a ring**. 그녀는 항상 반지를 끼고 있다.

I didn't know **that he was a singer**. 나는 그가 가수였다는 것을 알지 못했다.

I couldn't do **anything**. 나는 아무것도 할 수가 없었다.

ⓛ 부정사 : 부정사만 목적어로 취하는 타동사로는 wish, hope, want, decide, care, choose, determine, pretend, refuse 등이 있다.

Everybody **wishes** to succeed in life. 누구나 인생에서 성공하기를 원한다.

ⓒ 동명사 : 동명사만 목적어로 취하는 타동사로는 mind, enjoy, give up, avoid, finish, escape, admit, deny, consider, practise, risk, miss, postpone, resist, excuse 등이 있다.

She really **enjoys** singing and dancing. 그녀는 노래 부르기와 춤추기를 정말 즐긴다.

③ 목적어의 종류(Ⅱ)

㉠ 동족목적어 : live, die, dream, smile, laugh, breath, sigh, fight 등은 동사와 같은 형태 또는 동족의 명사를 목적어로 취한다.

I **dreamed** a sweet **dream**. 나는 달콤한 꿈을 꾸었다.

보충학습

착각하기 쉬운 동사

㉠ 자동사로 착각하기 쉬운 타동사 : answer, attend, consider, discuss, marry, resemble, enter, reach, become(어울리다), approach, mention 등은 자동사로 생각하기 쉽지만, 전치사를 쓰지 않고 목적어를 바로 취하는 타동사이다.

ⓛ 타동사로 착각하기 쉬운 자동사 : hope (for), object (to), apologize (to), agree (to / with), complain (of) 등은 전치사를 수반해야 목적어를 취할 수 있는 자동사이다.

기출문제

어법상 옳은 것은?

2012. 5. 12 상반기 지방직

① Without plants to eat, animals must leave from their habitat.

② He arrived with Owen, who was weak and exhaust.

③ This team usually work late on Fridays.

④ Beside literature, we have to study history and philosophy.

☞ ③

She **smiled** her brightest (**smile**). 그녀는 가장 환하게 웃었다.

He **died** a miserable **death**. 그는 비참하게 죽었다.

I **breathed** a deep **breath**. 나는 깊은 숨을 몰아쉬었다.

ⓛ 재귀목적어 : 주어와 목적어가 동일한 사람이거나 사물이면 재귀대명사를 목적어로 취한다.

He **killed himself** last night. 그는 지난밤에 자살하였다.

Sometimes she **overeats herself**. 그녀는 종종 과식한다.

He **prides himself** on his health. 그는 자신의 건강에 대해 자랑스럽게 여긴다.

He **absented himself** from school. 그는 학교에 결석했다.

ⓒ 상호목적어

They loved **each other**. 그들은 서로 사랑했다.

We can help **one another**. 우리는 서로 도울 수 있다.

(4) 4형식[S + V(수여동사) + I.O + D.O]

① S + V + I.O(간접목적어) + D.O(직접목적어) : 4형식의 기본적인 문장으로 직접목적어는 주로 사물이, 간접목적어는 사람이 온다.

He gave me some money. 그는 나에게 약간의 돈을 주었다.

I'll give you anything you want. 네가 원하는 것은 무엇이든 주겠다.

② 4형식 → 3형식 : 4형식의 간접목적어에 전치사를 붙여 3형식으로 만든다.

ⓐ 전치사 to를 쓰는 경우 : give, lend, send, loan, post, accord, award, owe, bring, hand, pay, teach, tell 등 대부분의 동사가 이에 해당한다.

Please hand me the book. 나에게 그 책을 건네주세요.

→ Please **hand** the book **to** me.

ⓑ 전치사 for를 쓰는 경우 : make, buy, get, find, choose, build, prepare, reach, order, sing, cash 등이 있다.

He made me a doll. 그는 나에게 인형을 만들어 주었다.

→ He **made** a doll **for** me.

ⓒ 전치사 of를 쓰는 경우 : ask, require, demand, beg 등이 있다.

He asked me many questions. 그는 나에게 많은 질문을 했다.

→ He **asked** many questions **of** me.

(5) 5형식[S + V(불완전타동사) + O + O.C]

① S + V + O + O.C : 5형식의 기본적인 문장이다.

I found the cage empty. 나는 그 새장이 비어있는 것을 발견했다.

You made her cry. 당신은 그녀를 울렸다.

② 목적보어의 종류 : 목적보어는 목적어와 동격이거나 목적어의 상태, 행동 등을 설명해 준다.

ⓐ 명사, 대명사 : 목적어와 동격이다.

They call Chaucer **the Father of English poetry**. Chaucer는 영시의 아버지라 불린다.

ⓑ 형용사 : 목적어의 상태를 나타낸다.

The news made us **happy**. 그 소식은 우리를 행복하게 했다.

ⓒ 부정사, 분사 : 목적어의 행동을 나타낸다.

She want him **to come** early. 그녀는 그가 일찍 오기를 바란다.

He kept me **waiting** long. 그는 나를 오래 기다리게 했다.

보충학습

이중목적어를 취하는 동사

ⓐ envy, forgive, save, spare, kiss, cost, pardon, forget 등의 동사는 간접목적어에 전치사를 붙여 3형식으로 만들 수 없다.

I envy you your success(○).

→ I envy your success to you(×).

He kissed her goodbye(○).

→ He kissed goodbye to her(×).

ⓑ announce, confide, describe, expect, explain, furnish, introduce, order, propose, provide, recommend, request, require, say, supply, suggest, urge, want 등은 의미상 4형식 동사로 쓰일 것 같지만 간접목적어를 취하지 않는 3형식 동사임에 주의하여야 한다.

기출문제

다음 문장 중 어법상 가장 옳지 않은 것은?

2017. 6. 24. 제2회 서울특별시

① John promised Mary that he would clean his room.

② John told Mary that he would leave early.

③ John believed Mary that she would be happy.

④ John reminded Mary that she should get there early.

☞ ③

③ 지각동사 · 사역동사의 목적보어
　　㉠ 지각동사(see, hear, feel, notice, watch 등)와 사역동사(have, make, let, bid 등)
　　　는 5형식 문장에서 원형부정사를 목적보어로 취한다.
　　　I **saw** him **cross** the street. 나는 그가 길을 건너는 것을 보았다.
　　　I **make** her **clean** my room. 나는 그녀가 내 방을 치우게 하였다.
　　㉡ 지각동사 · 사역동사의 목적보어로 쓰이는 원형부정사는 수동문에서 to부정사의 형태
　　　를 취한다
　　　He **was seen to cross** the street. 그가 길을 건너는 것이 보였다.
　　　She **was made to clean** my room. 그녀가 내 방을 치웠다.
　　㉢ 진행, 능동의 뜻일 때는 현재분사를, 수동의 뜻일 때는 과거분사를 목적보어로 취한다.
　　　I **heard** him **singing** in the dark. 나는 그가 어둠 속에서 노래하고 있는 것을 들었다.
　　　She **had** her watch **mended**. 그녀는 시계를 수리시켰다.

❸ ·· 문장의 종류

(1) 의문문
① 일반의문문
　　㉠ 의문사가 없는 의문문 : 평서문에서 주어와 동사의 도치가 일어나 V + S의 어순으로 쓰
　　　인다. 이 때 주어의 인칭의 수와 시제에 따라 'be동사→be동사, 일반동사→조동사
　　　do(조동사 + 주어 + 일반동사), 조동사→조동사'로 동사의 형태를 달리한다.
　　　Did you see my brother last night?
　　　너는 어젯밤에 내 남동생을 보았니?
　　㉡ 의문사가 있는 의문문 : 의문사가 있는 의문문은 의문사를 의문문의 제일 앞에 둔다.
　　　Who was at the door? 누가 그 문 앞에 있었니?
② 특수한 의문문
　　㉠ 간접의문 : 의문문이 다른 문장의 종속절로 쓰이는 경우로, 이때는 일반의문문과 달
　　　리 주어와 동사의 도치가 일어나지 않고 '의문사 + S + V'의 어순을 유지한다.
　　　Do you know **who that lady is**? 당신은 저 숙녀가 누구인지 알고 있습니까?
　　㉡ 부가의문문 : 상대방에게 확인하거나 동의를 구할 때 덧붙이는 의문문 형식의 문장으로
　　　V + S의 어순을 취한다.
　　　• 주절의 주어에 따른 부가의문문의 주어의 변화 : 명사→대명사, 대명사→대명사, 유
　　　도부사 there→there, this(these) 또는 that(those)→it(they)
　　　• 주절의 동사에 따른 부가의문문의 동사의 변화
　　　　－긍정→부정, 부정→긍정(주절에 no, anyone, nothing, hardly, seldom 등의 부
　　　　정어구가 있으면 부가의문문에는 긍정을 쓴다)
　　　　－be동사→be동사, 조동사→조동사, 일반동사→do동사
　　　　－have : have가 본동사로 쓰이면 do동사로 받으나, 조동사로 쓰이면 have로 받으며,
　　　　have to와 used to는 do와 did로, had better는 hadn't로 받는다.
　　　• 특수한 문장의 주어와 동사의 일치
　　　　－대등접속사로 연결되는 중문인 경우 부가의문문의 주어 · 동사는 끝절의 주어 · 동사
　　　　에 일치시킨다.
　　　　I am reading a book and you are writing a letter, **aren't you**?
　　　　나는 책을 읽고 있고 너는 편지를 쓰고 있다. 그렇지 않니?
　　　　－종속접속사로 연결되는 복문인 경우 부가의문문의 주어 · 동사는 주절의 주어 · 동사
　　　　에 일치시킨다.

보충학습

의문사를 문두에 두는 동사
주절에 believe, guess, imagine, say, suppose, think 등의 동사가 있는 의문문인 경우에 의문사는 문두에 둔다.
Who do you think that lady is?
당신은 저 숙녀가 누구라고 생각합니까?

기출문제

다음 중 어법상 옳은 것은?

2011. 4. 9. 행정안전부
① She objects to be asked out by people at work.
② I have no idea where is the nearest bank around here.
③ Tom, one of my best friends, were born in April 4th, 1985.
④ Had they followed my order, they would not have been punished.

☞ ④

She is not a woman who tells a lie, **is she**?
그녀는 거짓말을 할 여자가 아니다. 그렇지?

  −1인칭 주어 I가 suppose, think 등의 동사와 함께 쓰여 that절을 목적절로 취하는 경우 부가의문문의 주어와 동사는 that절의 주어와 동사에 일치시킨다. 이때 주절에 부정어가 있으면 이의 영향을 받아 부가의문문은 긍정으로 한다.

I don't think that she is attractive, **is she**?
나는 그녀가 매력적이라고 생각하지 않는다. 그렇지?

  −명령문의 부가의문문은 'will you?'로 한다.

Take a seat, **will you**? 자리에 앉아라. 그렇게 하겠지?

  −"Let's ~"로 시작하는 간접명령문의 부가의문문은 'shall we?'로 한다.

Let's wait a little more, **shall we**? 우리 조금만 더 기다리자. 그렇게 하겠지?

ⓒ 수사의문문 : 상대방의 대답을 구하는 문장이 아니라 긍정형으로 쓰였을 때는 부정을, 부정형으로 쓰였을 때는 긍정의 뜻을 반어적으로 나타내는 의문문이다.

Who knows? 누가 알겠는가?
= No one knows. 아무도 모른다.
Who don't know? 누가 모르겠는가?
= Anyone knows. 누구나 안다.

(2) 명령문

① 일반명령문

  ㉠ 긍정명령문 : 보통 주어 you를 생략한 채 동사원형으로 시작된다.
  Tell me the whole truth. 나에게 모든 사실을 이야기해라.

  ㉡ 부정명령문 : 명령문의 부정형은 be동사가 있는 문장의 경우에도 Don't 또는 Never를 사용하여 나타낸다.
  Don't be silly. 어리석게 굴지 말아라.

② 간접명령문

  ㉠ 긍정간접명령문 : 'Let + 목적격 + 동사원형'의 형태를 취한다.

  ㉡ 부정간접명령문 : "Don't let ~" 또는 'Let + 목적어 + not + 동사원형'의 형태를 취한다.
  Let me say. 내가 말하게 해줘.
  Don't let me say. 내가 말하지 않게 해줘.
    = Let me not say.

③ 제안명령문

  ㉠ 긍정제안명령문 : "Let's(Let us) + 동사원형"의 형식으로 제안, 권유를 나타낸다.
  Let's go. 가자

  ㉡ 부정제안명령문 : "Let's(Let us) + not + 동사원형"의 형태를 취한다.
  Let's not go. 가지 말자.

④ 명령문 + and(or)

  ㉠ 명령문 + comma(,) + and : '~하라, 그러면'의 뜻
  Wake up at six in the morning, **and** you will not be late.
  아침 6시에 일어나라. 그러면 늦지 않을 것이다.
    = If you wake up at six in the morning, you will not be late.

  ㉡ 명령문 + comma(,) + or : '~하라, 그렇지 않으면'의 뜻
  Wake up at six in the morning, **or** you will be late.
  아침 6시에 일어나라, 그렇지 않으면 늦을 것이다.
    = If you don't wake up at six in the morning, you will be late.
    = Unless you wake up at six in the morning, you will be late.

📚 **보충학습**

명령문의 강조
명령문의 의미를 강조할 때에는 동사원형 앞에 do를 쓴다.
Do be quiet. 제발 조용히 해라.
Do study hard. 제발 열심히 공부해라.

(3) 감탄문

감정을 나타내는 문장으로 보통 How 또는 What으로 시작되어 S + V의 어순을 취하며, 이때 주어와 동사는 생략될 수 있다.

① How로 시작하는 감탄문 : 'How + 형용사 + a / an + 명사 + S + V!'의 어순을 취한다.
How pretty a girl she is! 그녀는 얼마나 예쁜 소녀인지!

② What으로 시작하는 감탄문 : 'What + a / an + 형용사 + 명사 + S + V!'의 어순을 취한다.
What a pretty girl she is! 그녀는 얼마나 예쁜 소녀인지!

(4) 기원문

소망을 나타내는 문장으로 'May + S + V(동사원형)'의 형태로 쓴다.
May God bless you! 신이 당신을 축복하기를!

(5) 긍정문과 부정문

① 긍정문 : '아니다'의 의미를 나타내는 부정어(구)를 포함하지 않는 긍정문의 문장을 말한다.

② 부정문 : 부정어(구)를 포함하는 부정의 문장을 말한다.

　㉠ 전체부정 : not + any ~ = no ~
　　Nobody can solve it. 아무도 이것을 해결할 수 없다.

　㉡ 부분부정 : not + all(every, both, always, necessarily, completely 등)은 부분부정으로 쓰여 '모두(둘 다, 언제나, 반드시, 완전히) ~한 것은 아니다'의 뜻이 된다.
　　Everybody can not solve it. 모두가 다 이것을 해결할 수는 없다.
　　= Some can solve it and some cannot.
　　어떤 사람은 할 수 있고 어떤 사람은 할 수 없다.

　㉢ 이중부정 : 두 개의 부정어 혹은 '부정어 + 지나치게(초과)'의 뜻을 갖는 말은 강한 긍정의 뜻을 나타낸다.
　　• cannot ~ too … : 아무리 강조해도 지나치지 않다. (강조)하면 할수록 좋다[= cannot overestimate(exaggerate)].
　　You cannot be too careful in crossing the street.
　　당신이 길을 건너면서 아무리 주의해도 지나치지 않다.
　　• never ~ without : ing : : 하지 않고서는 ~하지 않는다, ~하면 반드시 …한다(= never ~ but + S + V)
　　It never rains without pouring. 비가 내리기만 하면 반드시 퍼붓는다.

1 어법상 옳지 않은 것은?

2021. 9. 11. 지역인재 9급 선발시험

① Bees are exposed to many dangerous things.
② Japanese tourists came here but few stayed overnight.
③ I saw Professor James to work in his laboratory last night.
④ She insists that he should not be accepted as a member of our board.

> **TIP** Bee 꿀벌 expose 노출 시키다 stay 머물다 laboratory 실험실 insist 주장하다 board 위원회
> ③ 지각동사 see는 목적격 보어 자리에 동사원형(to work → work)이 와야 한다.
> 「① 벌들은 많은 위험한 것들에 노출된다.
> ② 일본인 관광객은 이곳에 왔지만 하룻밤을 묵은 사람은 거의 없었다.
> ③ 나는 어젯밤에 제임스 교수가 연구실에서 일하는 걸 봤어요.
> ④ 그녀는 그가 우리 이사회의 일원으로 받아들여져서는 안 된다고 주장한다.」

2 다음 ㉠, ㉡에 들어갈 말로 가장 적절한 것은?

2020. 9. 19. 제2차 경찰공무원(순경)

> • Are there any matters (㉠) from the minutes of the last meeting?
> • A steam locomotive is an (㉡) device developed during the Industrial Revolution.

① ㉠ arising ㉡ ingenious
② ㉠ arising ㉡ ingenuous
③ ㉠ arousing ㉡ ingenious
④ ㉠ arousing ㉡ ingenuous

> **TIP** arouse는 타동사, arise는 자동사로 목적어가 없는 상황에서 arise가 적절하다.
> device를 수식하는 형용사로 ingenious(독창적인)가 어울린다.

3 다음 밑줄 친 (A), (B), (C)에 들어갈 가장 적절한 표현은?

2020. 8. 22. 국회사무처

> William Tell's home was among the mountains, and he was a famous hunter. No one in all the land could shoot with bow and arrow so well as he. Gessler knew this, and so he thought of a cruel plan to make the hunter's own skill __(A)__ him to grief. He ordered that Tell's little boy should be made __(B)__ up in the public square with an apple on his head; and then he suggested Tell __(C)__ the apple with one of his arrows.

	(A)	(B)	(C)
①	to bring	to stand	shot
②	bring	to stand	shoot
③	bring	stand	shot
④	bring	to stand	shot
⑤	to bring	stand	shoot

Answer 1.③ 2.① 3.②

 (A) 5형식에서 [사역동사 make+목적어+동사원형]의 형태가 필요하다. 따라서 to bring이 아니라 동사원형 bring이 적절하다.

(B) that 뒤에 5형식 수동태문장이다. 사역동사 make가 사용되었지만 수동태로 변하며 동사원형으로 쓰였을 stand가 to stand로 변해야 한다.

(C) suggest와 같이 제안하는 동사 뒤의 that절에는 shoud+동사원형이 와야하는데 should가 생략되고 he suggested (that) Tell (should) shoot ~로 사용되었다.

「William Tell의 집은 산중에 있었고, 그는 유명한 사냥꾼이었다. 지상에서 누구도 그처럼 뛰어나게 활과 화살을 쏠 수 없었다. Gessler는 이 사실을 알았고 그래서 그는 그 사냥꾼 자신의 실력이 본인에게 불행을 가져오게 만들 잔인한 계획을 생각해냈다. 그는 Tell의 어린 아들을 마을 광장에서 사과를 그의 머리에 둔 채로 서있도록 시킨 후 Tell에게 그의 화살 중 하나로 사과를 쏘라고 말했다.」

4 밑줄 친 부분 중 어법상 가장 옳지 않은 것은?

2019. 6. 15. 제2회 서울특별시

By 1955 Nikita Khrushchev ① had been emerged as Stalin's successor in the USSR, and he ② embarked on a policy of "peaceful coexistence" ③ whereby East and West ④ were to continue their competition, but in a less confrontational manner.

embark on ~에 착수하다 coexistence 공존 whereby (그것에 의해) ~하는 confrontational 대립하는
① emerge는 '나타나다'라는 의미의 자동사이기 때문에 수동태로 쓸 수 없다.
② embark (on)은 '~에 착수하다, 관계하다'는 의미로 맞는 표현이다.
③ whereby는 관계사의 의미로 '(그것에 의해) ~하는'이라는 의미이다.
④ were to continue는 to부정사의 be to 용법으로 '예정, 가능, 당연, 의무, 의도'등을 나타낸다.
「1955년쯤 Nikita Khrushchev는 USSR(소비에트 사회주의 공화국 연방)에서 스탈린의 후계자로 나타났고, 그는 "평화공존 정책"에 착수했는데, 그것에 의해 동서양은 그들의 경쟁을 계속 하긴 했어도 덜 대립하는 방식으로 하였다.」

5 밑줄 친 부분에 들어갈 말로 가장 옳은 것은?

2019. 6. 15. 제2회 서울특별시

I am writing to you from a train in Germany, sitting on the floor. The train is crowded, and all the seats are taken. However, there is a special class of "comfort customers" who are allowed to make those already seated _____ their seats.

① give up
② take
③ giving up
④ taken

빈칸 앞에 있는 사역동사 make로 인해 빈칸은 동사원형 자리이다. 따라서 ① 또는 ②가 올바른데, 문맥상 이미 앉아 있는 사람이 자리를 '차지하는 것'이 아니라 '포기한다'고 하는 것이 맞다.
「나는 독일의 한 기차에서 편지를 쓰고 있는데, 바닥에 앉아서 쓰고 있습니다. 기차는 붐비고, 모든 좌석은 차 있습니다. 하지만, 이미 앉은 사람들이 그들의 자리를 포기하도록 할 수 있는 "comfort customers"라는 특별한 등급이 있습니다.」

Answer 4.① 5.①

1 어법상 틀린 것은?

① Surrounded by great people, I felt proud.
② I asked my brother to borrow me five dollars.
③ On the platform was a woman in a black dress.
④ The former Soviet Union comprised fifteen union republics.

> **TIP** former (시간상으로) 예전의, (특정한 위치나 지위에 있던) 과거의 comprise ~을 구성하다 union republic 연방 공화국
> ① 분사구문으로, 주어인 내(I)가 둘러싸여(수동태) 있는 것이므로 surrounded로 쓰는 것이 맞다.
> ② borrow는 3형식 동사이므로 목적어 한 개만을 취한다. 간접목적어(me), 직접목적어(five dollars)를 취할 수 있는 4형식 동사 lend로 고쳐야 한다.
> ③ A woman in a black dress was on the platform. → On the platform was a woman~. 부사구 on the platform을 강조하기 위하여 문장 앞에 위치시키면서, 주절의 주어, 동사가 도치되었다.
> ④ comprise는 '~을 구성하다'라는 뜻을 가진 타동사이므로 바로 목적어를 취할 수 있다.
> ┌ ① 대단한 사람들에게 둘러싸여 나는 자부심을 느꼈다.
> │ ② 나는 형에게 5달러를 빌려달라고 부탁했다.
> │ ③ 검은 드레스를 입은 여성이 플랫폼에 있었다.
> └ ④ 과거 소비에트 연방(소련)은 15개의 연방 공화국으로 구성되었다.

2 다음 문장 중 어법상 가장 옳지 않은 것은?

① John promised Mary that he would clean his room.
② John told Mary that he would leave early.
③ John believed Mary that she would be happy.
④ John reminded Mary that she should get there early.

> **TIP** remind 상기시키다
> ③ John believed Mary that she would be happy. → John believed that Mary would be happy. believe는 4형식 동사로 쓸 수 없다.
> ① promise, ② tell, ④ remind 모두 4형식 동사로도 쓰이며, that절을 직접목적어로 취할 수 있다.
> ┌ ① John은 Mary에게 그의 방을 청소할 거라고 약속했다.
> │ ② John은 Mary에게 그가 일찍 떠날 것이라고 이야기했다.
> │ ③ John은 Mary가 행복할 것이라고 믿었다.
> └ ④ John은 Mary에게 그 장소에 일찍 가야 한다는 걸 상기시켰다.

Answer 1.② 2.③

3 밑줄 친 부분 중 어법상 옳은 것은?

> ① <u>As the old saying go</u>, you are what you eat. The foods you eat ② <u>obvious affect your body's performance</u>. They may also influence how your brain handles tasks. If your brain handles them well, you think more clearly, and you are more emotionally stable. The right food can ③ <u>help you being concentrated</u>, keep you motivated, sharpen your memory, speed your reaction time, reduce stress, and perhaps ④ <u>even prevent your brain from aging</u>.

TIP handle 다루다, 처리하다 sharpen 향상되다, 선명해지다
① As the old saying go → As the old saying goes
접속사 as가 이끄는 절에서 주어는 the old saying의 3인칭 단수 형태이다. 따라서 동사 go를 goes로 고쳐야 한다.
② ~ obvious affect ~ → ~ obviously affect ~
affect가 문장의 동사이고, 동사를 수식하는 단어는 부사이다.
③ ~help you being concentrated, → ~help you (to) concentrate.
help는 5형식에서 목적보어로 to부정사 혹은 동사원형을 취한다. 또, 목적어 you가 '집중하는(능동)' 것이므로 수동태(be+p.p)로 쓰지 않는다.
④ 'prevent A from -ing : A가 -하는 것을 막다' 형태로 알맞게 쓰였다. prevent your brain from aging에서 age는 '나이가 들다'라는 동사의 뜻을 가진다.
「옛말에 이르기를, 당신이 먹는 음식이 곧 당신이다. 당신이 먹는 음식들은 분명히 몸의 수행에 영향을 미친다. 그 음식들은 또한 뇌가 어떻게 과제를 처리하는지에도 영향을 준다. 만약 당신의 뇌가 과제들을 잘 처리한다면 당신은 더 명료하게 생각하고 더 감정적으로 안정되게 된다. 적절한 음식은, 당신이 집중하는 것, 계속 동기부여 된 상태를 유지하는 것, 기억을 예리하게 만드는 것, 반응속도를 빠르게 하는 것, 스트레스를 줄이는 것에 도움을 줄 수 있고, 심지어 당신의 뇌가 노화하는 것을 막는 것에도 도움을 줄 수 있다.」

4 우리말을 영어로 잘못 옮긴 것을 고르시오.

① 그 회의 후에야 그는 금융 위기의 심각성을 알아차렸다.
→Only after the meeting did he realize the seriousness of the financial crisis.
② 장관은 교통문제를 해결하기 위해 강 위에 다리를 건설해야 한다고 주장했다.
→The minister insisted that a bridge is constructed over the river to solve the traffic problem.
③ 비록 그 일이 어려운 것이었지만, Linda는 그것을 끝내기 위해 최선을 다했다.
→As difficult a task it was, Linda did her best to complete it.
④ 그는 문자 메시지에 너무 정신이 팔려서 제한속도보다 빠르게 달리고 있다는 것을 몰랐다.
→He was too distracted by a text message to know that he was going over the speed limit.

TIP afinancial 금융의 crisis 위기 construct 건설하다 distract ~을 혼란시키다
① only after 부사구가 문장 앞에 있으므로 주어-동사 순서가 도치(he realized → did he realize)되었다.
② insist와 같이 요구, 주장 등의 뜻을 나타내는 동사는 목적어로 오는 that절에서 'should+동사원형'을 쓴다. 이때 should는 생략될 수 있으므로 that 절에서 a bridge (should) be constructed로 표현되어야 한다.
③ '(as)형용사/부사 as + S + V' 구문에서 as는 though와 같은 양보(~이건 하지만)의 뜻을 가진다. though it was a difficult task와 같은 뜻이다. 'as + 형용사 + a 명사'의 순서도 as difficult a task로 바르게 쓰였다.
④ '너무 ~해서 ~하지 못하다'라는 표현의 too~to 구문이 쓰인 문장이다.

Answer 3.④ 4.②

5 주어진 우리말을 영어로 바르게 옮기 것은?

① 우리는 파티에 무엇을 입고 갈 것인지 의논했다.
→We discussed about what to wear to the party.

② 너는 비가 그칠 때까지 집에 머무는 것이 더 낫다.
→You had better to stay home till the rain stops.

③ 그는 8시까지 그 방을 청소하라고 명령했다.
→He ordered the room to be cleaned by eight.

④ 무엇을 해야 할지 몰라서 나는 그의 조언을 구했다.
→Knowing not what to do, I asked for his advice.

⑤ 이상하게 들릴지 모르지만 그것은 사실이다.
→It may sound strangely; but it is true.

TIP ① discussed about→discussed. discuss는 자동사로 착각하기 쉬운 완전타동사이므로, 목적어 앞에 전치사 about 등을 쓰면 안 된다.
② to stay → stay. 「had better+동사원형」은 '~하는 것이 좋다'라는 의미로 필요성·당위성·충고를 나타낸다. 따라서 to stay가 아니라 동사원형 stay가 와야 한다.
④ Knowing not→Not knowing. 동명사를 부정할 때에는 동명사 앞에 not이나 never를 붙이므로 Not knowing이 되어야 한다.
⑤ strangely→strange. 지각동사(sound)가 불완전자동사로 쓰이는 경우에는 형용사를 주격보어로 취하므로 strangely를 strange로 고쳐야 한다.

6 우리말을 영어로 옮긴 것 중 가장 어색한 것은?

① 그에게서는 악취가 난다. →He smells badly.
② 그녀는 혼자 사는 데 익숙하다. →She is used to living alone.
③ 그녀는 밤에 외출하는 것을 겁낸다. →She is afraid of going out at night.
④ 중요한 것은 사람됨이지 재산이 아니다. →The important thing is not what you have but what you are.

TIP smell은 2형식 감각자동사이므로 뒤에 형용사, 즉 bad가 와야한다.

7 다음 빈칸에 알맞은 전치사를 올바르게 연결한 것은?

㉠ The boss complained _____ his laziness.
㉡ My brother made a model plane _____ me a few days ago.
㉢ The coach explained the rule _____ them.
---

① 안 들어감 – for – to
② 안 들어감 – for – for
③ of – for – to
④ of – to – to

Answer 5.③ 6.① 7.③

TIP complain of ~에 대해 불평하다 laziness 게으름, 나태 model plane 모형비행기

㉠ complain은 타동사로 착각하기 쉬운 자동사로 전치사 of를 수반하여 목적어를 취한다.
㉡ 3형식 문장에서 make는 간접목적어(사람) 앞에 for를 쓴다.
㉢ 3형식 문장에서 explain은 간접목적어(사람) 앞에 to를 쓴다.

「㉠ 사장은 그의 게으름에 대해 불평했다.
㉡ 내 형이 며칠 전 나에게 모형 비행기를 만들어 주었다.
㉢ 코치는 그들에게 규칙을 설명했다.」

※ 다음 문장의 빈칸에 들어갈 가장 적당한 것을 고르시오. 【8～9】

8

> Peggy _____ it to realize the real meaning of love.

① believed   ② appeared
③ failed   ④ seemed

TIP appear to do ~한 것 같다 fail to do ~하지 못하다(않다)

① believe는 that절을 취하거나 가목적어 it과 목적격 보어인 to부정사를 사용하여 5형식 문장을 만든다.
「Peggy는 진정한 사랑의 의미를 깨달았다고 믿었다.」

9

> The woodcutters _____ their axes to the tree, began to chop.

① lied   ② lain
③ laid   ④ lay

TIP woodcutter 나무꾼 ax(e) 도끼 chop (도끼 등으로) 자르다 lie (- lied - lied - lying) 거짓말하다 lie (- lay - lain - lying) 눕다, (물건 등이) 놓여 있다 lay (- laid - laid - laying) 눕히다, (물건 등을) 놓다, (알을) 낳다

③ 목적어 their axes가 있으므로 목적어를 취하는 타동사 lay가 와야 하는데 began과 시제를 일치시켜 그 과거형 laid가 되어야 한다.
「나무꾼들은 도끼를 나무에 대고 자르기 시작했다.」

---

10 다음 문장에서 밑줄 친 부분의 표현이 잘못된 것을 고르면?

> The process ①<u>involved</u> in the creation ②<u>of the universe</u> remains ③<u>mysteriously</u> to ④<u>astronomers</u>.

TIP be involved in ~에 관련되다 creation 창조(물) astronomer 천문학자

③ mysteriously → mysterious. remain은 2형식 동사로 부사처럼 해석될지라도 형용사를 보어로 취한다.
「우주의 창조와 관련된 과정은 아직도 천문학자들에게 불가사의한 것으로 남아 있다.」

Answer 8.① 9.③ 10.③

동사의 시제와 일치

❶ ‥ 기본시제

(1) 현재시제

① 형식 : 동사원형을 원칙으로 하되, 3인칭 단수가 주어일 때는 다음과 같다.

　㉠ be동사 : is를 쓴다.

　　She **is** a girl. 그녀는 소녀이다.

　㉡ 일반동사 : -s, -es를 붙인다.

　　Mr. Kim **loves** you. Kim씨는 너를 사랑한다.

　㉢ have동사 : has를 쓴다.

　　He **has** a dog. 그는 개를 가지고 있다.

② 용법

　㉠ 현재의 상태나 사실을 나타낸다.

　　She **lives** in Pusan. 그녀는 부산에 산다.

　　I **know** what you did. 나는 네가 한 일을 알고 있다.

　㉡ 현재의 규칙적인 습관을 나타낸다. 흔히 always, usually, seldom 등의 빈도부사와 결합하여 쓴다.

　　I **go** to church every Sunday. 나는 매주일 교회에 간다.

　　I always **wake up** at 6 : 00 in the morning. 나는 항상 아침 6시에 일어난다.

　㉢ 일반적인 사실, 불변의 진리, 속담을 나타낸다.

　　The earth **moves** round the sun. 지구는 태양 주위를 돈다.

　　Two and three **make(s)** five. 2 더하기 3은 5이다.

　　Honesty **is** the best policy. 정직은 최상의 방책이다.

　㉣ 역사적 사실을 생생하게 표현할 때 사용한다.

　　Caesar **crosses** the Rubicon. 시저는 루비콘 강을 건넌다.

　　Napoleon **leads** his army across the Alps.

　　나폴레옹은 알프스를 넘어 그의 부대를 인솔한다.

　㉤ 미래의 대용

　　• 왕래, 발착, 개시, 종료동사가 미래를 나타내는 부사(구)와 함께 쓰일 때 : go, come, start, arrive, leave, get, return, begin, finish 등

　　　We **leave** here tomorrow. 우리는 내일 여기를 떠난다(확정).

　　　We will **leave** here soon. 우리는 곧 여기를 떠날 것이다(불확정).

　　• 시간, 조건의 부사절에서 쓰일 때 : 미래시제 대신에 현재시제를 쓴다.

　　　If he **comes** here, I'll be happy. 그가 여기에 온다면, 나는 행복할 것이다.

　　　I'll wait till he **comes** back. 나는 그가 돌아올 때까지 기다리겠다.

(2) 과거시제

① 과거의 행위, 상태, 습관을 나타낸다.

　　What **did** you **do** last night? 어젯밤에 뭐했니?

② 과거의 경험을 나타내며 현재완료로 고쳐 쓸 수도 있다.

　　Did you ever **see** such a pretty girl? 저렇게 예쁜 소녀를 본 적이 있니?

　　= **Have** you ever **seen** such a pretty girl?

③ 역사적 사실은 항상 과거로 나타내며, 시제일치의 영향을 받지 않는다.

He said that Columbus **discovered** America in 1492.

그는 콜럼버스가 1492년에 미국 대륙을 발견했다고 말했다.

④ **과거완료의 대용** : before, after 등의 시간을 나타내는 접속사와 함께 쓰여 전후관계가 명백할 때에는 과거완료 대신에 과거시제를 쓸 수도 있다.

He read many books after he **entered** the school(entered = had entered).

그는 학교에 들어간 후 많은 책을 읽었다.

(3) 미래시제

① 단순미래와 의지미래

㉠ 단순미래 : 미래에 자연히 일어날 사실을 나타낸다. 현대영어에서는 주어의 인칭에 관계없이 'will + 동사원형'으로 쓴다. 단, 격식체 및 영국 영어에서는 주어가 1인칭(I, We)일 때 'shall + 동사원형'을 쓰기도 한다.

I **will(shall) be** seventeen next year. 나는 내년에 열일곱 살이 될 것이다.

The moon **will rise** at 8. 달은 8시에 뜰 것이다.

I **shall be** glad to serve you. 당신께 도움이 된다면 기쁘겠습니다.

▶ 단순미래의 형태

인칭	평서문	의문문
1인칭	I will	Shall I?
2인칭	You will	Will you?
3인칭	He will	Will he?

㉡ 의지미래 : 말하는 사람이나 듣는 사람의 의지를 표현한다. 의지의 주체가 문장의 주어일 때 will로 주어의 의지를 나타내며, 주어가 1인칭인 평서문과 2인칭인 의문문 외에는 언제나 'shall + 동사원형'으로 쓰인다.

You **shall have** money. 너는 돈을 갖게 될 것이다.

= I will let you have money.

He **shall** not **die**. 그는 죽지 않을 것이다.

= I will not let him die.

Shall I **come** in? 들어가도 되나요?

= Do you want me to come?

Will you **marry** her? 그녀와 결혼할 작정이니?

= Do you intend to marry her?

▶ 의지미래의 형태

인칭	주어의 의지	말하는 사람의 의지	상대방의 의지
1인칭	I will	I will	Shall I?
2인칭	You will	You shall	Will you?
3인칭	He will	He shall	Shall he?

② be going to : 앞으로의 예정, 의지, 확실성을 나타낸다.

What **are** you **going to** do tonight? 당신은 오늘밤 무엇을 할 예정입니까?

She **is going to** have a baby in April. 그녀는 4월에 출산할 것이다.

보충학습

used to의 용법

㉠ 과거의 습관적 동작을 나타내는 표현으로 조동사 would와 used to를 쓰기도 한다.

He **would** often come to see me.

그는 종종 나를 보러 오곤 했다(불규칙적 습관).

She **used to** go swimming on Saturdays.

그녀는 토요일이면 수영하러 가곤 했다(규칙적 습관).

㉡ used to와 be used to의 차이

• used to + 동사원형 : ~하곤 했다.

I **used to** drive a car. 나는 차운전을 하곤 했다.

• be used to + 명사(구ㆍ절) : ~에 익숙하다.

I **am used to** driving a car.

나는 차운전에 익숙하다.

보충학습

현재시제와 미래시제

㉠ 현재시제는 분명한 과거를 나타내거나 기간을 나타내는 부사(구)와는 쓸 수 없다.

I live in Seoul since 1991(×).

→I **have lived** in Seoul since 1991(○).

나는 1991년 이래로 서울에 살았다.

I live in Seoul for 8 years(×).

→I **have lived** in Seoul for 8 years(○).

나는 8년 동안 서울에 살았다.

㉡ 시간, 조건의 명사절이나 형용사절에서는 미래시제를 쓴다.

I wonders if it **will rain** tomorrow.

내일은 비가 오지 않을까.

Tell me the time when she **will come**.

그녀가 올 시간을 알려다오.

③ go, come, move, leave 등 왕래나 움직임을 나타내는 동사의 현재진행형 : 가까운 미래에 일어날 일을 나타낸다.

He's **leaving** today. 그는 오늘 떠날 것이다.

My brother **is coming** to stay in this city. 내 동생이 이 도시에 체류하러 올 것이다.

④ 미래를 나타내는 관용적 표현

　ⓐ be about to do : 막 ~하려던 참이다. 아주 가까운 미래를 나타내므로 시간을 가리키는 부사가 필요없다.

　　I **am about to** go out. 막 나가려던 참이다.

　ⓑ be to do : ~할 예정이다. 공식적인 예정이나 계획을 나타낸다.

　　The meeting **is to** be held this afternoon. 모임은 오늘 오후에 열릴 예정이다.

　ⓒ be supposed to do : ~하기로 되어 있다. 미래대용으로 쓰인다.

　　He **is supposed to** call her at 10. 그는 그녀에게 10시에 전화하기로 되어 있다.

❷ ·· 완료시제

(1) 현재완료(have / has + 과거분사)

① 완료 : 과거에 시작된 동작이 현재에 완료됨을 나타낸다. 주로 just, yet, now, already, today 등의 부사와 함께 쓰인다.

He **has** already **arrived** here. 그는 여기에 이미 도착했다.

② 결과 : 과거에 끝난 동작의 결과가 현재에도 영향을 미침을 나타낸다.

She **has gone** to Pusan. 그녀는 부산에 가버렸다(그래서 지금 여기에 없다).

③ 계속 : 과거에서 현재까지의 상태 및 동작의 계속을 나타낸다. 주로 since, for, always, all one's life 등의 부사(구)와 함께 쓰인다.

I **have studied** English for 5 hours. 나는 5시간째 영어공부를 하고 있다.

④ 경험 : 과거에서 현재까지의 경험을 나타낸다. 주로 ever, never, often, before, once 등의 부사와 함께 쓰인다.

Have you ever **been** to New York? 당신은 뉴욕에 가본 적이 있습니까?

⑤ 특별용법

　ⓐ since가 '시간표시'의 접속사(또는 전치사)로 쓰이는 경우 주절의 시제는 현재완료형 또는 현재완료 진행형을 쓰며, since가 이끄는 부사절의 동사는 보통 과거형을 쓴다.

　　Three years have passed since you **returned** from England.
　　당신이 영국에서 돌아온 이래로 3년이 지났다.

　ⓑ when, if, after, till, as soon as 등의 접속사로 시작되는 부사절에서는 현재완료가 미래완료의 대용을 한다.

　　I will read that book when I **have read** this. 이것을 다 읽으면 저 책을 읽겠다.

(2) 과거완료(had + 과거분사)

① 완료 : 과거 이전의 동작이 과거의 한 시점에 완료됨을 나타낸다.

I **had** just **written** my answer when the bell rang.
종이 울렸을 때 나는 막 답을 쓴 뒤였다.

② **결과** : 과거의 어느 한 시점 이전의 동작의 결과를 나타낸다.

Father **had gone** to America when I came home.

내가 집으로 돌아왔을 때는 아버지가 미국에 가고 계시지 않았다.

③ **계속** : 과거 이전부터의 상태나 동작이 과거의 어느 한 시점까지 계속됨을 나타낸다.

He **had loved** his wife until he died.

그는 그가 죽을 때까지 그의 아내를 사랑해 왔었다.

④ **경험** : 과거 이전부터 과거의 한 시점에 이르기까지의 경험을 나타낸다.

That was the first time we **had** ever **eaten** Japanese food.

우리가 일식을 먹어보기는 그것이 처음이었다.

(3) 미래완료(will / shall + have + 과거분사)

① **완료** : 미래의 어느 한 시점까지 이르는 동안에 완료된 동작을 나타낸다.

He **will have arrived** in New York by this time tomorrow.

그는 내일 이 시간까지는 뉴욕에 도착할 것이다.

② **결과** : 미래의 어느 한 시점 이전에 끝난 동작의 결과를 나타낸다.

By the end of this year he **will have forgotten** it.

올해 말이면 그는 그것을 잊어버릴 것이다.

③ **계속** : 미래의 어느 한 시점에 이르기까지 계속된 동작이나 상태를 나타낸다.

She **will have been** in hospital for two weeks by next Saturday.

다음 토요일이면 그녀는 2주일 동안 입원한 셈이 된다.

④ **경험** : 미래의 어느 한 시점에 이르기까지의 경험을 나타낸다.

If I visit Moscow again, I **will have been** there twice.

내가 모스크바를 다시 방문한다면, 나는 두 번째로 그 곳에 있게 될 것이다.

❸ ·· 진행시제

(1) 현재진행시제(am / are / is + –ing)

① 현재 진행 중인 동작을 나타낸다.

He **is learning** English. 그는 영어를 배우고 있다.

② 미래를 뜻하는 부사(구)와 함께 쓰여 가까운 미래의 예정을 나타낸다.

They **are getting** married in September.

그들은 12월에 결혼할 예정이다.

③ 습관적 행위를 나타낸다.

I **am** always **forgetting** names. 나는 항상 이름을 잊어버린다.

(2) 과거진행시제(was / were + –ing)

① 과거의 어느 한 시점에서 진행 중인 동작을 나타낸다.

It **was snowing** outside when I awoke.

내가 깨어났을 때 밖에서 눈이 내리고 있었다.

기출문제

다음 중 어법상 가장 적절한 것은?

2020. 9. 19. 제2차 경찰공무원(순경)

① I asked Siwoo to borrow me twenty dollars.

② The manager refused to explain us the reason why he cancelled the meeting.

③ If the patient had taken the medicine last night, he would be better today.

④ The criminal suspect objected to give an answer when questioned by the police.

☞ ③

② 과거의 어느 한 시점에서 가까운 미래에의 예정을 나타낸다.

We **were coming** back the next week.
우리는 그 다음 주에 돌아올 예정이었다.

(3) 미래진행시제(will / shall + be + −ing)

미래의 어느 한 시점에서 진행 중인 동작을 나타낸다.
About this time tomorrow she **will be reading** my letter.
내일 이 시간쯤이면 그녀는 내 편지를 읽고 있을 것이다.

(4) 완료진행시제

완료진행시제는 기준시점 이전부터 기준시점(현재, 과거, 미래)까지 어떤 동작이 계속 진행 중임을 강조해서 나타낸다. 완료시제의 용법 중 '계속'의 뜻으로만 쓰인다.

① 현재완료진행(have / has been + −ing) : (현재까지) 계속 ~하고 있다.

She **has been waiting** for you since you left there.
그녀는 당신이 그 곳을 떠난 이래로 당신을 계속 기다리고 있다.

② 과거완료진행(had been + −ing) : (어느 한 시점과 시점까지) 계속 ~했다.

Her eyes were red ; she **had** evidently **been crying**.
그녀의 눈이 발갛다 ; 그녀는 분명히 계속 울었다.

③ 미래완료진행(will / shall have been + −ing) : (미래의 어느 한 시점까지) 계속 ~할 것이다.

It **will have been raining** for ten days by tomorrow.
내일부터 10일 동안 비가 계속 내릴 것이다.

(5) 진행형을 쓸 수 없는 동사

① 상태 · 소유 · 감정 · 인식의 동사 : be, seem, resemble, have, belong, like, love, want, know, believe, remember 등

I'm not **knowing** him(×).
→I don't **know** him(○). 나는 그를 잘 모른다.
We **are having a** good time(○).
우리는 좋은 시간을 보내고 있다('경험하다'의 뜻).

② 지각동사 중 무의지동사 : see, hear, sound, smell, taste 등, 단 의지적 행위를 나타낼 때에는 진행시제를 쓸 수 있다.

I can **smell** gas. 가스냄새가 난다.
She **is smelling** a rose. 그녀는 장미냄새를 맡고 있다.

📞 보충학습

조동사의 과거형
㉠ 과거형이 없는 should, ought to, had better 등은 그대로 쓴다.
 I think he should do it.
 나는 그가 그것을 해야 한다고 생각한다.
 →I thought he should do it.
 나는 그가 그것을 해야 한다고 생각했다.
㉡ must
• 의무의 뜻일 때 : 그대로 쓰거나 had to로 바꾼다.
 He thinks that he **must** go.
 그는 그가 가야 한다고 생각한다.
 →He thought that he **must**(had to) go.
 그는 그가 가야 했었다고 생각했었다.
• 강한 추측의 뜻일 때 : 그대로 쓴다.
 They say that he **must** be a genius.
 그들은 그가 천재임에 틀림없다고 말한다.
 →They said that he **must** be a genius.
 그들은 그가 천재임에 틀림없다고 말했다.

4 ·· 시제의 일치

(1) 시제일치의 원칙

① 시제일치의 일반원칙

   ㉠ 주절의 시제가 현재, 현재완료, 미래이면 종속절의 동사는 모든 시제를 쓸 수 있다.

   ㉡ 주절의 시제가 과거이면 종속절의 동사는 과거 · 과거완료만 쓸 수 있다.

② 주절의 시제변화에 따른 종속절의 시제변화 : 주절의 시제가 현재에서 과거로 바뀌면 종속절의 시제변화는 아래와 같다.

   ㉠ 종속절의 시제가 현재일 때 : 과거시제로 바뀐다.

      I **think** it is too late. 나는 너무 늦다고 생각한다.

      →I **thought** it **was** too late. 나는 너무 늦다고 생각했다.

   ㉡ 종속절의 시제가 과거일 때 : 과거완료시제로 바뀐다.

      I **think** it **was** too late. 나는 너무 늦었다고 생각한다.

      →I **thought** it **had been** too late. 나는 너무 늦었다고 생각했다.

   ㉢ 종속절에 조동사가 있을 때 : 조동사를 과거형으로 바꾼다.

      I **think** it **will be** too late. 나는 너무 늦을 것이라고 생각한다.

      →I **thought** it **would be** too late. 나는 너무 늦을 것이라고 생각했다.

(2) 시제일치의 예외

① 불변의 진리 : 항상 현재형으로 쓴다.

   Columbus believed that the earth **is** round.
   콜럼부스는 지구가 둥글다고 믿었다.

② 현재에도 지속되는 습관, 변함없는 사실 : 항상 현재형으로 쓴다.

   She said that she **takes** a walk in the park every morning.
   그녀는 매일 아침 공원을 산책한다고 말했다.

③ 역사적인 사실 : 항상 과거형으로 쓴다.

   We learned that Columbus **discovered** America in 1492.
   우리는 콜럼부스가 1492년에 미국을 발견했다고 배웠다.

④ than, as 뒤에 오는 절 : 주절의 시제와 관련이 없다.

   He did not run so fast **as** he usually **does**.
   그는 보통 때처럼 빨리 달리지 못했다.

⑤ 가정법 : 시제가 변하지 않는다.

   He said to me, "I wish I were rich."
   = He told me that he **wished** he **were** rich.
   그는 나에게 그가 부자였으면 좋겠다고 말했다.

기출문제

우리말을 영어로 잘못 옮긴 것을 고르시오.

2014. 3. 22. 사회복지직

① 당신은 그 영화를 봤어야 했다.

  →You should have watched the movie.

② 당신을 성공으로 이끄는 것은 재능이 아니라 열정이다.

  →It is not talent but passion that leads you to success.

③ 시간을 엄수하는 것은 모든 사람들이 갖추어야 할 미덕이다.

  →Being punctual is the virtue everyone has to have.

④ 사람들은 나이가 들면서 엄해지는 경향이 있다.

  →People tend to be strict as though they got old.

           ☞ ④

기출문제

어법상 옳은 것은?

2017. 4. 8. 인사혁신처

① They didn't believe his story, and neither did I.

② The sport in that I am most interested is soccer.

③ Jamie learned from the book that World War I had broken out in 1914.

④ Two factors have made scientists difficult to determine the number of species on Earth.

           ☞ ①

1 밑줄 친 부분 중 어법상 옳지 않은 것은?

2020. 9. 26. 지역인재 9급 선발시험

Bone and ivory needles ① <u>found</u> at archaeological sites indicate ② <u>that</u> clothes ③ <u>have been sewn</u> for some 17,000years ④ <u>ago</u>.

 archaeological 고고학의

④ 현재완료 문장에서 17,000년 전부터 계속되고 있음을 나타내기 위해 ago는 옳지 않다. for some (time) past가 적절하다.

「유적지에서 발견된 뼈와 상아 바늘들은, 의복이 지난 17,000년부터 바느질로 만들어졌다는 것을 보여준다.」

2 어법상 옳은 것은?

2020. 7. 11. 인사혁신처

① The traffic of a big city is busier than those of a small city.
② I'll think of you when I'll be lying on the beach next week.
③ Raisins were once an expensive food, and only the wealth ate them.
④ The intensity of a color is related to how much gray the color contains.

TIP ① 지시 대명사 those는 traffic을 받고 있기 때문에 that으로 바뀌어야 한다.
② 시간을 나타내는 부사절에서는 현재시제가 미래시제를 대신한다. 따라서 will be를 am으로 바뀌어야 한다.
③ 형용사 앞에 the가 오면 일반 복수 명사가 된다. 따라서 the wealth를 the wealthy로 바꾸어야 한다.
④ 올바른 문장이다.

「① 대도시의 교통은 작은 도시의 교통보다 더 바쁘다.
② 다음 주에 해변에 누워 있을 때 너를 생각해 볼게.
③ 건포도는 한때 값비싼 음식이었고, 부유한 사람들만이 그것들을 먹었다.
④ 색의 강도는 색상이 얼마나 많은 회색을 포함하는지와 관련이 있다.」

3 우리말을 영어로 잘못 옮긴 것은?

2019. 6. 15. 제1회 지방직

① 혹시 내게 전화하고 싶은 경우에 이게 내 번호야.
　→This is my number just in case you would like to call me.
② 나는 유럽 여행을 준비하느라 바쁘다.
　→I am busy preparing for a trip to Europe.
③ 그녀는 남편과 결혼한 지 20년 이상 되었다.
　→She has married to her husband for more than two decades.
④ 나는 내 아들이 읽을 책을 한 권 사야 한다.
　→I should buy a book for my son to read.

TIP ① just in case(~인 경우에 한해서, 혹시라도 ~인 경우에)는 접속사로, 절을 이끌 수 있다.
② be busy ~ing(~하느라 바쁘다) 표현이 바르게 쓰였다.
③ has married to→has been married to marry는 전치사 없이 목적어를 바로 취하는 타동사이다. 따라서 능동태에서는 marry 동사 다음에 목적어가 와야 한다. 수동형으로 쓴다면, be married to로 써서 '~와 결혼하다, ~와 결혼생활을 하다'라는 뜻으로 쓸 수 있다. for more than two decades이므로 현재완료형 표현과 함께 나타내어 has been married to로 쓰는 것이 알맞다.
④ to read의 주체가 주절의 주어 I가 아니므로 의미상의 주어를 나타내기 위해 for my son을 써 주었다.

Answer 1.④　2.④　3.③

4 우리말을 영어로 잘못 옮긴 것을 고르시오.

2019. 4. 6. 인사혁신처

① 개인용 컴퓨터를 가장 많이 가지고 있는 나라는 종종 바뀐다.
　→The country with the most computers per person changes from time to time.
② 지난여름 나의 사랑스러운 손자에게 일어난 일은 놀라웠다.
　→What happened to my lovely grandson last summer was amazing.
③ 나무 숟가락은 아이들에게 매우 좋은 장난감이고 플라스틱 병 또한 그렇다.
　→Wooden spoons are excellent toys for children, and so are plastic bottles.
④ 나는 은퇴 후부터 내내 이 일을 해 오고 있다.
　→I have been doing this work ever since I retired.

> **TIP** ① per person은 '1인당'이라는 뜻이다. 개인용 컴퓨터는 personal computers이다.
> ② 동사는 was이며 그 앞까지 what절이 명사절로서 주어 역할을 하고 있다. what 절 안에는 불완전한 문장이 와야 하는데 주어가 나타나 있지 않으므로 옳은 문장이다.
> ③ 앞 문장에 긍정하면서 '~도 그러하다'는 뜻을 나타내기 위해 'so+동사+주어'의 표현을 쓴다. and 이하의 원래 문장은 plastic bottles are excellent toys for children, too이다. and so are plastic bottles에서 주어가 복수(plastic bottles)이므로 동사 are를 맞게 썼으며, 순서가 도치되어 맞는 표현이다.
> ④ since가 '~이후로'의 의미로 쓰였고, 은퇴 이후 계속 해오고 있으므로 현재완료진행형으로 썼다. since 구/절은 특정 과거 시점을 나타내는 표현으로 쓴다.

5 우리말을 영어로 옳게 옮긴 것은?

2018. 5. 19. 제1회 지방직

① 그는 며칠 전에 친구를 배웅하기 위해 역으로 갔다.
　→He went to the station a few days ago to see off his friend.
② 버릇없는 그 소년은 아버지가 부르는 것을 못 들은 체했다.
　→The spoiled boy made it believe he didn't hear his father calling.
③ 나는 버팔로에 가본 적이 없어서 그곳에 가기를 고대하고 있다.
　→I have never been to Buffalo, so I am looking forward to go there.
④ 나는 아직 오늘 신문을 못 읽었어. 뭐 재미있는 것 있니?
　→I have not read today's newspaper yet. Is there anything interested in it?

> **TIP** ① 며칠 전(a few days ago)이라는 특정 과거 시점이므로 과거 시제(went)가 맞다.
> ② made it believe→made believe '~인 체하다'뜻은 make believe (that)으로 나타낸다.
> ③ looking forward to go→looking forward to going looking forward to(~하기를 고대하다, 기다리다)에서 to는 전치사이다. 따라서 뒤에 오는 동사 형태는 동명사이어야 한다.
> ④ anything interested→anything interesting '재미, 흥미를 느끼게 하다'동사 interest의 주체가 anything이므로 현재분사 형태(-ing)로 써준다.

Answer 4.① 5.①

1 우리말을 영어로 옳게 옮긴 것은?

① 그는 며칠 전에 친구를 배웅하기 위해 역으로 갔다.

→ He went to the station a few days ago to see off his friend.

② 버릇없는 그 소년은 아버지가 부르는 것을 못 들은 체했다.

→ The spoiled boy made it believe he didn't hear his father calling.

③ 나는 버팔로에 가본 적이 없어서 그곳에 가기를 고대하고 있다.

→ I have never been to Buffalo, so I am looking forward to go there.

④ 나는 아직 오늘 신문을 못 읽었어. 뭐 재미있는 것 있니

→ I have not read today's newspaper yet. Is there anything interested in it?

TIP see off ~를 배웅하다

① 며칠 전(a few days ago)이라는 특정 과거 시점이므로 과거 시제(went)가 맞다.

② made it believe → made believe

'~인 체하다' 뜻은 make believe (that)으로 나타낸다.

③ looking forward to go → looking forward to going

looking forward to(~하기를 고대하다, 기다리다)에서 to는 전치사이다. 따라서 뒤에 오는 동사 형태는 동명사이어야 한다.

④ anything interested → anything interesting

'재미, 흥미를 느끼게 하다' 동사 interest의 주체가 anything이므로 현재분사 형태(-ing)로 써준다.

2 우리말을 영어로 가장 잘 옮긴 것은?

소년이 잠들자마자 그의 아버지가 집에 왔다.

① The boy had no sooner fallen asleep than his father came home.

② Immediately after his father came home, the boy fell asleep.

③ When his father came home, the boy did not fall asleep.

④ Before the boy fell asleep, his father came home.

TIP ① no sooner~than은 '~하자마자 ~했다'라는 뜻으로 no sooner가 있는 주절은 had p.p.(과거완료)를 사용해야 하며 than 종속절은 과거 형태로 사용해야 한다.

Answer 1.① 2.①

※ 어법상 옳지 않은 것은? 【3 ~ 4】

3

① A few words caught in passing set me thinking.

② Hardly did she enter the house when someone turned on the light.

③ We drove on to the hotel, from whose balcony we could look down at the town.

④ The homeless usually have great difficulty getting a job, so they are losing their hope.

> **TIP** in passing 지나가는 말로
>
> ① words는 가산명사이므로 a few를 쓸 수 있다(a few + 가산명사, few + 불가산명사). words와 caught의 수동관계 또한 바르게 썼다.
>
> ② Hardly did she enter the house when~ → Hardly had she entered the house when~
> S + had hardly p.p. when S' + V'(S가 ~하자마자 S'가 V'하다) 구문이다. hardly가 있는 절에서 had p.p. 과거완료형을 써야 한다는 점에 주의한다. 또 보기 지문에서 부정어 hardly(거의 ~하지 않다)가 문장 앞에 있으므로 주어-동사 순서가 뒤바뀌어야 한다.
>
> ③ We drove on to the hotel. + We could look down at the town from the hotel's balcony. 소유관계대명사 whose를 써서 두 문장을 연결하였다. 전치사 from을 관계대명사(whose) 앞에 위치시킬 수 있다.
>
> ④ the는 'the 형용사' 형태로 쓰여서 '(형용사가 묘사하는) 사물·사람들'을 뜻하는 명사(복수형)로 쓸 수 있다. 따라서 복수 주어에 수일치를 시켜 동사 have, 뒤의 문장 주어에서 대명사 they로 쓴 것은 올바른 표현이다. have difficulty (in) -ing는 '~하는 데에 어려움이 있다'는 뜻의 구문이며, 전치사의 목적어 자리에는 명사/동명사(구)를 쓴다.
>
> 「① 지나가면서 들었던 몇 마디 말은 나를 생각에 잠기게 했다.
> ② 그녀가 집에 들어서자마자 누군가 불을 켰다.
> ③ 우리는 그 호텔로 운전을 했고, 그 호텔의 발코니에서 우리는 도시를 내려다 볼 수 있었다.
> ④ 노숙자들은 보통 일자리를 얻기가 어렵고 이로 인해 그들은 희망을 잃게 된다.」

4

① They didn't believe his story, and neither did I.

② The sport in which I am most interested is soccer.

③ Jamie learned from the book that World War I had broken out in 1914.

④ Two factors have made it difficult for scientists to determine the number of species on Earth.

> **TIP** determine 알아내다, 결정하다
>
> ① 부정문에 대해 '~역시 그렇다'라는 뜻을 나타낼 때는 neither를 쓴다. 또한 주어-동사 순서가 뒤바뀐다(neither did I).
>
> ② 주절의 which 종속절에 쓰인 구문 be interested in에서 전치사 in이 which 앞에 온 경우이다.
>
> ③ that World War I had broken out → that World War I broke out
> 과거의 역사적 사실에 대해서는 문장에서의 선후관계에 상관없이 과거 시제로 표현한다.
>
> ④ make가 5형식 형태로 쓰였으며 difficult가 목적보어이다. 목적어 to determine~에 대해 가목적어 it이 왔으며 for scientists는 to 부정사의 의미상 주어로 쓰였다.
>
> 「① 그들은 그의 이야기를 믿지 않았고, 나 또한 믿지 않았다.
> ② 내가 가장 좋아하는 스포츠는 축구이다.
> ③ Jamie는 제1차 세계대전이 1914년에 일어났다는 것을 책에서 배웠다.
> ④ 두 가지 요소들은 과학자들이 지구상의 종의 수를 결정하는 것을 어렵게 만들어 왔다.」

Answer 3.② 4.③

5 다음 중 어법상 틀린 곳이 없는 문장은?

① I was sure that he will pass the exam.
② He believed that the earth moved round the sun.
③ She told me that she met him only three weeks before.
④ Our teacher told us that man landed on the moon for the first time in 1969.

> **TIP** land 착륙하다, (육지에) 닿다 **for the first time** 처음으로, 최초로
> ① will → would
> ② moved → moves. 불변의 진리는 항상 현재시제를 쓴다.
> ③ met → had met
> ④ 역사적 사실은 항상 과거시제를 쓴다.
> 「① 나는 그가 시험에 붙으리라고 확신했다.
> ② 그는 지구가 태양 주위를 돌고 있다고 믿었다.
> ③ 그녀는 나에게 그를 불과 3주 전에 만났다고 말했다.
> ④ 선생님은 우리들에게 인류가 1969년 달에 최초로 착륙했다고 말했다.」

6 다음 문장 중에서 올바른 표현은?

① Have you had the good times at the party last night?
② John felled down on ice and broke his leg last week.
③ The teacher was angry from the girl because she didn't do her homework.
④ At the federal court he was found guilty of murder.

> **TIP** break one's leg 다리가 부러지다 do one's homework 숙제를 하다 find 판결하다 be found guilty 유죄로 판결(평결)
> 되다 murder 살인
> ① Have you had the good times → Did you have a good time, 명백한 과거를 나타내는 부사구 last night가
>   있으므로 과거시제가 되어야 하며, '좋은 시간을 보내다'는 have a good time이다.
> ② felled → fell, '넘어지다'라는 뜻의 동사 fall의 과거형은 fell(fall − fell − fallen)이다.
> ③ from → with, '~에게 화가 나다'는 be angry with(사람) / at(감정 · 사물 · 사건) / about(사물 · 사건)이며, because
>   절 내에 didn't는 조동사, do는 일반동사로 do동사가 쓰였다.
> 「① 당신은 지난 밤 파티에서 좋은 시간을 보냈습니까?
> ② 지난주 John은 빙판 위에 넘어져서 다리가 부러졌다.
> ③ 그 선생님은 그 소녀에게 화가 났다. 왜냐하면 그녀가 숙제를 하지 않았기 때문이다.
> ④ 연방법원에서 그는 살인죄를 판결받았다.」

7 다음 문장의 빈칸에 들어갈 알맞은 것은?

I gave her the doll which I _____ on the previous day.

---

① buys
② bought
③ has bought
④ had bought

> **TIP** doll 인형 on the previous day (그) 전날에
> ④ 내가 인형을 그녀에게 준 것은 과거이고, 내가 그 인형을 산 것은 과거보다 앞선 시제이므로 과거완료를 쓴다.
> 「나는 전날 샀던 인형을 그녀에게 주었다.」

Answer 5.④ 6.④ 7.④

8 다음 중 잘못 쓰인 문장은?

① When did you take a bath?

② Tomorrow will be Saturday.

③ He has come back just now.

④ Ten years have passed since he died.

TIP just(only) now 이제 막, 방금, 바로 지금

③ has come → came, just now는 뚜렷한 과거를 나타내므로 현재완료가 아닌 과거형 동사가 되어야 한다.

「① 너 언제 목욕했니?
② 내일은 토요일일 것이다.
③ 그는 이제 막 돌아왔다.
④ 그가 죽은 지 10년이 지났다.」

9 다음 우리말을 영어로 잘못 옮긴 것은?

① 난 그 파티에 가지 말았어야 했다.

→ I should not have gone to the party.

② 그는 그 사실을 미리 알고 있었음에 틀림없다.

→ He must have known the truth in advance.

③ 그가 그렇게 어리석은 짓을 했을 리가 없다.

→ He could have done such a stupid thing.

④ 아프면 운전을 하지 말아야 한다.

→ You ought not to drive if you're sick.

TIP ① should have p.p. : ~했어야 했다
② must have p.p. : ~했음에 틀림없다
③ could have p.p. : ~ 할 수 있었을 것이다.
 '~ 했을 리가 없다'라는 의미를 가진 cannot have p.p.로 고쳐야 한다.
④ ought to do : ~해야 한다

10 다음 문장의 빈칸에 가장 알맞은 것은?

The road was very muddy because it _____ all night.

① has been raining   ② had been rained

③ had been raining   ④ rained

TIP muddy 진흙(투성이)의, 질퍽한 rain 비(가 내리다)

③ 주절의 시제가 과거(was)이므로 과거시점 이전부터 비가 내려 이 시점까지 계속 내리고 있는 중이라는 의미가 되려면 과거완료 진행시제가 적합하다.

「밤새도록 비가 오고 있었기 때문에 길이 질퍽했다.」

🔍**Answer** 8.③ 9.③ 10.③

11 다음 문장에서 밑줄 친 부분의 표현이 잘못된 것은?

> Never ⓐ<u>had</u> so few people ⓑ<u>were</u> able ⓒ<u>to accomplish</u> so much in so ⓓ<u>little</u> time.

① ⓐ
② ⓑ
③ ⓒ
④ ⓓ

> **TIP** accomplish 성취하다, 이룩하다, 달성하다
>
> ⓑ were → been, 부정어 Never가 문두에 위치하면서 had p.p.의 과거완료구문이 도치된 형태이므로 be동사의 과거분사형인 been이 되어야 한다.
>
> 「그렇게 소수의 사람이 그렇게 적은 시간에 그토록 많이 성취할 수 있었던 예는 전에 없었다.」

※ 다음 문장의 빈칸에 들어갈 가장 알맞은 것을 고르시오. 【12 ~ 16】

12
> A : Is your sister older or younger?
> B : She's 12 years older. It's hard to believe this, but by the time I graduate next year, she _____ her own dance company for 10 years.

① directs
② will have been directing
③ will direct
④ has been directing

> **TIP** by the time (that) ~ ~할 때, ~할 때쯤이면(= when) graduate 졸업하다, 학업을 마치다 company 일단, 일행, 무리, 단체 direct 지도하다, 지휘하다, 지시하다
>
> ② next year라는 미래시점을 기준으로 그 때까지 동작이 계속되는 것이므로 미래완료(계속) 또는 미래완료 진행형을 쓴다.
>
> 「A : 너의 여자형제는 너보다 위니? 아래니?
> B : 나보다 12살 위야. 이것을 믿기 어렵겠지만, 내년에 내가 졸업할 때쯤, 그녀는 댄스단원들을 10년 동안이나 지도하게 될 거야.」

13
> It will be a long time _____ from Italy.

① when Mary comes back
② when Mary will come back
③ before Mary comes back
④ that Mary comes back

> **TIP** come back 돌아오다, 회복하다, 복귀하다
>
> ③ 시간의 부사절에서는 현재시제가 (의미상) 미래시제를 대신한다(before가 이끄는 절이 의미상 미래에 관한 내용이라 할지라도 동사는 현재형을 쓴다).
>
> 「Mary가 이탈리아에서 돌아오기까지는 오랜 시간이 걸릴 것이다.」

Answer 11.② 12.② 13.③

14

> A : Do you have any toothpaste left?
> B : No, but I _____ some for you when I go downtown.

① will get　　　　　　　　　　　　② have get
③ am getting　　　　　　　　　　　④ get

> **TIP** toothpaste 치약　downtown 도심, 시가지, 중심가
> ① 의미상 시제가 미래이므로 주절에 미래시제를 쓴다. 다만, 시간의 부사절에서는 현재시제가 미래를 대신 나타내므로 현재시제를 쓴 것이다.
> 「A : 너 치약 남은 것 있니?
> 　B : 아니, 하지만 내가 시내에 나갈 때 몇 개 사다 줄게.」

15

> Miss Martin has _____ typed the letter.

① before　　　　　　　　　　　　　② an hour away
③ all ready　　　　　　　　　　　　④ already

> **TIP** type 타이프라이터로 치다, 활자화하다
> ④ 현재완료(has typed)이므로 already가 적합하다.
> 「Martin양은 이미 편지의 타이핑을 마쳤다.」

16

> By the time Juan gets home, his aunt _____ for Puerto Rico.

① will leave　　　　　　　　　　　② leaves
③ will have left　　　　　　　　　④ left

> **TIP** get home 귀가하다　leave for ~을 향하여 떠나다
> ③ 시간을 표시하는 부사절에서 단순현재시제는 미래를 표시하므로 Juan이 집에 도착하는 시점은 미래이다. 따라서 미래시점까지 동작이 이어지고 있으므로 미래완료로 표현한다.
> 「Juan이 집에 도착할 무렵이면, 그의 아주머니는 푸에르토리코로 떠났을 것이다.」

Answer 14.① 15.④ 16.③

※ 다음 문장의 밑줄 친 부분 중 옳지 않은 것을 고르시오. 【17 ~ 19】

17

> She indicated ①to me that she ②will get the job ③in spite of her ④inexperience.

TIP indicate 가리키다, 지적하다, 간단히 말하다 in spite of ~에도 불구하고 inexperience 무경험, 미숙
② will get → would get, 주절이 과거시제(indicated)이므로 종속절의 will get을 would get으로 하여 시제를 일치시켜야 한다.
「그녀는 경험이 없음에도 불구하고 그 일자리를 얻을 것이라고 나에게 알렸다.」

18

> Years ①ago the people of what is now the Pacific Northwest ②begins to develop an economic system ③based ④mostly on fishing.

TIP base on ~에 근거하다, 의거하다, 입각하다 mostly 대개는, 대부분, 주로
② begins → began, 문두에 Years ago라는 과거를 나타내는 시간부사구가 나왔으므로 동사의 시제를 일치시켜 과거시제로 써야 한다.
「여러 해 전에 현재 태평양 북서부에 사는 사람들은 주로 어업에 근거한 경제체계를 발전시키기 시작했다.」

19

> ①By the time I ②reached the bank, the doors ③were closed ; I ④could not cash my check.

TIP cash one's check 수표를 현금으로 바꾸다
③ were closed → had been closed, 은행에 도착한 시간(과거)보다 은행문이 닫힌 시간이 더 빠르므로 시제를 한 단계 더 이전으로 하여 과거완료시제로 써야 한다.
「내가 그 은행에 도착했을 즈음에는 (이미 은행의) 문이 닫혀 있었다. 그래서 나는 수표를 현금으로 바꿀 수 없었다.」

Answer 17.② 18.② 19.③

20 다음 우리말을 영어로 가장 잘 옮긴 것은?

> 나는 그렇게 너그러운 사람을 전에 본 적이 없다.

① Never saw I such a generous man before.

② I did not ever see such a generous man before.

③ I met no so generous a man before now.

④ Never have I met such a generous man before.

> **TIP** generous 아낌없이 주는, 관대한, 너그러운
>
> ④ 과거에서 현재까지의 경험을 나타내는 현재완료가 쓰여야 한다. 경험을 나타내는 현재완료는 주로 ever, never, before, once 등의 부사와 함께 쓰인다. 이때 I have never met such a generous man before에서 부정어구 never가 문두로 강조되어 주어(I)와 동사(have)가 도치되었다.

🔎**Answer** 20.④

03 조동사

1 ·· can, could의 용법

(1) 능력, 가능

~할 수 있다(= be able to).
He **can** stand on his hand. 그는 물구나무를 설 수 있다.
= He **is able to** stand on his hand.

(2) 허가

~해도 좋다(= may).
① 구어체에서 may보다 많이 쓰인다.
② 의문문에서 could를 쓰면 can보다 더 정중하고 완곡한 표현이 된다.
You **can** stay here. 여기 머물러도 좋다.
Could I speak to you a minute? 잠깐만 이야기할 수 있을까요?

(3) 의심, 부정

의문문에서는 강한 의심, 부정문에서는 강한 부정의 추측을 나타내기도 한다.
Can the news be true? No, it **can't** be true.
그 뉴스가 사실일 수 있습니까? 아니오. 그것이 사실일 리가 없습니다.

(4) 관용적 표현

① cannot help -ing : ~하지 않을 수 없다(= cannot but + 동사원형).
I **cannot help falling** in love with you. 나는 당신과 사랑에 빠지지 않을 수 없다.
= I **cannot but fall** in love with you.
② as ~ as can be : 더할 나위 없이 ~하다.
I am **as** happy **as can be**. 나는 더할 나위 없이 행복하다.
③ as ~ as one can : 가능한 한 ~ (= as ~ as possible)
He ate **as** much **as he could**. 그는 가능한 한 많이 먹었다.
= He ate **as** much **as possible**.
④ cannot ~ too : 아무리 ~해도 지나치지 않다.
You **cannot** praise him **too** much. 너는 그를 아무리 많이 칭찬해도 지나치지 않다.
= You cannot praise him enough.
= You cannot overpraise him.
= It is impossible to overpraise him.
⑤ cannot so much as ~ : ~조차 하지 못한다.
He **cannot so much as** write his own name. 그는 자신의 이름조차 쓰지 못한다.

2 ·· may, might의 용법

(1) 허가

~해도 된다(= can).
A : **May** I smoke here? 제가 여기서 담배를 피워도 될까요?

B : Yes, you **may**. / No, you must(can) not. 예, 펴도 됩니다. / 아니오, 피면 안 됩니다.

(2) 추측

~일지도 모른다(might는 더 완곡한 표현).

I **might** lose my job. 나는 직장을 잃을지도 모른다.

(3) 기원

'부디 ~하소서!'의 뜻으로, 현대영어에서는 주로 I wish ~ 를 쓴다.

May you succeed!

= I wish you succeed! 부디 성공하기를!

❸ ·· must의 용법

(1) 명령 · 의무 · 필요

'~해야만 한다[= have(has / had) to do]'의 뜻으로, 과거 · 미래 · 완료시제에서는 have(had) to를 쓴다.

You **must** be here by 6 o'clock at the latest. 당신은 늦어도 6시까지 여기로 와야 한다.

I **had to** pay the money(과거). 나는 돈을 지불해야만 했다.

I **shall have to** work tomorrow afternoon, although it's Saturday(미래).
토요일임에도 불구하고 나는 내일 오후까지 일해야 한다.

(2) 추측

'~임에 틀림없다(부정은 cannot be)'의 뜻으로, 추측의 뜻을 나타낼 때는 have to를 쓰지 않고 must를 써야 한다(과거시제라도 had to를 쓰지 않는다).

There's the doorbell. It **must be** Thomas. 초인종이 울렸다. Thomas임에 틀림없다.

I told him that it **must be** true. 나는 틀림없이 사실이었다고 그에게 말했다.

(3) 필연

반드시 ~하다.

All men **must** die. 모든 사람은 반드시 죽는다.

❹ ·· should, ought to의 용법

(1) should와 ought to는 의무, 당연을 나타내는 비슷한 뜻의 조동사이다.

You **should** pay your debts. 너는 빚을 갚아야 한다.

= You **ought to** pay your debts.

(2) 판단, 비판, 감정을 표시하는 주절에 이어지는 that절에서는 should를 쓴다.

① 이성적 판단의 형용사 : It is necessary(natural, important, essential, proper, reasonable, etc) + that + S + (should) + 동사원형 ~.

It is **important** that you (**should**) **arrive** here on time.
네가 제 시각에 이곳에 도착하는 것이 중요하다.

보충학습

may와 관련된 관용적 표현

㉠ may well ~ : ~하는 것도 당연하다(= have good reason to do, It is natural that S + should + V).
You **may well** be angry.
네가 화를 내는 것도 당연하다.

㉡ may as well ~ : ~하는 편이 낫다, ~해도 좋다(had better보다 완곡한 표현).
You **may as well** begin at once.
즉시 시작하는 편이 낫다.

㉢ may(might) as well A as B : B하느니 차라리 A하는 편이 낫다.
You **might as well** expect a river to flow backward as hope to move me.
내 마음이 움직이기를 바라느니 차라리 강물이 거꾸로 흐르기를 바라는 것이 더 낫다.

㉣ so that + S + may(can, will) ~ : ~할 수 있도록
Come home early **so that** we **may** eat dinner together.
함께 저녁식사를 할 수 있도록 일찍 집에 오너라.

보충학습

부정의 형태

㉠ must not[= be not allowed(obliged) to do] : ~해서는 안된다(금지).
May I go? No, you **must**(may) not.

㉡ need not(= don't have to do) : ~할 필요가 없다(불필요).
Must I go? No, you **need not**.

㉢ 불허가의 표시에는 must not이 보통이지만, may not을 쓰면 공손한 표현이 된다.

보충학습

ought to의 부정형
ought not to + 동사원형

② 감성적 판단의 형용사 : It is strange(surprising, amazing, a pity, no wonder, wonderful, etc) + that + S + (should) + 동사원형 ~.

It is **strange** that he (**should**) **say** so. 그가 그렇게 말하다니 이상하다.

(3) 명령, 요구, 주장, 제안, 희망 등의 동사(명사) 다음에 오는 that절에는 should 를 쓰기도 하고 생략하여 동사원형만 쓰기도 한다[S + order(command, suggest, propose, insist, recommend) + that + S + (should) + 동사원형].

Mother **insist** that we (**should**) **start** early.
어머니는 우리가 일찍 출발할 것을 주장하셨다.

He gave **orders** that the visitors (**should**) **be** shown in.
그는 방문객들을 맞아들이라고 지시했다.

5 ·· will, would의 특수용법

(1) 현재의 습성, 경향

Children **will** be noisy. 아이들은 시끄럽다.

He **will** sit like that for hours. 그는 그렇게 여러 시간을 앉아 있는다.

(2) 과거의 불규칙적 습관

He **would** go for a long walk. 그는 오랫동안 산책하곤 했다.

(3) 현재의 거절, 고집

He **will** have his way in everything. 그는 모든 일을 마음대로 한다.

This door **will** not open. 문은 열리지 않는다.

(4) 과거의 거절, 고집

He **would** not come to the party after all my invitation.
그는 나의 초대에도 그 파티에 오려고 하지 않았다.

I offered him money, but he **would** not accept it.
나는 그에게 돈을 제공하였지만, 그는 받으려 하지 않았다.

(5) 희망, 욕구

He who **would** succeed must work hard. 성공하기를 바라는 사람은 열심히 일해야 한다.

6 ·· used to, need, dare의 용법

(1) 'used to + 동사원형'의 용법

① 과거의 규칙적 · 반복적 습관 : ~하곤 했다.

He **used to read** the Bible before he went to bed.
그는 자러 가기 전에 성경을 읽곤 했다.

② 과거의 일정기간이 계속된 상태 : 이전에는 ~이었다(현재는 그렇지 않음).

There **used to be** a tall tree in front of my house.
나의 집 앞에는 키가 큰 나무 한 그루가 있었다(현재는 없다).

(2) need의 용법

① 긍정문 : 본동사로 쓰인다.

The boy **needs** to go there(need는 일반동사). 그 소년은 거기에 갈 필요가 있다.

② 부정문, 의문문 : 조동사로 쓰인다.

㉠ need not : ~할 필요가 없다(= don't have to do).

My car **need not** repairing. 내 차는 수리할 필요가 없다.

㉡ need not have p.p. : ~할 필요가 없었는데(실제로는 했음).

I **need not have waited** for Mary. 나는 Mary를 기다릴 필요가 없었는데.

㉢ Need + S + 동사원형 : ~할 필요가 있느냐?

Need he go now? 그가 지금 갈 필요가 있느냐?

(3) dare의 용법

① 긍정문 : 본동사로 쓰여 '대담하게 ~하다(해보다)'의 뜻이다.

He **dared** (to) enter my room again(dare는 일반동사).

그는 대담하게 내 방으로 다시 들어왔다.

② 부정문, 의문문 : 조동사로 쓰여 '감히 ~하다'의 뜻이다.

How **dare** you open my letters? 네가 어찌 감히 내 편지를 뜯어보느냐?

7 ·· had better, had(would) rather의 용법

(1) had better do

~하는 편이 좋다(낫다).

① 준조동사 : had better는 준조동사의 역할을 하므로 그 다음에 오는 동사의 형태는 반드시 동사원형이어야 한다.

② 부정형 : had better not do

③ 과거형 : had better have p.p.(과거에 실현되지 않은 행위를 의미함)

④ 수동형 : 수동태가 가능하다.

She **had better eat** breakfast before 8 o'clock.

그녀는 8시 이전에 아침을 먹는 편이 좋다.

→ Breakfast had better be eaten by her before 8 o'clock(수동태).

(2) had(would) rather do

차라리 ~하는 편이 좋다(낫다), 차라리 ~하고 싶다.

① 준조동사 : had(would) rather는 준조동사의 역할을 하므로 그 다음에 오는 동사의 형태는 반드시 동사원형이어야 한다.

② 부정형 : had(would) rather not do

③ 과거형 : had(would) rather have p.p.(과거에 실현되지 않은 행위를 의미함)

④ 수동형 : 수동태가 불가능하다.

He **would rather not see** me today. 그는 차라리 오늘 나를 보지 않는 편이 낫다.

보충학습

조동사로 쓰인 need와 dare의 과거형

㉠ need : 과거형이 없고, 완료부정사를 동반하여 과거를 나타내지만, 본동사와 뜻이 다르다.

㉡ dare : 과거형(dared)이 있고, 과거형의 부정은 본동사의 과거형 부정과 뜻이 같다(dared not do = did not dare to do).

보충학습

조동사 + have + p.p.의 용법

㉠ cannot have + p.p. : ~했을 리가 없다(과거의 일에 대한 강한 부정).

He **cannot have said** such a thing.

그가 그렇게 말했을 리가 없다.

= It is impossible that he said such a thing.

㉡ must have + p.p. : ~했음에 틀림없다(과거의 일에 대한 확실한 추측).

She **must have been** beautiful when she was young.

그녀는 젊었을 때 미인이었음이 틀림없다.

= It is certain(evident, obvious) that she was beautiful when she was young.

= I am sure that she was beautiful when she was young.

㉢ may have + p.p. : ~했을는지도 모른다(과거의 일에 대한 불확실한 추측).

I suspect he **may have been** aware of the secret.

나는 그가 비밀을 알고 있었는지도 모른다고 의심한다.

= It is probable that he was aware of the secret.

㉣ should(ought to) have + p.p. : ~했어야 했는데(하지 않았다, 과거에 하지 못한 일에 대한 유감·후회).

You **should(ought to) have followed** his advice.

너는 그의 충고를 따랐어야 했는데.

= It is a pity that you did not follow his advice.

㉤ need not have + p.p. : ~할 필요가 없었는데(해버렸다, 과거에 행한 일에 대한 유감·후회).

He **need not have hurried**. 그는 서두를 필요가 없었는데.

= It was not necessary for him to hurry, but he hurried.

1 어법상 옳은 것은?

2020. 6. 13. 제1회 지방직/제2회 서울특별시

① Of the billions of stars in the galaxy, how much are able to hatch life?

② The Christmas party was really excited and I totally lost track of time.

③ I must leave right now because I am starting work at noon today.

④ They used to loving books much more when they were younger.

> **TIP** ① 별들이 셀 수 있는 명사이기 때문에 much → many로 바꾸어야 한다.
> ② 크리스마스 파티가 흥분시키는 것이기 때문에 excited → exciting이 되어야 한다.
> ④ ~하곤 했다, ~했었다, ~이었다의 의미를 가지고 있는 used to RV의 형태, loving → love로 고쳐야 한다.
> 「① 은하계의 수십억 개의 별들 중 얼마나 많은 별들이 생명을 잉태시킬 수 있을까?
> ② 크리스마스 파티는 정말 흥분됐고 나는 완전히 시간 가는 줄 몰랐다.
> ③ 오늘 정오에 일을 시작하니까 지금 당장 떠나야 해.
> ④ 그들은 어렸을 때 책을 훨씬 더 좋아했었다.」

2 우리말을 영어로 잘못 옮긴 것은?

2018. 5. 19. 제1회 지방직

① 모든 정보는 거짓이었다.

→ All of the information was false.

② 토마스는 더 일찍 사과했어야 했다.

→ Thomas should have apologized earlier.

③ 우리가 도착했을 때 영화는 이미 시작했었다.

→ The movie had already started when we arrived.

④ 바깥 날씨가 추웠기 때문에 나는 차를 마시려 물을 끓였다.

→ Being cold outside, I boiled some water to have tea.

> **TIP** ① information은 셀 수 없는 명사이다. 따라서 all of information에서 informations로 쓸 수 없고, 동사 또한 단수형(was)으로 써주어야 한다.
> ② should have p.p(~했어야 했다) 가정법 구문이 바르게 쓰였다.
> ③ 주절의 주어가 when we arrived 보다 더 과거임(already)을 알 수 있으므로 과거완료형을 써서 had started로 나타내었다.
> ④ Being cold outside→It being cold outside
> 분사구문을 만들 때 주절의 주어와 일치할 때에만 분사구문 내에서 주어를 생략할 수 있다. Being cold outside로 표현하게 되면 주절의 주어 I가 생략된 것으로 보아, 주어진 '바깥 날씨가 춥다' 지문과 다른 뜻이 된다. 날씨를 나타낼 때는 비인칭 주어 it을 써서 It was cold outside로 나타내므로, 주절의 주어와 같지 않아서 생략할 수 없다.

Answer 1.③ 2.④

3 우리말을 영어로 잘못 옮긴 것을 고르시오.

2017. 4. 8. 인사혁신처

① 이 편지를 받는 대로 곧 본사로 와 주십시오.

→Please come to the headquarters as soon as you receive this letter.

② 나는 소년 시절에 독서하는 버릇을 길러 놓았어야만 했다.

→I ought to have formed a habit of reading in my boyhood.

③ 그는 10년 동안 외국에 있었기 때문에 영어를 매우 유창하게 말할 수 있다.

→Having been abroad for ten years, he can speak English very fluently.

④ 내가 그때 그 계획을 포기했었다면 이렇게 훌륭한 성과를 얻지 못했을 것이다.

→Had I given up the project at that time, I should have achieved such a splendid result.

TIP ① as soon as(~하자마자) 시간 부사절에서 현재 시제가 미래시제를 대신하므로 you will receive로 쓰지 않도록 한다.

② should have p.p 혹은 ought to have p.p를 써서 '~했어야 했는데 (안 했다)'는 가정법 문장을 쓸 수 있다.

③ 현재 완료형(have p.p)의 분사구문 형태(having p.p)로 바른 표현이다.

④ I should have achieved→I couldn't have achieved If I had given up~ 가정법 if절에서 if가 생략되고 조동사 had가 앞으로 도치된 것으로 바른 형태이다. 그러나 의미상 should have achieved는 '성공했어야 했는데(못했다)'는 뜻이 되어 보기 지문의 뜻과 맞지 않다. couldn't have p.p 형태로 써야 한다.

4 우리말을 영어로 잘못 옮긴 것을 고르시오.

2017. 4. 8. 인사혁신처

① 그 회의 후에야 그는 금융 위기의 심각성을 알아차렸다.

→Only after the meeting did he recognize the seriousness of the financial crisis.

② 장관은 교통문제를 해결하기 위해 강 위에 다리를 건설해야 한다고 주장했다.

→The minister insisted that a bridge be constructed over the river to solve the traffic problem.

③ 비록 그 일이 어려운 것이었지만, Linda는 그것을 끝내기 위해 최선을 다했다.

→As difficult a task as it was, Linda did her best to complete it.

④ 그는 문자 메시지에 너무 정신이 팔려서 제한속도보다 빠르게 달리고 있다는 것을 몰랐다.

→He was so distracted by a text message to know that he was going over the speed limit.

TIP ① only after 부사구가 문장 앞에 있으므로 주어-동사 순서가 도치(he realized→did he realize)되었다.

② insist와 같이 요구, 주장 등의 뜻을 나타내는 동사는 목적어로 오는 that절에서 'should+동사원형'을 쓴다. 이 때 should는 생략될 수 있으므로 that 절에서 a bridge (should) be constructed로 표현된 것은 바른 표현이다.

③ '(as)형용사/부사 as +S +V'구문에서 as는 though와 같은 양보(~이긴 하지만)의 뜻을 가진다. though it was a difficult task와 같은 뜻이다. 'as+형용사+a 명사'의 순서도 as difficult a task로 바르게 쓰였다.

④ He was so distracted~to know that~→He was too distracted~ to know that~ so distracted~ to know 라고 하면 '너무 정신이 팔려서 알았다'라는 뜻으로 해석되고 의미상으로도 어색한 문장이 된다. '너무 ~해서 ~하지 못하다'라는 표현이 되어야 하므로 too~to 구문을 써야 한다.

Answer 3.④ 4.④

1 우리말을 영어로 잘못 옮긴 것을 고르시오.

① 당신은 그 영화를 봤어야 했다.

→You must have watched the movie.

② 당신을 성공으로 이끄는 것은 재능이 아니라 열정이다.

→It is not talent but passion that leads you to success.

③ 시간을 엄수하는 것은 모든 사람들이 갖추어야 할 미덕이다.

→Being punctual is the virtue everyone has to have.

④ 사람들은 나이가 들면서 엄해지는 경향이 있다.

→People tend to be strict as they got old.

> **TIP** punctual 시간을 엄수하는 virtue 미덕 as though 마치 ~인 것처럼
> ① must have watched→should have watched
> must have p.p.는 '~했음에 틀림없다'는 뜻으로 의미상 보기 지문과 맞지 않다. '~했어야 했는데(못했다)'는 뜻의 should have p.p.로 바꿔준다.
> ② It is …that ~ 강조구문과 not A but B(A가 아니라 B이다) 구문이 함께 쓰였다. 'that~ 한 것은 A가 아니라 바로 B이다'라는 뜻이 된다.
> ③ 동명사(Being punctual)를 주어로 쓸 수 있다. everyone has to have가 형용사절로서 선행사 the virtue를 꾸며준다.
> Being punctual is the virtue + Everyone has to have the virtue. → Being punctual is the virtue (that) everyone has to have.
> ④ as가 '~하면서, ~함에 따라'의 뜻을 가진 접속사로 쓰였다. 주절과 종속절이 동시에 일어나므로(~함에 따라 ~하다) 시제도 일치시켜 준다.

2 다음 중 어법상 옳지 않은 것은?

① She was supposed to phone me last night, but she didn't.

② I had known Jose until I was seven.

③ You'd better to go now or you'll be late.

④ Sarah would be offended if I didn't go to her party.

> **TIP** be supposed to ~하기로 되어 있다 offend 감정을 해치다
> ① '~하기로 되어 있다'의 뜻으로 'be supposed to' 구문을 쓴다.
> ② 시간 부사절에서 7살까지는 알았다는 뜻이므로 had p.p로 써서 과거완료 시제로 썼다.
> ③ You'd better to go now~.→You'd better go now~.
> '~하는 것이 낫다'의 뜻을 가진 had better는 뒤에 동사원형을 취한다.
> ④ 가정법 과거형으로, if절에서 과거시제 동사, 주절에서 'would+동사원형'의 형태로 옳게 쓰였다. 또한 offend는 타동사로서 '불쾌하게 하다'라는 뜻을 나타낸다(자동사로 쓰이면 '범죄를 저지르다'라는 뜻이 된다). Sarah가 불쾌한 것이므로 수동태 be offended로 쓴 것이 맞다.
> 「① 그녀는 어젯밤에 나에게 전화하기로 되어 있었다. 그러나 하지 않았다.
> ② 나는 7살까지는 Jose를 알았다.
> ③ 너는 지금 가는 것이 좋을 거야. 그렇지 않으면 늦을 거야.
> ④ 만약 내가 그녀의 파티에 가지 않는다면, 사라는 기분이 상할 것이다.」

Answer 1.① 2.③

3 밑줄 친 부분에 들어갈 표현으로 가장 적절한 것을 고르시오.

> A : It's so hot in here! Do you have air-conditioning in your apartment?
> B : You see that air-conditioner over there? But the problem is, it's not powerful enough.
> A : I see.
> B : But I don't care, cause I'm going to move out anyway.
> A : _____
> B : Well, I had to wait until the lease expired.

① You should've moved out a long time ago.
② You should've turned it on.
③ You should've bought another one.
④ You should've asked the landlord to buy one.

TIP ① 오래 전에 이사했어야 했어.
② 에어컨을 켜야 했어.
③ 다른 에어컨을 하나 샀어야 했어.
④ 집주인에게 하나 사달라고 했어야 했어.
「A : 여기 매우 덥다! 너희 아파트에 냉방시스템은 있어?
B : 저기에 에어컨 보이지? 근데, 문제는 에어컨 바람이 충분히 세지 않아.
A : 그렇구나.
B : 그래도 상관없어. 곧 이사 갈 거라서.
A : 오래 전에 이사했어야 했어.
B : 그게 임차계약이 만료될 때까지 기다려야 했어.」

4 다음 문장의 밑줄 친 부분과 같은 용법으로 쓰인 것은?

> It is strange that he <u>should</u> have called me up yesterday.

① It is a pity that he <u>should</u> have died young.
② You <u>should</u> have called me up yesterday.
③ I <u>should</u> like to go hiking.
④ Why <u>should</u> have I wait for another week?

TIP 주어진 문장에서 should는 놀라움, 뜻밖의 일, 유감 등을 나타내는 감정적 판단의 should로 쓰였다.
① 감정적 판단의 should이다.
② '~했어야 한다'는 의무를 나타낸다.
③ 공손함을 나타내는 표현이다.
④ 의문사와 함께 쓰여 강한 의문을 나타낸다.
「그가 어제 나에게 전화한 것은 이상한 일이다.」

Answer 3.① 4.①

※ 다음 문장의 빈칸에 들어갈 적절한 말은? 【5～6】

5

> I _____ but feel sorry for his failure.

① cannot　　　　　　　　　　　② can't help

③ must not　　　　　　　　　　④ may not

> **TIP** cannot but + 동사원형 ～하지 않을 수 없다(= can't help －ing).
> 「나는 그의 실패에 딱한 마음이 들지 않을 수가 없다.」

6

> The boss ordered that all the employees _____ punctual.

① are　　　　　　　　　　　　② be

③ will be　　　　　　　　　　④ have been

> **TIP** employ 고용하다, 사용하다　employer 고용주, 사장　employee 고용인, 종업원, 직원　punctual 시간을 엄수하는, 정확한, 어김없는
> ② 주절의 동사가 주장·명령·요구·제안·희망 등의 의미를 나타낼 때(order, insist, demand, suggest, propose, etc) 종속절(that절)의 동사는 '(should) + 동사원형'의 형태를 취한다.
> 「사장은 모든 사원들에게 시간엄수를 명령했다.」

7 다음 문장의 빈칸에 공통으로 들어갈 수 있는 것은?

> • He suggested your friend _____ be more careful.
> • You _____ have paid attention to his advice.
> • It is quite natural that you _____ take care of your old parents.

① would　　　　　　　　　　② must

③ could　　　　　　　　　　④ should

> **TIP** pay attention to ～에 주의하다, 유의하다　take care of ～을 돌보다, 보살피다
> ⊙ 주절에 제안동사(suggest)가 있으므로 your ～ careful에 이르는 종속절의 동사는 'should + 동사원형'으로 한다.
> ⓛ should have p.p.는 '～했어야 했는데(하지 않았다)'의 의미로 과거사실에 대한 후회·유감을 나타낸다.
> ⓒ 주절에 이성적 판단의 형용사(natural)가 있으므로 that ～ parents에 이르는 종속절의 동사는 'should + 동사원형'으로 한다.
> 「• 그는 네 친구가 좀 더 신중해야 한다고 제안했다.
> • 너는 그의 충고에 유의했어야 했다.
> • 네가 나이 드신 부모님을 돌보는 것은 지극히 당연하다.」

Answer 5.① 6.② 7.④

※ 다음 문장의 밑줄 친 부분 중 옳지 않은 것을 고르시오. 【8~13】

8

> James suggested <u>Harry to see</u> his doctor, but <u>everyone doubts</u> that he will <u>take the advice</u>.

① Harry to see
② everyone doubts
③ take the advice
④ no error

> **TIP** take the advice 충고를 받아들이다
> ① Harry to see → Harry see, suggest 등 명령·요구·주장·제안·희망동사 다음에 오는 that절의 동사는 인칭에 관계없이 '(should) + 동사원형'을 쓴다. 이 문장에서는 that이 생략되어 있다.
> ② any-, every-는 단수로 취급한다.
> 「James는 Harry에게 의사의 진찰을 받아보라고 제안했지만, 모두들 그가 그 충고를 받아들일지 미심쩍어한다.」

9

> Isotope analysis ①<u>is able to</u> ②<u>be used to</u> date such inorganic materials ③<u>as</u> pottery shards or rock and metal ④<u>artifacts</u>.

> **TIP** isotope (방사능)동위원소, 동위체 analysis 분석 be able to do ~할 수 있다 date ~의 연대를 측정하다 such as ~와 같은, 마치 ~처럼(= like) inorganic 생활기능이 없는, 무생물의, 무기(無機)의 pottery 도자기류 shard 파편, 사금파리 artifact 인공물, 공예품, 예술품
> ① is able to → can, 'be able to + 동사원형' 구문은 '~할 수 있다'의 의미로 재능이나 자질 등의 의미가 함축되어 있어 항상 '사람'을 주어로 해야 한다(사물주어에는 쓸 수 없다). 문장의 주어가 Isotope analysis(사물)이므로 can으로 고쳐야 한다.
> 「동위원소의 분석은 도자기 파편이나 암석, 그리고 금속 인공물과 같은 무기물의 연대를 측정하는 데 사용될 수 있다.」

10

> Since her blood pressure is ①<u>much</u> higher ②<u>than</u> it ③<u>should</u> be, her doctor insists that she ④<u>will not</u> smoke.

> **TIP** blood pressure 혈압 insist 주장(고집)하다, 강조하다, 강요하다
> ④ will not → should not, 주절에 명령·요구·주장·제안·희망 등의 동사 다음에 오는 종속절에는 'should + 동사원형' 또는 동사원형만 쓴다. 주절에 insist가 쓰였으므로 will not은 should not이 되어야 한다.
> 「그녀의 혈압이 정상보다 훨씬 더 높기 때문에 그녀의 의사는 그녀가 금연해야 한다고 강조하였다.」

Answer 8.① 9.① 10.④

11

You ①had not better ②quit your job until you find another one. ③Once you are ④out of work, you may find it hard to get another.

> **TIP** had better + 동사원형 ~하는 것(편)이 더 좋다(낫다)(= may as well), ~해야 한다   quit 떠나다, 물러나다, 그만두다
> once 일단(한번) ~하면, ~하자마자   out of work 실직한, 일이 없는
>
> ① had not better → had better not, had better는 조동사처럼 쓰이므로 부정형도 had better not으로 한다.
> 「당신은 또 다른 일자리를 구할 때까지 직장을 그만두지 않는 것이 좋다. 일단 당신이 실직을 하게 되면, 또 다른 일자리를 얻기가 어렵다는 것을 알게 될 것이다.」

12

Ken ①must walk 7 mile ②yesterday ③because his car ④broke down.

> **TIP** break down (기계가) 고장나다
>
> ① must → had to, 과거를 나타내는 부사 yesterday가 있으므로 must도 broke와 같이 과거형으로 쓰여야 한다. must의 과거형 표현은 had to이다.
> 「Ken은 어제 7마일을 걸어야만 했다. 왜냐하면 그의 차가 고장났기 때문이다.」

13

①I listened very carefully to the president's ②saying, but I ③still couldn't understand exactly what he ④meant.

> **TIP** listen to ~을 듣다   saying 말, 진술, 격언   still 아직   exactly 정확히
>
> ③ 대통령이 말한 시점은 과거이지만 현재 내가 그 의도를 이해하지 못하겠다는 의미이므로 조동사의 현재형 can't가 쓰여야 한다.
> 「나는 아주 주의깊게 대통령의 연설을 들었으나, 여전히 그가 의도한 것을 정확하게 이해할 수 없다.」

Answer 11.① 12.① 13.③

※ 다음 문장의 빈칸에 들어갈 적절한 표현을 고르시오. 【14 ~ 15】

14

That was very kind of you, but you _____ have done it.

① need not
② can not
③ may
④ had better

TIP It is very kind of you to do ~해주셔서 매우 고맙습니다 need not have p.p. ~할 필요가 없었는데 (했다) had better ~해야 한다, ~하는 것(편)이 좋다(낫다)

① may와 had better는 but의 의미와 상반된다. '매우 고마웠다. 그러나 ~'로 연결되기 때문에 가장 적절한 의미는 need not이다.
「매우 고마웠습니다만, 당신이 그것을 할 필요는 없었는데요.」

15

Improvisation is an important part of jazz. This means that the musicians make the music up as they go along, or create the music on the spot. This is why a jazz song might _____ each time it is played.

① sounds a little different
② sounds a little differently
③ sound a little differently
④ sound a little different

TIP improvisation 즉흥연주, 즉석에서 하기 make up 작곡하다, 만들어내다 on the spot 즉석에서, 그 자리에서

④ '조동사(might) + 동사원형(sound)'의 형태를 취하며, 감각동사 뒤에는 형용사가 보어로 위치한다(부사 아님에 주의).
「즉흥연주는 재즈의 중요한 부분이다. 이것은 음악가들이 연주하면서, 또는 즉석에서 작곡한다는 의미이다. 이것이 바로 재즈가 연주될 때마다 조금씩 다르게 들리게 되는 이유이다.」

Answer 14.① 15.④

04 수동태

❶ ‥ 수동태로의 전환

(1) 3형식의 전환

주어는 'by + 목적격'으로, 목적어는 주어로, 동사는 be + p.p.로 바뀐다.

He broke this window. 그는 이 창문을 깨뜨렸다.

→This window was broken by him.

(2) 4형식의 전환

일반적으로 간접목적어(사람)를 주어로 쓰고, 직접목적어(사물)가 주어 자리에 올 때에는 간접목적어 앞에 전치사(to, for of 등)를 붙인다. 이 때 전치사 to는 생략 가능하다.

She gave me another chance. 그녀는 나에게 다른 기회를 주었다.

→I was given another chance by her(간접목적어가 주어).

→Another chance **was given** (**to**) me by her(직접목적어가 주어).

My mother bought me these books. 나의 어머니가 나에게 이 책들을 사주었다.

→These books **was bought for** me by my mother(직접목적어가 주어).

He asked me a question. 그는 나에게 질문을 하였다.

→I was asked a question by him(간접목적어가 주어).

→A question **was asked of** me by him(직접목적어가 주어).

(3) 5형식의 전환

목적어가 주어로, 목적보어가 주격보어로 된다.

She always makes me happy. 그녀는 항상 나를 행복하게 한다.

→I am always made happy by her.

They elected him chairman. 그들은 그를 의장으로 뽑았다.

→He was elected chairman (by them).

❷ ‥ 의문문과 명령문의 수동태

(1) 의문문의 수동태

① 일반의문문 : 먼저 평서문으로 전환해서 수동태로 고친 후, 주어와 동사를 도치시켜 의문문을 만든다.

Did he write this letter? 그가 이 편지를 썼습니까?

→He wrote this letter.

→This letter was written by him.

→Was this letter written by him?

Can you speak English? 영어로 말할 수 있습니까?

→You can speak English.

→English can be spoken (by you).

→Can English be spoken (by you)?

📞 보충학습

수동태를 만들 수 없는 경우

㉠ 목적어를 갖지 않는 1·2형식 문장은 수동태를 만들 수 없다.

㉡ 목적어를 갖는 타동사 중에서도 상태를 나타내는 동사(have, resemble, lack, fit 등)는 수동태를 만들 수 없다.

She resembles her mother(○).

그녀는 엄마를 닮았다.

→Her mother is resembled by her(×).

㉢ 4형식 문장에서 buy, make, bring, read, sing, write, get, pass 등은 간접목적어를 주어로 한 수동태를 만들 수 없다.

He made me a doll.

그는 나에게 인형을 만들어 주었다.

→A doll was made for me by him(○).

→I was made a doll by him(×).

📞 보충학습

조동사가 있는 문장의 수동태

조동사는 변하지 않고 뒤에 오는 동사원형이 be + p.p.로 바뀐다.

You must shut the door. 문을 닫아야 한다.

→The door must be shut (by you).

② 의문사가 있는 의문문 : 의문사가 있는 의문문의 수동태는 의문사를 문두에 두어야
   한다.

   ㉠ 의문사가 주어일 때

      Who invented the telephone?

      →The telephone was invented by whom.

      →By whom was the telephone invented? 전화는 누구에 의해 발명되었느냐?

   ㉡ 의문사가 목적어일 때

      What did he make?

      →He made what.

      →What was made by him? 무엇이 그에 의해 만들어졌느냐?

   ㉢ 의문부사가 있을 때

      When did you finish it?

      →When you finished it.

      →When it was finished (by you).

      →When was it finished (by you)? 언제 그것이 끝나겠느냐?

(2) 명령문의 수동태

사역동사 let을 써서 바꾼다.

① 긍정명령문 : let + O + be + p.p.

   Play that music. 그 음악을 틀어라.

   →Let that music be played.

② 부정명령문 : Don't let + O + be + p.p. = Let + O + not + be + p.p.

   Don't forget your umbrella. 우산을 잊지 말아라.

   →Don't let your umbrella be forgotten.

   →Let your umbrella not be forgotten.

❸ ‥ 진행형과 완료형의 수동태

(1) 진행형의 수동태

be + being + p.p.의 형태로 표현한다.

Tom is painting this house.

→This house **is being painted** by Tom. 이 집은 Tom에 의해 페인트칠이 되었다.

(2) 완료형의 수동태

have + been + p.p.의 형태로 표현한다.

Your words have kept me awake.

→I **have been kept** awake by your words. 나는 너의 말에 의해 눈뜨게 되었다.

🎓 보충학습

have(get) + O + p.p.

㉠ 사역의 의미(이익의 뜻 내포)

  I **had(got)** my watch **mended**.

  나는 내 시계를 수리하게 시켰다.

㉡ 수동의 의미(피해의 뜻 내포)

  I **had(got)** my watch **stolen**.

  나는 내 시계를 도둑맞았다.

④ ·· 주의해야 할 수동태

(1) 사역동사와 지각동사의 수동태

① 5형식 문장에서 사역동사와 지각동사의 목적보어로 쓰인 원형부정사는 수동태로 전환할 때 앞에 to를 붙여준다.

I saw them cross the road.

→They **were seen to cross** the road by me. 그들이 길을 건너는 것이 나에게 보였다.

We made him finish the work.

→He **was made to finish** the work (by us). (우리는) 그가 일을 끝내게 시켰다.

② 사역동사 let의 수동태 : 사역동사 let이 쓰인 문장의 수동태는 allowed, permitted 등의 유사한 뜻을 가진 단어로 대체한다.

Her mother let her go out.

→She **was allowed to go** out by her mother.
그녀는 외출하도록 그녀의 어머니에게 허락받았다.

(2) by 이외의 전치사를 쓰는 수동태

① 기쁨, 슬픔, 놀람 등의 감정을 나타내는 동사 : 주로 수동태로 표현되며, 전치사는 at, with 등을 쓴다.

㉠ be surprised[astonished, frightened] at : ~에 놀라다.

The news surprised me.

→I **was surprised at** the new. 나는 그 소식에 깜짝 놀랐다.

㉡ be pleased[delighted, satisfied, disappointed] with : ~에 기뻐하다(기뻐하다, 만족하다, 실망하다).

The result pleased me.

→I **was pleased with** the result. 나는 결과에 기뻤다.

② 그 외의 관용적인 표현

㉠ be married to : ~와 결혼하다.

㉡ be interested in : ~에 관심이 있다.

㉢ be caught in : ~을 만나다.

㉣ be absorbed in : ~에 몰두하다.

㉤ be robbed of : ~을 빼앗기다, 강탈당하다(사람주어).

㉥ be dressed in : ~한 옷을 입고 있다.

㉦ be ashamed of : ~을 부끄럽게 여기다.

㉧ be convinced of : ~을 확신하다.

㉨ be covered with : ~으로 덮이다.

㉩ be tired with : ~에 지치다.

㉪ be tired of : ~에 싫증나다.

㉫ be made of : ~으로 만들어지다(물리적).

㉬ be made from : ~으로 만들어지다(화학적).

㉭ be known + 전치사

• be known to : ~에게 알려지다(대상).

• be known by : ~을 보면 안다(판단의 근거).

• be known for : ~때문에 알려지다(이유).

• be known as : ~으로서 알려지다(자격 · 신분).

(3) 주어가 'no + 명사'인 문장의 수동태

not(never) ~ by any : 의 형태로 쓴다.

No scientist understood his idea.

→ His idea was **not** understood **by any** scientist(○).
그의 생각은 어느 과학자에게도 이해받지 못했다.

→ His idea was understood by no scientist(×).
Nothing satisfies her.

→ She is **not** satisfied **with anything**(○). 그녀는 어느 것에도 만족하지 못했다.

→ She is satisfied with nothing(×).

(4) 타동사구의 수동태

'자동사 + (부사) + 전치사'나 '타동사 + 목적어 + 전치사'를 하나의 타동사로 취급한다.

① 자동사 + (부사) + 전치사

㉠ send for : ~을 부르러 보내다.

㉡ look for : ~을 찾다(= search).

㉢ account for : ~을 설명하다(= explain).

㉣ ask for : ~을 요구하다(= demand).

㉤ laugh at : ~을 비웃다, 조롱하다(= ridicule).

㉥ add to : ~을 증가시키다(= increase).

㉦ look up to : ~을 존경하다(= respect).

㉧ look down on : ~을 경멸하다(= despise).

㉨ put up with : ~을 참다(= bear, endure, tolerate).

㉩ do away with : ~을 폐지하다(= abolish).

㉪ speak well of : ~을 칭찬하다(= praise).

㉫ speak ill of : ~을 욕하다, 비난하다(= blame).

We cannot put up with these things.

→ These things cannot **be put up with** (by us). 이것들은 참을 수 없게 한다.

② 타동사 + 목적어 + 전치사

㉠ take care of : ~을 보살피다.

㉡ pay attention to : ~에 주의를 기울이다.

㉢ take notice of : ~을 주목하다.

㉣ make use of : ~을 이용하다.

㉤ get rid of : ~을 제거하다.

㉥ take advantage of : ~을 이용하다.

She took good care of the children.

→ The children was taken good care of by her. 아이들은 그녀에 의해 잘 보살펴졌다.

→ Good care was taken of the children by her(타동사구 부분의 목적어를 주어로 활용할 수도 있다).

1 우리말을 영어로 바르게 옮긴 것은?

2021. 9. 11. 지역인재 9급 선발시험

① 나는 책 읽는 것을 멈추고 산책을 했다.
→ I stopped to read a book and took a walk.

② 국가는 개인과 마찬가지로 크기로 판단할 것은 아니다.
→ A nation is not to be judged by its size any less than an individual.

③ 동물학자들은 그 개가 집으로 어떻게 성공적으로 돌아올 수 있었는지 여전히 혼란스러워하고 있다.
→ Zoologists are still confusing about how the dog managed to find its way back home.

④ 상층의 공기에 일단 끌려 들어가면 곤충, 씨앗 등은 쉽게 다른 곳으로 운반될 수 있다.
→ Once drawn into the upper air, insects, seeds, and the like can easily be carried to other parts.

TIP ① stop to read는 읽기 위해서 멈춘다는 의미이고, 문제와 같은 의미가 되기 위해서는 to read 대신 reading이 되어야 한다.
② ~와 마찬가지로 라는 의미로 any less than이 아닌 any more than이 되어야 한다.
③ 동물학자들이 혼란스러운 수동의 의미이기 때문에 confusing이 아닌 confused가 되어야 한다.

2 우리말을 영어로 잘못 옮긴 것은?

2020. 7. 11. 인사혁신처

① 인간은 환경에 자신을 빨리 적응시킨다.
→ Human beings quickly adapt themselves to the environment.

② 그녀는 그 사고 때문에 그녀의 목표를 포기할 수밖에 없었다.
→ She had no choice but to give up her goal because of the accident.

③ 그 회사는 그가 부회장으로 승진하는 것을 금했다.
→ The company prohibited him from promoting to vice-president.

④ 그 장난감 자동차를 조립하고 분리하는 것은 쉽다.
→ It is easy to assemble and take apart the toy car.

TIP **have no choice but to~** ~할 수 밖에 없다 **assemble** 모이다, 조립하다
① 주어와 목적어가 같을 경우 목적어 자리에 재귀대명사를 쓰는 데 옳게 쓰였다. "adapt A to B"는 'A를 B에 적응시키다'라는 뜻이다.
② "have no choice but to RV"는 '~할 수 밖에 없다'라는 뜻의 관용어구로 옳게 쓰였다.
③ 그가 부회장으로 승진되는 것이기 때문에 promoting을 being promoted로 바뀌어야 한다.
④ easy가 포함된 난이형용사 구문이 옳게 쓰였다.

3 밑줄 친 부분 중 어법상 옳지 않은 것은?

2019. 8. 17. 지역인재 9급 선발시험

Most of us ①are amazed by the rapid pace of technology at the beginning of the twenty-first century. We often wonder what life will be ②like 50 or 100 years from now. But do you ever wonder how your life would have been if you ③had been alive 100 years ago? Do you think you would have been ④pleasing with your life back then?

Answer 1.④ 2.③ 3.④

TIP pleasing → pleased. please는 감정동사로 문제에서 주어가 감정을 느끼는 주체이므로 수동태가 온다.

「우리의 대부분은 21세기 초의 빠른 기술 속도에 놀란다. 우리는 종종 지금으로부터 50년 또는 100년 후의 삶을 궁금해 한다. 그러나 당신은 100년 전에 살았더라면 어땠을지 궁금해 한 적이 있는가? 당신이 그 당시 당신의 삶에 만족했을 거라고 생각하는가?」

4 밑줄 친 부분 중 어법상 옳지 않은 것은?

2019. 6. 15. 제1회 지방직

Each year, more than 270,000 pedestrians ① <u>lose</u> their lives on the world's roads. Many leave their homes as they would on any given day never ② <u>to return</u>. Globally, pedestrians constitute 22% of all road t raf fic f atalities, and in some countries this proportion i s ③ <u>as high as</u> two thirds o f all road traf f ic deaths. Millions of pedestrians are non-fatally ④ <u>injuring</u>-some of whom are l ef t with permanent disabilities. These incidents cause much suf fering and grief as well as economic hardship.

TIP pedestrian 보행자 constitute 구성하다 fatality 사망자, 치사율 proportion 비율 grief 슬픔
① 주어 more than 270,000 pedestrians가 복수 주어이기 때문에 복수형 동사인 lose가 올바르다.
② never to는 '결코 ~하지 못하다'라는 뜻으로, to부정사의 부사적 용법 중 결과를 의미한다. 올바른 표현이다.
③ as ~ as 사이에 들어갈 수 있는 품사는 형용사와 부사의 원급이다. high가 올바르게 쓰였다.
④ 주어인 millions of pedestrians가 부상을 당하는 것이므로 능동(injuring)이 아니라 수동(injured)이 되어야 한다.

「매년 270,000명 이상의 보행자들이 전 세계의 도로에서 생명을 잃는다. 많은 사람들은 어떤 날에 (평소처럼) 떠나듯이 그들의 집을 나서지만 결코 집에 돌아오지 못한다. 전 세계적으로, 보행자들은 모든 도로 교통 사망자 중에 22%를 차지하고, 몇몇 국가에서는 이 비율이 모든 도로 교통 사망자의 3분의 2만큼 높다. 수백만 명의 보행자들이 치명상을 당하지는 않는다 - (하지만) 그들 중 일부에게는 영구적인 장애가 남게 된다. 이런 사고들은 경제적 어려움뿐만 아니라 많은 고통과 슬픔을 야기한다.」

5 밑줄 친 부분 중 어법상 옳지 않은 것을 고르시오.

2019. 4. 6. 인사혁신처

Domesticated animals are the earliest and most effective 'machines' ① <u>available</u> to humans. They take the strain off the human back and arms. ② <u>Utilizing</u> with other techniques, animals can raise human living standards very considerably, both as supplementary foodstuffs (protein in meat and milk) and as machines ③ <u>to carry</u> burdens, lift water, and grind grain. Since they are so obviously ④ <u>of</u> great benef it, we might expect to f ind that over the centuries humans would increase the number and quality of the animals they kept. Surprisingly, this has not usually been the case.

TIP domesticated 길들인 take off 제거하다 strain 무거운 짐 utilize 이용하다 considerably 상당히 supplementary 보충의, 추가의 foodstuff 식료품 burden 짐
① "형용사/부사"를 묻는 문제이다. 앞에 있는 machines를 수식할 수 있는 형용사가 오는 것이 적절하다. available 앞에 "which are"가 생략된 것으로 볼 수 있다.
② "능동태/수동태"를 묻는 문제이다. utilize의 목적어가 없는 것으로 봐서 수동태의 형태가 오는 것이 적절하다. utilized로 고쳐야 한다.
③ 앞에 있는 machines을 수식해주는 to carry의 형태가 적절하다. to 부정사의 형용사적 용법이다.
④ "of +추상명사"는 형용사의 역할을 한다. 따라서 of great benefit은 very beneficial과 같은 의미이다.

「가축은 인간에게 이용 가능한 가장 초기의 그리고 가장 효과적인 '기계'이다. 그들은 인간의 등과 팔의 무거운 짐을 덜어준다. 다른 기술들과 함께 이용될 때, 동물들은 보충 식량제(육류에서의 단백질과 우유)로서 그리고 물건을 나르고 물을 길어 올리고 곡식을 갈기 위한 기계로서 매우 상당히 인간의 삶의 수준을 향상시킬 수 있다. 그들은 너무 명백하게 유용했기 때문에, 우리는 인간이 수 세기 동안 그들이 보유한 동물의 수와 품질을 향상시켰을 거라고 기대할지도 모른다. 놀랍게도, 이것은 대개 그렇지만은 않았다.」

Answer 4.④ 5.②

※ 우리말을 영어로 잘못 옮긴 것을 고르시오. 【1~2】

1

① 그를 당황하게 한 것은 그녀의 거절이 아니라 그녀의 무례함이었다.

→It was not her refusal but her rudeness that perplexed him.

② 부모는 아이들 앞에서 그들의 말과 행동에 대해 아무리 신중해도 지나치지 않다.

→Parents cannot be too careful about their words and actions before their children.

③ 환자들과 부상자들을 돌보기 위해 더 많은 의사가 필요했다.

→More doctors required to tend the sick and the wounded.

④ 설상가상으로, 또 다른 태풍이 곧 올 것이라는 보도가 있다.

→To make matters worse, there is a rcport that another typhoon will arrive soon.

TIP tend (환자, 어린이들을) 돌보다, 간호하다 **wounded** 부상은 입은

① not A but B A가 아니라 B다
② cannot ~ too 아무리 ~해도 지나치지 않다
③ 많은 의사들이 필요 되어지다'라는 의미이므로 수동태 were required가 맞다. '형용사/분사' 앞에 정관사 the를 써서 '~하는 사람들'을 뜻하는 복수 명사를 만들 수 있다. the sick(=sick people), the wounded(=wounded people, the persons (who are) wounded)로 표현한다.
④ to make matters worse 설상가상으로

2

① 가능한 모든 일자리를 알아보았음에도 불구하고, 그는 적당한 일자리를 찾지 못했다.

→Despite searching for every job opening possible, he could not find a suitable job.

② 당신이 누군가를 믿을 수 있는지 알아보는 최선책은 그 사람을 믿는 것이다.

→The best way to find out if you can trust somebody is to trust that person.

③ 미각의 민감성은 개인의 음식 섭취와 체중에 크게 영향을 미친다.

→Taste sensitivity is largely influenced by food intake and body weight of individuals.

④ 부모는 그들의 자녀가 성장하고 학습하는 데 알맞은 환경을 제공할 책임이 있다.

→Parents are responsible for providing the right environment for their children to grow and learn in.

TIP suitable 적당한, 알맞은 **be influenced by** ~에 영향을 받다

① 전치사 despite 뒤에 절이 아닌 동명사구가 나왔으므로, 올바른 표현이다.
② 전체 주어는 the best way to find out if you can trust somebody이다. the best way 단수 형태에 맞춰 동사 is가 맞게 쓰였다.
③ '영향을 미친다'는 능동이므로 수동태인 is influenced by를 능동의 형태 largely influences on으로 고쳐야 한다.
④ the environment를 to부정사(to grow and learn in)가 수식하고 있고 to부정사구의 의미상 주어로 for their children이 알맞게 쓰였다. 또한 to부정사 구에서 '환경에서' 자라고 배우는 것이므로 전치사 in을 써주었다. (in이 없으면 the environment가 grow와 learn의 목적어가 되는데 이는 의미상 적절하지 않다.)

⌂Answer 1.③ 2.③

3 밑줄 친 부분 중 어법상 옳지 않은 것을 고르시오.

> When I was growing up, many people asked me ① if I was going to follow in my father's footsteps, to be a teacher. As a kid, I remember ② saying, "No way. I'm going to go into business." Years later I found out that I actually love teaching. I enjoyed teaching because I taught in the method ③ in which I learn best. I learn best via games, cooperative competition, group discussion, and lessons. Instead of punishing mistakes, I encouraged mistakes. Instead of asking students to take the test on their own, they ④ required to take tests as a team. In other words, action first, mistakes second, lessons third, laughter fourth.

① if

② saying

③ in which

④ required

TIP follow in somebody's footsteps ～의 선례를 좇아 나아가다 via ～을 통해서

① if는 ask, know, find out, wonder 등의 동사 뒤에 쓰여 '～인지'라는 뜻으로 명사절을 이끄는 접속사이다. 유사어로 whether가 있는데, whether는 or not과 함께 쓰기도 하고, 명사절로서 주어 역할을 하거나 전치사의 목적어로 쓰일 수 있다.

② ·remember to~(to 부정사) : (앞으로 ~할 것을) 기억하다
·remember ~ing(동명사) : (과거에 ~했던 것을) 기억하다
어렸을 때(as a kid) 했던 말이므로, remember saying이 맞다.

③ ~I taught in the method 문장과 I learn best in the method 문장이 연결된 문장이다.
I taught in <u>the method(선행사) which</u> I learn best <u>in</u>. → I taught in the method <u>in which</u> I learn best.

④ 시험을 치르도록 요구받는 대상이므로 required→ were required의 수동 형태가 적절하다.

「내가 자랄 때, 많은 사람들은 내게 나의 아버지의 뒤를 따라 교사가 될 것인지 물었다. 아이일 때 '아뇨, 전 사업 할래요.'라고 대답했던 것을 기억한다. 수년 뒤에 난, 내가 사실 가르치는 것을 매우 좋아한다는 것을 알게 되었다. 나는 내가 가장 잘 배울 수 있는 방법으로 가르쳤기 때문에 가르치는 것이 즐거웠다. 나는 게임과, 협력적 경쟁, 집단토론, 그리고 수업들을 통해 가장 잘 배운다. 실수를 벌하는 대신, 실수들을 장려한다. 학생들이 그들 혼자서 시험을 치르도록 요구하는 대신, 그들은 팀을 이루어 시험을 치르도록 요구받았다. 다시 말해 행동이 먼저였고, 실수가 그 뒤를 따르면, 그것을 통해 교훈을 얻고, 결국에는 웃을 수 있었다.」

4 우리말을 영어로 옮긴 것으로 가장 적절하지 않은 것은?

① 그들이 10년간 살았던 집이 폭풍에 심하게 손상되었다.

→The house which they have lived for 10 years badly damaged by the storm.

② 수학 시험에 실패했을 때에서야 그는 공부를 열심히 하기로 결심했다.

→It was not until when he failed the math test that he decided to study hard.

③ 냉장고에 먹을 것이 하나도 남아있지 않아서, 어젯밤에 우리는 외식을 해야 했다.

→We had nothing left to eat in the refrigerator, so we had to eat out last night.

④ 우리는 운이 좋게도 그랜드캐넌을 방문했는데, 거기에는 경치가 아름다운 곳이 많다.

→We were fortunate enough to visit the Grand Canyon, which has much beautiful landscape.

TIP fortunate 운 좋은, 다행인 landscape 풍경

① which가 목적으로 쓰여 in which가 되어야 한다. 또한 태풍에 손상되었던 것은 과거의 일이기에 had lived가 되어야 한다. 그리고 집이 태풍에 손상을 입었으므로 수동태인 was badly damaged로 표현해야 한다.

→The house <u>in which</u> they <u>had lived</u> for 10 years <u>was badly damaged</u> by the storm.

Answer 3.④ 4.①

※ 다음 중 문법적으로 올바른 문장은? 【5～6】

5

① Both adolescents and adults should be cognizant to the risks of second-hand smoking.

② His address at the luncheon meeting was such great that the entire audience appeared to support him.

③ Appropriate experience and academic background are required of qualified applicants for the position.

④ The major threat to plants, animals, and people is the extremely toxic chemicals releasing into the air and water.

> **TIP** adolescent 청소년   be cognizant of ～을 인식하다   second-hand smoking 간접흡연   release 방출하다
>
> ① 이 문장에서 사용된 cognizant는 전치사 of와 함께 「～을 알고 있는, 인식하는」의 의미로 사용되므로 문장의 to기 of로 바뀌어야 한다.
> ② so(such) ～ that 구문은 「너무 ～해서 ～하다」의 의미로 such는 명사(혹은 형용사 + 명사)를 취하고 so는 형용사나 부사를 취한다. 이 문장에서 such를 so로 바꾸어야 한다.
> ③ require가 수동형태 be required of ～(～에게 요구되다)로 쓰였다. 또한 주어가 appropriate experience and academic background이므로 and로 연결된 두 가지 개념으로 보아 복수로 취급하여 동사 역시 복수형태(are)로 썼다.
> ④ releasing의 수식을 받는 chemicals는 공기 중과 수중으로 방출되는 수동의 의미이므로 released로 바꾸어야 한다.
>
> 「① 청소년들과 성인들은 간접흡연의 위험성에 관해 인식해야 한다.
> ② 오찬 회의에서 그의 연설이 너무 훌륭해서 모든 청중들은 그를 지지했다.
> ③ 적절한 경험과 학문적인 배경이 그 직위의 지원자들에게 요구된다.
> ④ 식물, 동물 그리고 사람들에게 가장 큰 위협은 공기와 물로 방출된 독성 화학물이다.」

6

① I fear lest he fall from the tree.

② All of us fascinated with the beautiful sight.

③ A year had hardly passed before another war broke out.

④ Many a man has tried it.

> **TIP** lest ～은 아닐까 하고, ～하지나 않을까 하여   fascinate 매혹시키다, 황홀하게 하다   sight 풍경, 경치, 광경   break out (전쟁·화재 등이) 일어나다, 발생하다, 돌발하다
>
> ② fascinated → are fascinated, fascinate(매혹시키다)는 사역의 의미를 지니고 있는 감정동사로 사람주어의 감정을 나타낼 때는 수동의 문장이 되어야 하며 전치사 with와 함께 be fascinated with의 형태로 쓰여야 한다.
>
> 「① 나는 그가 나무에서 떨어지는 것은 아닐까 하고 걱정한다.
> ② 우리 모두는 아름다운 풍경에 매혹되었다.
> ③ 또 다른 전쟁이 일어나기 전 한 해는 거의 지나가지 않았다.
> ④ 많은 사람들이 그것을 시도해 왔다.」

Answer 5.③ 6.②

※ 다음 중 문법적으로 옳지 않은 것은? 【7∼8】

7
① I proposed that the money be spent on library books.
② It is natural that you should get angry.
③ She is surprising at the news.
④ The airplane took off 10 minutes ago.

> **TIP** take off (비행기 등이) 이륙하다
>
> ③ surprising → surprised, surprise(깜짝 놀라게 하다) 등 감정을 나타내는 동사가 사람을 주어로 하는 때에는 수동태로 표현되어 사람주어의 심리상태를 나타낸다.
> 「① 나는 그 돈을 도서관에 책을 구입하는 데 쓰자고 제안했다.
> ② 네가 화내는 것도 당연하다.
> ③ 그녀는 그 소식에 놀랐다.
> ④ 그 비행기는 10분 전에 이륙했다.」

8
① This week we've had the house broken into by thieves.
② One does not like to have one's word doubt.
③ We got our roof blown off in the gale last night.
④ He left his work unfinished and went swimming.

> **TIP** break into ∼에 침입하다 doubt 의심하다, 수상하게 여기다 blow off (먼지 등을) 불어서 날려버리다 gale 질풍, 강풍
>
> ② doubt → doubted, have가 사역동사의 역할을 할 때 목적어(one's word)와 목적보어(doubt)의 관계가 피동이면 목적보어의 형태는 과거분사(p.p.)형이 되어야 한다.
> 「① 이번 주에 우리 집에 도둑이 들었다.
> ② 사람은 자기 말이 의심받게 되는 것을 좋아하지 않는다.
> ③ 어젯밤 질풍으로 지붕이 날아가 버렸다.
> ④ 그는 일을 다 마치지도 않고 내버려둔 채 수영하러 갔다.」

9 다음 문장의 밑줄 친 부분 중 옳지 않은 것은?

> I <u>had been</u> <u>driving</u> for an hour when the rabbit <u>was jumped</u> out in front of my car.

① had been
② driving
③ was jumped
④ no error

> **TIP** rabbit (집)토끼 jump out 뛰어들다
>
> ③ was jumped → was jumping, jump의 행위는 rabbit이 직접 하는 것이므로 능동진행형을 사용해야 한다.
> 「토끼가 내 차 앞으로 뛰어들었을 때 나는 한 시간째 운전 중이었다.」

Answer 7.③ 8.② 9.③

※ 다음 문장의 밑줄 친 부분 중 문법적으로 옳지 않은 것을 고르시오. 【10 ~ 12】

10

Gold leaf ①being often used ②to decorate ③surface of picture ④frames and furniture.

> **TIP** gold leaf 금박 leaf 잎, 한 장(2쪽), (금·은 등의) 박(箔) decorate 꾸미다, 장식하다, 훈장을 주다 surface 표면 frame 뼈대, 골격, 틀, 액자
>
> ① being → is. 의미상 동사는 수동의 형태가 되어야 하므로 being이 is가 되어야 한다.
>
> 「금박은 종종 그림액자와 가구의 표면을 장식하는 데 사용되곤 한다.」

11

Pro-life and pro-choice forces ①are bracing for ②competing observances on Jan. 22, the twelfth anniversary of the Supreme Court decision that ③was struck down most legal ④restrictions on abortion.

> **TIP** pro-life 임신중절 합법화 반대의 pro-choice 임신중절 합법화 지지의 force 세력, 힘 brace for (곤란 등에) 대비하다 competing 경쟁하는, 경합하는, 겨루는 observance(s) 행사, 의식 anniversary 기념일 Supreme Court 최고법원, 대법원 decision 결정, 판결 strike down 때려눕히다, 죽이다 legal 법률의, 합법의, 적법의 restriction 제한, 한정, 구속 abortion 낙태, 유산
>
> ③ was struck down → struck down, that은 주격 관계대명사이고 선행사는 the Supreme Court decision이다. 대법원의 결정은 낙태에 대한 법적인 제재를 철폐시킨 것이므로 수동태를 능동태로 고쳐야 한다.
>
> 「임신중절 합법화에 반대하는 세력과 찬성(지지)하는 세력은 낙태에 대한 대부분의 법률적인 제재를 철폐시켰던 대법원의 판결이 내려진 지 12번째 기념일인 1월 22일 즈음하여 경쟁적인 행사에 대비하고 있다.」

12

Though Johnson knew his serious defects, he ①was broad-minded enough ②to appoint the man ③to the important position because he ④was convincing of his ability.

> **TIP** defect 결점, 결함, 단점, 약점 broad-minded 마음이 넓은, 관대한, 편견이 없는 appoint 지명(임명)하다, 정하다 convince 확신시키다, 납득시키다 be convinced of(that ~) ~을(라고) 확신하다
>
> ④ was convincing → was convinced, convince(확신시키다)에는 이미 사역의 의미가 포함되어 있으므로 사람을 주어로 하여 그 확신을 나타낼 때에는 수동형 be convinced를 써주어야 한다.
>
> 「Johnson은 그의 심각한 결점을 알고 있었음에도 불구하고, 그의 능력을 확신하였기 때문에 그 중요한 자리에 그 남자를 임명할 만큼 마음이 넓었다.」

Answer 10.① 11.③ 12.②

※ 다음 문장의 빈칸에 들어갈 가장 알맞은 것을 고르시오. 【13~14】

13

> The spokesman for the party denied that the president _____ the scandal.

① involved ② involved in

③ was involved in ④ got involved with

> **TIP** spokesman 대변인 deny 부인하다, 부정하다, 거절하다 scandal 추문, 불명예, 악평 involve 포함하다, 수반하다, 관련시키다, 연루시키다 be involved in ~에 연루되다
>
> ③ 대통령이 연루(관련)된 것이므로 전치사 in과 함께 수동태가 되어야 한다.
>
> 「그 당의 대변인은 대통령이 그 스캔들에 연루되었음을 부인했다.」

14

> The young man was taken to the hospital _____.

① due to his serious wounds receiving on the battlefield

② resulting from serious wounds having received on the battlefield

③ with serious wounds on the battlefield which he had received

④ because he had been wounded seriously on the battlefield

> **TIP** due to ~때문에, ~에 기인하는 wound 부상, 상처(를 입히다) receive (고통 등을) 받다, (상처 등을) 입다
> battlefield 전쟁터, 싸움터 result from 결과로서 생기다, 기인(유래)하다
>
> ④ '부상을 당하다, 상처를 입다'의 표현은 '사람(S) + be wounded / receive ~' 또는 '부상·상처(S) + wound / be received ~'이며, 시제상 병원으로 이송된 시점보다 중상을 입은 것이 먼저이기 때문에 과거완료로 표현한다.
>
> 「그 젊은이는 전쟁터에서 중상을 입어서 병원으로 이송되었다.」

15 다음 글에서 밑줄 친 부분 중 어법상 옳지 않은 것은?

> There are about 10,000,000 children under five years old who need care while their mothers work. ①Relatives care for about half of these preschool children. The other half ②is looking after by people outside of the family. Some working mothers hire baby-sitters ③to come into their homes. However, this choice is ④too expensive for many people.

> **TIP** relative 친척 care for 돌보다 preschool 미취학의 look after 돌보다, 보살펴주다 hire 고용하다, 세내다, 빌리다, 임대하다 baby-sitter 보모
>
> ② is looking after by → are looked after by, 주어가 The other half of about 10,000,000 children under five years old(= about 5,000,000 children under the five years old)로 복수이며, 보살핌을 받으므로 수동형태가 되어야 한다.
>
> 「어머니들이 일하는 동안에 보살핌을 필요로 하는 5살 미만의 약 1천만 명의 어린이들이 있다. 친척들이 이런 미취학 어린이들의 절반을 돌본다. 나머지 절반은 가족 외의 사람들에 의해 보살핌을 받는다. 어떤 일하는 어머니들은 그들의 집으로 오는 보모를 고용한다. 하지만 이 선택은 많은 사람들에게 너무 비싸다.」

Answer 13.③ 14.④ 15.②

05 부정사와 동명사

① ·· 부정사

(1) 부정사의 용법

① 부정사의 명사적 용법

㉠ 주어 역할 : 문장의 균형상 가주어 it을 문장의 처음에 쓰고 부정사는 문장 끝에 두기도 한다.

To tell the truth is difficult. 진실을 말하는 것은 어렵다.

It is sad **to lose** a friend(It : 가주어, to lose ~ : 진주어).

친구를 잃는 것은 슬픈 일이다.

㉡ 보어 역할 : be동사의 주격보어로 쓰여 '~하는 것이다'의 뜻을 나타낸다.

To teach is **to learn**. 가르치는 것이 배우는 것이다.

㉢ 목적어 역할 : 타동사의 목적어로 쓰인다. 특히 5형식 문장에서 believe, find, make, think 등의 동사가 부정사를 목적어로 취할 때에는 목적어 자리에 가목적어 it을 쓰고, 진목적어인 부정사는 문장 뒤에 둔다.

I promised Mary **to attend** the meeting.

나는 Mary에게 그 모임에 나가겠다고 약속했다.

I made **it** clear **to give up** the plan(it : 가목적어, to give up ~ : 진목적어).

나는 그 계획을 포기할 것을 명백하게 밝혔다.

② 부정사의 형용사적 용법

㉠ 한정적 용법 : 수식받는 명사와 부정사 사이에 성립하는 의미상의 주격·목적격관계는 다음과 같다.

• 명사가 부정사의 의미상의 주어

She was the only **one to survive** the crash(→She survived the crash ; She가 to survive의 의미상 주어). 그녀는 충돌사고에서의 유일한 생존자였다.

• 명사가 부정사의 의미상의 목적어

"Honesty pays" is **a good rule to follow**(→follow a good rule ; a good rule이 to follow의 의미상 목적어). "정직은 이익이 된다."는 것은 따를 만한 좋은 규칙이다.

• 명사가 부정사에 딸린 전치사의 목적어 : 부정사의 형태는 'to + 자동사 +전치사', 'to + 타동사 + 목적어 + 전치사'이다.

He has nothing **to complain about**(→complain about nothing ; nothing이 about의 목적어).

그는 아무런 불평이 없다.

I bought a case **to keep letters in**(→keep letters in a case ; a case가 in의 목적어).

나는 편지를 담을 상자를 샀다.

• 명사와 부정사가 동격관계 : 부정사가 명사를 단순 수식한다.

He had the courage **to admit** his mistakes. 그는 자기의 실수를 인정할 용기가 있었다.

= He had the courage of admitting his mistake.

㉡ 서술적 용법 : 부정사가 보어로 쓰인다.

• seem(appear, happen, prove) + to부정사

She **seems to be** clever. 그녀는 총명한 것 같다.

= It seems that she is clever.

- be동사 + to부정사의 용법 : 예정[~할 것이다(= will)], 의무[~해야 한다(= should)], 가능[~할 수 있다(= can)], 운명[~할 운명이다(= be destined to)]

  President **is to visit** Japan in August. 대통령은 8월에 일본을 방문할 것이다.

  You **are to eat** all your meal. 당신은 당신의 식사를 모두 먹어야 한다.

  Her ring was nowhere **to be** seen. 그녀의 반지는 어디에서도 볼 수 없었다(보이지 않았다).

  They **were** never **to meet** again. 그들은 결코 다시 만나지 못할 운명이다.

③ to부정사의 부사적 용법 : 동사 · 형용사 · 부사를 수식하여 다음의 의미를 나타낸다.

　㉠ 목적 : '~하기 위하여(= in order to do, so as to do)'의 뜻으로 쓰인다.

　　To stop the car, the policeman blew his whistle.

　　차를 세우기 위해 경찰관은 호각을 불었다.

　　I have come here **in order to(so as to) talk** to you. 너에게 말하기 위해 나는 여기 왔다.

　㉡ 감정의 원인 : '~하니, ~해서, ~하다니, ~하는 것을 보니(판단의 근거)'의 뜻으로 쓰이며, 감정 및 판단을 나타내는 어구와 함께 쓰인다.

　　I am sorry **to trouble** you. 불편을 끼쳐서 죄송합니다.

　　Mr. Smith is a true gentleman **to behave** like that.

　　그렇게 행동하다니 Mr. Smith는 진정한 신사이다.

　㉢ 조건 : '만약 ~한다면'의 뜻으로 쓰인다.

　　I should be happy **to be** of service to you. 당신에게 도움이 된다면 기쁘겠습니다.

　㉣ 결과 : '(그 결과) ~하다'의 뜻으로 쓰이며 'live, awake, grow (up), never, only + to부정사'의 형태로 주로 쓰인다.

　　He grew up **to be** a wise judge. 그는 자라서 훌륭한 판사가 되었다.

　　= He grew up, and became a wise judge.

　㉤ 형용사 및 부사 수식 : '~하기에'의 뜻으로 쓰이며, 앞에 오는 형용사 및 부사(easy, difficult, enough, too, etc)를 직접 수식한다.

　　His name is easy **to remember**. 그의 이름은 기억하기에 쉽다.

　• A enough to do : ~할 만큼 (충분히) A하다(= so A as to do, so A that + 주어 + can ~).

　　You are old **enough to understand** my advice.

　　당신은 나의 충고를 이해할 만큼 충분히 나이가 들었다.

　　= You are **so** old **as to understand** my advice.

　　= You are **so** old **that you can** understand my advice.

　• too A to do : 너무 A하여 ~할 수 없다(= so A that + 주어 + cannot ~).

　　The grass was **too** wet **to** sit on. 그 잔디는 너무 젖어서 앉을 수 없었다.

　　= The grass was **so** wet **that we couldn't** sit on it.

(2) 부정사의 의미상 주어

① 의미상 주어를 따로 표시하지 않는 경우 : 부정사의 의미상 주어는 원칙적으로 'for + 목적격'의 형태로 표시되지만, 다음의 경우에는 그 형태를 따로 표시하지 않는다.

　㉠ 문장의 주어나 목적어와 일치하는 경우

　　She promised me **to come** early[She(주어)가 come의 의미상 주어와 일치].

　　그녀는 일찍 오겠다고 나와 약속했다.

　　He told me **to write** a letter[me(목적어)가 write의 의미상 주어와 일치].

　　그는 나에게 편지를 쓰라고 말했다.

 보충학습

독립부정사

관용적 표현으로 문장 전체를 수식한다.

㉠ to begin(start) with : 우선

㉡ so to speak : 소위

㉢ strange to say : 이상한 얘기지만

㉣ to be frank(honest) : 솔직히 말해서

㉤ to make matters worse : 설상가상으로

㉥ to make matters better : 금상첨화로

㉦ to cut(make) a long story short : 요약하자면

📞 보충학습

'It is ~ for(of) 목적격 to부정사'의 문장전환

의미상의 주어가 'of + 목적격'의 형태인 경우 문장전환시 문두에 위치할 수 있지만, 'for + 목적격'의 형태인 경우에는 부정사의 목적어만 문두에 위치할 수 있다.

It is easy for him to read the book.

= **The book** is easy for him to read.

It is wise of him to tell the truth.

= **He** is wise to tell the truth.

ⓛ 일반인인 경우

To live is **to fight**. 사는 것은 싸우는 것이다.

ⓒ 독립부정사인 경우

② 의미상 주어의 형태

㉠ for + 목적격 : It is + 행위판단의 형용사(easy, difficult, natural, important, necessary, etc) + for 목적격 + to부정사

It is natural **for children** to be noisy. 어린이들이 시끄러운 것은 당연하다.

ⓛ of + 목적격 : It is + 성격판단의 형용사(kind, nice, generous, wise, foolish, stupid, careless, etc) + of 목적격 + to부정사

It is generous **of her** to help the poor. 가난한 이들을 돕다니 그녀는 관대하다.

(3) 부정사의 시제

① 단순부정사 : 'to + 동사원형'의 형태로 표현한다.

㉠ 본동사의 시제와 일치하는 경우

He seems **to be** rich. 그는 부자처럼 보인다.

= It seems that he **is** rich.

ⓛ 본동사의 시제보다 미래인 경우 : 본동사가 희망동사(hope, wish, want, expect, promise, intend, etc)나 remember, forget 등일 경우 단순부정사가 오면 미래를 의미한다.

Please remember **to post** the letter. 편지 부칠 것을 기억하세요.

= Please remember that you should **post** the letter.

② 완료부정사 : 'to + have p.p.'의 형태로 표현한다.

㉠ 본동사의 시제보다 한 시제 더 과거인 경우

He seems **to have been** rich. 그는 부자였던 것처럼 보인다.

= It seems that he was(has been) rich.

ⓛ 희망동사의 과거형 + 완료부정사 : 과거에 이루지 못한 소망을 나타내며, '~하려고 했는데 (하지 못했다)'로 해석한다.

I intended **to have married** her. 나는 그녀와 결혼하려고 작정했지만 그렇게 하지 못했다.

= I intended to **marry** her, but I couldn't.

(4) 원형부정사

원형부정사는 to가 생략되고 동사원형만 쓰인 것이다.

① 조동사 + 원형부정사 : 원칙적으로 조동사 뒤에는 원형부정사가 쓰인다.

② 지각동사 + 목적어 + 원형부정사 ~ (5형식) : '(목적어)가 ~하는 것을 보다, 듣다, 느끼다'의 뜻으로 see, watch, look at, notice, hear, listen to, feel 등의 동사가 이에 해당한다.

They **saw** a strange star **shine** in the sky.

그들은 하늘에서 낯선 별이 반짝이는 것을 보았다.

She **felt** her heart **beat** hard. 그녀는 심장이 몹시 뛰는 것을 느꼈다.

③ 사역동사 + 목적어 + 원형부정사 ~ (5형식)

㉠ '(목적어)가 ~하도록 시키다, 돕다'의 뜻으로 make, have, bid, let, help 등의 동사가 이에 해당한다.

Mother will not **let** me **go** out. 어머니는 내가 외출하지 못하게 하신다.

📞 보충학습

원형부정사의 관용적 표현

㉠ do nothing but + 동사원형 : ~하기만 하다.

ⓛ cannot but + 동사원형 : ~하지 않을 수 없다(= cannot help + -ing).

ⓒ had better + (not) + 동사원형 : ~하는 것이(하지 않는 것이) 좋겠다.

ⓛ help는 뒤에 to부정사가 올 수도 있다.

They **helped** me (**to**) **paint** the wall. 그들은 내가 그 벽에 페인트를 칠하는 것을 도왔다.

(5) 기타 용법

① 부정사의 부정 : 'not, never + 부정사'의 형태로 표현한다.

Tom worked hard **not to fail** again. Tom은 다시 실패하지 않기 위해 열심히 노력했다.

He makes it a rule **never to eat** between meals.

그는 식사 사이에는 늘 아무것도 먹지 않는다.

② 대부정사 : 동사원형이 생략되고 to만 쓰인 부정사로, 앞에 나온 동사(구)가 부정사에서 반복될 때 쓰인다.

A : Are you and Mary going to get married? 너와 Mary는 결혼할거니?

B : We hope **to**(= We hope to get married). 우리는 그러고(결혼하고) 싶어.

③ 수동태 부정사(to be + p.p.) : 부정사의 의미상 주어가 수동의 뜻을 나타낼 때 쓴다.

There is not a moment **to be lost**. 한순간도 허비할 시간이 없다.

= There is not a moment for us to lose.

❷ ·· 동명사

(1) 동명사의 용법

'동사원형 + -ing'를 이용해 명사형으로 만든 것으로 동사의 성격을 지닌 채 명사의 역할(주어·보어·목적어)을 한다.

① 주어 역할 : 긴 동명사구가 주어일 때 가주어 It을 문두에 쓰고 동명사 구는 문장 끝에 두기도 한다.

Finishing the work in a day or two is difficult.

하루나 이틀 안에 그 일을 끝내기는 힘들다.

= **It** is difficult **finishing** the work in a day or two(it : 가주어, finishing ~ : 진주어).

② 보어 역할

My hobby is **collecting** stamps. 내 취미는 우표수집이다.

③ 목적어 역할

ⓐ 타동사의 목적어 : 5형식 문장에서는 가목적어 it을 쓰고, 동명사구는 문장의 끝에 두기도 한다.

He suggested **eating** dinner at the airport. 그는 공항에서 저녁을 먹자고 제안했다.

I found **it** unpleasant **walking** in the rain(it : 가목적어, walking ~ : 진목적어).

나는 빗속을 걷는 것이 유쾌하지 않다는 것을 깨달았다.

ⓑ 전치사의 목적어

He gets his living by **teaching** music. 그는 음악을 가르쳐서 생활비를 번다.

 보충학습

동명사의 부정

동명사 앞에 not이나 never를 써서 부정의 뜻을 나타낸다.

I regret **not having** seen the movie.

나는 그 영화를 보지 않았던 것을 후회한다.

🖉 기출문제

다음 우리말을 영어로 가장 잘 옮긴 것은?

2012. 5. 12 상반기 지방직

그 회사의 마케팅 전략은 대금을 신용카드로 지불하는 것에 익숙한 소비자들을 겨냥하고 있다.

① The company's marketing strategy appeals to the consumers who are accustomed to pay bills by credit cards.

② Company's marketing strategy points toward the consumers who accustom to paying bills by credit cards.

③ The company's marketing strategy appeals to the consumers who are accustomed to paying bills by credit cards.

④ Company's marketing strategy point toward the consumers who accustom to pay bills by credit cards.

☞ ③

(2) 동명사의 의미상 주어

① 의미상의 주어를 따로 표시하지 않는 경우 : 문장의 주어 또는 목적어와 일치하거나 일반인이 주어일 때 의미상의 주어를 생략한다.

　㉠ 문장의 주어 또는 목적어와 일치하는 경우

　　I've just finished **reading** that book(주어와 일치). 나는 막 그 책을 다 읽었다.

　　He will probably punish me for **behaving** so rudely(목적어와 일치).

　　내가 무례하게 행동한 것에 대해 그는 아마 나를 나무랄 것이다.

　㉡ 일반인인 경우

　　Teaching is **learning**(일반인이 주어). 가르치는 것이 배우는 것이다.

② 의미상 주어의 형태

　㉠ 소유격 + 동명사 : 의미상의 주어가 문장의 주어나 목적어와 일치하지 않을 때 동명사 앞에 소유격을 써서 나타낸다. 구어체에서는 목적격을 쓰기도 한다.

　　There is no hope of **his coming**. 그가 오리라고는 전혀 기대할 수 없다.

　㉡ 그대로 쓰는 경우 : 의미상의 주어가 소유격을 쓸 수 없는 무생물명사나 this, that, all, both, oneself, A and B 등의 어구일 때에는 그대로 쓴다.

　　I can't understand **the train being** so late.

　　나는 그 기차가 그렇게 늦었는지 이해할 수 없다.

(3) 동명사의 시제와 수동태

① 단순동명사 : 본동사와 동일시제 또는 미래시제일 때 사용한다.

　He is proud of **being** rich. 그는 부유한 것을 자랑한다.

　= He is proud that he is rich.

　I am sure of his **succeeding**. 나는 그가 성공하리라 확신한다.

　= I am sure that he will succeed.

② 완료동명사 : having + p.p.의 형태를 취하며, 본동사의 시제보다 하나 앞선 시제를 나타낸다.

　He denies **having told** a lie. 그는 거짓말했던 것을 부인한다.

　= He denies that he told a lie.

③ 수동태 동명사 : 동명사의 의미상 주어가 수동의 뜻을 나타낼 때 being +p.p., having been + p.p.의 형태로 쓴다.

　I don't like **being asked** to make a speech(단순시제). 나는 연설청탁 받는 것을 싫어한다.

　He complained of **having been underpaid**(완료시제).

　그는 급료를 불충분하게 받았던 것을 불평하였다.

(4) 동명사의 관용적 표현

① It is no use + 동명사 : ~해봐야 소용없다(= It is useless to부정사).

　It is no use pretending that you are not afraid.

　당신이 무서워하지 않는 척해 봐야 소용없다.

② There is no + 동명사 : ~하는 것은 불가능하다(= It is impossible to부정사).

　There is no accounting for tastes. 기호(嗜好)를 설명하는 것은 불가능하다(취미는 각인각색).

③ cannot help + 동명사 : ~하지 않을 수 없다(= cannot out + 동사원형).

I **cannot help laughing** at the sight. 나는 그 광경에 웃지 않을 수 없다.

④ feel like + 동명사 : ~하고 싶다(= feel inclined to부정사, be in a mood to부정사).

She **felt like crying** when she realized her mistake.

그녀는 그녀가 그녀의 실수를 깨달았을 때 울고 싶었다.

⑤ of one's own + 동명사 : 자신이 ~한(= p.p. + by oneself)

This is a picture **of his own painting**. 이것은 그 자신이 그린 그림이다.

⑥ be on the point(verge, blink) of + 동명사 : 막 ~하려 하다(= be about to부정사).

He **was on the point of breathing** his last.

그는 막 마지막 숨을 거두려 하고 있었다(죽으려 하고 있었다).

⑦ make a point of + 동명사 : ~하는 것을 규칙으로 하다(= be in the habit of + 동명사).

He **makes a point of attending** such a meeting.

그는 그러한 모임에 참석하는 것을 규칙으로 한다.

⑧ be accustomed to + 동명사 : ~하는 버릇(습관)이 있다(= be used to + 동명사).

My grandfather **was accustomed to rising** at dawn.

나의 할아버지는 새벽에 일어나는 습관이 있었다.

⑨ on(upon) + 동명사 : ~하자마자 곧(= as soon as + S + V)

On hearing the news, he turned pale. 그 뉴스를 듣자마자 그는 창백해졌다.

⑩ look forward to + 동명사 : ~하기를 기대하다(= expect to부정사)

He **looked forward to seeing** her at the Christmas party.

그는 크리스마스 파티에서 그녀를 보기를 기대하였다.

❸ ·· 부정사와 동명사의 비교

(1) 부정사만을 목적어로 취하는 동사

ask, choose, decide, demand, expect, hope, order, plan, pretend, promise, refuse, tell, want, wish 등이 있다.

She **pretended** to asleep. 그녀는 자는 체했다.

(2) 동명사만을 목적어로 취하는 동사

admit, avoid, consider, deny, enjoy, escape, finish, give up, keep, mind, miss, postpone, practice, stop 등이 있다.

I'd like to **avoid** meeting her now. 나는 지금 그녀와 만나는 것을 피하고 싶다.

(3) 부정사와 동명사 둘 다를 목적어로 취하는 동사

begin, cease, start, continue, fear, decline, intend, mean 등이 있다.

Do you still **intend** to go(going) there? 너는 여전히 그 곳에 갈 작정이니?

⑷ 부정사와 동명사 둘 다를 목적어로 취하지만 의미가 변하는 동사

① remember(forget) + to부정사 / 동명사 : ~할 것을 기억하다[잊어버리다(미래)] / ~했던 것을 기억하다[잊어버리다(과거)].
   I **remember to see** her. 나는 그녀를 볼 것을 기억한다.
   I **remember seeing** her. 나는 그녀를 보았던 것을 기억한다.

② regret + to부정사 / 동명사 : ~하려고 하니 유감스럽다 / ~했던 것을 후회하다.
   I **regret to tell** her that Tom stole her ring.
   나는 Tom이 그녀의 반지를 훔쳤다고 그녀에게 말하려고 하니 유감스럽다.
   I **regret telling** her that Tom stole her ring.
   나는 Tom이 그녀의 반지를 훔쳤다고 그녀에게 말했던 것을 후회한다.

③ need(want) + to부정사 / 동명사 : ~할 필요가 있다(능동) / ~될 필요가 있다(수동).
   We **need to check** this page again. 우리는 이 페이지를 재검토할 필요가 있다.
   = This page **needs checking** again. 이 페이지는 재검토될 필요가 있다.

④ try + to부정사 / 동명사 : ~하려고 시도하다, 노력하다, 애쓰다 / ~을 시험삼아 (실제로) 해보다.
   She **tried to write** in fountain pen. 그녀는 만년필로 써보려고 노력했다.
   She **tried writing** in fountain pen. 그녀는 만년필로 써보았다.

⑤ mean + to부정사 / 동명사 : ~할 작정이다(= intend to do) / ~라는 것을 의미하다.
   She **means to stay** at a hotel. 그녀는 호텔에 머무를 작정이다.
   She **means staying** at a hotel. 그녀가 호텔에 머무른다는 것을 의미한다.

⑥ like(hate) + to부정사 / 동명사 : ~하고 싶다[하기 싫다(구체적 행동)] / ~을 좋아하다[싫어하다(일반적 상황)].
   I **hate to lie**. 나는 거짓말하기 싫다.
   I **hate lying**. 나는 거짓말하는 것이 싫다.

⑦ stop + to부정사 / 동명사 : ~하기 위해 멈추다(부사구) / ~하기를 그만두다(목적어).
   He **stopped to smoke**(1형식). 그는 담배를 피우려고 걸음을 멈췄다.
   He **stopped smoking**(3형식). 그는 담배를 끊었다.

05 기출문제분석

1 우리말을 영어로 잘못 옮긴 것은?

2020. 6. 13. 제1회 지방직 / 제2회 서울특별시 시행

① 나는 네 열쇠를 잃어버렸다고 네게 말한 것을 후회한다.

→I regret to tell you that I lost your key.

② 그 병원에서의 그의 경험은 그녀의 경험보다 더 나빴다.

→His experience at the hospital was worse than hers.

③ 그것은 내게 지난 24년의 기억을 상기시켜준다.

→It reminds me of the memories of the past 24 years.

④ 나는 대화할 때 내 눈을 보는 사람들을 좋아한다.

→I like people who look me in the eye when I have a conversation.

TIP regret to V ~해서 유감이다 regret Ving ~를 후회하다 remind A of B A에게 B를 상기시키다

① regret to V 는 '~하게 돼서 유감이다'라는 의미이다. 후회한다는 regret Ving가 와야 한다. 따라서 to tell을 telling으로 고쳐야 한다.

② 그의 경험(his experience)과 그녀의 경험(hers)이 병렬구조로 잘 연결되어 있다.

③ remind A of B, 타동사 remind는 전치사 of와 함께 쓰인다.

④ look과 주어 people의 수일치가 알맞게 되어있다. 또한 보다(look, gaze) 등의 동사 다음에 목적어가 나오고, 그 다음에 신체일부를 나타낼 '전치사 + the + 신체일부'를 써야 한다.

2 밑줄 친 부분 중 어법상 가장 옳지 않은 것은?

2019. 6. 15. 제2회 서울특별시

> Inventor Elias Howe attributed the discovery of the sewing machine ① <u>for</u> a dream ② <u>in which</u> he was captured by cannibals. He noticed as they danced around him ③ <u>that</u> there were holes at the tips of spears, and he realized this was the design feature he needed ④ <u>to solve</u> his problem.

TIP sewing machine 재봉틀 cannibal 식인종 spear 창

① for a dream → to a dream

attribute A to B는 'A를 B의 탓으로 돌리다'라는 뜻을 가진 표현이다.

② he was captured by cannibals in a dream 문장을 a dream를 선행사로, which를 관계대명사로 하여 앞 문장과 연결하면, ~for a dream which he was captured by cannibals in이 된다. 전치사 in을 which 앞으로 위치시킬 수 있으므로 ~for a dream in which(=where) he was captured by cannibals로 쓸 수 있다.

③ notice의 목적어로 that절이 왔다. as they danced around him은 중간에 삽입된 부사절이다.

④ '~하기 위해서'뜻을 나타내기 위해 쓰인 to부정사의 부사적 용법이다.

「발명가 Elias Howe는 재봉틀의 발견을 그가 식인종에게 붙잡힌 꿈의 탓으로 돌린다. 그는 그들이 그 주위에서 춤을 출 때 창 끝에 구멍들이 있다는 것을 알아차렸고, 그는 이것이 그가 이 문제를 풀기 위해서 필요로 했던 디자인의 특징이라는 것을 깨달았다.」

Answer 1.① 2.①

3 어법상 옳지 않은 것은?

2018. 8. 18. 지역인재 9급 선발시험

① I think you should get your hair cut.
② I will call you when he gets home.
③ This movie seems to be interested.
④ Try to think in English always.

> **TIP** ③ '~처럼 보이다'는 'seem to be + ~ing' 형태로 쓴다. 따라서 interested → interesting으로 고쳐야 한다.
>
> 「① 내 생각에 너는 머리를 잘라야 할 것 같아.
> ② 그가 집에 오면 내가 전화할게.
> ③ 이 영화는 흥미로워 보인다.
> ④ 항상 영어로 생각하도록 노력하라.」

4 다음 밑줄 친 (A), (B), (C)에 들어갈 가장 적절한 표현은?

2018. 8. 25. 국회사무처

> Anecdotes about elephants (A)_____ with examples of their loyalty and group cohesion. Maintaining this kind of togetherness calls for a good system of communication. We are only now beginning to appreciate (B)_____ complex and far-reaching this system is. Researcher Katharine Payne first started to delve into elephant communication after a visit to Portland's Washington Park Zoo. Standing in the elephant house, she began to feel (C)_____ vibrations in the air, and after a while realized that they were coming from the elephants. What Katharine felt, and later went on to study, is a low-frequency form of sound called infrasound.

	(A)	(B)	(C)
①	abound	how	throbbing
②	abound	that	throbbed
③	abound	that	throbbing
④	are abounded	how	throbbing
⑤	are abounded	that	throbbed

> **TIP** anecdote 일화 cohesion 화합 abound 풍부하다 delve into ~을 철저히 조사하다 throb 고동치다
> (A) abound는 '아주 많다, 풍부하다'의 의미를 가진 자동사로 능동의 형태로 쓴다.
> (B) How가 이끄는 의문절이 간접의문문 형태로 삽입되면서, 의문문의 본래 어순(How + 형용사 + 동사 + 주어)에서 주어와 동사가 서로 도치된 것이다.
> (C) 의미상 진동이 '고동치는'것이므로 능동의 의미를 갖도록 동명사 형태 throbbing을 써야 한다.
>
> 「코끼리에 대한 일화에는 집단 내 유대감과 그들의 충성심에 대한 사례가 (A)아주 많이 있다. 이런 종류의 단란함을 유지하기 위해서는 좋은 의사소통 시스템을 필요로 한다. 우리는 이제 겨우 이 시스템이 (B)얼마나 복잡하고 광범위한지 그 진가를 알아보기 시작했다. 연구가 Katharine Payne은 포틀랜드에 있는 워싱턴 동물원을 방문한 이후로 처음 코끼리의 의사소통을 철저히 조사하기 시작했다. 그녀는 코끼리 우리에 서서 공기가 (C)고동치는 진동을 느끼기 시작했고, 잠시 후 그 요동이 코끼리들 때문이라는 것을 깨달았다. Katharine은 그 무언가를 느낀 후 초저주파 불가음이라 불리는 초저주파수 소리형태 연구를 시작했다.」

Answer 3.③ 4.①

Chapter 05

핵심예상문제

1 어법상 옳은 것을 고르시오.

① The poor woman couldn't afford to get a smartphone.
② I am used to get up early everyday.
③ The number of fires that occur in the city are growing every year.
④ Bill supposes that Mary is married, isn't he?

> **TIP** occur 일어나다, 발생하다
> ① afford to 동사원형 : ~할 여유가 있다
> ② '~하는 데 익숙하다'라는 의미의 숙어는 be used to~ing 형태이다. 따라서 get up을 getting up으로 고쳐야 한다.
> ③ 문장의 주어인 The number가 단수이므로 동사인 are를 is로 고쳐야 한다.
> ④ 부가의문문에서 문장의 동사가 일반동사이면 do, be동사면 be V, 조동사면 조동사로 일치를 시킨다. isn't→doesn't
> 「① 그 가난한 여자는 스마트폰을 살 수 없다.
> ② 나는 매일매일 일찍 일어나는 게 익숙하다.
> ③ 그 도시에서 일어난 화재들의 수는 매년 증가하고 있다.
> ④ Bill은 Mary가 결혼한 상태라고 가정하고 있어, 그렇지 않아?」

2 어법상 옳지 않은 것은?

Sometimes there is nothing you can do ① to stop yourself falling ill. But if you lead a healthy life, you will probably be able to get better ② much more quickly. We can all avoid ③ doing things that we know ④ damages the body, such as smoking cigarettes, drinking too much alcohol or taking harmful drugs.

> **TIP** fall ill 병에 걸리다
> ① '막기 위해서'라는 뜻으로 쓰인 to부정사이다.
> ② much는 비교급을 강조하기 위해 쓸 수 있다.
> ③ avoid는 목적어로 동명사를 취한다.
> ④ that이 things를 대신하므로 복수 주어에 맞게 damages→damage로 고쳐야 한다.
> 「때때로 당신이 병에 걸리는 것을 막기 위해 당신이 할 수 있는 것은 아무것도 없다. 그러나 만약 당신이 건강한 삶을 유지한다면 당신은 아마 훨씬 더 빨리 회복될 것이다. 우리는 흡연이나 과음, 또는 마약 복용과 같이 우리 몸에 해를 준다고 알고 있는 것들을 하는 것을 피할 수 있다.」

3 다음 빈칸에 들어갈 말로 가장 적절한 것은?

A : Do you like Peter's new suit?
B : Yes, I think it makes _____ handsome.

① him look
② he looks
③ him to look
④ he is

> **TIP** ① 사역동사 make + 목적어 + 원형부정사(동사원형) 형태이다.
> 「A : Peter의 새 정장을 좋아하니?
> B : 응. 옷이 그를 멋져 보이게 하는 것 같아.」

Answer 1.① 2.④ 3.①

4 우리말을 영어로 잘못 옮긴 것은?

① 우리는 그녀의 행방에 대해서 아는 바가 전혀 없다.
→We don't have the faintest notion of her whereabouts.
② 항구 폐쇄에 대한 정부의 계획이 격렬한 항의를 유발했다.
→Government plans to close the harbor provoked a storm of protest.
③ 총기 규제에 대한 너의 의견에 전적으로 동의한다.
→I couldn't agree with you more on your views on gun control.
④ 학교는 어린이들의 과다한 TV 시청을 막기 위한 프로그램을 시작할 것이다.
→The school will start a program designed to deter kids to watch TV too much.

TIP faint 희미한, 아주 적은, 미약한 **whereabout** 소재, 행방 **provoke** (특정한 반응을) 유발하다

④ 금지동사 deter는 'deter+목적어+from+~ing'의 형태로 '목적어가 ~하는 것을 막다, 방해하다'의 의미를 가진다. 따라서 'to watch'를 'from watching'으로 고쳐야 한다.

5 우리말을 영어로 옮긴 것 중 가장 어색한 것은?

① 그가 조만간 승진할 것이란 소문이 있다.
→ The rumor says he will be promoted sooner or later.
② 음주 운전하는 것은 어리석은 짓이라는 것을 알았다.
→ I found it stupid to drive under the influence.
③ 우리는 폭풍우 때문에 야구를 하지 못했다.
→ The heavy rain prevented us from playing baseball.
④ 내 기억에는 그가 나에게 그런 뻔뻔스러운 거짓말을 한 적이 없다.
→ I don't remember for him to tell me such a direct lie.

TIP ④ for him to tell → his telling, remember가 과거의 사실을 나타낼 경우 동명사를 목적어로 취해야 한다.

6 다음 중 어법상 맞는 문장은?

① It is kind of you to help me.
② I stepped aside of her to enter the room.
③ She is said to be born in London.
④ I advised him to not quarrel with his wife.

TIP step aside 옆으로 비키다 quarrel 싸우다, 다투다

② of → for, to부정사의 의미상 주어는 원칙적으로 'for + 목적격'의 형태로 표시된다.
③ to be born → to have been born, 그녀에 대해서 말해지는 시점보다 그녀가 태어난 시점이 한 시제 더 과거이므로 완료부정사(to have p.p.)의 형태가 되어야 한다.
④ to not quarrel → not to quarrel, to부정사는 not to do의 형태로 부정을 나타낸다.
「① 저를 도와주시다니 친절하시군요.
② 나는 그녀가 방으로 들어올 수 있도록 옆으로 비켰다.
③ 그녀는 London에서 태어났다고들 말한다.
④ 나는 아내와 다투지 말라고 그에게 충고했다.」

Answer 4.④ 5.④ 6.①

7 다음 문장의 빈칸에 들어갈 알맞은 것은?

> A good student must know _____.

① to study hard
② to be a good student
③ how to study effectively
④ the way of efficiency in study

> **TIP** effectively 효과적으로, 유효하게 efficiency 능률, 효율
>
> ④는 전치사 in 대신 of가 사용되어야 명사구로서 목적어 역할을 할 수 있다. know, think 등은 to부정사를 바로 목적어로 쓰지 못하며, '의문사 + to부정사'를 목적어로 쓴다. know는 목적어로 how to부정사를 취한다.
> 「훌륭한 학생은 효과적으로 공부할 줄 알아야 한다.」

8 다음 밑줄 친 부분이 어법상 잘못된 것은?

① He <u>continued to talk</u> slowly in a low voice.
② He <u>considers to hold</u> a party next weekend.
③ She <u>intended inviting</u> some friends to her house.
④ She <u>postponed going</u> to the dentist for nothing.

> **TIP** hold (모임 등을) 열다, 개최하다 postpone 미루다, 연기하다 for nothing 이유 없이, 헛되이, 무료(공짜)로
>
> continue, intend는 동명사, to부정사 모두를 목적어로 취하고 consider, postpone은 동명사만을 목적어로 취한다.
> 「① 그는 계속하여 낮은 목소리로 느리게 말했다.
> ② 그는 다음주에 파티를 열 생각이다.
> ③ 그녀는 그녀의 집에 친구 몇 명을 초대하려 했다.
> ④ 그녀는 아무 이유 없이 치과에 가는 것을 연기했다.」

※ 다음 문장의 밑줄 친 부분 중 어법상 가장 어색한 것을 고르시오. 【9 ~ 14】

9

> After ①<u>threatening to</u> sabotage ②<u>UN-sponsored</u> Cambodian elections, the Khmer Rouge allowed the vote ③<u>for proceeding</u> ④<u>unimpeded</u> – and even bused people to the polls.

> **TIP** threaten 위협하다, 협박하다 sabotage (계획·정책 등을) 고의로 방해하다, 파괴하다 sponsor 후원하다, 광고주가 되다 proceed 나아가다, 전진하다, 계속하여 행하다 unimpeded 방해받지 않는 bus 버스를 타(고 가)다, 버스로 나르다 poll 투표, 투표소
>
> ③ for proceeding → to proceed, 타동사 allow는 '~을 허락하다, 허가하다, ~에게 …하도록 시키다, 내버려두다'의 뜻일 때 '목적어 + to 동사원형'의 형식이 쓰인다. 따라서 to proceed로 고쳐야 적절한 표현이 된다.
> 「UN의 후원을 받고 있는 캄보디아 선거를 방해하겠다는 위협을 받은 후에 Khmer Rouge는 투표를 방해받지 않고 계속되도록 시켰다 – 그리고 심지어 사람들을 투표소까지 버스로 실어 날랐다.」

🔎Answer 7.③ 8.② 9.③

10

Koreans ①are planning to stop ②to smoke ③since the government has ④required health warnings on cigarette packages.

> **TIP** require 요구하다, 요청하다, 필요로 하다 **warning** 경고, 주의 **package** 포장, 꾸러미, 다발
> ② to smoke → smoking, 'stop to + 동사원형'은 '~하기 위해 멈추다'의 뜻이므로 'stop + -ing(~하기를 멈추다)'로 써야 한다.
> 「한국 사람들은 정부가 담배 포장에 건강 경고를 요구한 이후로 금연할 계획을 세우고 있다.」

11

Blowing ①out birthday candles is ②an ancient test to see if a ③growing child is ④enough strong to blow out a greater number each year.

> **TIP** blow out (불 등을) 불어 끄다 **candle** (양)초 **ancient** 옛날의, 고대의, 태고의
> ④ enough strong → strong enough, '형용사·부사 + enough to do'의 형태로 '~할 만큼 충분히 …하다'의 의미를 나타낸다.
> 「생일초를 불어 끄는 것은 자라는 아이가 매해마다 더 많은 수의 초를 불어 끌 수 있을 만큼 강해졌는지 보기 위한 옛날부터 있었던 시험이다.」

12

①The Sun supplies the light and ②the warmth that permit ③life on Earth ④existing.

> **TIP** supply 공급하다 **warmth** 따뜻함, 온난 **permit** 허락하다, 허가하다, 묵인하다, ~하는 대로 내버려두다 **life** 목숨, 생명, 일생, 생활, 생물 **exist** 존재하다, (살아)있다, 생존하다
> ④ existing → to exist, permit는 불완전타동사로서 목적보어로 to부정사를 쓴다(permit + 목적어 + to부정사). permit처럼 허용·금지를 의미하는 allow, forbid도 마찬가지이다.
> 「태양은 지구에 생물이 존재할 수 있게 하는 빛과 열을 공급해 준다.」

13

①Being a good ②flight attendant means ③to make your passengers feel ④ relaxed.

> **TIP** flight attendant (여객기의) 객실 승무원 **passenger** 승객, 여객, 탑승객 **relaxed** 느슨한, 긴장을 푼, 편한
> ③ to make → making, mean이 '~을 의미하다'의 뜻으로 쓰일 때에는 뒤에 목적어나 that절이 오므로 make를 동명사 형태로 고쳐주어야 한다. 'mean to + 동사원형'은 '의도하다, ~할 작정이다'의 뜻이므로 문맥상 적절하지 않다.
> 「훌륭한 객실 승무원이 된다는 것은 승객들에게 편안함을 느끼도록 하는 것을 의미한다.」

Answer 10.② 11.④ 12.④ 13.③

14

> Yesterday Anna wrote a check ①for twenty dollars, but when she ②wrote it she knew she didn't ③have enough money in the bank ④for cover it.

> 🄣🄘🄟 **check for twenty dollars** 20달러짜리 수표　**cover** (비용・손실 등을) 보상하다, (경비를) 부담하다, 지불금을 준비하다
> ④ for cover it → to cover it, enough money를 뒤에서 수식하는 to부정사(형용사적 용법) 형태가 적절하다.
> 「어제 Anna는 20달러짜리 수표를 썼다. 그러나 그녀가 수표를 쓸 때, 그녀는 은행에 그것을 충당할 만큼의 충분한 돈이 없다는 것을 알고 있었다.」

※ 다음 문장의 빈칸에 들어갈 알맞은 표현을 고르시오. 【15 ~ 18】

15

> He delayed his departure until morning, _____.

① for he was tired and afraid to drive at night

② for he was too tired to be afraid of driving at night

③ for he was so tired as to afraid of driving at night

④ being for fear to driving at night and being tired

> 🄣🄘🄟 **delay** 미루다, 늦추다, 연기하다　**departure** 출발, 떠남, 이탈
> ② too ~ to … 구문으로 '너무 ~해서 …하지 못하다'는 뜻인데, 그러면 '그는 너무 피곤해서 밤에 운전하는 것을 두려워하지 않는다'가 되므로 의미상 모순된다.
> ③ to 뒤에 be를 삽입해야 적절한 표현이 된다.
> ④ 명사 fear 뒤에는 of −ing나 that절이 이어지므로 적절치 못한 표현이다.
> 「그는 아침까지 출발을 미루었는데, 왜냐하면 그는 피곤했고 밤에 운전하는 것이 두려웠기 때문이다.」

16

> He _____ move the flowerpot in.

① helped in to　　　　　　　　　② does help for us

③ helped ourselves　　　　　　　④ helped us

> 🄣🄘🄟 **flowerpot** 화분
> ④ help + 목적어 + (to) 동사원형의 어순으로 써야 한다. 다만, help가 수동으로 쓰일 경우에는 to부정사가 사용되는 것이 일반적이다.
> 「그는 우리들이 그 화분을 안으로 옮기는 것을 도와주었다.」

🄟**Answer** 14.④　15.①　16.④

17

> It is necessary _____ how to cope with the new problems.

① his deciding

② what he decides

③ that he decides

④ for him to decide

TIP cope with 처리하다, 대처하다 decide 결정하다, 결심하다
④ It is necessary 뒤에는 'for + (대)명사 + to do'나 'that + 주어 + (should) + 동사원형'의 형태를 취할 수 있다.
「그는 새로운 문제들을 어떻게 처리할 것인지 결정할 필요가 있다.」

18

> _____ easy to distinguish between snakes and lizards.

① That is comparatively

② It is comparatively

③ Although it is comparative

④ How comparatively

TIP distinguish between A and B A와 B를 구별하다, 식별(판별)하다(= distinguish A from B) snake 뱀 lizard 도마뱀
comparatively 비교적 comparative 비교적인, 상대적인, 상당한
② 주어와 동사가 없으며, 형용사 easy와 진주어 역할을 할 수 있는 to부정사가 있는 점으로 미루어 이 문장에는 가주어 It과 동사가 필요하다.
「뱀과 도마뱀을 구별하는 것은 비교적 쉽다.」

19 다음 문장 중 밑줄 친 동사의 쓰임이 옳은 것은?

① My job <u>involves</u> to deal with customer complaints.

② He was a good boy and <u>obeyed</u> to his parents all the time.

③ After a few minutes he stopped speaking and <u>waited</u> for their reaction.

④ Some teachers <u>neglect</u> how much a student can take in during one lesson.

TIP involve ~을 포함하다, 의미하다, 연루시키다, 관계(관련)시키다 deal with 다루다, 처리하다, 취급하다 complaint 불평, 불만 obey one's parents 부모에게 순종(복종)하다 all the time 항상, 언제나, 늘 reaction 반응, 반작용 neglect 게을리 하다, 무시하다, 간과하다, 소홀히 하다 take in 이해하다, 납득하다, 받아들이다
① to deal → dealing, involve는 (동)명사만을 목적어로 취하는 타동사이다.
② obeyed to → obeyed, 타동사이므로 전치사가 불필요하다.
④ neglect → ignore, neglect는 목적어로 (동)명사와 to부정사를 취하지만, 절을 취하지 않는다. 대신 ignore는 가능하다.
「① 내 일은 고객의 불만을 처리하는 것을 포함한다.
② 그는 착한 소년이었고, 항상 부모님께 순종했다.
③ 몇 분 후(잠시 후), 그는 말을 멈추고 그들의 반응을 기다렸다.
④ 일부 교사들은 학생이 한 수업시간에 얼마나 이해할 수 있는지를 간과한다.」

Answer 17.④ 18.② 19.③

20 다음 밑줄 친 부분과 바꾸어 쓸 수 없는 것은?

> He wrote poetry <u>in order to help</u> boys and girls to enjoy poetry.

① with a view to helping
② so as to help
③ for the purpose of helping
④ for fear of helping

> **TIP** **in order to + 동사원형** ~하기 위하여[= so as to + 동사원형, with a view to −ing, for the purpose of −ing, (so, in order) that ~ may(can)] **for fear of -ing** ~하지 않도록
> 「그는 시를 즐기는 소년들과 소녀들을 돕기 위해서 시를 썼다.」

06 분사

1 ·· 분사의 용법

'동사원형 + ‒ing(현재분사)'와 '동사원형 + ‒ed(과거분사)'를 이용해 형용사형으로 만든 것으로 형용사의 역할을 한다.

(1) 분사의 한정적 용법부정사와 동명사

① 명사 앞에서 수식하는 분사 : 분사가 단독으로 사용될 때 명사 앞에서 수식한다.
  ㉠ 현재분사 : 진행, 능능의 뜻
    a **sleeping** baby = a baby who is sleeping 잠자는 아기
    A **rolling** stone gathers no moss. 구르는 돌은 이끼가 끼지 않는다.
  ㉡ 과거분사 : 완료(자동사의 과거분사), 수동(타동사의 과거분사)의 뜻
    fallen leaves = leaves which are fallen(which have fallen) 떨어진 나뭇잎
    Two **wounded** soldiers were sent to the hospital. 두 명의 부상병이 병원으로 이송되었다.

② 명사 뒤에서 수식하는 분사
  ㉠ 분사가 보어나 목적어 또는 부사적 수식어(구)와 함께 구를 이룰 때 명사 뒤에서 수식한다.
    Who is the boy **reading** a letter **written** in English?
    영어로 쓰인 편지를 읽은 소년은 누구인가?
  ㉡ 분사가 단독으로 사용될지라도 대명사를 수식할 때에는 뒤에서 수식한다.
    Those **killed** were innumerable. 전사한 사람들이 무수히 많았다.

(2) 분사의 서술적 용법

① 주격보어의 역할 : 자동사 뒤에서 주어의 동작을 보충 설명한다.
  ㉠ 현재분사 : 능동, 진행의 뜻
    He stood **looking** at the picture. 그는 그 사진을 보면서 서 있었다.
  ㉡ 과거분사 : 수동, 완료의 뜻
    He sat **surrounded** by his friends. 그는 그의 친구들에 의해 둘러싸여 앉아있었다.
    The mystery remained **unsettled**. 미스터리는 풀리지 않고 남겨졌다.

② 목적격 보어의 역할 : 목적어의 뒤에서 목적어의 동작을 보충 설명한다.
  ㉠ 현재분사 : 능동, 진행의 뜻
    He kept me **waiting** for two hours. 그는 나를 두 시간 동안 기다리게 하였다.
    The news set my heart **throbbing**. 그 소식은 내 가슴을 두근거리게 하였다.
    I saw flames rising and heard people **shouting**.
    나는 불꽃이 솟아오르는 것을 보았고 사람들이 외치는 소리를 들었다.
  ㉡ 과거분사 : 수동, 완료의 뜻
    I don't like to see you **disappointed**. 나는 네가 실망하는 것을 보고 싶지 않다.
    I heard my name **called** behind me. 나는 내 뒤에서 내 이름이 불리는 것을 들었다.

(3) 분사의 특수용법

① 분사의 부사적 용법 : 분사가 뒤에 나오는 형용사를 수식하여 very(매우)의 뜻을 지닌 부사의 역할을 한다.

It's **burning** hot. 타는 듯이 덥다.

= It's **boiling** hot.

= It's very hot.

② 분사의 명사적 용법(the + 분사 → 명사)

    ㉠ 단수보통명사

      The accused was acquitted. 피고인은 석방되었다.

      The deceased was a great scholar. 고인은 위대한 학자였다.

    ㉡ 복수보통명사

      The dying and **the dead** were carried on stretchers.

      죽어가는 사람들과 죽은 사람들이 들것에 실려 갔다.

    ㉢ 추상명사

      The unknown is always mysterious and attractive.

      미지의 것은 언제나 신비스럽고 매력적이다.

③ 분사를 이용한 복합형용사

    ㉠ 명사 + 분사

      a **energy-demanding** work 에너지가 필요한 작업

      = a work which demands energy

      a **computer-run** system office 컴퓨터에 의해 운영되는 사무실

      = a office which is run by the computer

    ㉡ 형용사 · 부사 + 분사

      a **hard-working** student 근면한 학생

      the **elegantly-tailored** suit 우아하게 만들어진 정장

❷ ·· 분사구문

(1) 분사구문

부사절에서 접속사, 주어를 생략하고 동사를 분사로 바꾸어 구로 줄인 것을 분사구문이라고 하는데 현재분사가 이끄는 분사구문은 능동의 뜻을, 과거분사가 이끄는 분사구문은 수동의 뜻을 가진다.

  ① 시간 : '~할 '의 뜻으로 쓰인다(= when, while, as, after + S + V).

    Thinking of my home, I felt sad. 집 생각을 할 때면, 나는 슬퍼진다.

    = **When I thought of my home**, I felt sad.

    Left to myself, I began to weep. 나는 혼자 남겨진 후에 울기 시작했다.

    = **After I was left to myself**, I began to weep.

  ② 이유, 원인 : '~하기 때문에, ~이므로'의 뜻으로 쓰인다(= as, because, since + S + V).

    Desiring rest, I lay down in the shade. 나는 쉬고 싶었기 때문에 그늘에 누워 있었다.

    = **As I desired rest**, I lay down in the shade.

    Tired with working, I sat down to take a rest.

    일에 지쳤기 때문에, 나는 앉아서 휴식을 취했다.

    = **As I was tired with working**, I sat down to take a rest.

🎓 보충학습

의사분사

명사 + -ed → 형용사(~을 가지고 있는)

a blue-eyed girl 파란 눈을 가진 소녀

= a girl who has blue eyes

a good-natured man 마음이 착한 사람

= a man having good nature

A long-tailed dog came to me.

긴 꼬리를 가진 개가 나에게로 왔다.

🎓 보충학습

접속사 + 분사구문

주로 시간과 양보의 부사절에서 분사구문의 의미를 명확히 하기 위하여 접속사를 남겨두기도 한다.

While swimming in the river, he was drowned.

강에서 헤엄치는 동안 그는 익사했다.

= While he was swimming in the river, he was drowned.

Though living next door, I seldom see him.

옆집에 살아도 나는 그를 거의 못 본다.

= Though I live next door, I seldom see him.

🎓 보충학습

분사구문의 부정

분사 앞에 not, never 등을 쓴다.

Not knowing what to do, he asked me for help.

무엇을 해야 할지 몰랐기 때문에 그는 나에게 도움을 청했다.

= As he did not know what to do, he asked me for help.

Not knowing what to do, I stood motionless.

나는 무엇을 해야 할지 몰라서 움직이지 않고 서 있었다.

= As I did not know what to do, I stood motionless.

③ 조건 : '~한다면'의 뜻으로 쓰인다(= If + S + V).

Turning to the left, you can find the station on your right.

왼쪽으로 돌면 당신은 당신의 오른편에 있는 정서장을 발견할 수 있다.

= **If you turn to the left**, you can find the station on your right.

Once seen, it can never been forgotten. 그것은 한번 보면 잊을 수 없다.

= **If it is once seen**, it can never been forgotten.

④ 양보 : '비록 ~한다 할지라도'의 뜻으로 쓰인다(= though, although + S + V).

Admitting the result, I can't believe him.

그 결과를 인정한다고 할지라도 나는 그를 믿을 수 없다

= **Although I admit the result**, I can't believe him.

Born of the same parents, they bear no resemblance to each other.

같은 부모에게서 태어났지만, 그들은 서로 닮은 데가 없다.

= **Though they were born of the same parents**, they bear no resemblance to each other.

⑤ 부대상황

㉠ 연속동작 : 그리고 ~하다(= and + 동사).

A fire broke out near my house, **destroying some five houses**.

우리 집 근처에서 화재가 발생해서 다섯 집 정도를 태웠다.

= A fire broke out near my house, **and destroyed some five houses**.

㉡ 동시동작 : ~하면서(= as, while)

Smiling brightly, she extended her hand. 그녀는 밝게 웃으면서, 손을 내밀었다.

= **While she smiled brightly**, she extended her hand.

(2) 독립분사구문

① 독립분사구문 : 주절의 주어와 분사구문의 의미상 주어가 다른 경우를 독립분사구문이라고 하고, 분사 앞에 의미상 주어를 주격으로 표시한다.

It being fine, we went for a walk. 날씨가 맑았으므로, 우리는 산책했다.

= As **it** was fine, **we** went for a walk.

The sun having set, we came down the hill.

해가 진 후에 우리는 언덕을 내려왔다.

= After **the sun** had set, **we** came down the hill.

My health permitting, I shall spend the coming year in traveling on the continent.

건강이 허락하면 내년은 대륙을 여행하면서 보내게 될 것이다.

= If **my health** permits, **I** shall spend the coming year in traveling on the continent.

② 비인칭 독립분사구문 : 분사구문의 의미상 주어가 일반인(we, you, they, people, etc)일 경우 주어를 생략하고 관용적으로 쓰인다.

㉠ generally speaking : 일반적으로 말하면(= If we speak generally)

㉡ strictly speaking : 엄격히 말한다면(= If we speak strictly)

㉢ roughly speaking : 대충 말한다면(= If we speak roughly)

㉣ frankly speaking : 솔직히 말한다면(= If we speak frankly)

㉤ talking of ~ : ~으로 말할 것 같으면, 이야기가 났으니 말인데

㉥ judging from ~ : ~으로 판단하건대

ⓢ compared with ~ : ~와 비교해 보면

ⓞ taking ~ into consideration : 모든 것을 고려해 볼 때(considering ~ : ~을 고려해 보니, 생각해 보면, ~으로서는)

ⓩ providing that : 만약 ~이면(= provided that)

ⓒ supposing that : 만약에 ~하면(= supposed that)

ⓚ granting that : 가령 ~라고 치고, 만약 ~이면(= granted that)

ⓔ seeing that : ~인 점에서 보면, ~라는 점에 비추어(= now that)

ⓟ concerning ~ : ~에 대하여

ⓗ notwithstanding ~ : ~에도 불구하고

③ with + 독립분사구문 : 'with + 목적어 + 분사 · 형용사 · 부사(구)'의 형태로, 부대상황을 나타내는 독립분사구문에 with를 함께 써서 묘사적 표현을 강조한다.

He stood there, **with his eyes closed**. 그는 그 곳에 서서 눈을 감고 있었다.

= He stood there, his eyes (being) closed (by him).

= He stood there, and his eyes were closed (by him).

It was a calm evening, **with little wind blowing**. 바람이 거의 불지 않는 저녁이었다.

He sat silently, **with the cat dozing** at his feet.

그는 조용히 앉아 있었고 고양이는 그 발밑에서 졸고 있었다.

Don't speak **with your mouth full**. 음식을 입에 가득 넣은 채 말하지 말라.

He was sleeping **with his mouth open**. 그는 입을 벌린 채 자고 있었다.

She went out **with her room empty**. 그녀는 방을 비워둔 채 외출했다.

(3) 분사구문의 시제

① 단순분사구문 : '동사원형 + -ing'로 주절의 시제와 일치한다.

Opening the window, I felt fresh. 창문을 연 후에 나는 상쾌함을 느꼈다.

= After I opened the window, I felt fresh.

Being ill, she is in bed. 아프기 때문에 그녀는 누워 있다.

= As she is ill, she is in bed.

② 완료분사구문 : Having + p.p.로 주절의 시제보다 한 시제 앞서거나 완료를 나타낸다.

Having finished my work, I went to bed. 나는 내 일을 끝낸 후에 자러 갔다.

= After I had finished my work, I went to bed.

Having received no answer from her, I wrote again.

그녀에게서 어떤 답장도 받지 못했기 때문에, 나는 다시 편지를 썼다.

= As I had received no answer from her, I wrote again.

보충학습

분사구문에서 분사의 생략

Being + p.p., Having been + p.p.의 수동 형식인 분사구문의 경우 being과 having been이 생략되는 경우가 많다.

(**Being**) Taken by surprise, he gave up the contest.

그는 불시에 기습을 당했으므로 그 시합을 포기했다.

= As he was taken by surprise, he gave up the contest.

(**Being**) An expert, he knows how to do it.

그는 전문가이므로, 그 일을 하는 방법을 알고 있다.

= As he is an expert, he knows how to do it.

(**Having been**) Written in haste, the book has many mistakes.

그 책은 급히 써졌으므로, 잘못된 부분이 많다.

= As the book was written in haste, it has many mistakes.

1 다음 밑줄 친 부분 중 어법상 옳지 않은 것은?

2020. 8. 22. 국회사무처

> Nanoscientists ① <u>have found</u> that, when ② <u>reducing to their smallest</u> size, certain elements (like silver, gold, and pencil lead) take on superpowers: super-efficient conductivity, super-sensitive poison detection, total odor eradication, ③ <u>slaying the DNA of</u> bacteria, and making electricity from any wavelength of light. If you add a super-material ④ <u>that detects</u> poisons to an ordinary material, let's say plastic wrap, you've created a new material — "smart plastic wrap," ⑤ <u>capable of identifying</u> spoiled food and providing an alert with a change in the labels' color.

TIP conductivity 전도율 odor 냄새 eradication 근절 slay 죽이다 wavelength 파장

② reducing to their smallest 는 분사구문으로 사용되었지만, 생략된 주어 certain elements가 수동으로 사용되어 being reduced 혹은 being을 생략하고 reduced가 적절하다.

「나노 과학자들은 은, 금, 연필심 같은 요소들이 가장 작은 입자로 줄여나갈 때 매우 효율적인 전도율, 고감도의 독극물 탐지, 완전한 악취 제거, 박테리아 DNA 박멸, 빛의 파장에서 전기를 내는 것과 같은 강력한 힘을 갖게 된다는 사실을 발견했다. 만약 당신이 예를 들어 비닐랩이라는 일반적인 물질에 독을 감지하는 초소재를 더한다면, 상한 음식을 감별하고 라벨 색의 변화로 경고해 줄 수 있는 "스마트한 비닐랩"을 만들어낼 것이다.」

2 우리말을 영어로 옮긴 것 중 어법상 가장 적절한 것은?

2020. 5. 30. 제1차 경찰공무원(순경)

① 그들은 참 친절한 사람들이야!
→ They're so kind people!
② 그녀는 곰 인형을 하나 가지고 있었는데, 인형 눈이 양쪽 다 떨어져 나가고 없었다.
→ She had a teddy bear, both of whose eyes were missing.
③ 가장 쉬운 해결책은 아무 일도 하지 않는 것이다.
→ The most easiest solution is to do nothing.
④ 애들 옷 입히고 잠자리 좀 봐 줄래요?
→ After you've got the children dress, can you make the beds?

TIP ① 'so+형+관사+명사', 'so+형용사'의 형태로 사용되며 'so+수량형용사(many, much, few, little)+명사'의 형태로는 사용하나, 'so+일반형용사+명사'의 형태로는 표현하지 않는다. 'such+관사+형+명사'의 어순으로 사용되므로 'so'를 'such'로 바꿔야 한다.

③ easy의 최상급은 easiest이므로 most를 제거해야 한다.

④ get은 to부정사, 현재분사, 과거분사를 목적격 보어로 취한다. 아이들이 옷을 스스로 입는 것이 아니라 옷이 입혀진다는 의미를 가지므로 목적어와 목적격 보어의 관계가 수동이 되어 dressed라는 과거분사가 목적격 보어로 와야 한다.

Answer 1.① 2.②

3 다음 글의 밑줄 친 부분 중 어법상 틀린 것은?

2020. 2. 22. 법원행정처

As soon as the start-up is incorporated it will need a bank account, and the need for a payroll account will follow quickly. The banks are very competitive in services to do payroll and related tax bookkeeping, ① starting with even the smallest of businesses. These are areas ② where a business wants the best quality service and the most "free" accounting help it can get. The changing payroll tax legislation is a headache to keep up with, especially when a sales force will be operating in many of the fifty states. And the ③ requiring reports are a burden on a company's add administrative staff. Such services are often provided best by the banker. The banks' references in this area should be compared with the payroll service alternatives such as ADP, but the future and the long-term relationship should be kept in mind when a decision is ④ being made.

TIP sales force 판매 조직 administrative 행정상의

③번 requiring은 현재분사로 수식되는 reports가 능동으로 받을 수 없기 때문에, 수동의 의미로 required가 적절하다.

「신규업체가 법인등록을 하려고 하자마자, 은행 계좌가 필요하고 급여계좌의 필요도 곧 따른다. 은행들은 아주 작은 사업체와 시작하더라도 급여지불과 관련된 세금 부기 업무 서비스에 매우 경쟁적이다. 이것이 바로 사업체가 최고급의 서비스와 받을 수 있는 한 많은 무료 회계 도움을 원하는 부분이다. 변하는 급여 지불세 법률은 정기적으로 따라잡기 골칫거리이다. 특히 50주의 영업부서에서 영업을 해야 할 때 그렇다. 그리고 요구되는 보고서들은 회사의 추가 행정 직원에게 부과되는 부담이다. 이러한 서비스는 종종 은행원들에 의해 가장 잘 제공된다. 이런 분야에서 은행들의 증빙서류는 ADP 같은 급여관리 서비스 대안 업체와 비교되어야 한다. 하지만 앞으로와 장기적인 관계라는 점을 결정이 내려질 때 꼭 염두에 두어야 한다.」

4 우리말을 영어로 잘못 옮긴 것은?

2018. 5. 19. 제1회 지방직

① 모든 정보는 거짓이었다.

→All of the information was false.

② 토마스는 더 일찍 사과했어야 했다.

→Thomas should have apologized earlier.

③ 우리가 도착했을 때 영화는 이미 시작했었다.

→The movie had already started when we arrived.

④ 바깥 날씨가 추웠기 때문에 나는 차를 마시려 물을 끓였다.

→Being cold outside, I boiled some water to have tea.

TIP ④ Being cold outside → It being cold outside

분사구문을 만들 때 주절의 주어와 일치할 때에만 분사구문 내에서 주어를 생략할 수 있다. Being cold outside로 표현하게 되면 주절의 주어 I가 생략된 것으로 보아, 주어진 '바깥 날씨가 춥다'지문과 다른 뜻이 된다. 날씨를 나타낼 때는 비인칭 주어 it을 써서 It was cold outside로 나타내므로, 주절의 주어와 같지 않아서 생략할 수 없다.

① information은 셀 수 없는 명사이다. 따라서 all of information에서 informations로 쓸 수 없고, 동사 또한 단수형(was)으로 써주어야 한다.

② should have p.p(~했어야 했다) 가정법 구문이 바르게 쓰였다.

③ 주절의 주어가 when we arrived 보다 더 과거임(already)을 알 수 있으므로 과거완료형을 써서 had started로 나타내었다.

Answer 3.③ 4.④

※ 우리말을 영어로 잘못 옮긴 것은? 【1~2】

1
① 그녀는 등산은 말할 것도 없고, 야외에 나가는 것을 좋아하지 않는다.
→She does not like going outdoors, not to mention mountain climbing.
② 그녀는 학급에서 가장 예쁜 소녀이다.
→She is more beautiful than any other girl in the class.
③ 그 나라는 국토의 3/4이 바다로 둘러싸여 있는 소국이다.
→The country is a small one with the three quarters of the land surrounding by the sea.
④ 많은 학생들이 졸업 후 취직을 위해 열심히 공부한다.
→A number of students are studying very hard to get a job after their graduation.

TIP not to mention ~은 말할 것도 없고
① like는 목적어로 to부정사와 동명사 둘 다 취하므로 like 뒤에 going이 올 수 있다. not to mention N은 '~은 말할 필요 없이'라는 뜻으로 mountain climbing의 명사 형태가 왔으므로 맞다.
② more ~ than any other 단수명사 : 다른 어떤 것(any other 단수명사)보다 더 ~한 → '가장 ~한'의 뜻을 가지는 최상급 표현이 된다.
③ '둘러싸여진'의 수동의 의미이므로 과거분사로 고쳐야 한다. surrounding → surrounded
④ a number of(많은) 뒤에 복수명사(students)에 맞춰 동사도 복수형(are)으로 써 주었으므로 맞는 표현이다.

2
① 예산은 처음 기대했던 것보다 약 25 퍼센트 더 높다.
→The budget is about 25% higher than originally expecting.
② 시스템 업그레이드를 위해 해야 될 많은 일이 있다.
→There is a lot of work to be done for the system upgrade.
③ 그 프로젝트를 완성하는데 최소 한 달, 어쩌면 더 긴 시간이 걸릴 것이다.
→It will take at least a month, maybe longer to complete the project.
④ 월급을 두 배 받는 그 부서장이 책임을 져야 한다.
→The head of the department, who receives twice the salary, has to take responsibility.

TIP originally 원래, 본래
① 과거에 기대되었던 것에 비해 현재 예산이 더 높은 것이므로 과거 분사(수동)가 와야 한다. expecting → expected
② work는 셀 수 없는 명사이므로, a lot of work에서 복수형 works를 쓰거나 복수형 동사 are로 쓰지 않도록 주의한다. 또한 work는 do의 수동 관계에 있으므로 to be done의 수식을 받아 '해야 될 일'의 뜻을 나타낸다.
③ 'it takes + 시간 + (for 사람) + to부정사 : ~하는 데 ~시간이 걸리다' 구문이 맞게 쓰였다.
④ 문장의 주어는 the head of ~이다. 관계사절의 receives, 주절의 has 동사 모두 단수 주어에 맞는 형태로 쓰였다. 또한, twice the salary는 '배수사 + 명사' 순서로 쓰여 '두 배의 월급'이라는 뜻이다.

Answer 1.③ 2.①

3 밑줄 친 부분 중 어법상 가장 옳지 않은 것은?

> Strange as ① it may seem, ② the Sahara was once an expanse of grassland ③ supported the kind of animal life ④ associated with the African plains.

> **TIP** expanse 넓게 트인 지역 grassland 풀밭, 초원 associated with ~와 관련된
> ③ 두 번째 줄에서 광활한 초원이 동물들의 삶을 지지하는 능동의 의미이므로 ③번의 supported는 supporting이 되어야 한다.
> 「이상하게 보일지 모르지만, 사하라 사막은 한때 아프리카 평원과 관련된 동물들의 생태를 지지하는 광활한 초원이었다.」

4 어법상 옳지 않은 것은?

① The main reason I stopped smoking was that all my friends had already stopped smoking.
② That a husband understands a wife does not mean they are necessarily compatible.
③ The package, having wrong addressed, reached him late and damaged.
④ She wants her husband to buy two dozen of eggs on his way home.

> **TIP** compatible 사이좋게 지낼, 호환이 되는
> ① 흡연하는 것을 멈춘 것이므로 stop -ing로 쓴 것이 적절하다. stop to smoke는 '담배를 피우기 위해 멈추다'라는 뜻이다. 또한 that절에서 친구들이 금연한 것은 그 이전에 일어났던 일이므로 had p.p(과거완료)를 썼다.
> ② 주어가 that a husband understands a wife(명사절)이므로 단수 취급하여 동사를 does not mean으로 써서 옳게 표현하였다. that절 이하는 주어-동사-목적어의 완전한 문장을 이루고 있으며 (the fact) that ~에서 선행사 the fact가 생략되었다고 볼 수 있다.
> ③ 주어인 the package에 대하여 address는 수동이므로 having been addressed의 형태로 써야 한다. 또한 wrong은 형용사나 분사의 앞에서 wrongly의 형태가 자연스럽다. →The package, having been wrongly addressed, reached him late and damaged.
> ④ want A to 동사원형(A가 ~하길 원하다), on one's way(~가는 길에) 구문이 쓰였다. dozens of는 '수십의, 많은'의 뜻을 나타내지만 수사와 함께 쓰일 때는 dozen(12개)의 뜻을 가지며 복수형으로 쓰지 않는다.
> 「① 내가 담배를 끊은 가장 큰 이유는 내 친구들이 모두 이미 담배를 끊었기 때문이다.
> ② 남편이 아내를 이해한다는 것이 그들이 필연적으로 사이좋게 지낸다는 것을 의미하지는 않는다.
> ③ 그 소포는 주소가 잘못 적혀있었기 때문에 그에게 늦게 도착하고 손상되었다.
> ④ 그녀는 남편이 집으로 오는 길에 12개짜리 달걀 두 묶음을 사가지고 오기를 원한다.」

5 다음 문장의 빈칸에 들어갈 알맞은 것을 고르면?

> Having been selected to represent the Association of Korean Engineers at the international Convention, _____.

① the members congratulated him
② gave a short acceptance speech
③ he gave a short acceptance speech
④ the members applaud him

> **TIP** represent ~을 대표하다 acceptance 수용, 수락, 용인 applaud 칭찬하다, 성원하다
> 분사구문의 의미상의 주어는 주절의 주어와 동일한 경우 생략될 수 있다.
> 「국제대표자회의에서 한국기술자협회의 대표로 선출되어 그는 짤막한 수락연설을 했다.」

Answer 3.③ 4.③ 5.③

6 다음 글의 밑줄 친 부분이 어법상 옳지 않은 것은?

ⓐNot content with having given to the jackal and the vulture, ⓑthe roles of being the scavengers of the America bush, Nature seems ⓒto have gone out of her way also to make them ⓓlooked as unattractive as possible.

① ⓐ

② ⓑ

③ ⓒ

④ ⓓ

> **TIP** content 만족하여(with) jackal 자칼 vulture 독수리 scavenger (독수리, 하이에나 등의) 청소동물 bush 덤불, 관목 unattractive 아름답지 않은 go out of the one's way ~ 일부러(고의로) 하다
> ⓐ 'As Nature is not content with ~'를 현재분사를 이용하여 분사구문으로 만든 것으로, 원래는 'Being not content with~'이나 being은 생략되었다.
> ⓑ being은 동명사로 전치사 of의 목적어 역할을 하고 있다.
> ⓒ 'seem + 부정사' 구문, 완료부정사를 쓰게 되면 주절의 시제보다 한 시제 앞서는 것을 나타낸다. 즉, 현재완료나 과거를 나타낸다.
> ⓓ looked→look, make는 사역동사로서 목적보어로 동사원형을 취한다. 주어진 문장에서 them이 make의 목적어이다.
> 「자연은 자칼과 독수리에게 미국 덤불의 청소동물의 역할을 주는 것에 만족하지 않고, 또한 그것들을 가능한 아름답게 보이지 않도록 만든 듯하다.」

7 다음 중 문법적으로 가장 올바른 문장은?

① Whether drunk or when he was sober, he liked to pick a fight.

② When confronted with these facts, not one word said.

③ Sparkling in the sunlight, the ice-covered trees made a breathtaking sight.

④ It was an old ramshackle house but which was quite livable.

> **TIP** drunk (술 등에) 취한 sober 술에 취하지 않은, 정신이 맑은, 제 정신의 confront 직면하다, 마주보다 sparkle 불꽃을 튀기다, 번쩍(반짝)이다, 빛나다 breathtaking 깜짝 놀랄 만한 ramshackle 쓰러질 듯한, 넘어질 듯한 livable 살기에 알맞은, 살기 좋은
> ① whether, when, while, if though 등의 절에서는 주어가 주절의 주어와 같을 때 '주어 + be동사'는 생략될 수 있는데, A or B에서 A, B는 대등한 말이 위치해야 하므로 생략하려면 A, B 모두를 생략해야 한다. 그러므로 when he was가 when으로 생략되어야 한다.
> ② 분사구문의 의미상 주어가 생략되려면 주절의 주어와 같아야 하므로, not one word was said는 he didn't say one word로 바뀌어야 한다.
> ③ 분사구문 Sparkling의 의미상 주어와 주절의 the ice-covered trees는 일치하여 생략한다.
> ④ but which는 but, but it, which로 바뀌어야 한다.
> 「① 술에 취했거나 제 정신이거나, 그는 싸움 걸기를 좋아했다.
> ② 이러한 사실에 직면했을 때, 그는 한 마디도 하지 않았다.
> ③ 햇빛 속에 반짝이며, 그 얼음 덮인 숲은 놀라운 장관을 이루고 있었다.
> ④ 그 집은 쓰러질 듯 한 낡은 집이었지만 매우 살만 했다.」

Answer 6.④ 7.③

※ 다음 문장의 밑줄 친 부분 중 어법상 가장 어색한 것을 고르시오. 【8~14】

8

①Facing with the prospect of highly dependent offspring, ②she'd be on the lookout for someone ③who was not only ④fit and healthy but also had access to resources.

> 🅣🅘🅟 face A with B A를 B와 직면케 하다   prospect 예상, 기대   dependent 의지하고 있는, 종속관계의, 예속적인   offspring 자손, 자식   on the lookout for ~을 구하면서, 찾으면서   not only A but (also) B A뿐만 아니라 B도   fit 알맞은, 적당한, 적격의, 튼튼한   access to ~에의 접근(방법)   resource 원천, 자원(여기에서는 생활력, 부의 의미)
> ① Facing with → Faced with, As she was faced with ~ (종속부사절) = (Being) Faced with ~ (분사구문)
> 「(남에게) 대단히 의존적인 자식이 겪게 될 예상(어떻게 해야 할지)에 직면하여, 그녀는 튼튼하고 건강할 뿐만 아니라 생활력도 있는 사람을 찾으려고 하였다.」

9

①To see so much power ②combining with such lack ③of foresight is really disquieting ④for us Europeans.

> 🅣🅘🅟 combine 결합시키다(하다)   foresight 통찰력, 선견지명   disquieting 불안하게 하는, 걱정시키는
> ② combining → combined, 의미상 '결합된'으로 쓰이므로 수동형 분사 combined가 적절하다.
> 「그러한 선견지명의 부족과 결합된 너무 강한(많은) 권력을 지켜보는 것은 우리 유럽인들에게 정말로 불안한 일이다.」

10

The layout of the ①streets in the ②old part of town ③is very ④confused to me.

> 🅣🅘🅟 layout 배치(도), 설계(법), (신문·광고의) 지면배정, 레이아웃   confuse ~을 혼동하다, 혼란시키다   confusing 혼란시키는, 당황하게 하는   confused 혼란스러운, 당황한
> ④ confused → confusing, 타동사 confuse는 사람이면 과거분사 confused를, 사물이면 현재분사 confusing이 쓰여야 한다. 이 문제의 경우 주어가 사물, 즉 layout이므로 confusing이 되어야 한다.
> 「도시의 오래된 지역의 거리배치도는 나를 매우 혼란스럽게 한다.」

11

> Optimism is ①a good characteristic, but ②if carrying ③to an excess, it ④can become foolishness.

TIP optimism 낙관(론), 낙천주의 characteristic 특징, 특성, 특색 excess 초과, 과잉, 잉여

② if carrying → (if) carried, carrying의 의미상의 주어가 it(Optimism)이므로 수동형 carried를 써야 한다(= if it is carried). 이때 분사구문에서 접속사는 생략하는 것이 원칙이지만, 그 뜻을 강조할 때에는 생략하지 않아도 된다.

「낙천주의는 좋은 특성이지만, 만약 (낙천주의가) 지나치게 되면 어리석음이 될 수 있다.」

12

> ①While golfing, a rabbit ran ②across the course ③and knocked the ball ④into the hole.

TIP golf 골프(를 치다) course 진행, 진로, 과정, 코스 knock 치다, 두드리다, ~을 쳐서 …이 되게 하다 hole 구멍

① While golfing → While we were golfing 또는 (While) We golfing, 부사절의 주어와 주절의 주어가 다를 경우에는 부사절의 '주어 + be동사'를 생략할 수 없다. 또는 독립분사구문으로 만들어준다.

「우리가 골프를 치고 있는 동안에, 토끼가 코스를 가로질러 달리다가 공을 구멍 안으로 빠뜨렸다.」

13

> ①Most species of ②fish move ③slowly through water, ④comparing to dolphins.

TIP species 종류, 종(種) compare 비교하다, 견주다

④ comparing → compared, fish 자체가 비교할 수 없고 비교되는 것이기 때문에 수동형태로 쓴다.

「대부분의 어류들은 돌고래에 비교하면 물에서 천천히 움직인다.」

14

> Seriously ①burned in a terrible car accident, the doctor wasn't sure that John ②could be protected from infection ③long enough for his body to begin to heal ④itself.

TIP protect 지키다, 보호하다 infection 전염, 감염 heal 고치다, 치료하다, 치유하다

① burned → John burned, 'Because John had been seriously burned ~'의 분사구문으로, burned의 주어가 doctor가 아닌 John이므로 주절의 주어와 일치하지 않는다. 따라서 John을 함부로 생략한 분사구문은 문법에 어긋난다.

「John이 끔찍한 자동차사고로 인해 심하게 화상을 입었기 때문에, 의사는 John의 육체가 스스로 치유를 시작할 수 있을 만큼 충분한 시간 동안 감염으로부터 보호받을 수 있을지 확신하지 못했다.」

Answer 11.② 12.① 13.④ 14.①

※ 다음 문장의 빈칸에 들어갈 가장 알맞은 표현을 고르시오. 【15 ~ 18】

15

_____ the choice, a surprising number of college kids studying computer science would prefer to be rock musicians.

① Giving ② Give
③ Gift ④ Given

> **TIP** choice 선택(권) surprising 깜짝 놀랄 만한, 놀라운, 의외의 prefer (보다) 좋아하다, 선호하다
>
> ④ 주어가 같아 생략시킨 분사구문에서 주어와의 관계가 '능동'이면 현재분사형(-ing)을, '수동'이면 과거분사형(p.p.)을 쓴다. 이 경우, 많은 수의 학생들에게 선택권이 주어진 것(수동)이므로 p.p.형인 Given을 쓴다.
> 「선택권이 주어지면, 컴퓨터과학을 공부하는 많은 대학생들이 (의외로) 록 음악가가 되기를 오히려 더 선호할 것이다.」

16

Most people enjoy Christmas holiday, but it is _____ to me.

① depress ② depressing
③ depressed ④ depression

> **TIP** depress ~의 기를 꺾다, 풀이 죽게 하다, 우울하게 하다, (내리)누르다
>
> ② 타동사 depress는 주어가 사람일 경우는 과거분사형인 depressed를, 주어가 사물이면 현재분사형 depressing을 쓴다.
> 「대부분의 사람들이 크리스마스 휴가를 즐기건만, 그것은 날 우울하게 한다.」

17

_____ my bike to George, I couldn't ride to the beach that afternoon.

① Giving ② For giving
③ Having given ④ Given

> **TIP** ride (탈것을) 타다, 타고 가다, (탈것으로) 지나가다, 나아가다
>
> ③ 해변까지 자전거를 타고 갈 수 없었던 일보다 George에게 자전거를 준 일이 먼저 일어났으므로 과거완료시제가 와야 한다. 또한 주절의 주어와 분사구문의 주어가 일치하므로 주어가 생략된 능동형 완료분사구문이 되어야 한다.
> 「내 자전거를 George에게 주었기 때문에, 나는 그 날 오후 해변까지 자전거를 타고 갈 수 없었다.」

Answer 15.④ 16.② 17.③

18

> The trade figures _____ indicate that the surge in steel imports had begun to abate in November.

① releasing last Thursday
② to be released last Thursday
③ being released last Thursday
④ released last Thursday

> **TIP** trade 교역, 거래, 무역 **figure** 숫자, 수치 **indicate** 가리키다, 지적하다, 표시하다, 나타내다 **surge** 큰 파도, (군중 등의) 쇄도, (감정의) 동요, 고조, (물가의) 급등, 파동 **steel** 강철, 철강 **abate** 감소하다, 줄다 **release** 해방시키다, 발표하다, 공개하다
>
> ④ 이미 주어(The trade figures)와 동사(indicate)가 나와 있으므로 빈칸은 주어를 수식하는(의미를 보충하는) 분사형 형용사구가 들어가야 한다(분사형 형용사구는 일반 형용사와 달리 뒤에서 수식한다). 따라서 의미상 The trade figures와 release의 관계가 수동이므로 과거분사가 이끄는 형용사구가 들어가야 한다.
> 「지난 목요일에 공개된 무역지수는 11월에 철강수입의 쇄도가 줄어들기 시작했다는 것을 나타낸다.」

19 다음 문장 중에서 어법상 틀린 것은?

① I was dead drunk last night.
② We should catch that animal alive.
③ He remained silent.
④ The story was quite bored.

> **TIP** **dead drunk** 정신없이 취하여 **catch A alive** A를 생포하다 **bore** 지루하게 하다, 따분하게 하다
>
> ④ bored→boring, 주어(The story)가 사물이고 '이야기가 (사람을) 지루하게 하는, 곧 능동의 의미이므로 현재분사형을 써야 한다.
> 「① 나는 어젯밤 정신없이 취했다.
> ② 우리는 그 동물을 생포해야 한다.
> ③ 그는 침묵을 지키고 있었다.
> ④ 그 이야기는 상당히 지루하다.」

Answer 18.④ 19.④

20 네 부분으로 나누어 놓은 다음 문장에서 문법적으로 틀린 부분은?

> ①I am convincing / ②that the increasing power and ubiquity of computers and the cybernetic intelligence they embody / ③will have an effect on civilization / ④as great as fire, writing, the printing press, and electricity.

TIP ubiquity 동시에 모든 곳에 존재함, 편재(遍在) **cybernetic** 인공두뇌학의 **intelligence** 지능, 지식, 정보 **embody** ~을 구체화하다, 구현하다, 실현하다 **have an effect on** ~에 영향을 미치다(= have an influence on, affect) **printing press** 인쇄기 **electricity** 전기

① convincing → convinced, convince(확신시키다, 납득시키다, 설득하다)는 surprise, interest, bore 등과 같이 '~하게 하다'의 뜻을 지닌 동사로서 사람이 주어일 경우 p.p.형을, 사물이 주어일 경우 −ing형을 쓴다.

「증대하고 있는 컴퓨터의 힘과 보급, 그리고 컴퓨터가 구현하는 인공두뇌학적 지능이 문명에 불, 문서, 인쇄기, 전기만큼이나 큰 영향을 미칠 것이라고 나는 확신한다.」

07 관계사

1 ·· 관계대명사의 종류와 격

관계대명사는 문장과 문장을 연결하는 접속사의 역할과 대명사의 역할을 동시에 한다. 관계대명사가 이끄는 절은 선행사(관계대명사 앞에 오는 명사)를 수식하는 형용사절이다.

▶ 관계대명사의 종류에 따른 격

선행사	주격	소유격	목적격
사람	who	whose	whom
동물, 사물	which	whose, of which	which
사람, 동물, 사물	that	없음	that

2 ·· 관계대명사 who, which, that, what

(1) 관계대명사 who

관계대명사 who는 선행사가 사람일 때 쓴다(물, 배, 나라를 의인화한 경우에는 which 또는 that 대신 who를 쓸 수 있음).

① who(주격) : 자신이 이끄는 절에서 주어 역할을 하며, 동사의 형태는 선행사의 인칭과 수, 주절의 시제에 좌우된다.

I know the boy **who** did it. 나는 그 일을 했던 소년을 안다.

→ I know the boy. + He did it.

② whose(소유격) : 명사와 결합하여 형용사절을 이끈다.

A child **whose** parents are dead is called an orphan.

부모가 돌아가신 아이는 고아라 불린다.

→ A child is called an orphan. + His parents are dead.

③ whom(목적격) : 자신이 이끄는 절에서 타동사와 전치사의 목적어로 쓰인다.

It is difficult to obey those **whom** we do not respect.

존경하지 않는 사람에게 복종하기는 힘들다.

→ It is difficult to obey those. + We do not respect those(타동사의 목적어).

She is the girl **whom** I am fond of. 그녀는 내가 좋아하는 소녀이다.

→ She is the girl. + I am fond of her(전치사의 목적어).

(2) 관계대명사 which

① 관계대명사 which의 용법 : 관계대명사 which는 선행사가 사물·동물일 때 쓴다.

㉠ which(주격)

The road **which** leads to the station is narrow. 역에 이르는 길은 폭이 좁다.

→ The road is narrow. + The road leads to the station.

㉡ of which(= whose, 소유격)

This is the car **of which the engine(the engine of which)** is of the latest type. 이것은 엔진이 최신형인 차이다.

= This is the car **whose engine** is of the latest type.

→ This is the car. + Its engine is of the latest type.

ⓒ which(목적격)

This is the book **which** I bought yesterday. 이것은 내가 어제 산 책이다.

→This is the book. + I bought it yesterday(타동사의 목적어).

This is the story **which** I am interested **in**. 이것은 내가 흥미를 가지는 이야기이다.

= This is the story **in which** I am interested.

→This is the story. + I am interested in it(전치사의 목적어).

This is the house **which** she lives **in**. 이곳은 그녀가 살고 있는 집이다.

= This is the house in which she lives.

= This is the house **where** she lives(관계부사).

→This is the house. + She lives in it(전치사의 목적어).

② 주의해야 할 관계대명사 which의 용법

ⓐ 선행사가 사람인 경우에도 which를 쓰는 경우 : 선행사가 사람인 경우에도 사람 그 자체를 가리키는 것이 아니라 그 사람의 직업, 지위, 성격 등을 나타낼 때에는 관계대명사 which를 쓴다.

He looked like a teacher **which** he was. 그는 선생님인 것처럼 보였다.

ⓑ 앞에 나온 절의 일부 또는 전부를 선행사로 받는 경우 : 앞에 나온 절의 일부 또는 전부를 선행사로 받는 경우 관계대명사 which를 계속적 용법으로 쓴다.

He says so, **which** is clear proof of his honesty.

그가 그렇게 말하는데, 그것은 그의 정직함에 대한 명백한 증거이다.

(3) 관계대명사 that

① 관계대명사 that의 용법 : 관계대명사 that은 who 또는 which를 대신하여 선행사에 관계없이 두루 쓸 수 있다.

I know the boy **that** broke the window. 나는 그 창문을 깨뜨렸던 소년을 안다.

This is the camera **that** I bought yesterday. 이것은 내가 어제 산 카메라이다.

② 관계대명사 that만을 쓸 수 있는 경우

ⓐ 선행사가 최상급, 서수사, the only, the very, the last, the same, every, no 등에 의해 수식될 때

He is **the fastest** runner **that** I have ever seen. 그는 내가 본 가장 빠른 주자이다.

He is **the first** man **that** heard the news. 그는 그 소식을 최초로 들었던 사람이다.

He was **the only** person **that** can do it. 그는 그 일을 할 수 있는 유일한 사람이었다.

You are **the very** boy **that** I have been looking for.

너는 내가 지금까지 찾고 있었던 바로 그 소년이다.

ⓑ 선행사가 '사람 + 동물(사물)'일 때

He spoke of **the men and the things that** he had seen.

그는 그가 보았던 사람들과 일들에 대해서 말했다.

Men and horses that were killed in the battle were innumerable.

전투에서 죽음을 당한 사람과 말은 수를 헤아릴 수 없었다.

ⓒ 선행사가 의문대명사일 때

Who that has common sense can do such a thing?

상식을 가진 사람은 누가 그러한 일을 할 수 있겠는가?

Who that knows him will believe it?

그를 알고 있는 사람은 누가 그것을 믿겠는가?

ⓔ 선행사가 부정대명사 또는 부정형용사(-thing, -body -one, none, little, few, much, all, any, some, etc)일 때

I'll give you **everything that** you want.

나는 당신이 원하는 모든 것을 당신에게 줄 것이다.

Anyone that knows computer is welcome.

컴퓨터를 아는 사람이라면 누구든지 환영이다.

All that glitters is not gold. 반짝이는 것이라고 해서 모두 금은 아니다.

ⓜ 관계대명사절의 동사가 be동사이고 선행사가 관계대명사절 내에서 보어 역할을 하는 경우

I am not the woman **that** I was.

나는 예전의 내가 아니다.

(4) 관계대명사 what

① 관계대명사 what의 용법 : 관계대명사 what은 선행사가 포함된 관계대명사로 명사절을 이끌어 문장 속에서 주어, 목적어, 보어의 역할을 한다. 이때 what은 the thing which, that which, all that 등으로 바꿔 쓸 수 있다.

ㄱ 주어 역할

What(**The thing which, That which**) cannot be cured must be endured.

고칠 수 없는 것은 견뎌내어야만 한다.

ㄴ 목적어 역할

Don't put off until tomorrow **what** you can do today.

오늘 할 수 있는 일을 내일로 미루지 말아라.

ㄷ 보어 역할

Manners are **what** makes men different from animals.

예절은 사람을 동물과 다르게 만드는 것이다.

② 관용적 표현

ㄱ what is better : 더욱 더 좋은 것은, 금상첨화로

This book is instructive and, **what is better**, interesting.

이 책은 교육적인 데다가 금상첨화로 재미있기도 하다.

ㄴ what is worse : 더욱 더 나쁜 것은, 설상가상으로

It is blowing very hard and, **what is worse**, it begin to snow hard.

바람이 매우 세차게 불고 있는데, 설상가상으로 눈이 심하게 내리기 시작한다.

ㄷ what is more : 게다가

ㄹ what is called : 소위, 이른바[= what we(you, they) call]

He is **what is called** a self-made man.

그는 이른바 자수성가한 사람이다.

= He is **what we(you, they) call** a self-made man.

ㅁ A is to B what C is to D : A와 B의 관계는 C와 D의 관계와 같다.

Reading **is to** the mind **what** food **is to** the body.

독서와 정신의 관계는 음식과 육체의 관계와 같다.

= Reading is to the mind as food is to the body.

= What food is to the body, reading is to the mind.

= Just as food is to the body, so is reading to the mind.

📖 **기출문제**

(A), (B), (C)에서 어법에 맞는 표현으로 가장 적절한 것은?

2019. 2. 23. 법원행정처

First impression bias means that our first impression sets the mold (A) [which / by which] later information we gather about this person is processed, remembered, and viewed as relevant. For example, based on observing Ann-Chinn in class, Loern may have viewed her as a stereotypical Asian woman and assumed she is quiet, hard working, and unassertive. (B) [Reached / Having reached] these conclusions, rightly or wrongly, he now has a set of prototypes and constructs for understanding and interpreting Ann-Chinn's behavior. Over time, he fits the behavior consistent with his prototypes and constructs into the impression (C) [that / what] he has already formed of her. When he notices her expressing disbelief over his selection of bumper stickers, he may simply dismiss it or view it as an odd exception to her real nature because it doesn't fit his existing prototype.

	(A)	(B)	(C)
①	which	reached	that
②	which	having	reached what
③	by which	having	reached that
④	by which	reached	what

☞ ③

🎓 **보충학습**

관계대명사 + 삽입절

관계대명사 다음에 '주어 + hear, think, believe, suppose, remember 등'이 삽입된 경우 관계대명사의 격은 삽입어구를 제외하고 결정된다.

I employed **a man who** I thought **was** honest.

나는 정직하다고 생각했던 사람을 고용했다.

He gave me **some books which** he thought I ought to read.

그는 내가 읽었어야 했다고 생각했던 몇몇 책을 나에게 주었다.

ⓗ What with A and (what with) B : 한편으로는 A하고, 또 한편으로는 B해서(원인)

　What with fatigue and (**what with**) hunger, he fell down.

　피로하기도 하고 배가 고프기도 해서 그는 쓰러졌다.

ⓢ What by A and (what by) B : 한편으로는 A에 의해, 또 한편으로는 B에 의해(수단, 방법)

　What by policy and (**what by**) force, he gained his ends.

　책략을 쓰기도 하고 무력을 쓰기도 해서 그는 목적을 달성했다.

ⓞ What + S + be : S의 인격 · 상태

ⓩ What + S + have : S의 재산 · 소유물

　She is charmed by **what he is**, not by **what he has**.

　그녀는 그의 재산이 아니라 그의 인격에 반했다.

❸ ‥ 관계대명사의 한정적 · 계속적 용법

(1) 한정적(제한적) 용법

　선행사를 수식하는 형용사절을 이끌어 수식을 받는 선행사의 뜻을 분명히 해주며 뒤에서부터 해석한다.

　He smiled at the girl **who** nodded to him. 그는 그에게 목례를 한 소녀에게 미소지었다.

　I have a sister **who** is a singer.

　나는 가수인 언니가 있다(가수가 아닌 언니도 있을 수 있다).

(2) 계속적(비제한적) 용법

　관계대명사 앞에 'comma(,)'를 붙이며 관계대명사절이 선행사를 보충 설명한다. 문맥에 따라 '접속사(and, but, for, though, etc) + 대명사'로 바꾸어 쓸 수 있다. that과 what에는 계속적 용법이 없다.

　He smiled at the girl, **who** nodded to him.

　그는 소녀에게 미소 지었는데 그에게 목례를 하였다.

　= He smiled at the girl, **for she** nodded to him.

　I have a sister, **who** is a singer. 나는 언니가 하나 있는데 가수이다(언니가 하나이다).

　= I have a sister, **and she** is a singer.

　The farmer, **who** is poor, is honest. 그 농부는 가난하지만 정직하다.

　= The farmer, **though he** is poor, is honest.

　Jane said that she was sick, **which** was a lie.

　Jane은 그녀가 아프다고 말했는데 거짓말이었다.

　= Jane said that she was sick, **but it** was a lie.

(3) which의 계속적 용법

　계속적 용법으로 쓰인 which는 형용사, 구, 절, 또는 앞 문장 전체를 선행사로 받을 수 있다.

　Tom is **healthy, which** I am not. Tom은 건강하지만 나는 그렇지 못하다.

　= Tom is healthy, but I am not healthy(형용사가 선행사).

보충학습

이중한정

두 개의 관계대명사가 이끄는 형용사절이 하나의 선행사를 공동으로 한정하는 용법이다.

There is no one **that** I know **who** can do such a thing(that과 who의 선행사는 no one).

내가 알고 있는 사람으로서 그런 일을 할 수 있는 사람은 없다.

보충학습

관계대명사를 생략할 수 없는 경우

목적격 관계대명사라 할지라도 다음의 경우 생략할 수 없다.

㉠ 계속적 용법으로 쓰였을 때

I bowed to the gentleman, **whom** I knew well(whom = for him).

나는 그 신사에게 인사를 했는데, 나는 그를 잘 알고 있었기 때문이다.

㉡ '전치사 + 목적격 관계대명사'가 함께 쓰였을 때

I remember the day **on which** he went to the front.

나는 그가 전선에 간 날을 기억하고 있다.

㉢ of which가 어느 부분을 나타낼 때

I bought ten pencils, **the half of which** I gave my brother.

나는 연필 열 자루를 사서, 내 동생에게 그 중의 반을 주었다.

I tried **to persuade him, which** I found impossible.

나는 그를 설득하려 했지만, 그것이 불가능하다는 것을 깨달았다.

= I tried to persuade him, but I found it impossible(to부정사구가 선행사).

He paid all his debts, which is the proof of his honesty.

그는 그의 모든 빚을 갚았는데, 그것이 그가 정직하다는 증거이다.

= He paid all his debts, and this is the proof of his honesty(앞문장이 선행사).

❹‥ 관계대명사의 생략

(1) 목적격 관계대명사의 생략

한정적 용법으로 쓰인 관계대명사가 타동사 또는 전치사의 목적격으로 쓰일 때는 생략할 수 있다.

① 관계대명사가 타동사의 목적어로 쓰일 때

Roses are the flowers (**which**) I like most. 장미는 내가 제일 좋아하는 꽃이다.

→Roses are flowers. + I like roses most(타동사의 목적어).

② 관계대명사가 전사의 목적어로 쓰일 때

Things (which) we are familiar with are apt to escape our notice.

우리에게 익숙한 것들은 우리의 주의를 벗어나기 쉽다.

→Things are apt to escape our notice. + We are familiar with things(전치사의 목적어).

(2) 주격 관계대명사의 생략

주격 관계대명사는 생략할 수 없는 것이 원칙이지만, 다음의 경우에는 생략해도 된다.

① 관계대명사가 보어로 쓰일 때

ⓐ 주격보어로 쓰일 때

He is not the man (**that**) he was. 그는 예전의 그가 아니다.

ⓑ 목적격 보어로 쓰일 때

I'm not a fool (**that**) you think me (to be). 나는 당신이 생각하는 그런 바보가 아니다.

② 관계대명사 다음에 'there + be동사'가 이어질 때

He is one of the greatest scholars (**that**) there are in the world.

그는 세계적인 대학자 중의 하나이다.

③ There is ~, It is ~로 시작되는 구문에서 쓰인 주격 관계대명사

There is a man (**who**) wants to see you. 당신을 만나려는 사람이 있다.

It was he (that) met her yesterday(It ~ that 강조구문).

어제 그녀를 만난 사람은 바로 그였다.

④ '주격 관계대명사 + be동사'의 경우 둘 다를 함께 생략한다.

I bought a novel (**which was**) written by him.

나는 그에 의해 쓰인(그가 쓴) 소설을 샀다.

The cap (**which is**) on the table belongs to Inho.

탁자 위의 모자는 인호의 것이다.

⑤·· 유사관계대명사

접속사인 as, but, than 등이 관계대명사와 같은 역할을 하는 경우 유사관계대명사라고 한다.

(1) 유사관계대명사 as

① 제한적 용법 : the same, such, as ~ 가 붙은 선행사 뒤에서 상관적으로 쓰인다.

This is **the same** watch **as** I lost(유사물). 이것은 내가 잃어버린 것과 같은 시계이다.

This is **the** very **same** watch **that** I lost(동일물).

이것은 내가 잃어버린 바로 그 시계이다.

This book is written in **such** easy English **as** I can read(as : 관계대명사).

이 책은 내가 읽을 수 있는 그런 쉬운 영어로 쓰여 있다.

This book is written in **such** easy English **that** I can read it(that : 접속사).

이 책은 매우 쉬운 영어로 쓰여져 있어서 내가 읽을 수 있다.

② 계속적 용법 : 문장 전체를 선행사로 할 때도 있다.

As is usual with him, he was late for school. 그에게는 흔한데, 그는 학교에 늦었다.

He is absent, **as** is often the case. 흔히 그러하듯이 그는 오늘도 결석이다.

(2) 유사관계대명사 but

부정어구가 붙은 선행사 뒤에 쓰여 이중부정(강한 긍정)의 뜻을 지닌다(= who ~ not, which ~ not, that ~ not).

There are **few but** love their country.

자신의 나라를 사랑하지 않는 사람은 거의 없다.

= There are few **who** do**n't** love their country.

= All men loves their country.

There is **no** rule **but** has some exceptions. 예외 없는 규칙은 없다.

= There is no rule **that** has **not** exceptions.

= Every rule has exceptions.

(3) 유사관계대명사 than

비교급이 붙은 선행사 뒤에 쓰인다.

Children should not have **more** money **than** is needed.

아이들은 필요한 돈보다 더 많은 돈을 가지지 않아야 한다.

The next war will be **more** cruel **than** can be imagined.

다음 전쟁은 상상할 수 있는 이상으로 잔인할 것이다.

 기출문제

Choose the underlined part that is not grammatically correct.

2011. 8. 27 국회사무처(8급)

---

①That such a situation is in no way incompatible with racism is something Spike Lee dramatizes very accurately in Do the Right Thing, ②which one of the Italian-American boys claims to be a racist despite the fact that his sporting heroes are, in fact, all African-American. ③Racism is no longer a primarily cultural or political issue. ④The twin poles of U.S. consumer culture – rock music and organized sports – can cheerfully offer Michael Jackson and Michael Jordan. Another way of putting this would be to say that racism is no longer primarily a matter of representation ; ⑤it is a complex economic issue as well as a straightforward political one.

☞ ②

❻ ·· 관계형용사와 관계부사

(1) 관계형용사

which, what 등이 다음에 오는 명사를 수식하여 관계형용사(접속사 + 형용사)의 역할을 한다.

① what + 명사 = all the + 명사 + that ~

I have sold **what** few things I had left.

나는 몇 개 안되지만 내가 남겨 두었던 물건 전부를 팔았다.

= I have sold all few things (that) I had left.

② which + 명사 = 접속사 + 지시형용사 + 명사 : 관계형용사 which는 계속적 용법으로 만 쓰인다.

He spoke to me in French, **which** language I could not understand.

그는 나에게 불어로 말했는데, 나는 그 언어를 이해할 수가 없었다.

= He spoke to me in French, but I could not understand that language.

(2) 관계부사

관계부사는 '접속사 + 부사'의 역할을 하여 선행사를 수식하며, '전치사 + 관계대명사'로 바꿔 쓸 수 있다.

① where : 선행사가 장소를 나타낼 때 쓰이며, 종종 상황이나 입장을 나타낼 때에도 쓰인다.

This is the house **where** he lived. 이곳이 그가 살았던 집이다.

= This is the house **in which** he lived.

There are few situations **where** this rule does not cover.

이 규칙이 적용되지 않는 경우는 거의 없다.

= There are few situations **with which** this rule does not cover.

② when : 선행사가 시간을 나타낼 때 쓰인다.

I know the time **when** he will arrive. 나는 그가 도착할 시간을 안다.

= I know the time **on which** he will arrive.

He died on the day **when** I arrived. 그는 내가 도착했던 날에 죽었다.

= He died on the day **on which** I arrived.

③ why(= for which) : 선행사가 이유를 나타낼 때 쓰인다.

That is the reason **why** I was late. 그것이 내가 늦었던 이유이다.

= That is the reason **for which** I was late.

There is no reason **why** you should go. 네가 가야 할 이유가 없다.

= There is no reason **for which** you should go.

④ how : 선행사가 방법을 나타낼 때 쓰이며, 보통 the way와 how 중 하나를 생략해 야 한다.

I don't like (**the way**) **how** he talks. 나는 그가 이야기하는 방법을 좋아하지 않는다.

= I don't like **the way in which** he talks.

I want to know **the way** (**how**) he solved it. 나는 그가 그 문제를 푼 방법을 알고 싶다.

= I want to know **the way in which** he solved it.

📖 **보충학습**

관계부사의 계속적 용법

관계부사 중 when, where는 계속적 용법으로 쓸 수 있다.

Wait till nine, **when** the meeting will start.

9시까지 기다려라. 그러면 모임을 시작할 것 이다.

= Wait till nine, and then the meeting will start.

We went to Seoul, **where** we stayed for a week.

우리는 서울에 가서, 거기서 1주일간 머물렀다.

= We went to Seoul, and we stayed there for a week.

📖 **보충학습**

강조용법의 whatever

whatever는 부정문, 의문문에서 '조금도, 도 대체(at all)'의 강조어로 쓰이기도 한다.

There can be no doubt **whatever** about it.

그것에 관해서는 추호도 의심의 여지가 없다.

📝 **기출문제**

어법상 빈칸에 들어가기에 적절한 것은?

2014. 6. 28. 서울특별시

The sales industry is one _____ constant interaction is required, so good social skills are a must.

① but which   ② in which

③ those which   ④ which

⑤ what

☞ ②

7 ·· 복합관계사

(1) 복합관계대명사

복합관계대명사는 '관계대명사 + ever'의 형태로서 '선행사 + 관계대명사'의 역할을 하며, 명사절이나 양보의 부사절을 이끈다.

① 명사절을 이끌 때

    ㉠ whatever, whichever = anything that

        I will accept **whatever** you suggest.

        나는 네가 제안하는 것은 무엇이든지 받아들이겠다.

        = I will accept **anything that** you suggest.

        Choose **whichever** you want. 당신이 원하는 어느 것이든지 선택하세요.

        = Choose **anything that** you want.

    ㉡ whoever = anyone who

        Whoever comes first may take it.

        누구든 가장 먼저 오는 사람이 그것을 가져도 좋다.

        = **Anyone who** comes first may take it.

    ㉢ whosever = anyone whose

    ㉣ whomever = anyone whom

        She invited **whomever** she met. 그녀는 그녀가 만나는 사람은 누구든지 초대하였다.

        = She invited **anyone whom** she met.

② 양보의 부사절을 이끌 때 : 'no matter + 관계대명사'로 바꿔 쓸 수 있다.

    ㉠ whoever = no matter who : 누가 ~하더라도

        Whoever may object, I will not give up.

        누가 반대하더라도 나는 포기하지 않을 것이다.

        = **No matter who** may object, I will not give up.

    ㉡ whatever = no matter what : 무엇이(을) ~하더라도

        Whatever may happen, I am ready. 어떤 일이 일어나더라도 나는 준비되어 있다.

        = **No matter what** may happen, I am ready.

    ㉢ whichever = no matter which : 어느 것을 ~하더라도

        Whichever you may choose, you will be pleased. 어느 것을 고르든 마음에 드실 겁니다.

    = **No matter which** you choose, you will be pleased.

(2) 복합관계형용사

복합관계형용사는 '관계형용사 + ever'의 형태로 명사절이나 양보의 부사절을 이끈다.

① 명사절을 이끌 때 : whatever, whichever = any(all the) + 명사 + that ~

    Take **whatever** ring you like best. 당신이 가장 좋아하는 어떤 반지라도 가져라.

    = Take **any ring that** you like best.

    Choose **whichever** book you want to read. 읽고 싶은 아무 책이나 골라라.

    = Choose **any book that** you like.

② 양보의 부사절을 이끌 때

　㉠ whatever + 명사 = no matter what + 명사

　　Whatever results follow, I will go. 어떠한 결과가 되든 나는 가겠다.

　　= **No matter what** results follow, I will go.

　㉡ whichever + 명사 = no matter which + 명사

　　Whichever reasons you may give, you are wrong.

　　당신이 어떤 이유들을 제시하든 당신은 잘못하고 있다.

　　= No matter which reasons you may give, you are wrong.

(3) 복합관계부사

복합관계부사는 '관계부사 + ever'의 형태로 '선행사 + 관계부사'의 역할을 하며, 장소 · 시간의 부사절이나 양보의 부사절을 이끈다.

① 장소, 시간의 부사절을 이끌 때

　㉠ whenever = at(in, on) any time when

　　You may come **whenever** it is convenient to you. 편리할 때면 언제든지 와도 좋다.

　= You may come **at any time when** it is convenient to you.

　㉡ wherever = at(in, on) any place where

　　She will be liked **wherever** she appears. 그녀는 어디에 나오든지 사랑받을 것이다.

　　= She will be liked **at any place where** she appears.

② 양보의 부사절을 이끌 때 : 주로 may를 동반한다.

　㉠ whenever = no matter when

　　Whenever you may call on him, you'll find him reading something.

　　당신이 언제 그를 찾아가더라도 당신은 그가 어떤 것을 읽고 있는 것을 발견할 것이다.

　　= **No matter when** you may call on him, you'll find him reading something.

　㉡ wherever = no matter where

　　Wherever you may go, you will not be welcomed.

　　너는 어디에 가더라도 환영받지 못할 것이다.

　　= **No matter where** you may go, you will not be welcomed.

　㉢ however = no matter how

　　However cold it may be, he will come. 날씨가 아무리 춥더라도 그는 올 것이다.

　　= **No matter how** cold it may be, he will come.

1 어법상 옳은 것은?

2021. 9. 11. 지역인재 9급 선발시험

① David loosened his grip and let him to go.
② Rarely Jason is sensitive to changes in the workplace.
③ The author whom you criticized in your review has written a reply.
④ The speed of the observed change is very greater than we expected.

TIP loosen 풀다 **grip** 꽉쥠 **rarely** 거의 ~않다 **sensitive** 민감한 **criticize** 비판하다 **reply** 회신
① let은 사역동사로서 목적격 보어의 자리에 동사원형(to go → go)이 와야 한다.
② Rarely가 문두로 왔기 때문에 주어 동사가 도치(Jason is → is Jason) 되어야 한다.
④ 비교급 강조는 even, much, still, a lot, far(very → even 등)와 같은 부사를 써야 한다.
「① David은 붙잡았던 손을 풀고 그를 놓아주었다.
② 제이슨은 직장에서의 변화에 거의 민감하지 않다.
③ 당신이 리뷰에서 비판한 저자가 답장을 썼습니다.
④ 관측된 변화의 속도는 우리가 예상했던 것보다 훨씬 빠르다.」

2 밑줄 친 부분 중 어법상 틀린 것은?

2020. 6. 20. 소방공무원

Australia is burning, ① <u>being</u> ravaged by the worst bushfire season the country has seen in decades. So far, a total of 23 people have died nationwide from the blazes. The deadly wildfires, ② <u>that</u> have been raging since September, have already burned about 5 million hectares of land and destroyed more than 1,500 homes. State and federal authorities have deployed 3,000 army reservists to contain the blaze, but are ③ <u>struggling</u>, even with firefighting assistance from other countries, including Canada. Fanning the flames are persistent heat and drought, with many pointing to climate change ④ <u>as</u> a key factor for the intensity of this year's natural disasters.

TIP ravage 황폐화시키다 **bushfire** (잡목림 지대의) 산불 **blaze** 화염 **deadly** 치명적인 **rage** 격노, 격정 **reservist** 예비군
contain 억제하다 **fan** 부채질하다 **persistent** 지속적인 **intensity** 강도
① 수동 분사구문으로 being은 옳은 표현이고, 생략도 가능하다.
② 관계대명사 that은 콤마 뒤에 계속적 용법으로 쓰일 수 없다. 따라서 which로 바꾸어야 한다.
③ struggle은 '고군분투하다'는 자동사의 의미로 쓰여서 올바른 표현이다.
④ '~로서'라는 의미의 전치사로 쓰였다.
「호주는 수십 년 만에 최악의 산불 시즌에 의해 파괴되어 불타고 있다. 지금까지, 총 23명의 사람들이 화재로 인해 전국적으로 사망했다. 9월부터 맹위를 떨치고 있는 이 치명적인 산불은 이미 약 500만 헥타르의 땅을 불태우고 1,500채 이상의 집을 파괴했다. 주와 연방 당국은 화재 진압을 위해 3,000명의 육군 예비군을 배치했지만 캐나다를 포함한 다른 나라들의 소방 지원에도 불구하고 어려움을 겪고 있다. 불길을 부채질하는 것은 지속적인 더위와 가뭄으로, 많은 사람들이 올해 자연재해 강도의 핵심 요인으로 기후변화를 지적한다.」

🔍**Answer** 1.③ 2.②

3 밑줄 친 부분 중 어법상 가장 옳지 않은 것은?

2019. 6. 15. 제2회 서울특별시

> Squid, octopuses, and cuttlefish are all ① <u>types</u> of cephalopods. ② <u>Each</u> of these animals has special cells under its skin that ③ <u>contains</u> pigment, a colored liquid. A cephalopod can move these cells toward or away from its skin. This allows it ④ <u>to change</u> the pattern and color of its appearance.

TIP cuttlefish 오징어 cephalopod (오징어, 문어와 같은) 두족류 동물 pigment 인료, 색소
① 모든 종류의 두족류 동물들을 의미하는 "all types of cephalopods"는 맞는 표현이다.
② each는 형용사와 대명사의 쓰임 모두 가능하다. 문제에서는 대명사로 쓰였다.
③ 관계대명사 that의 선행사가 skin이 아닌 cells이기 때문에 수 일치시켜 contains를 contain으로 고쳐준다.
④ allow는 목적보어로 to 부정사를 취해야 한다. to change는 맞는 표현이다.
「(작은) 오징어, 문어 그리고 오징어는 모두 두족류 동물의 종류이다. 이 동물들의 각각은 색소, 즉 색깔을 띠는 색소를 포함하는, 피부 밑 특별한 세포를 가지고 있다. 두족류 동물은 이 세포들을 피부 쪽으로 또는 피부로부터 멀리 이동시킬 수 있다. 이것은 두족류 동물이 그 외양의 패턴과 색깔을 바꾸도록 한다.」

4 밑줄 친 부분 중 어법상 가장 옳지 않은 것은?

2018. 6. 23. 제2회 서울특별시

> I'm ① <u>pleased</u> that I have enough clothes with me. American men are generally bigger than Japanese men so ② <u>it's</u> very difficult to find clothes in Chicago that ③ <u>fits</u> me. ④ <u>What</u> is a medium size in Japan is a small size here.

TIP ① please는 동사로 쓰일 때 '~을 기쁘게 하다'라는 뜻을 가진다. 주어(I)가 기쁜 것이므로 be pleased 형태를 써서 주어의 감정을 나타낸다.
② 뒤에 나오는 to find clothes~가 보어 difficult의 진주어이므로 가주어 it을 쓴 것이 맞다.
③ fits → fit. that fits me 관계사절에서 선행사는 clothes이다. 복수명사이므로 동사 역시 수 일치시켜 fit으로 고쳐준다.
④ what is medium size in Japan까지가 주어이며 명사절이다. what은 선행사 없이 명사절을 이끌 수 있으므로 맞는 표현이다.
「나는 내가 충분한 옷을 가지고 있어서 기쁘다. 미국 사람들은 일반적으로 일본 사람들보다 커서 시카고에서 나에게 맞는 옷을 찾기가 매우 어렵다. 일본에서의 M사이즈가 여기에서는 S사이즈이다.」

Answer 3.③ 4.③

5 밑줄 친 부분 중 어법상 옳지 않은 것은?

2018. 5. 19. 제1회 지방직

> I am writing in response to your request for a reference for Mrs. Ferrer. She has worked as my secretary ① for the last three years and has been an excellent employee. I believe that she meets all the requirements ② mentioned in your job description and indeed exceeds them in many ways. I have never had reason ③ to doubt her complete integrity. I would, therefore, recommend Mrs. Ferrer for the post ④ what you advertise.

TIP ① has worked 현재완료형과 맞춰 for the last three years는 '지난 3년간'이라는 뜻으로 맞게 쓰였다.

② believe의 목적절 that절 안에서 동사는 meets이므로 mentioned는 동사가 될 수 없고 all the requirements를 수식하는 형용사구로 쓰였다. 또 따로 목적어를 가지고 있지 않고, 의미상으로도 '언급된 모든 요구사항들'이 되어야 하므로 과거분사 형태로 수동의 뜻을 나타내었다.

③ 동사 have never had, 목적어 reason의 3형식에서 앞의 명사 reason을 수식하는 형용사 용법으로 쓰인 to부정사이다.

④ for the post what you advertise→for the post that/which you advertise. 관계대명사 what(=the thing that 등)은 선행사를 포함하고 있는 개념으로 선행사 없이 그 자체로 명사절을 이끌 수 있다. 여기서는 앞에 the post라는 선행사가 있고 뒤에서 수식하는 형용사절이 되어야 하므로 that 혹은 which로 바꾸어준다.

Answer 5.④

1 다음 글의 밑줄 친 부분 중, 어법상 가장 옳지 않은 것은?

People who are satisfied appreciate what they have in life and don't worry about how it compares to ① which others have. Valuing what you have over what you do not or cannot have ② leads to greater happiness. Four-year-old Alice runs to the Christmas tree and sees wonderful presents beneath it. No doubt she has received fewer presents ③ than some of her friends, and she probably has not received some of the things she most wanted. But at that moment, she doesn't ④ stop to think why there aren't more presents or to wonder what she may have asked for that she didn't get. Instead, she marvels at the treasures before her.

TIP value 가치, ~을 가치 있게 여기다 **beneath** ~아래에 **no doubt** 의심할 여지가 없이 ~일 것이다 **marvel** 경이로워하다

① compare to에서 to는: 전치사이므로 명사구/명사절을 이끈다. others have가 오는 명사절에서 have의 목적어 역할도 해야 하므로 밑줄 친 자리에 올 수 있는 것은 what뿐이다. which는 선행사를 꾸미는 형용사절을 이끄는데, 이 문장에서는 선행사가 없으므로 which가 올 수 없다.

② 'Valuing what you have over ~ (주어)/ leads(동사) to greater happiness.'의 문장구조이다. Valuing 이하가 주어이므로 단수 취급하여 leads로 쓰는 것이 맞다.

③ 비교급 fewer가 있으므로 than을 쓰는 것이 맞다.

④ stop to-(to 부정사)는 '~을 하려고 멈추다'이고, stop -ing(동명사)는 '~하던 것을 멈추다'이다. '앨리스가 자신이 적게 가진 것에 대해 생각하려고, 혹은 의문을 가지려고 (가던 것을) 멈추지 않는다.'는 말이므로 stop to think~ or (stop to) wonder~ 로 쓴다.

「만족하는 사람은 그들이 삶에서 가진 것을 감사히 여긴다. 그리고 그것이 다른 사람들이 가진 것에 어떻게 비교되는지에 대해 걱정하지 않는다. 당신이 가진 것을 가치 있게 여기는 것은 당신이 가지고 있지 않거나 가질 수 없는 것을 넘어 더 큰 행복으로 이어진다. 네 살배기 앨리스는 크리스마스트리로 달려가서 그것 아래에 있는 아주 멋신 선물을 본다. 아마 그녀는 의심할 여지없이 그녀의 친구들 중 몇몇보다 더 적은 선물들을 받았을 것이다. 그리고 그녀는 아마도 그녀가 가장 원하던 것들 중 몇몇을 받지 못했을 것이다. 그러나 그 순간 그녀는 왜 더 많은 선물들이 없는지 생각하려고, 또는 그녀가 원하는 것을 달라고 할 수 있었을지 궁금해 하려고 멈추지 않는다. 대신 그녀는 그녀 앞에 놓인 보물들에 경이로워 한다.」

2 어법상 빈칸에 들어가기에 적절한 것은?

The sales industry is one _____ constant interaction is required, so good social skills are a must.

① but which   ② in which
③ those which   ④ which

TIP social skill 사회적 기능

② 빈칸에는 one을 수식하는 관계사가 와야 하는데 뒤에 문장이 완전하므로 관계 부사(전치사 + 관계 대명사)가 와야 한다.

「판매업은 지속적인 상호작용이 요구되는 하나의 사업영역이다. 그래서 능숙한 사교술이 필수적이다.」

🔍Answer 1.① 2.②

3 밑줄 친 부분 중 어법상 옳은 것은?

> Last week I was sick with the flu. When my father ① <u>heard me sneezing and coughing</u>, he opened my bedroom door to ask me ② <u>that I needed anything</u>. I was really happy to see his kind and caring face, but there wasn't ③ <u>anything he could do it</u> to ④ <u>make the flu to go away</u>.

TIP sneeze 재채기하다 cough 기침하다
② '내가 무엇이 필요한지 아닌지'를 물었다는 의미이므로 that이 아니라 if가 와야 한다. 따라서 that I needed anything → if I needed anything으로 고친다.
③ 선행사 anything 뒤에 목적격 관계대명사 that이 생략된 형태이다. 선행사 anything이 do의 목적어 역할을 하여 '그가 할 수 있는 어떤 것'을 의미하는데 뒤에 목적어 it이 중복하여 나왔으므로 anything he could do it → anything he could do로 고친다.
④ make는 사역동사로 목적어인 the flue와 목적격 보어인 to go away의 관계는 능동이다. 이때 사역동사의 목적격 보어로는 원형부정사만이 가능하므로 to go away → go away로 고친다.
「지난주에 나는 독감에 걸렸다. 아버지는 내가 재채기하고 기침하는 것을 들었을 때, 내 침실 문을 열고 뭐가 필요한 것이 있는지 물어 보았다. 그의 친절하고 상냥한 얼굴을 보고 정말 기뻤지만, 그가 독감을 없애기 위해 할 수 있는 일은 아무것도 없었다.」

4 밑줄 친 부분 중 어법상 가장 옳지 않은 것은?

> I'm ① <u>pleased</u> that I have enough clothes with me. American men are generally bigger than Japanese men so ② <u>it's</u> very difficult to find clothes in Chicago that ③ <u>fits</u> me. ④ <u>What</u> is a medium size in Japan is a small size here.

TIP fit 맞다, 가봉하다
① please는 동사로 쓰일 때 '~을 기쁘게 하다'라는 뜻을 가진다. 주어(I)가 기쁜 것이므로 be pleased 형태를 써서 주어의 감정을 나타낸다.
② 뒤에 나오는 to find clothes~가 보어 difficult의 진주어이므로 가주어 it을 쓴 것이 맞다.
③ 관계대명사 that의 선행사는 clothes이므로 복수동사인 fit을 써야 한다.
④ what is medium size in Japan까지가 주어이며 명사절이다. what은 선행사 없이 명사절을 이끌 수 있으므로 맞는 표현이다.
「나는 내가 충분한 옷을 가지고 있어서 기쁘다. 미국 사람들은 일반적으로 일본 사람들보다 커서 시카고에서 나에게 맞는 옷을 찾기가 매우 어렵다. 일본에서의 M사이즈가 여기에서는 S사이즈이다.」

Answer 3.① 4.③

5 다음 중 어법상 옳지 않은 것은?

> ①Since the poets and philosophers discovered the unconscious before him, ②that Freud discovered was the scientific method ③by which the unconscious can ④be studied.

 unconscious 모르는, 알아채지 못하는, 의식을 잃은, 무의식의

② discover는 타동사로 목적격 관계대명사가 필요하며, 문장에서 선행사가 없으므로 선행사를 포함하고 있는 what으로 고쳐야 한다.

「시인과 철학자들이 프로이드 전에 무의식을 발견한 이래로 프로이드가 발견한 것은 무의식을 연구하는 과학적인 방법이었다.」

6 다음 문장 중 어법상 옳지 않은 것은?

① Please explain to me how to join a tennis club.
② She never listens to the advice which I give it to her.
③ My father was in hospital for six weeks during the summer.
④ The fact that she is a foreigner makes it difficult for her to get job.

 ② 관계대명사는 접속사와 대명사의 두 가지 역할을 하므로 대명사 it을 삭제해야 한다.

She never listens to the advice which I give it to her. → She never listens to the advice which I give to her.

※ 다음 문장의 밑줄 친 부분 중 어법상 가장 어색한 것을 고르시오. 【7∼12】

7

> ①In the early 20th century, ②any woman ③which had a college education was automatically regarded ④as intelligent.

 automatically 자동적으로, 기계적으로, 무의식적으로 regard A as B A를 B로 여기다, 생각하다, 간주하다 intelligent 지적인, 총명한, 재치 있는

③ which → who, 선행사가 any woman이므로 사람을 선행사로 취하는 주격 관계대명사 who를 써야 한다.

「20세기 초에는, 대학교육을 받은 여성이라면 누구든지 자동적으로 지성인으로 간주되었다.」

Answer 5.② 6.② 7.③

8

> The computer terminal ①which I was ②using it was ③not attached ④to the network.

TIP terminal 단말기　attach 붙이다, 첨부하다, 소속(귀속)시키다, 부여하다　be attached to ~에 소속(부속)하다, ~에 애착(애정)을 가지다

② using it → using, which는 목적격 관계대명사로 관계대명사절의 목적어 역할을 선행사(The computer terminal)가 하므로, it이 불필요하다.

「내가 사용했던 컴퓨터 단말기는 네트워크에 접속되지 않았다.」

9

> ①What air travel ②would become an inexpensive and efficient way of travel was ③probably not envisioned by the ④earliest aviators.

TIP inexpensive 비용이 들지 않는, 저렴한, 값싼　efficient 능률적인, 효율적인, 효과가 있는　envision (미래의 일을) 상상(구상)하다, 계획(기대)하다　aviator 비행사

① what → that, 관계대명사 what은 선행사를 포함하므로 뒤에는 완전한 문장이 올 수 없다. 따라서 이 문장에서는 명사절을 이끄는 종속접속사 that이 쓰여야 한다.

「항공여행이 저렴하고 능률적인 여행방식이 되리라는 것은 아마도 초기의 비행사들은 상상할 수도 없었을 것이다.」

10

> ①Because microbes are invisible, their existence was not confirmed ②until the invention of microscopes, which ③it could magnify them ④considerably.

TIP microbe 세균, 미생물　invisible 눈에 (똑똑히) 보이지 않는, 감추어진　confirm 확증하다, 확인하다, 승인하다　invention 발명(품), 고안　microscope 현미경　magnify 확대하다, 과장하다　considerably 매우, 상당히, 어지간히, 꽤

③ it → 삭제, 관계대명사 which가 선행사인 microscopes를 나타내므로 it과 함께 쓰이면 중복이 된다.

「미생물은 눈에 보이지 않기 때문에, 미생물의 존재는 그것들을 상당히 확대할 수 있는 현미경이 발명되고 나서야 비로소 확인되었다.」

Answer 8.② 9.① 10.③

11

① Although there are fortunetellers who ② claims to predict future happenings, ③ there is no scientific evidence of ④ their accuracy.

> **TIP** fortuneteller 점쟁이 predict 예언하다, 예측하다 happening 사건, 사고 evidence 증거 accuracy 정확성
> ② claims → claim, 선행사(주어)가 fortunetellers로 복수이므로 -s가 없어야 한다.
> 「점쟁이들은 미래의 사건들을 예언한다고 주장하지만, 그것이 정확한지에 대해서는 과학적인 증거가 없다.」

12

The number and percentage of patients ① with chronic disease, ② whom the diagnosis ③ is already known, are ④ increasing.

> **TIP** percentage 백분율, 비율 chronic (병이) 만성의, 고질의, 만성적인, 상습적인 diagnosis 진단(법)
> ② whom → of which, 선행사가 사물(chronic disease)이고 뒷문장이 수동태이므로 소유격 관계대명사 of which가 되어야 한다.
> 「그 진단법은 이미 알려진 만성질환 환자의 수와 비율을 증가시키고 있다.」

※ 다음 문장의 빈칸에 들어갈 가장 알맞은 표현을 고르시오. 【13 ~ 20】

13

If, through laziness, you read at a slower rate than the rate _____ you are able to comprehend, there is great temptation for your mind to wander.

① at which   ② which
③ as if   ④ through which

> **TIP** laziness 게으름, 나태 at a(the) rate (of) ~의 비율로, 값으로, 속도로 comprehend ~을 이해하다 temptation 유혹, 마음을 끄는 것 wander (정처없이) 헤매다, 돌아다니다, (생각이) 집중되지 않다, 산만해지다
> ① the rate를 선행사로 하는 목적격 관계대명사 which와 함께 선행사에서 탈락된 전치사 at이 들어온다.
> 「게으른 탓에 당신이 이해할 수 있는 속도보다 더 느리게 읽는다면, 당신의 마음이 산만해지기 쉽다.」

Answer 11.② 12.② 13.①

14

> The car has two new tires, _____ are flat.

① all of them
② two of them
③ both of which
④ the couple of them

> **TIP** flat 평평한, 납작한, (타이어 등에) 바람이 빠진, 불경기의
>
> ③ 앞부분이 완전한 형태의 주절이므로 뒷부분은 접속사가 이끄는 종속절이 되어야 적절하다. which는 접속사와 대명사의 역할을 동시에 하는 관계대명사로 계속적 용법으로 쓰일 수 있다.
> 「그 차는 두 개의 새 타이어가 있었는데, 그 두 개가 모두 펑크가 났다.」

15

> Scientists stress that the overall warming trend of the last decade holds much more significance _____ single year's temperatures.

① any do
② than do any
③ than any do
④ do then

> **TIP** stress 강조하다 overall 전부의, 전체적인 trend 경향, 추세 decade 10년간, 10 significance 의의, 의미, 중요성 temperature 온도, 기온
>
> much more의 사용으로 미루어 보아 비교급 문장임을 알 수 있다. any single year's temperatures의 동사에 해당하는 hold가 대동사 do로 바뀌어 than+대동사+주어 순으로 도치된 형태이다. any는 single과 함께 명사를 수식하는 형용사로 사용되어 대동사와 도치될 수 없으므로 정답은 ②이다.
> 「과학자들은 지난 10년간 전체적인 온난화 추세가 어떤 한 해의 기온이 차지하는 것보다 훨씬 더 중요성을 지닌다고 강조한다.」

16

> They were prepared to give their book to _____ came here first.

① whomever
② whom
③ whoever
④ who

> **TIP** be prepared to do ~할 준비(각오)가 되어 있다, 기꺼이 ~하려고 하다
>
> ③ 빈칸 앞에 선행사가 없으므로, anyone who의 의미를 지니는 주격 복합관계대명사가 들어가야 한다.
> 「그들은 처음으로 여기에 오는 사람에게는 누구든지 책을 줄 준비가 되어 있었다.」

Answer 14.③ 15.② 16.③

17

> He made the journey in a 30-foot sailboat, _____ shortwave radio served as his only link with the outside world.

① which
② what
③ whom
④ whose

> **TIP** make a journey 여행하다 sailboat 범선, 요트 shortwave 단파의 serve 소용(도움)이 되다, 쓸모있다, 구실(역할)을 하다 link 고리, 연결(수단)
>
> ④ 단파 라디오는 요트에 설치되어 있는 것이므로 관계대명사의 소유격인 whose가 적절하다.
>
> 「그는 30피트짜리 요트로 여행했는데, 그 요트의 단파 라디오만이 바깥세계와 그를 이어주는 유일한 연결수단의 역할을 하였다.」

18

> Silences make the real conversation between friends. Not the saying but the never needing to say is _____ counts.

① which
② what
③ that
④ one

> **TIP** silence 침묵, 무언 conversation 대화, 회화, 담화 not A but B A가 아니라 B count 세다, 계산하다, 중요하다, 가치가 있다
>
> ② 선행사를 포함한 관계대명사 what절이 is의 보어가 된다.
>
> 「침묵은 친구들 사이에 진정한 대화가 이루어지게 한다. 말하지 않는 것이 아니라 결코 말할 필요가 없는 것이 중요한 것이다.」

19

> Martha Graham, _____ of the pioneers of modern dancing, didn't begin dancing until she was twenty-one.

① who, as one
② she was one
③ one
④ was one

> **TIP** pioneer 선구자, 주창자, (미개지·신 분야의) 개척자 not A until B B할 때까지 A하지 않다, B가 되어서야 비로소 A하다
>
> ③ Martha Graham who was one of the pioneers of modern dancing didn't begin dancing until she was twenty-one이 본래의 문장이다. 여기에서 who was(관계대명사 + be동사)가 생략된 것이다.
>
> 「현대무용의 선구자들 중의 한 명인 Martha Graham은 21살이 되어서야 비로소 무용을 시작했다.」

Answer 17.④ 18.② 19.③

20

> The mockingbird was so named because of its ability to mimic other birds' songs and calls, _____ it adds some variations of its kind.

① with what   ② for which
③ in which   ④ to which

TIP mockingbird 흉내지빠귀(입내새) name 이름을 붙이다(짓다), (~라고) 부르다, 지명하다 mimic 흉내 내는, 모의의, 모방의 call 부르는 소리, 외침, (새의) 지저귐 add A to B A에 B를 더하다 variation 변화, 변동, 변이
④ 관계대명사가 전치사의 목적격일 경우 선행사에 대한 파악을 먼저 한다. 이 절의 경우 선행사는 its ability이므로 to which가 답이 된다.
「흉내지빠귀는 다른 새들의 노래와 지저귐을 흉내내는 능력 때문에 그렇게 불렸으며, 거기에 약간의 다양성을 더한다.」

08 가정법

1 ·· 가정법의 공식

시제	내용	if절	주절
가정법 과거	현재사실과 반대되는 일을 가정	If + S + 과거형 (were)	S + 조동사의 과거형 + 동사원형
가정법 과거완료	과거사실과 반대되는 일을 가정	If + S + had + p.p.	S + 조동사의 과거형 + have p.p.
가정법 현재	현재·미래사실에 대한 단순한 가정	If + S + 동사원형(현재형)	S + 조동사의 현재형 + 동사원형
가정법 미래	비교적 실현가능성이 없는 미래를 가정	If + S + should + 동사원형	S + 조동사의 현재형(과거형) + 동사원형
	완벽하게 불가능한 일을 가정	If + S + were to + 동사원형	S + 조동사의 과거형 + 동사원형

2 ·· 가정법 과거, 과거완료

(1) 가정법 과거

'If + 주어 + 동사의 과거형(were) ~, 주어 + would(should, could, might) + 동사원형'의 형식이다. 현재의 사실에 반대되는 일을 가정하는 것으로, if절에서는 주어의 인칭·수에 관계없이 be동사는 were를 쓰고, 현재형으로 해석한다.

If I **knew** his address, I **could write** to him at once.
내가 그의 주소를 안다면, 즉시 그에게 편지를 쓸 수 있을 텐데.
= As I don't know his address, I can't write to him at once(직설법 현재).
If I **were** a bird, I **could fly** to you. 내가 새라면, 당신에게 날아갈 수 있을 텐데.
= As I am not a bird, I can't fly to you(직설법 현재).

(2) 가정법 과거완료

'If + 주어 + had + p.p. ~, 주어 + would(should, could, might) + have + p.p.'의 형식이다. 과거의 사실에 반대되는 일을 가정하는 것으로, 해석은 과거형으로 한다.

If I **had studied** harder, I **could have passed** the test.
내가 더 열심히 공부했었더라면, 그 시험에 합격할 수 있었을 텐데.
= As I didn't study harder, I couldn't pass the test(직설법 과거).
If you **had done** it at once, you **could have saved** him.
내가 그것을 즉시 했었더라면, 그를 구할 수 있었을 텐데.
= As you didn't do it at once, you could not save him(직설법 과거).

3 ·· 가정법 현재, 미래

(1) 가정법 현재

'If + 주어 + 동사원형(현재형) ~, 주어 + will(shall, can, may) + 동사원형'의 형식이다. 현재 또는 가까운 미래의 불확실한 일을 가정하여 상상한다. 현대영어에서는 if절의 동사를 주로 현재형으로 쓰며, 거의 직설법으로 취급된다.

📖 **보충학습**

가정법을 직설법으로 전환하는 방법

㉠ 접속사 If를 as로 바꾼다.
㉡ 가정법 과거는 현재시제로, 가정법 과거완료는 과거시제로 고친다.
㉢ 긍정은 부정으로, 부정은 긍정으로 바꾼다.
　If I had money, I could buy it(가정법 과거).
　돈이 있다면, 그것을 살 텐데.
　= As I don't have money, I can't buy it(직설법 현재).
　= I don't have money, so I can't buy it.
　If I had been there, I could have seen it(가정법 과거완료).
　거기에 있었다면 그것을 볼 수 있었을 텐데.
　= As I was not there, I couldn't see it(직설법 과거).
　= I was not there, so I couldn't see it.

📖 **보충학습**

혼합가정법

과거의 사실이 현재에까지 영향을 미치고 있는 경우 현재에 영향을 미치는 과거의 사실과 반대되는 일을 가정하는 것으로 'If + 주어 + had p.p.~(가정법 과거완료), 주어 + would(should, could, might) + 동사원형(가정법 과거)'의 형식으로 나타낸다.

If he had not helped her then, she would not be here now.
그가 그때 그녀를 도와주지 않았다면, 그녀는 지금 여기에 없을 텐데.
= As he helped her then, she is here now.
= She is here now because he helped her then.

If he **be**(**is**) healthy, I **will employ** him. 그가 건강하다면, 나는 그를 고용할 것이다.

If it **rain**(**s**) tomorrow, we **are going to** see the movies.

내일 비가 온다면, 우리는 영화를 보러 갈 것이다.

(2) 가정법 미래

① If + 주어 + should + 동사원형, 주어 + will[would, shall(should), can(could), may(might)]
+ 동사원형 : 실현가능성이 그리 높지 않은 미래의 일에 대한 가정이다.

If I **should fail**, I **will**(**would**) **try** again. 내가 실패한다면, 다시 시도할 것이다.

If she **should die** suddenly, her family **would starve** to death.

그녀가 갑자기 죽는다면, 그녀의 가족들은 굶어죽을 것이다.

② If + 주어 + were to + 동사원형, 주어 + would(should, could, might) + 동사원형 :
절대적으로 실현 불가능한 미래의 일에 대한 가정이다.

If I **were to be** born again, I **would be** a doctor.

내가 다시 태어난다면, 나는 의사가 되겠다.

If the sun **were to rise** in the west, I **would change** my mind.

만일 해가 서쪽에서 뜬다면, 나도 내 마음을 바꾸겠다.

❹‥ 주의해야 할 가정법

(1) I wish 가정법

① I wish + 가정법 과거 : ~하면 좋을 텐데(아니라서 유감스럽다). 현재사실에 반대되는 소망이다(wish를 뒤따르는 절의 시제는 wish와 같은 시제).

② I wish + 가정법 과거완료 : ~했으면 좋았을 텐데(아니라서 유감스럽다). 과거사실에 반대되는 소망이다(wish를 뒤따르는 절의 시제는 wish보다 한 시제 앞선다).

I wish I **were** rich. 부자라면 좋을 텐데(아니라서 유감스럽다).

= I am sorry (that) I am not rich.

I wish I **had been** rich. 부자였다면 좋았을 텐데(아니라서 유감스럽다).

= I am sorry (that) I was not rich.

I wished I **were** rich. 부자였다면 좋았을 텐데(아니라서 유감스러웠다).

= I was sorry (that) I was not rich.

I wished I **had been** rich. 부자였었다면 좋았을 텐데(아니라서 유감스러웠다).

= I was sorry (that) I had been rich.

(2) as if 가정법

'마치 ~처럼'의 뜻으로 쓰인다.

① as if + 가정법 과거 : 마치 ~인 것처럼. 현재의 사실에 대한 반대·의심이다(주절과 종속절이 같은 시제).

② as if + 가정법 과거완료 : 마치 ~였던 것처럼. 과거의 사실에 대한 반대·의심이다 (종속절이 주절보다 한 시제 앞선다).

He looks **as if** he **were** sick(in fact he is not sick).

그는 마치 아픈 것처럼 보인다(현재사실의 반대).

He looks **as if** he **had been** sick(in fact he was not sick).

그는 마치 아팠던 것처럼 보인다(과거사실의 반대).

He looked **as if** he **were** sick(in fact he was not sick).

그는 마치 아픈 것처럼 보였다(과거사실의 반대).

📞 **보충학습**

I wish 가정법을 직설법으로 전환

㉠ I wish를 I am sorry로, I wished는 I was sorry로 바꾼다.

㉡ wish 뒤의 절에서 과거는 현재시제로, 과거완료는 과거시제로 고친다. wished 뒤의 절에서는 시제를 그대로 둔다.

㉢ 긍정은 부정으로, 부정은 긍정으로 바꾼다.

I wish it were true.

그것이 사실이라면 좋을 텐데(아니라서 유감스럽다).

= I am sorry (that) it is not true.

= It is a pity that it is not true.

I wish it had been true.

그것이 사실이었다면 좋았을 텐데(아니라서 유감스럽다).

= I am sorry (that) it was not true.

= It is a pity that it was not true.

I wished it were true.

그것이 사실이었다면 좋았을 텐데(아니라서 유감스러웠다).

= I was sorry (that) it was not true.

= It was a pity that it was not true.

I wished it had been true.

그것이 사실이었었다면 좋았을 텐데(아니라서 유감스러웠다).

= I was sorry (that) it had been true.

= It was a pity that it had not been true.

He looked **as if** he **had been** sick(in fact he had not been sick).
그는 마치 아팠던 것처럼 보였다(과거 이전 사실의 반대).

(3) if only + 가정법 과거(과거완료)

'~한다면(했다면) 얼마나 좋을(좋았을)까'의 뜻으로 쓰인다.
If only I **were married** to her! 그녀와 결혼한다면 얼마나 좋을까!
If only I **had been married** to her! 그녀와 결혼했다면 얼마나 좋았을까!

❺ ·· if절 대용어구

if절 대신 조건을 나타내는 표현이다.

(1) 주어

An wise man would not do such a thing. 현명한 사람이라면 그런 일을 하지 않을 텐데.
= If he were an wise man, he would not do such a thing.
A true patriot would not leave his fatherland. 진정한 애국자라면, 조국을 떠나지 않을 텐데.
= If he were a true patriot, he would not leave his fatherland.

(2) without[= but(except) for]

① ~가 없다면 : If it were not for ~ = Were it not for ~ = If there were no ~ (가정법 과거)

   Without your help, I could not complete it.
   너의 도움이 없다면, 나는 이것을 끝낼 수 없을 텐데.
   = If it were not for your help, I could not complete it.
   Without air and water, we could not live.
   공기와 물이 없다면, 우리는 살 수 없을 텐데.
   = If it were not for air and water, we could not live.

② ~가 없었다면 : If it had not been for ~ = Had it not been for ~ = If there had not been ~ (가정법 과거완료)

   Without your help, I could not have completed it.
   너의 도움이 없었다면, 나는 이것을 끝낼 수 없었을 텐데.
   = If it had not been for your help, I could not have completed it.
   Without air and water, we could not have lived.
   물과 공기가 없었다면, 우리는 살 수 없었을 텐데.
   = If it had not been for air and water, we could not have lived.

(3) to부정사

To hear him talk, you would take him for an American.
그가 말하는 것을 듣는다면, 당신은 그를 미국인으로 생각할 텐데.
= If you heard him talk, you would take him for an American.
To try again, you would succeed. 한 번 더 시도한다면 당신은 성공할 텐데.
= If you tried again, you would succeed.

(4) 분사구문

Knowing the whole story, you would not blame her.
네가 모든 이야기를 알고 있다면, 그녀를 비난하지 않을 텐데.
= If you knew the whole story, you would not blame her.
Left to herself, she would have gone astray.
마음대로 하게 내버려 두었다면, 그녀는 나쁜 길로 빠졌을 텐데.
= If she had been left to herself, she would have gone astray.

(5) 부사(구)

부사(구)에 조건절의 뜻이 포함되어 있는 경우에 if절을 대용한다.
In your place, I would not have done it. 내가 너라면, 나는 그 일을 할 수 없었을 텐데.
= If I were you (in your place), I would not have done it.
With your help, he could do it. 네가 도와주었더라면, 그가 그것을 할 수 있었을 텐데.
= If he had your help, he could do it.

(6) 직설법 + otherwise(or, or else)

'그렇지 않다면, 그렇지 않았더라면'의 뜻으로 쓰인다.
I am busy now, **otherwise** I would go with you.
내가 지금 바쁘지 않다면 너와 함께 갈 텐데.
= If I were not busy, I would go with you.
He was ill, **otherwise** he would have attended the meeting.
그가 아프지 않았더라면, 그는 그 모임에 참석했을 텐데.
= If he had been ill, he would have attended the meeting.

❻ ·· 가정법에서의 생략

(1) if의 생략

조건절의 if는 생략할 수 있으며, 이때 주어와 동사의 어순은 도치된다.
If he had tried it once more, he might have succeeded.
그가 한 번만 더 시도했다면 성공했을 텐데.
= **Had he tried** it once more, he might have succeeded.
If I should fail, I would not try again.
만일 실패한다면 나는 다시는 시도하지 않을 것이다.
= **Should I fail**, I would not try again.

(2) 조건절의 생략

if절의 내용이 문맥상 분명한 경우는 생략할 수 있다.
A pin might have been heard to drop. 핀이 떨어지는 소리가 들렸을지도 모른다.
= If a pin had dropped, it might have been heard to drop.
That would seem strange. 그것은 (진상을 모르면) 이상하게 보일 것이다.
= That would seem strange, if you didn't know the truth.

1 우리말을 영어로 잘못 옮긴 것은?

2021. 9. 11. 지역인재 9급 선발시험

① 그녀는 마치 빌이 자신의 남동생인 것처럼 도와준다.

→ She helps Bill as if he had been her younger brother.

② 그 식당은 진짜 소고기 맛이 나는 채식 버거를 판다.

→ The restaurant sells veggie burgers that taste like real beef.

③ 그들의 좋은 의도가 항상 예상된 결과로 이어지는 것은 아니다.

→ Their good intention does not always lead to expected results.

④ 교통 체증을 고려하면 그 도시에 도착하는 데 약 3시간이 걸릴 것이다.

→ It will take about three hours to get to the city, allowing for traffic delays.

TIP ①번은 가정법 과거 문장으로서, as if 절의 시제가 had been이 아닌 were가 되어야 한다.

2 다음 밑줄 친 (A)와 (B)에 들어갈 가장 적절한 표현은?

2020. 8. 22. 국회사무처

If the police had asked for a safety licence for their new flying camera, it ___(A)___ a major crime-fighting success. Unfortunately they didn't, and as a result the young man they filmed stealing a car might go free. "As long as you have a licence, there is no problem using these machines," said a lawyer. "___(B)___ a properly licensed camera, it would have been fine."

	(A)	(B)
①	would have been	Had they used
②	will be	If they used
③	will have been	If they use
④	would be	Have they used
⑤	would have been	Had they been used

TIP (A) would have been / 가정법 과거분사 문장으로 if 주어 had p.p~, 주어 조동사과거 have p.p~.

(B) had they used / 가정법 과거분사 문장에서 if가 생략되어 if they had used~에서 had they used로 도치된 문장이다.

「만약 경찰이 사람들의 새 드론을 작동시키기 위한 면허증을 보여달라고 요구했다면, 주요한 범죄와의 투쟁에서 성공(A)했을 것이다. 불행히도 경찰관들은 그러지 않았고 그 결과 그들이 촬영한 차를 훔치는 장면에 담긴 그 청년은 잡히지 않았을 것이다. "당신들이 면허증을 가지고 있는 한 드론들을 사용하는 데에 문제가 없습니다."라고 한 변호사가 말했다. "(B)만약 그들이 적합한 허가를 받은 카메라를 사용했다면, 문제 없습니다."」

Answer 1.① 2.①

3 다음 중 어법상 가장 적절한 것은?

2020. 9. 19. 제2차 경찰공무원(순경)

① I asked Siwoo to borrow me twenty dollars.

② The manager refused to explain us the reason why he cancelled the meeting.

③ If the patient had taken the medicine last night, he would be better today.

④ The criminal suspect objected to give an answer when questioned by the police.

TIP ③ 가정법 과거완료 문장으로 'if+주어+had p.p~, 주어+조동사 과거+have p.p~'에 맞춰 'he would have been better today.'가 알맞다.

「① 나는 Siwoo에게 20달러를 빌려달라고 물었다.
② 매니저는 그가 그 회의를 취소했던 이유를 우리에게 설명하기를 거절하였다.
③ 만약 그 환자가 어젯밤 약을 먹었다면, 그는 오늘 회복했을 것이다.
④ 그 피의자는 경찰에게 심문을 받을 때 답변하기를 거절했다.」

4 우리말을 영어로 잘못 옮긴 것은?

2018. 5. 19. 제1회 지방직

① 모든 정보는 거짓이었다.

→ All of the information was false.

② 토마스는 더 일찍 사과했어야 했다.

→ Thomas should have apologized earlier.

③ 우리가 도착했을 때 영화는 이미 시작했었다.

→ The movie had already started when we arrived.

④ 바깥 날씨가 추웠기 때문에 나는 차를 마시려 물을 끓였다.

→ Being cold outside, I boiled some water to have tea.

TIP ① information은 셀 수 없는 명사이다. 따라서 all of information에서 informations로 쓸 수 없고, 동사 또한 단수형(was)으로 써주어야 한다.
② should have p.p(~했어야 했다) 가정법 구문이 바르게 쓰였다.
③ 주절의 주어가 when we arrived 보다 더 과거임(already)을 알 수 있으므로 과거완료형을 써서 had started로 나타내었다.
④ Being cold outside → It being cold outside
분사구문을 만들 때 주절의 주어와 일치할 때에만 분사구문 내에서 주어를 생략할 수 있다. Being cold outside로 표현하게 되면 주절의 주어 I가 생략된 것으로 보아, 주어진 '바깥 날씨가 춥다'지문과 다른 뜻이 된다. 날씨를 나타낼 때는 비인칭 주어 it을 써서 It was cold outside로 나타내므로, 주절의 주어와 같지 않아서 생략할 수 없다.

Answer 3.③ 4.④

5 어법상 가장 옳은 것은?

2018. 3. 24. 제1회 서울특별시

① If the item should not be delivered tomorrow, they would complain about it.

② He was more skillful than any other baseball players in his class.

③ Hardly has the violinist finished his performance before the audience stood up and applauded.

④ Bakers have been made come out, asking for promoting wheat consumption.

> **TIP** ① if절에 tomorrow가 쓰였고, '혹시라도 ~한다면'의 희박한 가능성을 나타내기 위해서 가정법 미래를 썼다. 가정법 미래는 'if S'+should/were to V'(원형), S+조동사 과거형+V'구문으로 쓴다.
>
> ② any other baseball players→any other baseball player, '비교급+than any other 단수명사'구문은 '다른 어떤 ~보다도 더 ~한'의 뜻으로 최상급의 표현이다.
>
> ③ Hardly has the violinist→Hardly had the violinist, 'hardly had p.p +when/before S+과거V'는 '~하자마자 ~하다'의 뜻으로 쓰이는 구문이다.
>
> ④ have been made come out→have been made to come out, 사역동사 have는 능동형으로 쓰일 때 목적보어로 동사원형(수동의미일 때는 과거분사형)을 취하지만, have 동사가 수동태로 쓰여 목적어 없이 보어만 남게 되면 to 부정사로 쓴다.
>
> 「① 그 상품이 내일까지 배송되지 않는다면, 그들은 그것에 대해 불만을 나타낼 것이다.
> ② 그는 그의 학급에서 다른 어떤 야구 선수들보다 실력이 더 좋다.
> ③ 바이올리니스트가 연주를 끝내자마자 관객들은 일어서서 박수를 쳤다.
> ④ 제빵사들은 밖으로 나와, 밀 소비의 촉진을 요구했다.」

Answer 5.①

1 우리말을 영어로 가장 잘 옮긴 문장은?

① 그는 제인이 제안한 대안이 실효성이 없을 것이라고 굳게 믿고 있다.

→ He strongly believes that the alternatives had been offered by Jane won't work.

② 히틀러가 다른 유럽국가를 침략하지 않았다면 2차 세계대전은 일어나지 않았을 것이다.

→ If Hitler hadn't invaded other European countries, World War II might not take place.

③ 나는 커튼 뒤에 숨어서 그림자가 다시 나타나기를 기다렸다.

→ Hiding behind the curtain, I waited the shadow to reappear.

④ 탐은 자기 생각을 영어보다 러시아어로 표현하는 것이 훨씬 쉽다고 한다.

→ Tom says that it is much easier for him to express his thoughts in Russian than in English.

TIP alternative 대안 invade 침략하다 accountant 회계사

① had been offered → offered

believe의 목적절 that절 안에서 동사는 won't work이다. the alternatives를 수식하는 분사 형태로 와야 하고, 수동의 의미가 되어야 하므로 offered로 쓴다.

② might not take place → might not have taken place

과거사실에 대한 내용을 가정하는 가정법 과거완료 구문이 되어야 하므로, 'if ~had p.p, S+조동사 과거형+have p.p' 형태가 되어야 한다.

③ I waited the shadow → I waited for the shadow

'~를 기다리다' 뜻이 되기 위해서는 전치사 for가 와야 한다. wait은 자동사이므로 곧바로 목적어를 취할 수 없다.

2 다음 문장의 밑줄 친 부분 중 어법상 어색한 부분을 고르시오.

> Many of our most successful men, ① <u>had they been</u> able to choose ② <u>for themselves</u>, ③ <u>would selected</u> some quite different profession ④ <u>from that in which</u> they have made their fortunes.

TIP quite 상당히, 꽤 profession 직업 make fortune 성공하다, 입신출세하다

③ would selected → would have selected

had~themselves는 if가 생략되어 주어와 동사의 어순이 도치된 형태로 가정법 과거완료의 종속절(if절)이므로 주절의 시제도 이와 같아야 한다.

「가장 성공한 대다수의 사람들은 만약 그들이 스스로 선택할 수 있었다면, 그들은 그들의 부를 만들어낸 직업과는 상당히 다른 직업을 선택했었을 것이다.」

3 다음 문장에 들어갈 알맞은 것을 고르면?

> She looked at me as if she _____ never seen me before.

① had   ② is

③ has   ④ was

TIP ① 주절의 시제보다 과거의 일을 표현하므로 as if 가정법 과거완료 구문을 써야 한다.

Answer 1.④ 2.③ 3.①

※ 다음 문장의 빈칸에 들어갈 알맞은 것을 고르시오. 【4 ~ 11】

4

If _____ for a wise and persistent high school guidance counselor, Robert might not have gone on to college.

① it had not been
② it were not
③ there were not
④ there had not been

TIP wise 현명한, 슬기로운 persistent 완고한, 집요한, 끈기 있는, 끊임없는 guidance 안내, 지도, 길잡이
① 가정법 과거완료로 'If + 주어 + had p.p. ~, 주어 + 조동사의 과거형(would, should, could, might) + have p.p. ~'의 형태로 이루어진다. 이때 if it were not for는 '만약 ~이 없다면(아니라면)'으로 현재사실의 반대의 가정을, if it had not been for는 '만약 (그 때) ~이 없었더라면(아니있녀라면)'으로 과거사실의 반대의 가정을 의미한다.
「만약 현명하고 완고한 고등학교 지도 상담선생님이 없었더라면, Robert는 대학에 가지 않았을지도 모른다.」

5

If I had not missed my bus, I _____ at school by now.

① am
② were
③ would be
④ would have been

TIP miss (목표를) 빗맞다, (기회를) 놓치다, (버스·기차 등 탈것을 제시간에) 타지 못하다, 그리워하다
③ 과거사실이 현재까지 영향을 미칠 때 if절에 가정법 과거완료, 주절에 가정법 과거를 써서 나타내는 혼합가정문이다 [If + 주어 + had + 과거분사(p.p.), 주어 + 조동사의 과거형(could, might, would, should) + 동사원형]. 주로 현재 시간을 지칭하는 now, this morning 등의 부사와 함께 쓰인다.
「만약 내가 버스를 놓치지 않았다면, 나는 지금쯤 학교에 있을 텐데.」

6

If he _____ the storekeeper's scissors, he would have forgotten to buy a pair.

① would have seen
② would see
③ had not seen
④ has seen

TIP storekeeper 가게주인 scissors 가위 pair 쌍, 짝
③ 주절의 would have forgotten으로 보아 if절에는 가정법 과거완료[If + 주어 + had + p.p. ~, 주어 + would(should, could, might) + have + p.p. ~]에 의미상 부정의 뜻이 와야 한다.
「만일 그가 가게주인의 가위를 보지 못했더라면, 그는 가위 한 자루를 사는 것을 잊었을 텐데.」

Answer 4.① 5.③ 6.③

7

> If you ＿＿＿＿＿＿＿＿＿ to the receptionist, she could have told you where I was.

① spoke   ② told
③ had told   ④ had spoken

TIP speak to ~ ~에게 이야기를 걸다, ~와 이야기하다   receptionist (회사 · 호텔 등의) 예약접수 담당자
주절의 시제가 가정법 과거완료(could have told)이므로 빈칸 역시 과거사실에 반대되는 가정을 나타내므로 가정법 과거완료 구문인 ④가 쓰여야 한다.
「만약 당신이 예약접수 담당자에게 말했더라면 그녀는 내가 있는 곳을 당신에게 말해 줄 수 있었을 것이다.」

8

> A : Did you finish Lesson 7 today?
> B : Yes, but I ＿＿＿＿＿＿＿＿＿ it last Friday.

① should finish
② should have finished
③ should be finishing
④ should be finished

TIP lesson + A(기수) 제 A 과(課)
② should have p.p.[~했어야만 했는데 (그렇게 하지 못했다)]의 가정법 과거완료를 써서 과거사실의 후회(유감)를 나타낸다.
「A : 오늘 제7 과를 끝마쳤니?
B : 응, 하지만 나는 지난 금요일에 끝냈어야 했어.」

9

> A : Can you please turn off the oven for me?
> B : What did you say?
> A : ＿＿＿＿＿＿＿＿＿

① I asked if you could turn off the oven for me.
② I asked if you had turned off the oven for me.
③ I asked if you could have turned off the oven for me.
④ I asked if you would have turned off the oven for me.

TIP turn off (전기 · TV 등을) 끄다
① 현재 또는 가까운 미래에 대한 가정을 나타낼 수 있는 가정법을 사용해야 한다. 이 경우 가정법 과거형태로 미래의 순수한 가정을 표시하는 경우로, 흔히 가정법 미래라고 한다. 따라서 have(had)가 없어야 한다.
「A : 내 대신 오븐을 좀 꺼주겠니?
B : 뭐라고?
A : 나 대신 오븐을 꺼줄 수 있느냐고 물었어.」

Answer 7.④ 8.② 9.①

10

> It has been raining for several weeks ; I wish _____.

① it would stop raining before tomorrow
② I could stop it raining before tomorrow
③ it will stop raining before tomorrow
④ it would stop to rain before tomorrow

TIP rain 비(가 내리다)
I wish (that) ~ 다음에는 현재사실의 반대를 가정하는 가정법 과거와 과거사실의 반대를 표현하는 가정법 과거완료가 쓰인다. 이 문제의 경우 ①④가 적합한데, stop -ing는 '~을 멈추다', stop to do는 '~을 하기 위해 멈추다'라는 뜻이므로 ①이 정답이 된다.
「몇 주 동안 비가 내리고 있다. 내일이 되기 전에 비가 그치면 좋을 텐데.」

11

> I remained silent, but I wished _____.

① saying ② to have said
③ to say ④ to said

TIP remain silent 침묵을 지키고 있다
② 과거에 하지 못했던 일에 대한 후회이므로 가정법 과거완료를 쓴다. 이와 같은 역할을 하는 것이 소망·기대·의지를 나타내는 동사의 과거형(wished, hoped, wanted, intended, promised) 뒤에 쓰이는 완료부정사(to have p.p.)이다.
「나는 침묵을 지키고 있었지만, 나는 말하고 싶었었다.」

※ 다음 밑줄 친 부분 중 어법에 맞지 않는 것을 고르시오. 【12 ~ 15】

12

> ①Should a foreign student ②needing ③help, he or she ④must see the foreign student advisor.

TIP advisor 충고(조언)자, 고문, 상담역, 지도교수
② needing → need, If a foreign student should need help ~ 에서 If가 생략되어 도치된 구문이므로 needing을 need로 써야 한다.
「외국인 학생이 도움이 필요하면, 그 또는 그녀는 외국인 학생 (전담)지도교수를 만나야 한다.」

Answer 10.① 11.② 12.②

13

> ①If England had won ②the Revolutionary War, the ③whole history of the English-speaking world ④had been different.

> 🅣🅘🅟 **the Revolutionary War** 미국 독립전쟁(= the American Revolution, the War of Independence)
> ④ had been → would have been. 가정법에서 종속절인 if절의 동사가 'had + p.p.(과거분사)'의 형태이므로 가정법 과거완료의 문장임을 알 수 있다. 따라서 주절은 '주어 + 조동사의 과거형 + have + p.p.(과거분사)'의 형태가 되어야 한다.
> 「만약 영국이 미국 독립전쟁에서 승리했더라면, (영어로 말하는) 영어권 국가들의 전체 역사가 달라졌을 텐데.」

14

> ①I wish ②I have studied harder ③while I was young. In other words, I regret ④not having studied harder.

> 🅣🅘🅟 ② I wish 가정법으로 종속절에는 가정법 과거 또는 가정법 과거완료형의 동사가 온다. 그리고 과거시점을 나타내는 부사절(while I was young)이 있으므로 I have studied를 가정법 과거완료형 동사인 I had studied로 고쳐야 한다.
> 「나는 내가 젊었을 적에 더 열심히 공부하였으면 한다. 즉, 나는 젊었을 적에 더 열심히 공부하지 않은 것을 후회하고 있다.」

15

> If any signer of the Constitution ①was to return to life ②for a day, his opinion ③of our amendments ④would be interesting.

> 🅣🅘🅟 **constitution** 구성, 구조, 설립, 제정, 헌법, 정체 **return to life** 되살아나다 **opinion** 의견, 견해, 판단, 생각
> **amendment** 수정, 개정
> ① was → were. 다시 살아난다는 것은 실현 불가능한 일이므로 가정법 미래를 써야 한다. 즉, was를 were로 써야 한다.
> 「만약 헌법에 서명한 누구든 하루 동안이라도 되살아난다면 우리의 개정(헌법)에 대한 그의 의견은 흥미로울 것이다.」

🔍**Answer** 13.④ 14.② 15.①

※ 다음 대화문에 들어가기에 문법적으로 옳은 것을 고르시오. 【16 ~ 18】

16

A : I wish we'd gone to the beach this weekend.
B : You _____ it sooner

① should mention
② would have mentioned
③ might mention
④ should have mentioned

> **TIP** mention ~에 대해 말하다, 언급하다
> I wish + 주어 + had + p.p. 구문은 가정법 과거완료로서 과거에 실현하지 못한 소망을 나타낼 때 쓴다. 따라서 '~
> 했어야 했었는데'의 뜻으로 가정법 과거완료(should have p.p.)를 써야 한다.
> 「A : 이번 주말에 해변에 갔으면 좋았을 텐데.
> B : 넌 더 빨리 말했어야 했어.」

17

A : No one was prepared for Dr. Grey's questions in class.
B : We _____ have read the lesson last night.

① could   ② should
③ would   ④ ought

> **TIP** prepare ~을 (미리) 준비하다, 대비하다
> ② should + have + p.p.[~했어야 했는데 (하지 못했다)] 구문은 과거에 실행하지 못한 일에 대한 유감이나 후회를
> 나타낸다.
> 「A : 아무도 수업시간에 Grey 박사의 질문에 대해 준비해 오지 않았어.
> B : 우리는 어젯밤에 그 과를 읽었어야 했어.」

18

If I _____ speak English as well as you do, I'd be very happy.

① may   ② can
③ will   ④ could

> **TIP** as well as ~와 마찬가지로 잘, ~은 물론
> ④ 현재사실의 반대를 가정하거나 희망하는 가정법 과거의 문장이므로 'If + 주어 + 동사의 과거형(were) ~, 주어 +
> would(should, could, might) + 동사원형'의 형태가 되어야 한다. 따라서 can의 과거동사 could가 쓰여야 한다.
> 「내가 너만큼 영어를 잘할 수 있다면, 나는 매우 행복할 텐데.」

Answer 16.④ 17.② 18.④

※ 다음 문장의 밑줄 친 부분 중 어법상 가장 어색한 부분을 고르시오. 【19 ~ 20】

19

Sue ①could have passed the exam, but she ②might not have enough time to study since her grandfather ③died three days ④before the exam.

> **TIP** exam 시험(= examination)
>
> ② might not have → may not have had, '조동사의 과거형 + have + p.p.'의 문형은 과거에 이루지 못한 사실에 대한 후회나 유감을 나타내나 과거에 대한 추측을 할 경우는 may have + p.p.의 형태를 사용한다. but 이하가 할아버지가 돌아가셨기 때문에 공부를 많이 하지 못했을 것이라고 추측하는 내용이기 때문이다.
>
> 「Sue는 시험에 합격할 수도 있었겠지만, 그녀의 할아버지가 시험 사흘 전에 돌아가셨기 때문에 그녀는 공부할 시간이 충분하지 않았을 것이다.」

20

Many of our most successful men, ①had they been able to choose ②for themselves, ③would selected some quite different profession ④from that in which they have made their fortunes.

> **TIP** many of 많은, 대다수의 successful 성공한, 좋은 결과의 choose 고르다, 선택하다(= select) for oneself 혼자 힘으로, 스스로 different (서로) 다른, 틀린, 별개의 profession 직업, 전문직 fortune (행)운, 부, 재산
>
> ③ would selected → would have selected, had ~ themselves는 if가 생략되어 주어와 동사의 어순이 도치된 형태로 가정법 과거완료의 종속절(if절)이므로 주절의 시제도 이와 같아야 한다[If + 주어 + had p.p. ~, 주어 + 조동사의 과거형(would / should / could / might) + have p.p. ~].
>
> 「가장 성공한 대다수의 사람들은 만약 그들이 스스로 선택할 수 있었다면, 그들은 그들의 부를 만들어낸 직업과는 상당히 다른 직업을 선택했었을 것이다.」

Answer 19.② 20.③

화법

① ·· 화법의 종류

(1) 직접화법

인용부호를 써서 남이 한 말을 그대로 전달하는 방법이다.

He said to me, "**You are very pretty.**" 그는 나에게 말했다. "당신은 무척 예쁩니다."

(2) 간접화법

전달하는 사람의 입장에서 객관적·간접적으로 전달하는 방법으로 인용부호 대신 명사절이 되어 전달동사의 목적어 역할을 한다.

He told me **that I was very pretty.** 그는 나에게 내가 무척 예쁘다고 말했다.

② ·· 평서문의 화법전환

(1) 평서문의 화법전환

① 전달동사 say to를 tell로, say를 say로 바꾼다(say는 그대로 둔다).

② 인용부호 " "를 없애고 접속사 that(생략 가능)으로 두 문장을 연결한다.

③ 인용문의 인칭대명사는 말을 전달하는 사람의 입장에 맞게 고친다.

　㉠ 피전달문[직접화법(" ")]의 주어가 1인칭인 경우 : 전달문의 주어와 일치한다.

　㉡ 피전달문의 주어가 2인칭인 경우 : 전달문의 간접목적어의 인칭과 일치한다.

　㉢ 피전달문의 주어가 3인칭인 경우 : 인칭의 변화가 없다.

④ 인용문의 시제를 전달동사의 시제에 따라 바꾼다.

　㉠ 전달동사의 시제가 현재인 경우 : 인용문의 시제는 변하지 않는다.

　㉡ 전달동사의 시제가 과거인 경우 : 인용문의 시제는 한 시제 과거로 변화한다.

　㉢ 인용문이 조동사를 사용한 경우 : 조동사의 시제가 변화한다.

⑤ 지시대명사와 시간·장소의 부사구를 알맞게 고친다.

　㉠ 지시대명사 : this → that, these → those

　㉡ 장소의 부사구 : here → there, come → go

　㉢ 시간의 부사구

　• now → then

　• ago → before

　• today → that day

　• tonight → that night

　• tomorrow → the next day, the following day

　• yesterday → the previous day, the day before

　• last night → the night before, the previous night

　• next week → the next week, the following week

He says to me, "**I am very tired.**"

→He tells me **that he is very tired.** 그는 나에게 그가 매우 피곤하다고 말한다.

She said to him, "**You are a hero.**"

→She told him **that he was a hero.** 그녀는 그에게 그가 영웅이라고 말했다.

📢 보충학습

화법의 전환

전달동사의 변화 → 인용문의 변화 → 인칭대명사의 변화 → 시제일치의 적용 → 지시대명사와 시간·장소의 부사구 변화의 순서로 이루어진다.

He said, "I'll be back."

→He said **that he would be back.** 그는 그가 돌아올 것이라고 말했다.

She said to me, "I saw him yesterday."

→She told me **that she had seen him the day before.**

그녀는 나에게 그 전날 그를 보았다고 말했다.

(2) 시제가 불변인 경우

인용문의 내용이 시제일치의 예외일 경우에는 시제가 바뀌지 않는다.

Tom said to me, "I go to church on Sundays."

→Tom told me **that he goes to church on Sundays.**

그는 나에게 주일마다 그가 교회에 간다고 말했다.

❸ ·· 의문문의 화법전환

(1) 의문사가 있는 의문문

① 전달동사 say 또는 say to를 ask 또는 inquire of로 바꾼다.

② 의문사는 그대로 두고, 인용문의 어순을 '주어 + 동사'로 고친다.

③ 인용문의 인칭, 시제, 지시대명사, 부사구 등을 알맞게 고친다.

He said to me, "**Where do you live?**"

→He asked me **where I lived.** 그는 나에게 내가 사는 곳을 물었다.

He said to me, "**Where were you last night?**"

→He asked me **where I had been the previous night.**

그는 내가 그 전날 어디에 있었는지 물어보았다.

He said to me, "**What will you do next Sunday?**"

→He asked me **what I would do the following Sunday.**

그는 나에게 돌아오는 일요일에 무엇을 할 것인지 물었다.

(2) 의문사가 없는 의문문

① 전달동사 say 또는 say to를 ask로 바꾼다.

② 인용문의 어순을 '주어 + 동사'의 순서로 고친다.

③ 접속사 if(whether)로 두 문장을 연결한다.

④ 인용문의 인칭, 시제, 지시대명사, 부사구 등을 알맞게 고친다.

He said to me, "**Do you live in Seoul?**"

→He asked me **if I lived in Seoul.** 그는 나에게 내가 서울에 사는지 물었다.

She said to him, "**Did you meet Tom last Monday?**"

→She asked him **if he met Tom the previous Monday.**

그녀는 그에게 지난 월요일에 Tom을 만났는지 물었다.

④ ·· 명령문, 기원문의 화법전환

(1) 명령문의 화법전환

① 전달동사 say to를 tell(order, command, advise, ask, beg 등)로 바꾼다.

② 인용문 속의 동사를 'to + 동사원형'으로 바꾼다.

③ 부정명령문의 경우 'Don't + 동사원형'을 'not to + 동사원형'으로 바꾼다.

He said to me, "**Do it at once.**"

→He told me **to do it at once.** 그는 나에게 그 일을 즉시 하라고 말했다.

She said to me, "**Please open the door.**"

→She asked me **to open the door**(요청 ; ask).

그녀는 나에게 문을 열어달라고 부탁했다.

Mother said to me, "**Don't hurry.**"

→Mother advised me **not to hurry**(충고 ; advise).

어머니는 나에게 서두르지 말라고 충고하셨다.

(2) 청유명령문의 화법전환

① 전달동사 say to를 suggest to로 바꾼다.

② Let's를 '주어 + (should)'로 바꾸고 접속사 that을 넣는다. 이때 should는 생략 가능하지만, 동사는 항상 동사원형을 쓴다.

He said to them, "**Let's go.**"

→He suggested them that **they (should) go.** 그는 그들에게 가자고 제안했다.

He said to me, "**What about coming with us?**"

→He suggested me **that I (should) come with them.**

그는 나에게 그들과 함께 가자고 제안했다.

(3) 기원문의 화법전환

① say를 pray, express one's wish 등으로 바꾼다.

② 인용문을 'that + 주어 + may'로 바꾼다.

She said, "**God bless my child!** "

→She prayed **that God might bless her child**(God이 있을 때 ; pray).

그녀는 그녀의 아이에게 신의 가호가 있기를 빌었다.

❺ ·· 감탄문의 화법전환

(1) 감탄문의 화법전환

① say를 exclaim, shout, cry (out) 등으로 바꾼다.

② 감탄문의 어순을 그대로 두고 인칭과 시제, 부사 등을 알맞게 바꿔주거나 감탄문을 very를 이용한 평서문으로 바꾸고 인칭과 시제, 부사 등을 알맞게 고친다.

③ 접속사 that으로 연결한다(이때 say를 그대로 써도 된다).

He said, "**How happy I am now!**"

→He exclaimed **how happy he was then.**

그는 그가 그 때 무척 행복했다고 탄성을 질렀다.

→He said(exclaimed) **that he was very happy then.**

(2) 인용문에 감탄사가 있는 감탄문

① say를 exclaim, shout, cry (out) 등으로 바꾼다.

② 평서문과 마찬가지의 형식으로 바꾸고 감탄사를 부사구로 만들어 준다.

  ㉠ 기쁨의 감탄사 : Hurrah, Wow 등→with a joy(delight)

  ㉡ 슬픔의 감탄사 : Alas→with a sigh(= in sorrow)

He said, "**Wow! I've won.**"

→He shouted **with a joy that he had won.** 그는 그가 이겼다고 기쁘게 소리쳤다.

She said, "**Alas! All is over.**"

→She cried **with a sigh that all was over.** 그녀는 모든 일이 다 끝났다고 탄식했다.

❻ ·· 기타의 화법전환

(1) 중문의 화법전환

① and, but, or 다음에 접속사 that을 반복 사용한다.

She said, "**He left home and (he) will never come back.**"

→She said **that he had left home and that he would never come back.**

그녀는 그가 집을 떠나 다시는 돌아오지 않을 것이라고 말했다.

② for, because, as, since, so 다음에는 that을 쓰지 않는다.

He said, "**I'll stay at home, for it is raining.**"

→He said **that he would stay at home, for it was raining.**

그는 비가 왔기 때문에 집에 머물렀다고 말했다.

(2) '명령문, and(or) + S + V'의 화법전환

① '명령문, and(or)'를 if절로 바꾼 후 전환한다.

  ㉠ 명령문, and + S + V→if you ~, S + V

  ㉡ 명령문, or + S + V→if you don't ~, S + V

He said to me, "**Don't lie to me, or I will be angry.**"

→He told me **if I didn't lie to him, he wouldn't be angry.**

→He told me **if I lied to him, he would be angry.**

그는 내가 거짓말을 한다면 화낼 것이라고 말했다.

② 명령문을 to부정사를 사용하여 전환 후 and(or)절을 붙인다.

He said to me, "Hurry up, and you will be in time."

→He told me that **if I hurried up, I would be in time.**

→He told me **to hurry up and I would be in time.**

그는 나에게 서두르면 내가 제 시간에 도착할 것이라도 말했다.

He said to me, "Start at once, or you will be late."

→He told me **that if I didn't start at once, I would be late.**

→He told me **to start at once or I would be late.**

그는 나에게 즉시 출발하지 않으면 늦을 것이라고 말했다.

(3) 혼합문의 화법전환

인용문이 두 개 이상의 다른 종류의 문장으로 이루어진 경우에는 say를 각 문장에 따라 적절한 동사로 바꾸고, 접속사 and로 연결한다.

He said to me, "You look pale. Are you ill?"

→He told me **I looked pale and asked if I was ill.**

그는 나에게 내가 창백해 보인다고 말하면서 아프지 않냐고 물었다.

1 다음 중 화법의 전환이 잘못된 것은?

① He said, "Study hard, or you'll fail."
　　→He told me that I would fail, unless I studied hard.
② He asked to me, "Where are you going?"
　　→He asked me where I was going.
③ She always said, "I wish I could speak English."
　　→She always said that she wished she could have spoken English.
④ He said to me, "Who taught you English?"
　　→He asked me who had taught me English.

TIP unless 만약 ~이 아니라면(= if ~ not)
③ could have spoken→could speak, 가정법은 간접화법에서 직접화법으로 고칠 때 시제가 변하지 않는다.
「① 그는 나에게 열심히 공부하지 않으면 실패할 것이라고 말했다.
② 그는 나에게 어디에 가느냐고 물어보았다.
③ 그녀는 언제나 영어를 할 줄 알았으면 좋겠다고 말했다.
④ 그는 누가 영어를 가르쳐주었냐고 나에게 물었다.」

2 다음 밑줄 친 부분에 가장 적절한 것은?

He said, "What a fine day it is! Let's go on a picnic."
　→He _____ what a fine day it was and _____ that we should go on a picnic.

① exclaimed, suggested　　　　　② shouted, told
③ said, suggested　　　　　　　　④ told, insisted

TIP go on a picnic 소풍을 가다
혼합문의 화법전환
㉠ 감탄문의 화법전환 : say → exclaim, shout, cry (out) 등
㉡ 청유명령문의 화법전환 : say → suggest
「그는 날씨가 정말 좋다고 감탄하면서 소풍을 가자고 제안하였다.」

3 밑줄 친 부분 중 어법상 가장 어색한 부분은?

①One evening, Aaron said he wanted to ask ②to me ③if he could ④stay overnight.

TIP stay overnight 밤을 새다
② to me → me, 간접화법구문으로 전달동사 say나 say to를 ask로 바꾼다(ask + 간접목적어 +if + S + V).
「어느날 저녁, Aaron은 밤을 새워도 되냐고 내게 물어보았다.」

Answer 1.③　2.①　3.②

4 다음 중 어법상 틀린 곳이 없는 문장은?

① I was sure that he will pass the exam.

② He believed that the earth moved round the sun.

③ She told me that she met him only three weeks before.

④ Our teacher told us that man landed on the moon for the first time in 1969.

> **TIP** land (육지에) 닿다, 착륙하다 **for the first time** 처음으로, 최초로
> ① will → would
> ② moved → moves, 불변의 진리는 항상 현재시제를 쓴다.
> ③ met → had met
> ④ 간접화법 구문에서도 역사적 사실은 항상 과거시제를 쓴다.
> 「① 나는 그가 시험에 붙으리라고 확신했다.
> ② 그는 지구가 태양 주위를 돌고 있다고 믿었다.
> ③ 그녀는 나에게 그를 불과 3주 전에 만났다고 말했다.
> ④ 선생님은 우리들에게 인류가 1969년 달에 최초로 착륙했다고 말했다.」

5 다음 중 문법적으로 가장 옳은 것은?

① Ellen told to Helen, "Leave the room."

② Ellen told to Helen to leave the room.

③ Ellen told that she wasn't ready.

④ Ellen told Helen that she wasn't ready.

> **TIP** leave ~을 떠나다, 남기고 가다 **ready** 준비된, 각오된
> ①② Ellen said to Helen, "Leave the room"(직접화법). / Ellen told Helen to leave the room(간접화법).
> ③④ Ellen said to Helen, "I am not ready"(직접화법). / Ellen told Helen that she wasn't ready(간접화법).
> 「①② Ellen은 Helen에게 그 방을 떠나라고 말했다.
> ③④ Ellen은 Helen에게 그녀가 준비가 되지 않았다고 말했다.」

Answer 4.④ 5.④

관사와 명사 · 대명사

1 ‥ 관사

(1) 부정관사 a / an

① 보통명사 앞에 가볍게 쓰인다(해석하지 않는다).

I bought **an apple** and **a banana**. 나는 사과와 바나나를 샀다.

② one(하나)의 뜻으로 쓰인다.

He will be back in **a day** or two. 그는 하루 이틀 안에 돌아올 것이다.

③ any(어떤 ~라도)의 뜻으로, 종족 전체를 나타내는 대표단수로 쓰인다.

An owl can see in the dark. 올빼미는 어두운 데에서도 볼 수 있다.

= The owl can see in the dark.

= Owls can see in the dark.

④ a certain(어떤, ~라는)의 뜻으로 쓰인다.

A Mr. Brown is waiting for you. Brown이라는 분이 당신을 기다리고 있습니다.

In **a sense**, it is true. 어떤 의미로는 그것은 사실이다.

⑤ per(~마다, 매 ~)의 뜻으로 쓰인다.

I write to her once **a week**. 나는 그녀에게 일주일마다 한 번씩 편지를 쓴다.

⑥ some(얼마간의)의 뜻으로 쓰인다.

Susan was living at **a distance** from my house.

Susan은 나의 집에서 좀 떨어진 곳에 살고 있다.

⑦ a / an + 고유명사

㉠ one like(~와 같은 사람)의 뜻으로 쓰인다.

He is **an Edison**. 그는 에디슨과 같은 과학자이다.

㉡ '~의 작품'의 뜻으로 쓰인다.

The art museum bought **a Monet**. 그 미술관은 모네의 그림을 샀다.

㉢ '~집안의 사람[a / an + 성(姓)]'의 뜻으로 쓰인다.

He is **a Smith**. 그는 Smith 집안의 사람이다.

(2) 정관사 the

① 앞에 언급한 명사를 반복하거나, 말하는 당사자 간에 이미 알고 있는 특정한 명사 앞에 쓰인다.

Long long time ago there lived a king. **The king** liked gold very much.

옛날 옛적에 어떤 왕이 살았다. 그 왕은 황금을 매우 좋아하였다.

Please open **the window**. 창문을 열어라.

② 전치사구(형용사구)에 의해 한정되거나 형용사절로 수식받는 명사 앞에 쓰인다.

I'm studying **the life** of Beethoven. 나는 베토벤의 생애를 연구하고 있다.

The girl (who is) standing over there is my sister.

저쪽에 서 있는 소녀가 나의 여동생이다.

③ 최상급, 서수(first, second, third 등), only, last, same, very 등의 앞에 쓰인다.

Seoul is **the largest city** in Korea. 서울은 한국에서 가장 큰 도시이다.

You are **the very** man for the job. 너야말로 그 일에 적임자이다.

④ 'by + the + 단위명사'의 형태로 쓰인다.

He works **by the day**(week, month). 그는 일당(주급, 월급)으로 일한다.

⑤ the + 형용사

㉠ the + 형용사 → 복수보통명사

The rich should help **the poor**. 부유한 사람들은 가난한 사람들을 도와야 한다.

㉡ the + 형용사 → 추상명사

The girl has an eye for **the beautiful**. 그 소녀는 아름다운 눈을 가지고 있다.

⑥ 유일무이한 명사(자연물) 앞에 쓰인다.

The earth moves round **the sun**. 지구는 태양을 돈다.

the universe, the sky, the moon, the world, the east, the ocean, the Bible, the Gospel 등

⑦ 고유지명에서 보통명사가 생략된 경우 그 고유지명 앞이나, 강·운하·산맥·대양·반도·군도·제도(諸島)·만 등의 이름 앞에 쓰인다.

the Sahara (Desert), the Crimea (Peninsula), the Mississippi, the Suez Canal, the Pacific (Ocean), the Alps, the West Indies, the Philippines 등

⑧ 배, 기차, 비행기 등의 이름 앞에 쓰인다.

the Mayflower, the Titanic, the Flying Dutchman 등

⑨ 관공서, 공공건물, 여러 나라 주로 이루어진 국가명 또는 복수로 된 국가명 앞에 쓰인다.

the White House, the London County Council, the United States

⑩ 악기명 앞에 쓰인다.

She play **the piano**(violin, flute, marimba, viola, harp, etc).
그녀는 피아노를 연주한다.

⑪ 특수한 병명 앞에 쓰인다.

the measles, the dumps, the blues 등

(3) 관사의 위치

① 관사는 일반적으로 '관사 + (부사 + 형용사) + 명사'의 어순을 취한다.

② 주의해야 할 관사의 위치

㉠ such(quite, what) + a(n) + 형용사 + 명사, so(as, too, how) + 형용사 + a(n) + 명사

Tom is **such a nice boy**. Tom은 무척 멋진 소년이다.

＝ Tom is **so nice a boy**.

㉡ What + a(n) + 형용사 + 명사, How + 형용사 + a(n) + 명사

What a kind man he is! 그는 얼마나 친절한 사람인지!

＝ **How kind a man** he is!

㉢ all(both, double, twice, half) + the(소유격) + 명사

All (of) the students like holidays. 모든 학생들은 휴일을 좋아한다.

I paid **double the price** for it. 나는 그것에 대해 가격의 두 배를 지불했다.

Both (of) his parents are alive. 그의 부모님은 두 분 모두 살아계신다.

Your hand is **twice the size** of mine. 너의 손은 나의 손의 두 배이다.

(4) 관사의 생략

① 일반적인 의미로 쓰이는 추상명사, 물질명사, 고유명사, 복수(보통)명사 앞에는 관사가 생략된다(다만, 다른 구나 절에 의해 한정되거나 수식받는 경우에는 정관사 the가 쓰인다).

② 단수보통명사임에도 불구하고 관사가 생략되는 경우

    ㉠ 고유명사처럼 쓰이는 보통명사 : mother, father, uncle, aunt 등 가족관계를 나타내는 호칭에는 관사를 생략한다.

       Father will come back late. 아버지는 늦게 돌아오실 것이다.

    ㉡ 호격명사 : 남을 부르는 호격명사인 경우에는 관사를 생략한다.

       Waitress, bring me a glass of orange juice.

       웨이트리스, 나에게 오렌지 주스를 한 잔 가져다주세요.

    ㉢ 식사명, sports·games명, 언어명, 과목명, 계절명, 명절명 등에는 관사를 생략한다.

       She played **tennis** after **lunch**. 그녀는 점심식사 후에 테니스를 친다.

       I am good at **English**. 나는 영어에 능숙하다.

       Autumn is the best time for reading. 가을은 책을 읽기에 가장 좋은 시기이다.

    ㉣ 고유명사가 뒤따르는 칭호 앞에는 관사를 생략한다.

       King Arthur, Queen Elizabeth Ⅱ, Professor Rusell, President Park

    ㉤ school, church, court, bed 등 건물 또는 장소를 나타내는 말이 추상적인 의미로 본래의 목적에 사용된 경우에는 관사를 생략한다.

       go to school[학교에 (공부하러) 가다], go to church[교회에 (예배 보러) 가다], go to court[법정에 (소송을 제기하러) 가다], go to bed[침대에 (자러) 가다]

    ㉥ 교통·통신수단을 나타내는 명사 앞에는 관사를 생략한다.

       John always goes to school **by subway**. John은 항상 지하철을 타고 학교에 간다.

       by bus, by train, in a taxi, on foot, by phone, by letter 등

    ㉦ 주격보어 또는 목적격 보어로 쓰인 직책 앞에는 관사를 생략한다.

       The group elected her **captain**. 그 모임은 그녀를 회장으로 선출했다.

       = They elected her captain of the group.

    ㉧ as 양보구문에서 주격보어로 쓰이는 명사 앞에는 관사를 생략한다.

       Hero as he was, he shuddered at the sight.

       그가 영웅이기는 하지만 그 광경에 몸서리쳤다.

    ㉨ 두 개의 명사가 전치사 또는 접속사로 연결되어 대칭적으로 대구를 이루고 있는 경우에는 관사를 생략한다.

       husband and wife, mother and child, father and son, brother and sister, young and old, rich and poor, knife and fork, town and country, right and left, day and night, body and soul, hand in hand, arm in arm, side by side, step by step, face to face, generation after generation, from hand to mouth, from beginning to end 등

2 ·· 명사

(1) 명사의 종류

🏴 **가산명사와 불가산명사**

구분		개념
가산명사 (셀 수 있는 명사)	보통명사	같은 종류의 사람 및 사물에 붙인 이름
	집합명사	사람 또는 사물의 집합을 나타내는 이름
불가산명사 (셀 수 없는 명사)	고유명사	특정한 사람 또는 사물의 고유한 이름
	물질명사	일정한 형체가 없는 원료, 재료 등에 붙인 이름
	추상명사	형태가 없는 개념 성질, 상태, 동작 등에 붙인 이름

① 보통명사 : 같은 종류의 사람 및 사물에 두루 쓰이는 명칭이다. a boy, an egg, books, cats 등이 있다.
　㉠ a(the) + 단수보통명사 : 복수보통명사로 종족 전체를 나타내는 뜻으로 쓰인다.
　　A dog is a faithful animal(구어체). 개는 충실한 동물이다.
　　= **The dog** is a faithful animal(문어체).
　　= **Dogs** are faithful animals(구어체).
　㉡ 관사 없이 쓰인 보통명사 : 사물 본래의 목적을 표시한다.
　　go to **sea**(선원이 되다), in **hospital**(입원 중), at **table**(식사 중)
② 집합명사 : 여러 사람이나 사물이 모여서 이루어진 집합체의 명칭이다.
　㉠ family형 집합명사 : 집합체를 하나의 단위로 볼 때는 단수 취급, 집합체의 구성원을 말할 때는 복수 취급(군집명사)한다. family(가족), public(대중), committee(위원회), class(계층), crew(승무원) 등이 있다.
　　My **family is** a large one. 우리 가족은 대가족이다.
　　My **family are** all very well. 우리 가족들은 모두 잘 지내고 있다.
　㉡ police형 집합명사 : the를 붙여 항상 복수 취급한다. police(경찰), clergy(성직자), gentry(신사계급), nobility(귀족계급) 등 사회적 계층이나 신분을 뜻하는 명사를 말한다.
　　The police are on the murderer's track. 경찰들은 살인범의 흔적을 좇고 있다.
　㉢ cattle형 집합명사 : 관사를 붙일 수 없으며 복수 취급한다. people(사람들), poultry(가금), vermin(해충) 등이 있다.
　　There **are many people** in the theater. 그 극장에 많은 사람들이 있다.
　㉣ 부분을 나타내는 집합명사 : 뒤에 오는 명사에 따라 단·복수가 결정된다. part, rest, portion, half, the bulk, the majority, most 등이 있다.
　　Half of the apple is rotten. 그 사과의 반쪽이 썩었다.
　　Half of the apples are rotten. 그 사과들의 절반이 썩었다.
③ 추상명사 : 성질, 상태, 동작 등과 같이 형태가 없는 것을 나타낸다. 관사를 붙일 수 없으며 복수형도 없다. happiness, beauty, peace, success, truth, knowledge, learning, discovery, shopping 등이 있다.
　㉠ of + 추상명사 : 형용사(구)로서 앞의 명사를 수식한다.
　　This is a matter **of importance**. 이것은 중요한 문제이다.
　　= This is an important matter.
　　a man of ability 유능한 사람
　　= an able man

a book of no value 가치 없는 책
= a valueless book

ⓛ all + 추상명사 = 추상명사 itself = very + 형용사
Mary is **all beauty**. Mary는 대단히 아름답다.
= Mary is **beauty** itself.
= Mary is **very beautiful**.

ⓒ 전치사(with, by, in, on 등) + 추상명사 = 부사(구)
I met him **by accident**. 나는 우연히 그를 만났다.
= I met him **accidently**.
with kindness 친절하게(= kindly)
with care 주의 깊게(= carefully)
with ease 쉽게(= easily)
by nature 선천적으로(= naturally)
in privacy 은밀히(= privately)
in haste 급하게(= hastily)
on purpose 고의로(= purposely)

ⓔ have + the 추상명사 + to + 동사원형 : 대단히 ~하게도 …하다.
She **had the kindness to help** me. 그녀는 대단히 친절하게도 나를 도와주었다.
= She was kind enough to help me.
= She was so kind as to help me.
= She was so kind that she helped me.
= She kindly helped me.
= It was kind of her to help me.

ⓜ 추상명사가 집합명사로 쓰일 때는 복수 취급을 하기도 한다.
Youth(= young people) should respect **age**(= aged people).
젊은이들은 노인들을 존경해야 한다.
humanity = mankind 인류

ⓗ 추상명사의 가산법(수량표시) : 보통 a piece of, a little, some, much, a lot of, lots of 등에 의해서 표시된다.
a piece of advice 충고 한 마디
a word of notice 한 마디 경고
some bits of scandal 몇 가지 추문
a stroke of good luck 한 차례의 행운
a fit of fever 한 차례의 고열
an act of kindness 한 번의 친절한 행위
a piece of information 한 편의 정보
a piece of folly 한 차례의 우둔한 짓
a fit of anger 한 차례의 분노
a fit of passion 한 차례의 열정

④ 물질명사 : 일정한 형체가 없이 양으로 표시되는 물질을 나타내는 명칭이다. 관사를 붙일 수 없고, 복수형으로 만들 수 없으며 항상 단수 취급한다. gold, iron, stone, cheese, meat, furniture, money 등이 있다.

명사의 전용

ⓐ a(an) + 물질명사, 복수형 물질명사→ 보통 명사(종류, 제품, 음식물, 모양이 있는 조각을 가리키는 경우)
Don't throw **stones** at the dog.
개에게 돌을 던지지 말아라.
It is **a great tea**. 이것은 좋은 홍차이다.
Turn off **the lights**. 전등을 꺼라.
stone(석재) → a stone(돌멩이)
glass(유리) → a   glass(유리잔)·glasses(안경)
silk(비단) → a silk(비단옷)
iron(철) → an iron(다리미)
paper(종이) → a paper(신문, 논문)
copper(구리) → a copper(동전)

ⓑ 고유명사 → 보통명사
There are **three Kims** in my class.
우리 반에는 김씨가 3명 있다.
a Mr. Smith(스미스씨라는 분)
the Smiths(스미스씨 일가)
an Edison(에디슨 같은 발명가)

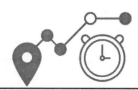

ⓐ 정관사의 사용 : 물질명사가 수식어의 한정을 받을 때에는 정관사 the를 붙인다.

The water in this pond is clear. 이 연못의 물은 깨끗하다.

ⓑ 집합적 물질명사 : 물건의 집합체이지만 양으로 다루므로 항상 단수 취급한다. furniture (가구), clothing(의류), baggage(짐), machinery(기계류), produce(제품) 등이 있다.

She bought two pieces of **furniture**. 그녀는 가구 두 점을 샀다.

ⓒ 물질명사의 가산법(수량표시) : 물질명사를 셀 때에는 단위를 표시하는 말을 사용하여 단 · 복수를 나타낸다.

a cup of coffee(tea) 커피(차) 한 잔(따뜻한 음료의 수량표시)

a glass of milk(water, juice, wine) 우유(물, 주스, 포도주) 한 잔(차가운 음료의 수량표시)

a can of soda 탄산음료 한 캔

a spoon(ful) of sugar 설탕 한 숟가락

a cake of soap 비누 한 개

a piece of furniture 가구 한 점

a loaf of bread 빵 한 덩어리

a slice of bread (얇게 썬) 빵 한 조각

a pound of meat 고기 1파운드

ⓓ 물질명사의 양의 적고 많음을 나타낼 때 : (a) little, some, much, lots of, a lot of, plenty of 등을 쓴다.

There is **much beef** in the refrigerator. 냉장고에 많은 쇠고기가 있다.

⑤ 고유명사 : 사람, 사물 및 장소의 이름을 나타내는 명칭으로, 유일무이하게 존재하는 것이다. 항상 대문자로 시작하고 대부분 관사를 붙일 수 없으며 복수형도 없다.

David Bowie, Central Park, the Korea Herald, July 등이 있다.

(2) 명사의 수

① 명사의 복수형 만들기

ⓐ 규칙변화

- 일반적으로는 어미에 -s를 붙인다.

cats, desks, days, deaths 등

- 어미가 s, x, sh, ch, z로 끝나면 -es를 붙인다. 단, ch의 발음이 [k]인 경우에는 -s를 붙인다.

buses, boxes, dishes, inches, stomachs, monarchs

- '자음 + y'는 y를 i로 고치고 -es를 붙인다.

cities, ladies, armies 등

- '자음 + o'는 -es를 붙인다(예외 : pianos, photos, solos, autos 등).

potatoes, heroes, echoes 등

- 어미가 f, fe로 끝나면 f를 v로 고치고 -es를 붙인다(예외 : roofs, chiefs, handkerchiefs, griefs, gulfs, safes(금고) 등).

lives, leaves, wolves 등

ⓑ 불규칙변화

- 모음이 변하는 경우 : man→men, foot→feet, tooth→teeth, mouse→mice, ox →oxen

---

복수형을 쓰지 않는 경우

ⓐ '수사 + 복수명사'가 다른 명사를 수식할 경우 복수형에서 s를 뺀다.

a ten-dollar **bill**, three-act **drama**, a five-year **plan**

ⓑ 시간, 거리, 가격, 중량을 한 단위로 취급할 때는 형태가 복수일지라도 단수 취급을 한다.

- Ten dollar a day **is** a good pay. 하루에 10달러는 높은 급료이다.

- Six months **is** too short a time to learn a language. 언어를 배우기에 6개월은 너무 짧은 시간이다.

- 단수, 복수가 같은 경우 : sheep, deer, salmon, corps, series, species, Chinese, Swiss 등
- 외래어의 복수형
  - ─-um, -on→-a : medium→media, phenomenon→phenomena, memorandum →memoranda, datum→data
  - ─-us→-i : stimulus→stimuli, focus→foci, fungus→fungi
  - ─-sis→-ses : oasis→oases, crisis→crises, thesis→theses, analysis→ analyses, basis→bases
  - ⓒ 복합명사의 복수형
    - 중요한 말이나 명사에 -s를 붙인다.
      father-in-low→fathers-in-law(시아버지, 장인)
      step-mother→step-mothers(계모), passer-by→passers-by(통행인)
    - 중요한 말이나 명사가 없는 경우 끝에 -s나 -es를 붙인다.
      forget-me-not→forget-me-nots(물망초), have-not→have-nots(무산자), good -for- nothing→good-for-nothings(건달)
    - 'man, woman + 명사'는 둘 다 복수형으로 고친다.
      man-servant→men-servants(하인), woman-doctor→women-doctors(여의사)

② 절대 · 상호 · 분화복수
  - ㉠ 절대복수 : 항상 복수형으로 쓰이는 명사이다.
    - 짝을 이루는 의류, 도구 : 복수 취급한다(수를 셀 때는 a pair of, two pairs of ∼를 씀).
      trousers(바지), braces(멜빵바지), glasses(안경), spectacles(안경), scissors(가위), shoes(구두) 등
    - 학문, 학과명(-ics로 끝나는 것), 게임명, 병명 : 단수 취급한다.
      mathematics(수학), physics(물리학), ethics(윤리학), economics(경제학), politics (정치학), statistics(통계학), billiards(당구), checkers(서양장기), darts(다트놀이), cards(카드놀이), measles(홍역) 등
    - 기타 : 복수 취급한다(예외 : news, series, customs는 단수 취급).
      goods(상품), riches(재산), belongs(소유물), savings(저금)
  - ㉡ 상호복수 : 상호 간에 같은 종류의 것을 교환하거나 상호작용을 할 때 쓰는 복수이다.
    make friends with(친구로 사귀다), shake hands with(악수를 하다), change cars(차를 갈아타다), be on good terms with(∼와 사이가 좋다)
  - ㉢ 분화복수 : 복수가 되면서 본래의 의미가 없어지거나, 본래의 의미 외에 또 다른 의미가 생겨나는 복수이다.
    letter(문자) / letters(문자들, 문학), arm(팔) / arms(팔들, 무기), good(선) / goods (상품), pain(고통) / pains(고생, 수고), force(힘) / forces(군대), ruin(파멸) / ruins (유적), iron(쇠 · 철) / irons(수갑), sand(모래) / sands(사막) 등

(3) 명사의 소유격
  ① 원칙 : 명사가 생물인 경우에는 's를 붙이고, 무생물인 경우에는 'of + 명사'로 표시하며, 복수명사(-s)인 경우에는 '만 붙이는 것을 원칙으로 한다.
  ② 독립소유격 : 소유격 뒤에 올 명사가 예측 가능할 때 생략한다.
    ㉠ 같은 명사의 반복을 피하기 위해 생략한다.
      My car is faster than **Tom's (car)**. 내 차는 Tom의 것보다 빠르다.

보충학습
무생물의 소유격
㉠ 일반적으로 'of + 명사'를 쓴다.
the legs of the table(○) 다리가 네 개인 책상
→the table's legs(×)
㉡ 의인화된 경우 's를 붙인다.
heaven's will 하늘의 의지, fortune's smile 운명의 미소, nature's work 자연의 작품
㉢ 시간, 거리, 가격, 중량 등을 나타내는 명사는 of를 쓰지 않고 -'s를 붙인다.
a day's journey 하루 동안의 여행, ten mile's distance 10마일의 거리, a pound's weight 1파운드의 무게, five dollar's worth of sugar 5달러어치의 설탕

ⓛ 장소 또는 건물 등을 나타내는 명사 house, shop, office, restaurant, hospital 등
은 생략한다.

I am going to the **dentist's** (**clinic**). 나는 치과에 갈 예정이다.

③ 이중소유격 : a, an, this, that, these, those, some, any, no, another 등과 함
께 쓰이는 소유격은 반드시 이중소유격(a + 명사 + of + 소유대명사)의 형태로 해야
한다.

He is **an old friend of mine**(○). 그는 나의 오랜 친구이다.

→He is a my old friend(×).

→He is an old my friend(×).

④ **명사 + of + 명사(목적격)** : '명사 + 명사'의 형태로 변환시킬 수 있다

a rod of iron = an iron rod 쇠막대기

⑤ **명사(A) + of + a(n) + 명사(B)** : 'B와 같은 A'의 뜻으로 해석된다.

a wife of an angel 천사 같은 아내

= an angelic wife

❸ ·· 대명사

(1) 인칭대명사 it의 용법

① 특정한 단어, 구절을 받을 때 : 이미 한 번 언급된 사물·무생물·성별불명의 유아
등이나 구절을 가리킬 때 it을 쓴다.

Where is my pen? I left **it** on the table(it = my pen).

내 펜이 어디에 있니? 나는 그것을 책상 위에 두고 갔어.

I tried to solve the problem, but I found **it** impossible(it = to solve the
problem).

나는 문제를 해결하려고 애썼지만 그것이 불가능하다는 것을 깨달았다.

② 비인칭주어 : 날씨, 시간, 거리, 계절, 명암 등과 같은 자연현상이나 측정치를 나타
내는 비인칭주어로 쓰일 때의 it은 해석하지 않는다.

It is cold outside. 밖은 춥다.

It is two o'clock. 2시이다.

③ 가주어 : to부정사나 that절이 문장의 주어로 쓰이는 경우 이를 뒤로 보내고 대신 가
주어 it을 문장의 주어로 세울 수 있다.

It is impossible to start at once(to start 이하가 진주어).

즉시 출발하는 것은 불가능하다.

It is true that he once was a millionaire(that절 이하가 진주어).

그가 한때 백만장자였다는 것은 사실이다.

④ 가목적어 : 5형식의 문장에서 목적어로 to부정사나 that절이 올 때 반드시 가목적어
it을 쓰고 to부정사나 that절을 문장의 뒤로 보낸다.

I think **it** wrong to tell a lie(to tell 이하가 진목적어).

나는 거짓말하는 것을 나쁘다고 생각한다.

I thought **it** natural that he should get angry(that절 이하가 진목적어).

나는 그가 화를 내는 것도 당연하다고 생각했다.

📖 보충학습

전자, 후자를 나타내는 표현

ⓐ 전자 : that, the one, the former

ⓑ 후자 : this, the other, the latter

ⓒ 앞(또는 뒤)에 나온 문장이나 어구를 대신
할 때 this나 that을 쓴다.

She often takes mistakes ; this(that)
shows that she is careless.

그녀는 종종 실수를 한다. 이것(그것)은
그녀가 부주의하다는 것을 보여준다.

⑤ **강조용법** : 문장 내에서 특정한 어구[주어, 목적어, 부사(구·절) 등]를 강조하려 할 때 It is ~ that 구문을 쓴다.

I met him in the park yesterday. 나는 어제 그를 공원에서 만났다.

→ **It was** I **that**(who) met him in the park yesterday(주어 강조).
어제 공원에서 그를 만난 사람은 나였다.

→ **It was** him **that**(whom) I met in the park yesterday(목적어 강조).
어제 공원에서 내가 만난 사람은 그였다.

→ **It was** in the park **that**(where) I met him yesterday(부사구 강조).
내가 어제 그를 만난 곳은 공원이었다.

→ **It was** yesterday **that**(when) I met him in the park(부사 강조).
내가 공원에서 그를 만난 때는 어제였다.

(2) 지시대명사

① this와 that

㉠ this(these)는 '이것'을, that(those)은 '저것'을 가리키는 대표적인 지시대명사이다.

㉡ this와 that이 동시에 쓰일 경우 this는 후자, that은 전자를 가리킨다.

I can speak English and Japanese ; **this** is easier to learn than **that**(this = Japanese, that = English). 나는 영어와 일어를 할 줄 안다. 후자가 전자보다 배우기 쉽다.

② this의 용법

㉠ this는 사물뿐만 아니라 사람을 가리키는 주격 인칭대명사로도 쓰인다.

This is Mrs. Jones. 이쪽은 Jones 부인입니다.

㉡ this는 다음에 이어질 문장의 내용을 지칭할 수 있다.

I can say **this**. He will never betray you.
나는 이 말을 할 수 있습니다. 그는 결코 당신을 배신하지 않을 것입니다.

③ that의 용법

㉠ those는 주격 관계대명사 who와 함께 쓰여 '~하는 사람들'의 의미를 나타낸다.

Heaven helps **those who** help themselves. 하늘은 스스로 돕는 자를 돕는다.

㉡ 동일한 명사의 반복을 피하기 위해 that(= the + 명사)을 쓴다. 복수형 명사일 때에는 those를 쓴다.

His dress is **that** of a gentleman, but his speech and behaviors are **those** of a clown(that = the dress, those = the speech and behaviors).
그의 옷은 신사의 것이지만 말투나 행동거지는 촌뜨기의 것이다.

(3) such의 용법

앞에 나온 명사 혹은 앞문장 전체를 받을 때 such를 쓴다.

If you are a gentleman, you should behave as such.
만약 당신이 신사라면, 당신은 신사로서 행동해야 한다.

He was shot dead. **Such** was the way of God.
그는 총에 맞아 죽었다. 그것은 신의 섭리였다.

(4) so의 용법

① so는 동사 believe, expect, guess, hope, think, say, speak, suppose, do 등의 뒤에 와서 앞문장 전체 혹은 일부를 대신한다.

A : Is he a liar? 그는 거짓말쟁이니?

B : I think **so**. / I don't think **so**.

나는 그렇게(거짓말쟁이라고) 생각해 / 나는 그렇게 생각하지 않아.

② 동의 · 확인의 so : ~도 그렇다.

 ㉠ 긍정문에 대한 동의(= 주어 + 동사 + too)

  • A와 B의 주어가 다른 경우 : So + (조)동사 + 주어

  • A와 B의 주어가 같은 경우 : So + 주어 + (조)동사

  A : I like watermelons. 나(A)는 수박을 좋아해.

  B : So do I(= I like them, too). 나(B)도 그래(좋아해).

   So you do. 너(A)는 정말 그래(좋아해).

 ㉡ 부정문에 대한 동의 : Neither + (조)동사 + 주어[= 주어 + (조)동사 + either]

  A : I don't like watermelons. 나(A)는 수박을 좋아하지 않아.

  B : Neither do I(= I don't like them, either). 나(B)도 그래(좋아하지 않아).

(5) 부정대명사

① all과 each의 용법

 ㉠ all의 용법 : '모든 사람(전원) · 것(전부)'을 의미한다.

  • all이 사람을 나타내면 복수, 사물을 나타내면 단수로 취급한다.

  All were dead at the battle. 모두가 전쟁에서 죽었다.

  All that glitters **is** not gold. 반짝이는 모든 것이 다 금은 아니다.

  • all과 인칭대명사 : all of + 인칭대명사 = 인칭대명사 + all(동격대명사)

  All of us have to go. 우리들 전원은 가야 한다.

  = **We all** have to go.

 ㉡ each의 용법 : '각자, 각각'을 의미하는 each는 부정어를 수반하는 동사와 함께 쓰이지 않으며 'each of (the) + 복수명사 + 단수동사 = 복수명사 + each(동격대명사) + 복수동사 = each(형용사) + 단수명사 + 단수동사'의 형태로 단수 취급한다.

  Each of the boys has his duty. 그 소년들은 각자 그의 의무를 가지고 있다.

  = **The boys each have their** duty.

  = **Each boy has his** duty.

② both와 either의 용법

 ㉠ both의 용법 : '둘(두 사람 또는 두 개의 사물) 모두'를 의미하는 both는 'both of the + 복수명사 + 복수동사 = 복수명사 + both(동격대명사)'의 형태로 복수로 취급한다.

  Both of the questions were difficult. 질문은 둘 다 어려웠다.

 ㉡ either의 용법 : '둘(두 사람 또는 두 개의 사물) 중 어느 한쪽'을 의미하는 either는 원칙적으로 단수 취급하지만 'either of (the) + 복수명사 + 단수동사(원칙) / 복수동사(구어)'의 형태로 쓰이기도 한다.

  Either of them is(are) good enough. 그 둘 중 어느 쪽도 좋다.

③ none과 neither의 용법

 ㉠ none의 용법 : no one(아무도 ~않다)을 의미하며 셋 이상의 부정에 사용한다.

  • 'none of the + 복수명사 + 단수동사 / 복수동사'의 형태로 단 · 복수를 함께 사용한다.

  None of them goes out. 그들 모두가 외출하지 않는다.

  None of them go out. 그들 중 아무도 외출하지 않는다.

- 'none of the + 물질·추상명사 + 단수동사'의 형태로 단수로만 취급하기도 한다. neither은 모두 단수 취급을 한다.

  None of the money is hers. 그 돈은 한 푼도 그녀의 것이 아니다.

  ⓛ neither의 용법 : both의 부정에 사용되며 '둘 중 어느 쪽도 ~않다[= not ~ either of (the) + 복수명사]'를 의미하는 neither는 원칙적으로 단수 취급하지만, 'neither of (the) + 복수명사 + 단수동사(원칙) / 복수동사(구어) = neither + 단수명사 + 단수동사'의 형태로 쓰이기도 한다.

  Neither of his parents is(are) alive. 그의 부모님들 중 한 분도 살아계시지 않다.

④ some과 any의 용법 : '약간'을 의미하는 some과 any는 불특정한 수 또는 양을 나타내는 대명사로 'some /any of the + 단수명사 + 단수동사, some /any of the + 복수명사 + 복수동사'의 형태로 쓰인다.

  ㉠ some의 용법 : 긍정문, 평서문의 대명사로 쓰인다.

  Some of the fruit is rotten. 그 과일 중 몇 개는 썩었다.

  ㉡ any의 용법 : 부정문, 의문문, 조건문의 대명사로 쓰인다.

  Any of the rumors are not true. 그 소문들 중 몇몇은 사실이 아니었다.

⑤ some-, any-, every-, no-와 결합된 대명사 -body, -one, -thing은 단수로 취급한다(no-와 -one은 no one의 형태로 결합).

  Someone has left his bag. 누군가 가방을 두고 갔다.

⑥ another와 other의 용법

  ㉠ another의 용법 : 불특정한 '(또 하나의) 다른 사람·것'을 의미하며, 단수로만 쓰인다.

  • 하나 더(= one more)

  He finished the beer and ordered **another**(= one more beer).

  그는 맥주를 다 마시고 하나 더 주문했다.

  • 다른(= different)

  I don't like this tie. Show me **another**(= different tie).

  나는 이 넥타이가 마음에 안 들어요. 다른 것을 보여주세요.

  ㉡ other의 용법

  • '(나머지) 다른 사람·것'을 의미하며, 정관사 the와 함께 쓰이면 특정한 것을 나타내고, the 없이 무관사로 쓰이면 불특정한 것을 나타낸다.

  • 복수형은 others이다.

  ㉢ another와 other의 주요 용법

  • A is one thing, B is another : A와 B는 별개이다(다르다).

  To say is **one thing**, to do is **another**. 말하는 것과 행하는 것은 별개이다.

  • some + 복수명사, others ~ : (불특정 다수 중) 일부는~, 또 일부는~

  Some people like winter, **others** like summer.

  어떤 사람들은 겨울을 좋아하고 또 어떤 사람들은 여름을 좋아한다.

  • some + 복수명사, the others ~ : (특정 다수 중) 일부는~, 나머지는~

  Some of the flowers are red, but **the others** are yellow.

  몇몇 꽃들은 빨갛지만 나머지들은 노랗다.

  • one, the others ~ : (특정 다수 중) 하나는~, 나머지는~

  I keep three dogs ; **one** is black and **the others** are white.

  나는 개를 세 마리 키운다. 하나는 까맣고 나머지들은 하얗다.

 기출문제

밑줄 친 부분에 들어갈 표현으로 가장 적절한 것은?

2011. 4. 9 행정안전부

Fundamental happiness depends more than anything else upon what may be called a friendly interest in persons and things. The kind [of interest in persons] that makes for happiness is the kind that likes to observe people and finds pleasure in their individual traits, that wishes to afford scope for the interests and pleasures of those with whom it is brought into contact without desiring to acquire power over them or to secure their enthusiastic admiration. The person whose attitude towards ＿＿＿＿＿＿ is genuinely of this kind will be a source of happiness and a recipient of reciprocal kindness. To like many people spontaneously and without effort is perhaps the greatest of all sources of personal happiness.

① others   ② things
③ pleasure   ④ happiness

☞ ①

📞 보충학습

others와 the others

others는 불특정 다수 중에서 다른 일부를 의미하고 the others는 특정 다수 중에서 그 외의 모든 것, 나머지를 의미한다.

- one, the other ~ : (둘 중) 하나는~, 나머지 하나는~

There are two flowers in the vase ; **one** is rose, **the other** is tulip.

꽃병에 두 송이의 꽃이 있다. 하나는 장미이고 하나는 튤립이다.

- one, another, the other ~ : (셋을 열거할 때) 하나는~, 또 하나는~, 나머지 하나는~

One is eight years, **another** is ten, **the other** is twelve.

하나는 여덟 살이고, 또 하나는 열 살이고, 나머지 하나는 열두 살이다.

- one, another, a third ~ : (셋 이상을 열거할 때) 하나는~, 또 하나는~, 세 번째는~

One man was killed, **another** was wounded, and **a third** was safe.

하나는 죽고 또 하나는 다치고 세 번째 사람은 무사하였다.

⑦ one의 용법

　㉠ 수의 개념을 지니는 부정대명사 one의 복수형은 some이다.

　There are some apples. You may take **one**.

　사과가 몇 개 있다. 네가 하나를 가져가도 된다.

　㉡ 형용사의 수식을 받는 단수보통명사를 대신해 쓰이며, 이때 복수형은 ones이다.

　His novel is a successful **one**(one = novel). 그의 소설은 성공적이다.

　㉢ a + 단수보통명사 = one, the + 단수보통명사 = it

　I have a camera. Do you have **one**(one = a camera)?

　나는 카메라가 있다. 너도 있느냐?

　I bought a camera, but I lost **it**(it = the camera).

　나는 카메라를 샀는데, 그것을 잃어버렸다.

(6) 재귀대명사

① **강조용법** : 주어·목적어·보어의 뒤에 와서 동격으로 그 뜻을 강조하는 경우 생략해도 문장이 성립한다.

The King **himself** gave her the medal. 왕은 스스로 그녀에게 메달을 주었다.

You must do it **yourself**. 너는 네 스스로 그것을 해야 한다.

② **재귀용법** : 문장의 주어와 동일인물이 타동사의 목적어로 쓰이는 경우로 자동사의 의미로 해석될 때가 많다.

enjoy oneself 즐기다, absent oneself (from) 결석하다, avail oneself of ~을 이용하다, overeat oneself 과식하다, pride oneself on ~을 자랑스럽게 여기다(= take pride in), kill oneself 자살하다, repeat oneself 되풀이하다, excuse oneself 변명하다

③ **전치사 + 재귀대명사(관용적 표현)** : 재귀대명사가 전치사의 목적어로 쓰이는 경우에 해당한다.

in itself 원래 그 자체(= in its own nature), for oneself 자기 힘으로, 남의 도움 없이(= without other's help), of oneself 저절로(= spontaneously), by oneself 혼자서, 홀로(= alone), beside oneself 제 정신이 아닌(= insane), in spite of 자신도 모르게(= unconsciously)

(7) 의문대명사

① 의문대명사의 용법

　㉠ who : 사람의 이름, 혈연관계 등을 물을 때 사용한다.

　　A : **Who** is he? 그는 누구니?

　　B : He is Jinho, my brother. 그는 내 동생 진호야.

   ⓛ what : 사람의 직업, 신분 및 사물을 물을 때 사용한다.

     A : **What** is he? 그는 뭐하는 사람이니?

     B : He is an English teacher. 그는 영어 선생님이야.

   ⓒ which : 사람이나 사물에 대한 선택을 요구할 때 사용한다.

     Which do you like better, this or that?

     이것과 저것 중 어떤 것이 더 좋으니?

② 의문사가 문두로 나가는 경우 : 간접의문문에서 주절의 동사가 think, suppose, imagine, believe, guess 등일 때 의문사가 문두로 나간다(yes나 no로 대답이 불가능하다).

   A : Do you know **what** we should do? 우리가 무엇을 해야 할지 알겠니?

   B : Yes, I do. I think we should tell him the truth.

     응. 내 생각에는 그에게 사실을 말해줘야 해.

   A : **What** you guess we should do? 우리가 무엇을 해야 할 것 같니?

   B : I guess we'd better tell him the truth.

     내 생각에는 그에게 사실을 말해 주는 것이 낫겠어.

1 다음 각 문장을 유사한 의미의 다른 문장으로 바꾸어 쓰고자 한다. 어법상 가장 적절한 것은?

2020. 9. 19. 제2차 경찰공무원(순경)

① He said to me, "Can I use your mobile phone?"

→He asked me that he could use my mobile phone.

② He drank strong coffee lest he should feel sleepy.

→He drank strong coffee so that he should feel sleepy.

③ Mt. Everest is the highest mountain in the world.

→Mt. Everest is higher than any other mountains in the world.

④ I did not miss my wallet and mobile phone until I got home.

→It was not until I got home that I missed my wallet and mobile phone.

TIP ① 직접화법에서 간접화법으로 전환할 때, 피전달문에서 의문사가 없는 의문문인 경우에는 if나 whether을 넣어야 한다.
② lest는 '~하지 않도록'으로 사용되었으므로 바뀐 문장에서 so that 뒤에는 부정문이 되어야 한다.
③ 최상급의 다른 표현으로 비교급 than any other+단수명사가 오도록 해야 한다.
④ it-that 강조구문으로 바뀌어 it+be동사 뒤에 시간 부사구가 강조된 적절한 문장이다.

2 밑줄 친 부분 중 어법상 틀린 것은?

2020. 6. 20. 소방공무원

It can be difficult in the mornings, especially on cold or rainy days. The blankets are just too warm and comfortable. And we aren't usually ① excited about going to class or the office. Here are ② a few tricks to make waking up early, easier. First of all, you have to make a definite decision to get up early. Next, set your alarm for an hour earlier than you need to. This way, you can relax in the morning instead of rushing around. Finally, one of the main reasons we don't want to get out of bed in the morning ③ are that we don't sleep well during the night. That's ④ why we don't wake up well-rested. Make sure to keep your room as dark as possible. Night lights, digital clocks, and cell phone power lights can all prevent good rest.

TIP blanket 담요 definite 분명한
① 분사를 묻는 문제로서 주어가 사람(we)이기 때문에 excited가 옳다.
② 수량형용사+명사 수 일치를 묻는 문제로서 tricks가 셀 수 있는 명사 복수이기 때문에 a few가 맞는 표현이다.
③ 주어, 동사의 수 일치를 묻는 문제로서 주어는 one이고, 동사는 are이다. 따라서 are를 is로 바꾸어야 한다.
④ That's why는 뒤에 결과가 나와야 된다. 우리가 잠에서잘 깨지 못한다는 결과의 내용이기 때문에 맞는 표현이다.
「특히 춥거나 비가 오는 날에는 아침에 어려울 수 있다. 담요는 너무 따뜻하고 편안하다. 그리고 우리는 보통 수업이나 사무실에 가는 것에 흥분하지 않는다. 여기 일찍 일어나는 것을 쉽게 만드는 몇 가지 묘수가 있다. 우선 일찍 일어나려면 확실한 결정을 내려야 한다. 다음으로, 필요한 시간보다 한 시간 일찍 알람을 설정하라. 이렇게 하면, 당신은 뛰어다니지 않고 아침에 휴식을 취할 수 있다. 마지막으로, 우리가 아침에 침대에서 일어나기 싫은 주된 이유 중 하나는 우리가 밤중에 잠을 잘 자지 않기 때문이다. 그래서 우리는 잠에서 잘 깨지 못하는 것이다. 가능한 한 방을 어둡게 유지하도록 하라. 야간 조명, 디지털 시계, 휴대폰 전원 빛은 모두 좋은 휴식을 막을 수 있다.」

Answer 1.④ 2.③

3 우리말을 영어로 옮긴 것 중 어법상 가장 적절한 것은?

2020. 5. 30. 제1차 경찰공무원(순경)

① 그들은 참 친절한 사람들이야!

→They're so kind people!

② 그녀는 곰 인형을 하나 가지고 있었는데, 인형 눈이 양쪽 다 떨어져 나가고 없었다.

→She had a teddy bear, both of whose eyes were missing.

③ 가장 쉬운 해결책은 아무 일도 하지 않는 것이다.

→The most easiest solution is to do nothing.

④ 애들 옷 입히고 잠자리 좀 봐 줄래요?

→After you've got the children dress, can you make the beds?

> **TIP** ① 'so+형+관사+명사', 'so+형용사'의 형태로 사용되며 'so+수량형용사(many, much, few, little)+명사'의 형태로는 사용하나, 'so+일반형용사+명사'의 형태로는 표현하지 않는다. 'such+관사+형+명사'의 어순으로 사용되므로 'so'를 'such'로 바꿔야 한다.
> ③ easy의 최상급은 easiest이므로 most를 제거해야 한다.
> ④ get은 to부정사, 현재분사, 과거분사를 목적격 보어로 취한다. 아이들이 옷을 스스로 입는 것이 아니라 옷이 입혀진다는 의미를 가지므로 목적어와 목적격 보어의 관계가 수동이 되어 dressed라는 과거분사가 목적격 보어로 와야 한다.

4 다음 문장 중 어법상 가장 적절하지 않은 것은?

2020. 5. 30. 제1차 경찰공무원(순경)

① I'm feeling sick. I shouldn't have eaten so much.

② Most of the suggestions made at the meeting was not very practical.

③ Providing the room is clean, I don't mind which hotel we stay at.

④ We'd been playing tennis for about half an hour when it started to rain heavily.

> **TIP** "most of the 명사"가 주어가 되는 경우, 명사에 수일치한다. ②번에서 주어는 most of the suggestions이다. 따라서 동사는 was가 아닌 were가 되어야 한다.
> 「① 아픈 것 같아요. 그렇게 많이 먹지 말았어야 했어요.
> ② 회의에서 제시된 제안들은 대부분 실용적이지 않았다.
> ③ 방이 깨끗하다면 어느 호텔에 묵든 상관없다.
> ④ 우리는 30분 정도 테니스를 치고 있었는데 비가 많이 오기 시작했다.」

5 우리말을 영어로 잘못 옮긴 것은?

2019. 8. 17. 지역인재 9급 선발시험

① 보통은 논쟁에 놓인 양측 모두에게 잘못이 있다.

→Usually both parties in a dispute are to blame.

② 시간도 돈도 낭비하지 마라, 둘 다 최대한 이용하라.

→Waste neither time nor money, but make the best of both.

③ 당신은 부자가 가난한 사람보다 행복하다고 생각하나요?

→Do you think that the rich is happier than the poor?

④ 정정당당한 행동은 경기에서뿐만 아니라 인생에서도 황금률이다.

→Fair play is the golden rule of life as well as of games.

> **TIP** ③ is → are, the+형용사는 복수 보통명사가 된다. 'the rish'는 '부자들'의 의미로 복수 동사 are가 와야 한다.

Answer 3.② 4.② 5.③

1 다음 문장의 밑줄 친 부분 중 어법상 가장 어색한 것을 고르시오.

> When one contrasts the ideas of the Romantic William Wordsworth ① <u>with</u> ② <u>those of</u> Neoclassicist John Dryden, ③ <u>one finds</u> that neither of the poets ④ <u>differ</u> as much as one would expect.

TIP contrast 대조하다, 대비시키다 **differ** 다르다

④ differ → differs, 주어진 neither는 단수 취급하므로 수를 일치시킨다.

「낭만주의자 윌리엄 워즈워드의 사상과 신고전주의자 존 드라이든의 사상을 비교해 보면, 두 시인 모두가 예상만큼 차이나지 않는다는 것을 발견하게 된다.」

2 다음 문장 중 문법적으로 옳은 것을 고르시오.

① You must keep your expensive jewelries in a bank or safe.
② American culture is much different from Korea.
③ It is doubtful that longer prison sentences would influence on criminals.
④ Recently the increase in crime is accelerating.

TIP sentence 형벌, 선고하다 **accelerate** 가속화하다

① jewelries → jewelry
　jewelry는 집합적 불가산·물질명사로 a / an과 함께 사용할 수 없고 복수형으로 하지 못하며 항상 단수로 쓰인다.
② Korea → that of Korea
　미국 문화와 다른 것은 한국 자체가 아니라 한국 문화이므로 Korea가 아닌 that(culture) of Korea가 와야 한다.
③ 비교급은 둘 이상의 비교대상이 있을 때 사용하므로 longer은 long이 되어야 하며, '~에게 영향을 주다'는 have influence (명사) on, influence(동사)이다(It is doubtful that long prison sentences would influence criminals).

「① 당신은 당신의 값비싼 보석류를 은행이나 금고에 보관해야 한다.
② 미국 문화는 한국 문화와 많이 다르다.
③ 장기간의 징역형이 범죄자들에게 영향(감화)을 주었는지 의심스럽다.
④ 최근에 범죄의 증가가 가속화되었다.」

3 우리말을 영어로 바르게 옮긴 것은?

① 나는 그에게 충고 한 마디를 했다.
　→I gave him an advice.
② 많은 아버지의 친구들이 그 모임에 왔다.
　→Many father's friends came to the meeting.
③ 나는 나 혼자서 사업을 운영하겠다고 주장하였다.
　→I insisted to run my business alone.
④ 밥은 쓸데없는 일에 돈을 낭비한 것을 후회한다.
　→Bob regrets wasting his money on useless things.

Answer 1.④ 2.④ 3.④

TIP ① advice는 셀 수 없는 명사이므로 부정관사인 an을 사용할 수 없다.

② Many father's friends → Many friends of father's로 바꾸어야 한다.

③ insisted to run → insisted on running으로 바꾸어야 한다.

※ 다음 문장의 밑줄 친 부분 중 어법상 가장 어색한 것을 고르시오. 【4∼14】

4

Ask several ①peoples who ②were raised in the American culture and ③some others who were raised in the Japanese culture ④how they feel about snakes.

TIP raise ~을 기르다, 양육하다, 사육하다, 재배하다 culture 문화, 교양

① peoples → people, people은 복수로 취급하며 -s가 붙을 때(peoples)는 '국민 · 민족'이라는 뜻이 된다.

「미국 문화 속에서 길러진 몇몇 사람들과 일본 문화 속에서 자란 다른 몇 명의 사람들에게 뱀에 대해 어떻게 느끼는지 물어보아라.」

5

Animals ①that hibernate ②usually eat large ③numbers of food ④in autumn.

TIP hibernate (동물이) 동면(冬眠)하다, 겨울잠을 자다

③ numbers → amount, food(식량, 식품, 먹이, 양식)는 셀 수 없는 물질명사이므로 '수(數)'가 아니라 '양(量)'으로 나타내야 한다. 따라서 numbers를 amount로 고쳐야 적절하다.

「보통 동면하는 동물들은 가을에 아주 많은 양의 먹이를 먹는다.」

6

Most bacteria ①have strong cell walls ②much ③like ④that of plants.

TIP bacteria 박테리아, 세균 cell wall 세포벽(막) plant 식물

④ that → those, that은 복수명사 cell walls를 대신하므로 복수형 those(the cell walls)가 되어야 적절한 표현이 된다.

「대부분의 박테리아는 식물(의 세포벽들)처럼 강한 세포벽을 가지고 있다.」

7

①The number of battles were ②fought ③between the ④fleets of Nelson and Napoleon.

TIP battle 전투, 전쟁, 교전, 싸움 fight 싸우다, 전투하다 fleet 함대

① The → A, the number of는 '~의 수'라는 뜻으로 단수 취급하며, a number of는 '많은, 다수의(= many, a lot of)'라는 뜻으로 복수 취급한다. 동사 were가 쓰였으므로 a가 쓰여야 한다.

「수많은 전투가 Nelson과 Napoleon 함대 사이에 있었다.」

Answer 4.① 5.③ 6.④ 7.①

8

> Jack London's ①tour ②of South Pacific ③was delayed by his illness and the ④San Francisco earthquake of 1906.

TIP Pacific 태평양 delay ~을 늦추다, 미루다, 연기하다 earthquake 지진

② of South Pacific → of the South Pacific, 해양·만·해협·강·운하 등의 고유명사 앞에는 반드시 정관사 the를 써야 한다.

「Jack London의 남태평양 여행은 그의 병과 1906년의 샌프란시스코 지진으로 연기되었다.」

9

> Some people ①are allergic to ②certain type of food, ③for example, strawberries or ④seafood.

TIP be allergic to ~을 아주 싫어하다, ~에 대해 알레르기 반응을 일으키다 certain 어떤, 일정한, 특정한, 약간의 type 유형, 종류 strawberry 딸기 seafood 해산물, 해산식품

② certain → a certain, certain은 '특정한, 어떤'의 의미로 셀 수 있는 명사 type 앞에 위치했으므로 부정관사 a를 써야 한다.

「어떤 사람들은 예컨대, 딸기나 해산물 등 특정 종류의 음식에 알레르기 반응을 일으킨다.」

10

> ①That is ②the kind of a house in ③which I ④should like to live.

TIP a kind of 일종의, ~같은 것(사람) should like to do ~하고 싶다(= would like to do)

② the kind of a house → a kind of house, a kind of(= a sort of)는 of 뒤에 무관사 명사가 오며 대신 명사의 수를 kind(sort)에 표시해 준다(복수일 경우에는 kinds of가 된다).

「그것이 (바로) 내가 살고 싶은 종류의 집이다.」

11

> ①Various animals have shells that keep ②themselves from growing ③beyond a ④certain size.

TIP various 다양한, 여러 가지의 shell (조개)껍질 keep from -ing ~을 금하다, 억제하다, ~하지 못하게 하다 grow 자라다, 성장하다 beyond ~보다 이상으로, ~의 범위를 넘어서 size 크기, 치수

② themselves → them, 재귀대명사는 주어와 목적어가 같을 경우 목적어를 구분한다거나, 주어를 두 번 씀으로써 주어를 강조할 때에만 쓰인다. 이 경우에는 주격 관계대명사절의 동사 keep의 주어(shells)와 목적어(animals = them)가 다르므로 재귀대명사를 쓸 필요가 없다.

「다양한 동물들은 그들을(자기 몸을) 특정한 크기 이상으로 자라지 못하게 하는 껍질을 가지고 있다.」

Answer 8.② 9.② 10.② 11.②

12

> The United States ①celebrate the ②birth of ③its independence ④every Fourth of July.

TIP celebrate ~을 축하하다, (의식 등을) 거행하다, 기념하다 birth 탄생, 출생, 기원 independence 독립, 자주

① celebrate → celebrates, the United States는 형태만 복수일 뿐 하나의 국가명이므로 항상 단수 취급한다.

「미국은 매년 7월 4일마다 독립의 탄생을 기념한다.」

13

> The treasures ①of the ancient world ②they ③never cease to ④amaze us.

TIP treasure 보물 ancient 옛날의, 고대의 cease ~을 중지하다, 그만두다 amaze ~을 몹시 놀라게 하다

② they → 삭제, 주어인 the treasures와 the treasures를 받는 대명사 they가 중복되었으므로 they를 삭제해야 한다.

「고대 세계의 보물들은 결코 우리를 놀라게 하기를 그치지 않는다(항상 놀라게 한다).」

14

> It was ① so good milk that we couldn't stop ② drinking ③ it and we ④ emptied the whole bottle.

TIP empty 비우다, 비게 되다

① 특정한 어떤 종류의 것을 나타낼 때는 부정관사 a가 와야 한다. 따라서 so good a milk가 되어야 한다.

「그것은 아주 좋은(양질의) 우유여서 우리가 그것을 마시는 것을 멈출 수 없어 그 병 전체를 비우게 하였다.」

15 다음 대화를 완성시킬 때 빈칸에 들어갈 알맞은 표현을 고르시오.

> A : Do you know who these auditors are?
> B : They're all _____.

① economics student
② economic students
③ economics students
④ student of the economics

TIP auditor 회계감사원, 방청인, 청취자, (대학의) 청강생 economics 경제학 economic 경제(학)의, 경제적인

③ 문맥상 복수형용사 all의 수식을 받을 수 있고, They의 주격보어로 쓰일 수 있는 economics students가 쓰여야 한다.

「A : 이 청강생들이 누군지 아니?
B : 그들은 모두 경제학과 학생들이야.」

Answer 12.① 13.③ 14.① 15.③

※ 다음 중 문법적으로 옳은 문장을 고르시오. 【16～17】

16
① John bought several furnitures.
② John doesn't like book.
③ Many of the mud were sold to China.
④ There was little wine left in the bottle.

> **TIP** furniture 가구 mud 진흙 wine 포도주 bottle 병
>
> ① furnitures → furniture, 집합적 물질명사로 복수형이 될 수 없다.
> ② book → a book 또는 books, 일반적으로 책 전체를 좋아하지 않는 것이다. book은 보통명사이므로 'a / an + 단수보통명사' 또는 단수보통명사의 복수형태를 사용해 그 (종족) 전체(복수보통명사)를 나타낸다.
> ③ mud는 불가산·물질명사이므로 much가 와야 하며, 복수형으로 만들 수 없고, 항상 단수 취급한다. 또한 원칙적으로 관사도 붙일 수 없으나, 수식어구의 한정을 받을 때는 정관사 the를 붙인다(Much of the mud was sold to China).
> 「① John은 가구 몇 점을 샀다.
> ② John은 책을 좋아하지 않는다.
> ③ 많은 진흙이 중국에 팔렸다.
> ④ 병에는 포도주가 조금 남아있다.」

17
① Jack and Jill are friend.
② Martha made his sons doctor.
③ They found him entertaining partners.
④ The students each is writing a letter to his parents.

> **TIP** entertain 즐겁게 해주다, 환대하다, 대접하다 partner 상대, 동료, 배우자
>
> ① friend → friends, friend는 Jack and Jill 두 명을 가리키므로 복수가 되어야 한다.
> ② doctor → doctors, doctor는 his sons를 가리키므로 복수가 되어야 한다.
> ④ 'each + 단수명사' 또는 'each of + 복수명사'는 단수 취급하며, '복수명사 + each'는 복수 취급한다. 이때 이를 받는 대명사도 수를 일치시켜야 한다[Each student(Each of the students) is writing a letter to his parent. The students each are writing a letter to their parents].
> 「① Jack과 Jill은 친구이다.
> ② Martha는 그의 아들들을 의사로 만들었다.
> ③ 그들은 그가 동료들을 즐겁게 해준다는 것을 발견했다(알았다).
> ④ 학생들은 제각기 부모님에게 편지를 쓰고 있다.」

※ 다음 문장에서 밑줄 친 부분 중 옳지 않은 것을 고르시오. 【18～23】

18

> The ①first three books are math books, the ②next two ones are psychology books and ③the last ④one is an art book.

> **TIP** psychology 심리학
>
> ② next two ones → next two 또는 two next ones, 대명사 one은 기수·서수와 함께 쓰이지 않는다.
> 「처음 세 권의 책은 수학책이고, 다음 두 권의 책은 심리학책이며, 마지막 한 권은 미술책이다.」

Answer 16.④ 17.③ 18.②

19

> ①In the 1840s, ②hundreds of ③families pioneer moved west in ④their covered wagons.

TIP family 가족, 가구(家口), 집안, 일족 pioneer 개척자, 선구자 covered wagon (초기 서부 개척자들이 사용한) 포장마차

③ families pioneer → family pioneers, 복합명사의 복수형은 뒤의 명사를 복수형으로 쓴다.

「1840년대에 수백 세대(가구)의 개척자들이 (덮개가 있는) 포장마차로 서부로 이동하였다.」

20

> Species ①like snakes, lizards, coyotes, squirrels, and jack rabbits ②seems to exist ③quite happily in ④the desert.

TIP species 종(種), 종류 like ~처럼, ~와 같은 snake 뱀 lizard 도마뱀 coyote 코요테(북아메리카 서부 대초원의 이리) squirrel 다람쥐 jack rabbit 산토끼 exist 존재하다, 있다, 생존하다, 살아가다 desert 사막, 황무지, 불모지

② seems to → seem to, 주어가 뱀·도마뱀·이리·다람쥐·산토끼의 개별성을 표시하므로 species의 동사는 복수 취급을 한다.

③ exist는 완전자동사로서 보어가 필요하지 않은 1형식 동사이다.

「뱀, 도마뱀, 이리, 다람쥐, 산토끼와 같은 종들은 사막에서 아주 행복하게 살아가는 것 같다.」

21

> When one contrasts the ideas of the Romantic William Wordsworth ①with ②those of Neoclassicist John Dryden, ③one finds that neither of the poets ④differ as much as one would expect.

TIP contrast with ~와 대조하다, 비교하다

④ differ → differs, 주어진 neither는 단수 취급하므로 수를 일치시킨다.

「낭만주의자 윌리엄 워즈워드의 사상과 신고전주의자 존 드라이든의 사상을 비교해 보면, 두 시인 모두가 예상만큼 차이나지 않는다는 것을 발견하게 된다.」

22

> Transfer taxes are ①imposed on the ②sell or ③exchange of stocks ④and bonds.

TIP transfer 이동, 양도 impose (세금·의무 등을) 부과하다 exchange 교환, 환전 stock 주식, 국채, 사채 bond 계약, 채무(증서), 채권, 보증금

② sell → sale, 정관사 the 뒤에는 명사형이 쓰여야 하므로 sale로 고쳐야 한다.

「양도세는 주식과 채권의 매각이나 교환에 부과된다.」

Answer 19.③ 20.② 21.④ 22.②

23

> Several ①passer-bys stopped ②to look at the ③strange car ④out of curiosity.

TIP passer-by 지나가는 사람, 통행인   out of curiosity 호기심에서

① passer-bys → passers-by, passer-by의 복수형은 passer에 −s를 붙인다.

「몇몇 지나가는 사람들은 호기심에서 이상하게 생긴 차를 보기 위해 멈췄다.」

※ 다음 밑줄 친 부분에 들어갈 알맞은 것을 고르시오. 【24 ~ 27】

24

> Bob got fired. It's going to be difficult for him to find _____ job.

① other
② another
③ the other
④ the another

TIP get fired 해고되다   be going to do ~할 예정(작정)이다, ~있을(할) 것 같다(= be likely to do), (가까운 미래)바야흐로 ~하려하고 있다(= be about to do)

① other : 복수명사의 앞에서 '다른'의 의미로 사용된다.
② another : 단수명사의 앞에서 직접 수식하는 경우에 '다른'의 의미로 other가 아닌 another가 사용된다.
③ the other : '둘 중 다른 하나(= the second of two)'의 뜻으로 사용된다(the others는 '나머지 전부'를 뜻한다).
④ the another의 형태는 사용되지 않는다(another 자체가 an + other로 구성된 단어이므로 the, this, that, 소유격 등이 앞에 올 수 없다).

「Bob이 해고되었어. (또) 다른 직업을 찾기 어려울 것 같은데.」

25

> Often the earliest symptom is a sharp chest pain. But this pain is not like _____ a heart attack.

① much of
② that of
③ none of
④ each of

TIP symptom (병의) 증상, 증후, 징후   sharp (고통이) 심한, 격렬한, 지독한   heart attack 심장마비(발작)

② 명사의 반복을 피하기 위하여 the pain을 받는 지시대명사 that이 온다.

「보통 가장 초기의 증상은 심한 가슴의 통증이다. 그러나 이러한 통증은 심장마비의 그것(통증)과는 다르다.」

26

> Rockefeller earned _____ great wealth from his oil wells.

① no article
② a
③ an
④ the

TIP oil well 유정(油井)

① wealth가 '재산·부'의 의미로 쓰일 때는 불가산명사로서 앞에 어떠한 관사도 쓰이지 않는다. article이란 '관사'의 의미로, '어떤 관사도 오지 않음'이라는 뜻이다.

「Rockefeller는 그의 유정으로 큰 부자가 되었다.」

Answer 23.① 24.② 25.② 26.①

27

Because the first pair of shoes did not fit properly, she asked for _____.

① another shoes   ② other shoes
③ the other ones   ④ another pair

TIP a fair of shoes 한 켤레의 신발 fit (꼭) 맞다, 적합하다, 어울리다 properly 적당하게, 알맞게

처음의 것이 맞지 않아 다른 것을 요구하고 있는 상황이다.
①③④ another, the other 뒤에는 '단수명사'가 쓰여야 하며, other 뒤에는 '복수명사'가 쓰여야 한다.
② 문법적 형식은 맞지만, 이 문장의 경우 a pair of shoes를 받는 표현이 되어야 한다.
「첫 번째 신발이 정확히 맞지 않았기 때문에, 그녀는 다른 것을 요구했다.」

※ 다음 문장에서 밑줄 친 부분 중 옳지 않은 것을 고르시오. 【28 ~ 30】

28

The bat, one of ①the most gentle and friendly ②living creatures, should be looked upon as ③a sort of night policeman, because it is ④an insects eater.

TIP bat 박쥐 gentle 온순한, 온화한, 관대한, 예의바른 friendly 다정한, 친절한, 호의적인, 우호적인 creature 창조물, 피조물, 생물, 동물 look upon A as B A를 B로 보다, 여기다, 간주하다, 생각하다 a sort of 일종의, 이른바 insect 곤충, 벌레 eater 먹는 사람, 포식자

④ an insects eater → an insect eater, '명사 + 명사'의 연결 형태로 복합어처럼 쓰이면 앞의 명사는 형용사 역할을 하게 되므로 단수형이 되어야 한다. 다만 이것을 복수로 만들기 위해서는 뒤의 명사를 복수형으로 한다.
「가장 온순하고 친근한 생물 중 하나인 박쥐는 일종의 야간경찰로 여겨져야 한다. 왜냐하면 그것은 곤충 포식자이기 때문이다.」

29

Genetics ①tells us that, ②roughly speaking, we get half of all our genes from our mother, in the egg, and ③the another half from our father, ④in the sperm.

TIP genetics 유전학 roughly speaking 대충 말해서, 대략적으로 말하자면 gene 유전자 egg 난자 sperm 정자

③ the another → the other, 한정된 범위 내의 나머지(반)는 the other로 쓴다. another는 the와 함께 쓰는 일이 없으며, 범위가 불확실할 때 '또 다른 하나'의 의미로 쓴다.
「유전학에 의하면, 대략적으로 말해서, 유전자의 절반은 어머니의 난자로부터, 나머지 절반은 아버지의 정자로부터 얻어진다.」

30

①An understudy is an actor ②who can substitute for ③other actor ④in case of an emergency.

TIP understudy 대역(배우) substitute for ~을 대신하다 in case of ~의 경우에, ~에 대비하여 emergency 돌발 · 비상 · 위급 · 긴급사태

③ other → another, another는 a / an, the, this, that, my, your, his, her, their, no, any, some 등의 한정어가 붙지 않는 셀 수 있는 단수명사 앞에 쓰인다.
「대역이란 비상사태의 경우에 다른 배우를 대신할 수 있는 배우이다.」

Answer 27.④ 28.④ 29.③ 30.③

형용사와 부사

1 ·· 형용사

(1) 형용사의 용법과 위치

① 형용사의 용법

㉠ 한정용법
- 명사의 앞·뒤에서 직접 명사를 수식한다.
  I saw a **beautiful** girl. 나는 아름다운 소녀를 보았다.
- 한정용법으로만 쓰이는 형용사 : wooden, only, former, latter, live, elder, main 등
  This is a **wooden** box. 이것은 나무(로 만들어진) 상자이다.

㉡ 서술용법
- 2형식 문장에서 주격보어나 5형식 문장에서 목적격 보어로 쓰여 명사를 간접적으로 수식한다.
  The girl is **beautiful**. 그 소녀는 아름답다.
  I think him **handsome**. 나는 그가 잘생겼다고 생각한다.
- 서술용법으로만 쓰이는 형용사 : absent, alive, alike, alone, awake, asleep, aware, afraid 등
  I am **afraid** of snakes. 나는 뱀을 무서워한다.

② 형용사의 위치

㉠ 형용사가 한정적 용법으로 쓰일 때 보통 형용사가 명사의 앞에서 수식(전치수식)한다.

㉡ 형용사는 원칙적으로 명사의 앞에서 전치수식하지만, 다음의 경우 형용사가 명사의 뒤에 위치한다(후치수식).
- 여러 개의 형용사가 겹칠 때
  She is a lady **kind, beautiful, and rich**. 그녀는 친절하고 아름답고 부유한 아가씨이다.
- 다른 수식어구를 동반하여 길어질 때
  This is a loss too **heavy** for me to bear. 이것은 내가 견디기에는 너무 큰 손실이다.
- -thing, -body, -one 등으로 끝나는 부정대명사를 수식할 때
  Is there anything **strange** about him? 그에게 뭔가 이상한 점이 있나요?
- -ble, -able 등으로 끝나는 형용사가 최상급이나 all, every 등이 붙은 명사를 수식할 때
  Please send me all tickets **available**. 구할 수 있는 모든 표를 보내주세요.

㉢ all, both, double, such, half 등의 형용사는 맨 먼저 나온다.

㉣ 그 밖의 형용사의 어순

관사 등	서수	기수	성질	대소	상태, 색깔	신구, 재료	소속	명사
those	first	three	brave			young	American	soldiers
her		two	nice	little	black		Swiss	watches
고정적				강조, 관용, 결합성의 관계에 따라 다소 유동적				

③ 주의해야 할 형용사 every : all과 each와의 구별이 중요하다.

㉠ every는 '모든'을 뜻하면서 셋 이상의 전체를 포괄하는 점에서 all과 같으나 둘 이상의 개개의 것을 가리키는 each와 다르다.

ⓛ every는 'every + 단수명사 + 단수동사'의 형태로 단수명사를 수식하는 점에서 each 와 같으나(each + 단수명사 + 단수동사), 복수명사를 수식하는 all과 다르다(all + 복수명사 + 복수동사).

ⓒ every는 형용사로만 쓰이나 all과 each는 형용사 외에 대명사로도 쓰인다.

ⓔ 매(每) ~마다 : every + 기수 + 복수명사 = every + 서수 + 단수명사
The Olympic Games are held **every four years**(**every fourth year**).
올림픽 경기는 4년마다 개최된다.

(2) 수량형용사와 수사

① 수량형용사

㉠ many와 much : many는 수를, much는 양·정도를 나타낸다.

• many : many는 가산명사와 결합하며, 'many a / an + 단수명사 + 단수동사 = many + 복수명사 + 복수동사'의 형태로 쓰인다.
Many boys are present at the party. 많은 소년들이 그 파티에 참석했다.
= **Many a boy is** present at the party.

• much : 'much + 불가산명사 + 단수동사'의 형태로 쓰인다.
Much snow has fallen this winter. 많은 눈이 이번 겨울에 내렸다.

㉡ few와 little : few는 수를, little은 양이나 정도를 나타내며 a few (= several), a little(= some)은 '약간 있는', few(= not many), little(= not much)은 '거의 없는'의 뜻이다.

• (a) few + 복수(가산)명사 + 복수동사
She has **a few friends**. 그녀는 친구가 약간 있다.
She has **few friends**. 그녀는 친구가 거의 없다.

• (a) little + 불가산명사 + 단수동사
I have **a little time** to study. 나는 공부할 시간이 약간 있다.
I have **little time** to study. 나는 공부할 시간이 거의 없다.

㉢ 막연한 수량형용사 : dozens of(수십의), hundreds of(수백의), thousands of(수천의), millions of(수백만의), billions of(수십억의) 등은 막연한 불특정다수의 수를 나타낸다(dozen, hundred, thousand, million, billion 등 수량을 나타내는 명사가 수사와 함께 다른 명사를 직접적으로 수식하는 형용사의 역할을 할 때는 단수 형태를 유지해야 하며 복수 형태를 취할 수 없음).

dozens of pear 수십 개의 배

② 수사

㉠ 수사와 명사의 결합

• '수사 + 명사'의 표현방법 : 무관사 + 명사 + 기수 = the + 서수 + 명사

• 수사 + 명사(A) + 명사(B) : '수사 + 명사(A)'가 명사(B)를 수식하는 형용사의 역할을 할 경우에는 일반적으로 수사와 명사(A) 사이에 Hypen(−)을 넣으며 명사(A)는 단수로 나타낸다.

• 기수로 표시된 수량을 나타내는 복수형 단위명사가 한 단위를 나타내면 단수로 취급한다.

㉡ 수사 읽기

• 세기 : 서수로 읽는다.
This armor is **15th century**. 이 갑옷은 15세기의 것이다.
→15th century : the fifteenth (century)

보충학습

many와 much의 대용어구

㉠ many의 대용어구 : a (great, large, good) number of + 복수(가산)명사 + 복수동사 [the number of + 복수명사 + 단수동사(~의 수)]

㉡ much의 대용어구 : a (great, good) deal of + 불가산명사 + 단수동사(quantity)

㉢ many·much의 대용어구 : plenty / a lot / lots of + 복수(가산)명사 + 복수동사, plenty / a lot / lots of + 불가산명사 + 단수동사

보충학습

기수와 서수

㉠ 기수 : one, two, three ~ 등으로 one을 제외하고 다른 모든 기수들은 복수(가산)명사와 함께 쓰인다.

㉡ 서수 : first, second, third ~ 등으로 기수 앞에 정관사 the와 함께 놓이며 가산명사와 함께 쓰인다.

보충학습

주의해야 할 수사 읽기

㉠ 제2차 세계대전 : World War Two, the Second World War

㉡ 엘리자베스 2세 : Elizabeth the Second

㉢ 7쪽 : page seven, the seventh page

㉣ −5℃ : five degrees below zero Centigrade

㉤ 18℃ : eighteen degrees Centigrade

㉥ 제3장 : chapter three, the third chapter

- 연도 : 두 자리씩 나누어 읽는다.
  Between **1898** and **1906**, Peary tried five times to reach the North Pole.
  1898 ~ 1906년 사이에 Peary는 북극(점)에 도달하기 위해서 다섯 번 시도하였다.
  →1898 : eighteen ninety-eight, →1906 : nineteen O-six
- 전화번호 : 한 자리씩 끊어 읽으며, 국번 다음에 comma(,)를 넣는다.
  123 − 0456 : one two three, O four five six
- 분수 : 분자는 기수로, 분모는 서수로 읽으며 분자가 복수일 때는 분모에 −s를 붙인다.
  1 / 3 : a third, 2 / 5 : two fifths

(3) 주의해야 할 형용사

① '명사 + −ly = 형용사' : friendly(다정한), neighborly(친절한), worldly(세속적인), shapely(몸매 좋은) 등

② 형용사 + −ly = 형용사 : kindly(상냥한, 친절한) 등

③ 현재분사·과거분사→ 형용사 : 감정을 나타내는 타동사의 현재분사(−ing)가 형용사의 역할을 하는 경우 사물·동물과 함께 쓰이며, 그 과거분사(−ed)가 형용사의 역할을 하는 경우 사람과 함께 쓰인다.
boring / bored, depressing /depressed, embarrassing / embarrassed, frightening / frightened, exciting / excited, interesting / interested, surprising / surprised, satisfying / satisfied 등

④ 주어를 제한하는 형용사
  ㉠ 사람을 주어로 할 수 없는 형용사 : convenient, difficult, easy, possible, impossible, probable, improbable, necessary, tough, important, painful, dangerous, useful, delightful, natural, hard, regrettable, useless 등
  It is **necessary** for you to help me. 너는 나를 도울 필요가 있다.
  ㉡ 사람만을 주어로 하는 형용사 : happy, anxious, afraid, proud, surprised, willing, thankful, excited, sorry, angry, sure, pleased 등의 형용사는 무생물이 주어가 될 수 없다.
  I was **afraid** that he would attack me. 그가 나를 공격할 것이 두려웠다.

⑤ be worth −ing = be worthy of −ing = be worthy to be p.p. = be worthwhile to do(doing) ~할 가치가 있다.
These books **are worth reading** carefully. 이 책들은 신중하게 읽을 가치가 있다.
= These books **are worthy of** careful **reading**.
= These books **are worthy to be read** carefully.
= These books **are worthwhile to read(reading)** carefully.

② ·· 부사

(1) 부사의 용법과 위치

① 동사를 수식할 때 : '동사 + (목적어) + 부사'의 어순을 취한다.
He speaks English **well**. 그는 영어를 잘한다.

② 형용사나 다른 부사(구, 절)를 수식할 때 : 수식하는 단어의 앞에 놓인다.
I am very tired(형용사 수식). 나는 무척 피곤하다.
She works very hard(부사 수식). 그녀는 매우 열심히 일한다.
I did it **simply** because I felt it to be my duty(부사절 수식).
나는 단지 그것이 내 의무였기 때문에 했다.

☎ 보충학습

사람이 주어가 될 수 있는 경우
주어가 to부정사의 의미상의 목적어일 경우에는 사람이 주어가 될 수 있다.
It is hard to please him. 그를 만족시키기는 어렵다.
= He is hard to please(주어 He는 to please의 의미상 목적어임).

☎ 보충학습

'타동사 + 부사'의 2어동사에서 목적어의 위치
㉠ 목적어가 명사일 때 : 부사의 앞·뒤 어디에나 올 수 있다.
Put **the light** out. 불을 꺼라.
= Put out **the light**.
I will pick **Mary** up. 내가 Mary를 마중 나가겠다.
= I will pick up **Mary**.
㉡ 목적어가 대명사일 때 : 반드시 동사와 부사의 사이에 와야 한다.
Give **it** up(○). 그것을 포기해라.
→Give up it(×).
I will pick **her** up(○). 내가 그녀를 마중 나가겠다.
→I will pick up her(×).

③ 명사나 대명사를 수식할 때 : 'even(only) + (대)명사'의 형태를 취한다.

Even a child can do it(명사 수식). 심지어 어린이조차도 그것을 할 수 있다.

Only he can solve the problem(대명사 수식). 오직 그만이 문제를 해결할 수 있다.

④ 문장 전체를 수식할 때 : 주로 문장의 처음에 놓는다.

Happily he did not die. 다행히도 그는 죽지 않았다.

He did not die **happily**(동사 die 수식). 그는 행복하게 죽지 않았다.

⑤ 주의해야 할 부사의 위치

㉠ 부사의 어순 : 부사가 여러 개일 때는 장소(방향 → 위치) → 방법(양태) → 시간의 순이고, 시간 · 장소의 부사는 작은 단위 → 큰 단위의 순이다.

She came **home safely last night**. 그녀는 어제 저녁 무사히 집으로 왔다.

He will come **here at six tomorrow**. 그는 내일 6시에 여기 올 것이다.

㉡ 빈도부사의 위치 : always, usually, sometimes, often, seldom, rarely, never, hardly 등 'How often ~?'에 대한 대답이 되는 부사를 말한다. be동사 뒤, 조동사 뒤, 일반동사 앞, used to do와 함께 쓰이면 used의 앞 · 뒤에 위치한다.

㉢ 시간을 나타내는 부사 yesterday, today, tomorrow 등은 항상 문두(강조) 또는 문미(일반)에 위치한다.

㉣ enough의 위치 : 부사로 쓰일 때는 수식하는 단어의 뒤에 놓으며, 형용사로 쓰여 명사를 수식할 때는 주로 명사의 앞에 온다.

(2) 주의해야 할 부사의 용법

① too와 either : '또한, 역시'의 뜻이다.

㉠ too : 긍정문에서 쓰인다(too가 '너무나'의 의미로 형용사 · 부사를 수식할 때에는 형용사 · 부사 앞에서 수식함).

I like eggs, **too**. 나도 역시 달걀을 좋아한다.

㉡ either : 부정문에서 쓰인다.

I don't like eggs, **either**. 나도 역시 달걀을 좋아하지 않는다.

② very와 much

㉠ very : 형용사 · 부사의 원급과 현재분사를 수식한다.

He is **very** tall. 그는 키가 매우 크다.

He asked me a **very** puzzling question. 그는 나에게 매우 난처한 질문을 하였다.

㉡ much : 형용사 · 부사의 비교급 · 최상급과 과거분사를 수식한다.

He is **much** taller than I. 그는 나보다 키가 훨씬 더 크다.

I was (**very**) **much** puzzled with the question. 나는 그 질문에 매우 난처하였다.

③ ago, before, since

㉠ ago : (지금부터) ~전에, 현재가 기준, 과거형에 쓰인다.

I saw her a few days **ago**. 나는 몇 년 전에 그녀를 보았다.

㉡ before : (그때부터) ~전에, 과거가 기준, 과거 · 현재완료 · 과거완료형에 쓰인다.

I have seen her **before**. 나는 이전부터 그녀를 봐왔다.

He said to me, "I met her three days ago."

= He told me that he had met her three days **before**.

그는 나에게 그가 3년 전에 그녀를 만났었다고 말했다.

ⓒ since : 과거를 기준으로 하여 현재까지를 나타내고, 주로 현재완료형에 쓰인다.

I have not seen him **since**. 나는 (그때) 이후로 그를 만나지 못했다.

④ already, yet, still

　ⓐ already : 긍정문에서 '이미, 벌써'의 뜻으로 동작의 완료를 나타낸다.

　I have **already** read the book. 나는 그 책을 벌써 읽었다.

　ⓑ yet : 부정문에서 부정어의 뒤에서 '아직 ~않다', 의문문에서 '벌써', 긍정문에서 '여전히, 아직도'의 뜻으로 쓰인다.

　I haven't **yet** read the book. 나는 아직 그 책을 읽지 않았다.

　Have you read the book **yet**? 당신은 벌써 그 책을 읽었습니까?

　ⓒ still : '여전히, 아직도'의 뜻으로 쓰이며, 그 위치에 따라 '가만히'의 뜻으로 쓰이기도 한다.

　I **still** read the book. 나는 여전히 그 책을 읽는다.

　I stood **still**. 나는 가만히 서 있었다.

⑤ 부정을 나타내는 부사

　ⓐ 준부정의 부사 never, hardly, scarcely, rarely, seldom 등은 다른 부정어와 함께 사용할 수 없다.

　I can **hardly** believe it. 나는 그것을 거의 믿을 수가 없다.

　ⓑ 강조하기 위해 준부정의 부사를 문두에 위치시키며 '주어 + 동사'의 어순이 도치되어 '(조)동사 + 주어 + (일반동사의 원형)'의 어순이 된다.

　Hardly can I believe it. 나는 거의 그것을 믿을 수 없다.

1 다음 우리말을 영작한 것 중 가장 적절한 것은?

2020. 9. 19. 제2차 경찰공무원(순경)

① 나는 그에게 충고 한마디를 했다.

→I gave him an advice.

② 우리가 나가자마자 비가 내리기 시작했다.

→Scarcely had we gone out before it began to rain.

③ 그녀의 발자국 소리는 서서히 멀어져 갔다.

→The sound of her footsteps was receded into the distance.

④ 벌과 꽃만큼 서로 밀접하게 연결되어있는 생명체는 거의 없다.

→Few living things are linked together as intimately than bees and flowers.

TIP ① advice는 셀 수 없는 명사이므로 부정관사 an이 사용될 수 없다.
② 부정빈도부사 scarcely가 문두로 오며 주어와 동사가 도치된 문장으로 적절하다.
③ recede는 능동의 형태로 수동의 의미를 갖기 때문에 was없이 receded가 적절하다.
④ ~만큼 'as ~ as'용법으로 as intimately as bees and flowers가 알맞다.

2 다음 문장 중 어법상 옳지 않은 것은?

2018. 8. 25. 국회사무처

① Attached is the document file you've requested.

② Never in my life have I seen such a beautiful woman.

③ Should you need further information, please contact me.

④ Hardly has the situation more serious than now.

⑤ Now is the time to start living the life you have always imagined

TIP ④ Hardly has the situation more serious than now는 부정어구 도치구문으로, the situation의 동사로 내용상 현재완료가 사용되어야 하고 more serious가 형용사이므로 been이 자리해야 한다. Hardly has the situation been more serious than now가 알맞다.

「① 당신이 요청했던 문서 파일이 첨부되어 있습니다.
② 내 인생에서 그런 아름다운 여인을 본적이 없다.
③ 더 많은 정보가 필요하다면 나에게 연락 주세요.
④ 그 상황은 지금보다 더 심각해질 수 없어요.
⑤ 지금이 당신이 항상 꿈꿔오던 삶을 살기 시작할 때다.」

Answer 1.② 2.④

3 밑줄 친 부분 중 어법상 가장 옳은 것은?

2018. 6. 23. 제2회 서울특별시

More than 150 people ① have fell ill, mostly in Hong Kong and Vietnam, over the past three weeks. And experts ② are suspected that ③ another 300 people in China's Guangdong province had the same disease ④ begin in mid-November.

① have fell ill → have fallen ill
　fall-fell-fallen으로 형태 변화가 일어난다.
② are suspected → suspect/have suspected
　주어 experts가 주체가 되어 행하는 것이므로 능동이어야 한다. 또한 suspect는 진행형으로는 쓰이지 않으므로 전체 문맥에 맞게 현재형 또는 현재완료형으로 나타낸다.
③ another 자체로는 단수개념을 가진 명사이지만, 다른 명사를 꾸며주는 형용사로 쓰일 때는 복수명사 역시 수식할 수 있다. 300이라는 수에 맞춰 복수명사 people이 왔고 '또 다른 300명'의 뜻이 되었다.
④ begin in → beginning
　that절 안에서 동사는 had이므로 또다시 본동사 형태로 올 수 없다. 형용사구나 부사구 형태로 바꿔줘야 한다. beginning in mid-November로 표현하여 '11월 중순부터 시작하여'라는 뜻으로 나타낼 수 있다.
「지난 3주 동안 주로 홍콩과 베트남에 사는 150명 이상의 사람들이 병에 걸렸다. 전문가들은 중국 광동성에 사는 다른 300명의 사람들이 11월 중순부터 같은 병을 앓고 있는 것으로 의심하고 있다.」

Answer 3.③

1 다음 밑줄 친 부분 중 문법적으로 옳지 않은 것을 고르면?

> The Department of English Language and Literature ①has been criticized for ②not ③having ④much required courses scheduled for this semester.

> **TIP** criticize 비평·평론·비판하다 require ~을 필요로 하다, 요구·요청하다
> ④ courses는 가산명사이므로 much 대신 many가 와야 한다.
> 「영어영문학과는 이번 학기에 예정된 필수과목이 많지 않다고 비판하였다.」

2 다음 대화를 완성시킬 때 빈칸에 들어갈 알맞은 표현을 고르면?

> A : What do you think of the President's address to the students?
> B : I liked _____ of what she advised us.

① more
② much
③ many
④ less

> **TIP** think of 생각하다, 간주하다, 숙고하다, 기억하다 president 대통령, 장(長), (대학의) 학장, 총장 address 연설, 인사말, 주소 advise 충고하다, 조언하다
> ② 의미상 '총장의 연설'은 셀 수 없는 명사(불가산명사)이므로 much가 쓰여야 한다.
> 「A : 총장이 학생들에게 한 연설에 대해 어떻게 생각하니?
> B : 난 그녀가 우리에게 충고해 준 많은 것들이 좋았어.」

※ 다음 문장의 밑줄 친 부분 중 어법상 가장 어색한 것을 고르시오. 【3～9】

3

> ①Relative recent attempts to use genetic traits ②such as blood type to define ③and classify human 'races' ④met with complications.

> **TIP** attempt 시도하다, 꾀하다, 기획하다 genetic 유전의, 발생의 meet with ~ ~을 겪다, 경험하다, 받다
> ① relative는 뒤의 형용사 recent를 수식해야 하므로 부사형태인 relatively로 고쳐야 한다.
> 「인간의 여러 인종들을 정의하고 분류하기 위해 혈액형 같은 유전학적 특성들을 이용하려던 비교적 최근의 시도들은 복잡한(뒤얽힌) 상태에 부딪혔다.」

Answer 1.④ 2.② 3.②

4

Not only ①there aren't any easy roads ②to success, but there aren't any way to ③get rich quick, ④either.

> **TIP** not only A but (also) B A뿐만 아니라 B도(이때 A와 B는 형태를 일치시켜야 한다)
>
> ③ get rich quick → get rich quickly, quick은 형용사 rich를 수식하는 부사 quickly가 되어야 한다.
> 「성공하는 어떤 쉬운 길도 없을 뿐만 아니라, 빨리 부자가 되는 어떤 방법도 역시 없다.」

5

As recently ①as ②the last 1960s, the view still prevailed that the deepest sea was an empty, ③monotonously, ④virtually lifeless environment.

> **TIP** view 견해, 의견 prevail 우세하다, 널리 퍼지다 monotonous 단조로운, 변화없는, 지루한 virtually 사실상, 실질적으로 lifeless 생명(생물)이 없는, 죽은
>
> ③ monotonously → monotonous, 명사 environment를 세 개의 형용사가 꾸며주고 있다. 따라서 -ly를 뺀 형용사 형태로 empty, lifeless와 같이 일치시켜 주어야 한다.
> 「1960년대 후반에 이르도록 최근까지도, 심해는 텅 비고 단조로우며 사실상 생물이 살지 않는 환경이라는 견해가 여전히 팽배하였다.」

6

In spite of all the recent ①advances in opening up ②the sea, man still uses it pretty much ③the way he did ④hundred of years ago.

> **TIP** in spite of ~에도 불구하고 advance 진전, 진보, 발달, 발전 open up 열다, 개방하다, 개발하다 pretty much 대체로, 거의
>
> ④ hundred → hundreds, '수백의, 많은'을 의미할 때는 hundreds of로 쓴다.
> 「바다를 개발하는 데에 최근의 모든 발전에도 불구하고, 인간은 여전히 수백 년 전에 했던 방식을 거의 이용하고 있다.」

7

They ①could have finished their ②assignments if they ③had stayed ④lately last night.

> **TIP** assignment 과제, 할당
>
> ④ lately → late, lately는 '요즈음, 최근에'라는 뜻이다. 그러므로 late(늦게, 늦게까지, 밤늦도록)를 써야 한다.
> 「만약 그들이 지난 밤 늦게까지 머물렀다면, 그들은 과제를 끝마칠 수 있었을 텐데.」

Answer 4.③ 5.③ 6.④ 7.④

8

①Some toxins are produced by ②alive bacteria, but ③others are released ④only after bacterium dies.

> **TIP** toxin 독소   produce ~을 생산하다, 산출하다   alive 살아있는, 생존해 있는   bacterium bacteria (박테리아)의 단수형   release ~을 풀어놓다, 방출하다, 해방(석방 · 방면)하다, 면제(해제)하다
>
> ② alive → living, alive는 서술적 용법으로 사용되어 동사의 주격보어로 쓰인다. 따라서 유사한 뜻의 living이 쓰여 명사 bacteria를 한정적으로 수식해야 한다.
>
> 「어떤 독소들은 살아있는 박테리아에 의해 생성되지만, 다른 독소들은 박테리아가 죽은 후에야 방출된다.」

9

The ①tall five beautiful ②Chinese girls ③came to ④visit us today.

> **TIP** Chinese 중국의   visit 방문하다, 찾아가다
>
> ① tall five → five tall. 여러 가지의 형용사가 함께 쓰일 경우에는 '한정 + 지시 + 수량 + 대소 + 성질 · 특성'의 순으로 쓰인다. 따라서 'five(수량) + tall(대소) + beautiful(성질 · 특성) + Chinese'의 순으로 고쳐야 한다.
>
> 「다섯 명의 키 큰 아름다운 중국 소녀들이 오늘 우리를 방문하기 위해 왔다.」

※ 다음 빈칸에 들어갈 가장 알맞은 표현을 고르시오. 【10 ~ 12】

10

Most people enjoy Christmas holiday, but it is _____ to me.

① depress   ② depressing
③ depressed   ④ depression

> **TIP** depress ~의 기를 꺾다, 풀이 죽게 하다, 우울하게 하다, (내리)누르다
>
> ② 타동사 depress가 형용사로 쓰일 때 주어가 사람일 경우는 과거분사형인 depressed를, 주어가 사물(it)이면 현재분사형 depressing을 쓴다.
>
> 「대부분의 사람들이 크리스마스 휴가를 즐기건만, 크리스마스는 날 우울하게 한다.」

11

Betty was _____ tired after she left the disco dance.

① kind of   ② rather
③ weakly   ④ real

> **TIP** tired 피곤한, 지친, 싫증난, 물린   kind of 얼마간, 얼마쯤, 그저, 좀   rather 얼마간, 다소, 약간, 좀   weakly 약한, 가냘픈, 병약한, 약하게, 가냘프게, 병약하게, 유약하게   real 진실 · 정말 · 사실 · 진짜 · 현실의
>
> ② 형용사 tired를 수식하는 부사 rather가 적합하다.
>
> 「Betty는 디스코 댄스파티에서 떠나온 후에 조금 피곤했다.」

Answer 8.② 9.① 10.② 11.②

12

> Beavers have been known to use logs, branches, rocks, and mud to build dams that are more than a thousand _____.

① foot in length

② feet long

③ long feet

④ lengthy feet

> **TIP** beaver 비버 log 통나무 branch 가지 mud 진흙, 진창 length (공간적 · 시간적) 길이, 거리, 기간 long (공간적 · 시간적으로) 긴, 오랜, 길이가 ~인, ~길이의 lengthy 긴, 기다란, 말이 많은, 장황한
>
> ② 형용사 long이 보통 수량을 나타내는 명사와 함께 쓰이면 '(길이 · 시간 · 거리가) ~의 길이인, 길이가 ~인'의 뜻이다. 이때 long은 그 명사 뒤에 쓰인다.
>
> 「비버는 1천 피트 이상 되는 (긴) 댐을 건설하기 위해 통나무, 나뭇가지, 바위, 진흙 등을 이용한다고 알려져 왔다.」

13 다음 문장 중에서 문법적으로 옳은 것은?

① The patients were ordered to have his food hotly.

② I met 50-years-old American businessman yesterday.

③ Let him have what little pleasure he can.

④ His hunger for knowledge remains dissatisfied.

> **TIP** what little 있을까 말까 한, 적지만 전부의, 적지만 있는 대로의 hunger 갈망, 열망(for), 배고픔, 굶주림
>
> ① 위 문장을 The doctor ordered the patients to have their food hot으로 고쳐야 옳은 문장이 된다.
> ② 50-years-old → a 50-year-old, businessman은 보통명사이므로 관사를 붙여야 하며, 50-years-old가 형용사로서 뒤의 명사를 수식하고 있으므로 years는 단수로 쓴다.
> ④ dissatisfied → unsatisfying, 주어(his hunger for knowledge)가 사물이므로 '불만스러운, 불만을 나타내는'의 뜻을 가지는 dissatisfied는 주어의 상태를 나타내지 못한다. 따라서 이를 '만족하지 않는, 불만의, 불만족의'의 의미를 지니는 unsatisfying으로 바꾸어야 한다.
>
> 「① 그 의사는 환자들이 음식을 뜨겁게 해서 먹도록 처방했다.
> ② 나는 어제 쉰 살의 미국 사업가를 만났다.
> ③ 적지만(적으나마) 그가 가질 수 있는 기쁨 전부를 느끼게 해주세요.
> ④ 그의 지식에 대한 갈망은 만족하지 못한 채로 남아있다.」

Answer 12.② 13.③

※ 다음 문장의 밑줄 친 부분 중 어법상 가장 어색한 것을 고르시오. 【14～16】

14

①Without ②a reliable source of ③priced reasonably electricity, it would be ④practically impossible to maintain a healthy economy.

TIP reliable 믿을 수 있는, 신뢰할 수 있는, 확실한 **source** 원천, 근원 **priced** 값이 붙은, 정가가 붙은 **reasonably** 사리(이치)에 맞게, 합리적으로, 적정하게, 알맞게 **electricity** 전기 **practically** 사실상, 실질적으로, 실제적으로 **maintain** 지속하다, 계속하다, 유지하다

③ priced reasonably → reasonably priced, reasonably는 부사이므로 형용사를 수식할 수는 있지만 명사를 수식할 수는 없다.

「적정하게 가격이 붙은 전기의 확실한 공급원이 없다면, 실질적으로 튼튼한 경제를 유지하기는 불가능할 것이다.」

15

①The 1999 world almanac sold ②more than ③80 millions copies, keeping North Americans informed of many ④interesting facts.

TIP almanac 달력, 연감 **copy** (책 · 신문 등의) 부, 권, 통 **inform** ～에게 알리다, 보고(통지)하다

③ 80 millions → 80 million, 구체적인 수를 나타낼 때 '수사 + 단수형 수량명사 + 복수명사'이므로 million이 적절하다.

「1999년 세계연감은 8천만 부 이상이 팔려서 북아메리카인들에게 계속 많은 흥미로운 사실들을 알려주고 있다.」

16

Blowing out birthday candles is ①an ancient test to see if a ②growing child is ③enough strong to blow out a ④greater number each year.

TIP blow out (불 등을) 불어 끄다 **candle** 초, 양초 **ancient** 옛날의, 고대의, 예로부터의

③ enough strong → strong enough, enough가 부사로 쓰일 때는 수식하는 단어의 뒤에 위치하므로 '형용사 · 부사 + enough to do'의 형태로 '～할 만큼 충분히 ～한'의 의미가 된다.

「생일 초를 불어 끄는 것은 자라는 아이가 매해마다 더 많은 수의 초를 불어 끌 수 있을 만큼 충분히 강해졌는지 보기 위한 예로부터의 시험이다.」

※ 다음 문장의 빈칸에 들어갈 가장 알맞은 표현을 고르시오. 【17 ~ 19】

17

> On arrival at the airport, all passengers should proceed to _____ to pick up their new boarding passes.

① the eighth gate

② gate the eighth

③ the eight gate

④ gate the eight

TIP passenger 승객, 여객, 선객 proceed 앞으로 나아가다(to), 전진하다, 계속하다, 속행하다, 처리하다, 착수(시작)하다 pick up (물건을) 가지러 가다, 줍다, 집다 boarding pass (여객기의) 탑승권

① '8번 탑승구'라는 표현은 gate eight나 the eighth gate로 표현한다.

「공항에 도착하자마자 모든 승객들은 새 탑승권을 가지러 가기 위해 8번 탑승구로 가야 한다.」

18

> Like jazz, African-American quilts are _____, but unlike jazz, the quilts are just now starting to receive recognition.

① live and spontaneous

② lively and spontaneous

③ live and spontaneously

④ lively and spontaneously

TIP quilt 누비이불, 누벼서 만든 것 recognition 인지, 인식, 인정, 승인 live 살아있는, 생생한, 선명한 spontaneous 자발적인, 임의의 lively 활기찬, 활발한, 기운찬, (색채가) 선명한, 밝은 spontaneously 자발적으로, 임의로

② be동사는 주격보어로 형용사를 취하며 형용사 live는 명사의 앞이나 뒤에서 직접 명사를 수식하는 한정용법으로만 쓰인다.

「재즈와 같이 아프리카에서 미국으로 들어온 퀼트는 색이 밝고 자연스럽지만, 재즈와 달리 이제야 인정을 받기 시작하고 있다.」

19

> Ann's previous employer gave her a good recommendation because she makes _____ mistakes in her work.

① few

② little

③ any

④ hardly

TIP 'mistake(실수)'는 셀 수 있는 명사이므로 few를 써야 적절하다. 부사 hardly를 쓰려면 makes 앞이 적절하다.

③ any는 대개 의문문, 부정문에 쓰인다.

「Ann의 지난번 고용주는 그녀에게 좋은 추천장을 써주었는데, 왜냐하면 그녀는 일을 하면서 실수를 거의 하지 않기 때문이다.」

Answer 17.① 18.② 19.①

20 다음 문장 중 문법적으로 잘못된 것은?

① I hadn't hardly any breakfast, but I am not hungry now.

② If it rains next Sunday, the party will be put off.

③ Korea is not what she was.

④ Ten years have passed since the war was over.

TIP what she was 과거의 그녀(보기에서는 과거의 한국)
① hadn't hardly → hardly had, hardly, scarcely, seldom 등은 부정의 뜻이 내포되어 있으므로 not, never 등의 부정어를 함께 쓸 수 없다.
「① 나는 조반을 들지 않았지만, 지금 배고프지는 않다.
② 다음 일요일에 비가 오면 파티는 연기될 것이다.
③ 한국은 과거의 한국이 아니다.
④ 전쟁이 끝난 지 10년이 지났다.」

Answer 20.①

12 비교

❶·· 원급에 의한 비교

(1) 동등비교와 열등비교

① 동등비교 : as A as B는 'B만큼 A한'의 뜻이다.

I am **as** tall **as** she (is tall). 나는 그녀만큼 키가 크다.

I am as tall as her(×)

② 열등비교 : not so(as) A as B는 'B만큼 A하지 못한'의 뜻이다.

He is **not so** tall **as** I. 그는 나만큼 키가 크지 않다.

= I am taller than he.

(2) 배수사 + as A as B

'B의 몇 배만큼 A한'의 뜻으로 쓰인다.

He has **three times as** many records **as** I (have).

그는 나보다 3배만큼 많은 음반을 가지고 있다.

The area of China is **forty times as large as** that of Korea.

중국의 면적은 한국 면적의 40배이다.

= The area of China is **forty times larger than** that of Korea.

(3) as A as possible

'가능한 한 A하게'의 뜻으로 쓰이며, as A as + S + can의 구문과 바꿔 쓸 수 있다.

Go home **as** quickly **as possible**. 가능한 한 빨리 집에 가거라.

= Go home as quickly as you can.

(4) as A as (A) can be

'더할 나위 없이 ~한, 매우 ~한'의 뜻으로 쓰인다.

He is **as** poor **as** (poor) **can be**. 그는 더할 나위 없이 가난하다.

(5) 최상급의 뜻을 가지는 원급비교

① as A as any + 명사 : 어떤 ~에도 못지않게 A한

She is **as** wise **as any** girl in her class. 그녀는 자기 반의 어느 소녀 못지않게 현명하다.

② as A as ever + 동사 : 누구 못지않게 A한, 전례 없이 A한

He was **as** honest a merchant **as ever** engaged in business.

그는 지금까지 사업에 종사했던 어느 상인 못지않게 정직한 상인이었다.

③ 부정주어 + so A as B : B만큼 A한 것은 없다.

Nothing is **so** precious **as** time. 시간만큼 귀중한 것은 없다.

(6) 원급을 이용한 관용표현

① not so much as A as B = rather B than A = more B than A : A라기보다는 B 이다.

He is **not so much as** a novelist **as** a poet. 그는 소설가라기보다는 시인이다.

☎ 보충학습

직유의 표현

B처럼 매우 A한

I am **as** busy **as** a bee.
나는 꿀벌처럼 매우 바쁘다.

📝 기출문제

우리말을 영어로 잘못 옮긴 것을 고르시오.

2016. 6. 18. 제1회 지방직

① 오늘 밤 나는 영화 보러 가기보다는 집에서 쉬고 싶다.

→ I'd rather relax at home than going to the movies tonight.

② 경찰은 집안 문제에 대해서는 개입하기를 무척 꺼린다.

→ The police are very unwilling to interfere in family problems.

③ 네가 통제하지 못하는 과거의 일을 걱정해봐야 소용없다.

→ It's no use worrying about past events over which you have no control.

④ 내가 자주 열쇠를 엉뚱한 곳에 두어서 내 비서가 나를 위해 여분의 열쇠를 갖고 다닌다.

→ I misplace my keys so often that my secretary carries spare ones for me.

☞ ①

= He is **rather** a poet **than** a novelist.

= He is **more** a poet **than** a novelist.

② A as well as B = not only B but (also) A : B뿐만 아니라 A도

He is handsome **as well as** tall. 그는 키가 클 뿐만 아니라 잘 생기기도 했다.

= He is **not only** tall **but** (**also**) handsome.

③ may as well A as B : B하기보다는 A하는 편이 낫다.

You **may as well** go at once **as** stay. 너는 머물기보다는 지금 당장 가는 편이 낫다.

④ as good as = almost : ~와 같은, ~나 마찬가지인

The wounded man was **as good as** dead. 그 부상자는 거의 죽은 것이나 마찬가지였다.

= The wounded man was **almost** dead.

⑤ A is as B as C : A는 C하기도 한 만큼 B하기도 하다.

Gold is **as** expensive **as** useful. 금은 유용하기도 한 만큼 비싸기도 하다.

❷ ·· 비교급에 의한 비교

(1) 우등비교와 열등비교

① 우등비교 : '비교급 + than ~'은 '~보다 더 …한'의 뜻이다.

I am **younger than** he. 나는 그보다 어리다.

② 열등비교 : 'less + 원급 + than ~'은 '~만큼 …하지 못한'의 뜻이다 [= not so(as) + 형용사 + as].

I am **less** clever **than** she. 나는 그녀만큼 똑똑하지 못하다.

= I am not so clever as she.

③ 차이의 비교 : '비교급 + than + by + 숫자'의 형태로 차이를 비교한다.

She is **younger than** I by three years. 그녀는 나보다 세 살 더 어리다.

= She is three years **younger than** I.

= I am three years **older than** she.

= I am three years **senior to** her.

(2) 비교급의 강조

비교급 앞에 much, far, even, still, a lot 등을 써서 '훨씬'의 뜻을 나타낸다.

She is **much smarter** than he. 그녀는 그보다 훨씬 더 총명하다.

(3) the + 비교급

비교급 표현임에도 불구하고 다음의 경우에는 비교급 앞에 the를 붙인다.

① 비교급 다음에 of the two, for, because 등이 오면 앞에 the를 붙인다.

He is **the taller** of the two. 그가 두 명 중에 더 크다.

I like him all **the better** for his faults.

나는 그가 결점이 있기 때문에 그를 더욱 더 좋아한다.

He studied **the harder**, because his teacher praised him.

선생님이 그를 칭찬했기 때문에 그는 더욱 열심히 공부했다.

② 절대비교급 : 비교의 특정상대가 없을 때 비교급 앞에 the를 붙인다.

the younger generation 젊은 세대

the higher classes 상류계급

the weaker sex 여성

③ The + 비교급 ~, the + 비교급… : '~하면 할수록 그만큼 더 …하다'의 관용적인 의미로 쓰인다.

The more I know her, **the more** I like her. 그녀를 알면 알수록 그녀가 더 좋아진다.

(4) 최상급의 뜻을 가지는 비교급 표현

'부정주어 + 비교급 + than ~'을 사용하여 '~보다 …한 것은 없다'를 나타낸다. '긍정주어 + 비교급 + than any other + 단수명사[all other + 복수명사, anyone(anything) else]'의 구문으로 바꿔 쓸 수 있다.

No one is **taller than** Tom in his class. 그의 반에서 Tom보다 키가 큰 사람은 아무도 없다.

= Tom is **taller than any other student** in his class.

= Tom is **taller than all other students** in his class.

= Tom is **taller than anyone else** in his class.

= Tom is **the tallest student** in his class.

(5) 비교급을 이용한 관용표현

① much more와 much less

㉠ much(still) more : ~은 말할 것도 없이(긍정적인 의미)

He is good at French, **much more** English.

그는 영어는 말할 필요도 없고 불어도 잘한다.

㉡ much(still) less : ~은 말할 것도 없이(부정적인 의미)

He cannot speak English, **still less** French.

그는 영어는 말할 필요도 없고, 불어도 못한다.

② no more than과 not more than

㉠ no more than : 겨우, 단지(= only)

I have **no more than** five dollars. 나는 겨우 5달러밖에 없다.

㉡ not more than : 기껏해야(= at most)

I have **not more than** five dollars. 나는 기껏해야 5달러 가지고 있다.

③ no less than과 not less than

㉠ no less than : ~만큼이나[= as many(much) as]

He has **no less than** a thousand dollars. 그는 1,000달러씩이나 가지고 있다.

㉡ not less than : 적어도(= at least)

He has **not less than** a thousand dollars. 그는 적어도 1,000달러는 가지고 있다.

④ no less ~ than과 not less ~ than

㉠ no less A than B : B만큼 A한[= as (much) A as B]

She is **no less** beautiful **than** her sister. 그녀는 언니만큼 예쁘다.

= She is as beautiful as her sister.

㉡ not less A than B : B 못지않게 A한

She is **not less** beautiful **than** her sister. 그녀는 언니 못지않게 예쁘다.

= She is perhaps more beautiful than her sister.

⑤ A is no more B than C is D : A가 B가 아닌 것은 마치 C가 D가 아닌 것과 같다

[= A is not B any more than C is D, A is not B just as C is D(B = D일 때 보통 D는 생략)].

A bat is **no more** a bird **than** a rat is (a bird).
박쥐가 새가 아닌 것은 쥐가 새가 아닌 것과 같다.
= A bat is not a bird any more than a rat is (a bird).
= A bat is not a bird just as a rat is (a bird).

⑥ 기타 비교급을 이용한 중요 관용표현
  ㉠ not more A than B : B 이상은 A 아니다.
  ㉡ no better than ~ : ~나 다를 바 없는(= as good as)
  ㉢ no less 명사 than ~ : 다름 아닌, 바로(= none other than ~)
  ㉣ little more than ~ : ~내외, ~정도
  ㉤ little better than ~ : ~나 마찬가지의, ~나 다름없는
  ㉥ nothing more than ~ : ~에 지나지 않는, ~나 다름없는
  ㉦ none the less : 그럼에도 불구하고

③ ·· 최상급에 의한 비교

(1) 최상급의 형식

최상급은 셋 이상의 것 중에서 '가장 ~한'의 뜻을 나타내며 형용사의 최상급 앞에는 반드시 the를 붙인다.

Health is **the most precious** (thing) of all. 건강은 모든 것 중에서 가장 귀중한 것이다.

(2) 최상급의 강조

최상급 앞에 much, far, by far, far and away, out and away, the very 등을 써서 '단연'의 뜻을 나타낸다.

He is **the very best** student in his class. 그는 그의 학급에서 단연 최우수학생이다.

(3) 최상급 앞에 the를 쓰지 않는 경우
① 동일인, 동일물 자체를 비교할 때
  The river is **deepest** at this point. 그 강은 이 지점이 가장 깊다.
  She is **happiest** when (she is) cooking. 그녀는 요리할 때가 가장 행복하다.
② 부사의 최상급일 때
  Which season do you like **best**? 어느 계절을 가장 좋아하세요?
③ 절대최상급 표현일 때 : 비교대상을 명확히 나타내지 않고 그 정도가 막연히 아주 높다는 것을 표현할 때 'a most + 원급 + 단수명사', 'most + 원급 + 복수명사'의 절대최상급 구문을 이용한다(이때 most는 very의 의미이다).
  He is **a most** wonderful gentleman. 그는 매우 멋진 신사분이다.
  = He is a very wonderful gentleman.
④ most가 '매우(= very)'의 뜻일 때
  You are **most kind** to me. 너는 나에게 매우 친절하다.
⑤ 명사나 대명사의 소유격과 함께 쓰일 때
  It is my **greatest** pleasure to sing. 노래하는 것은 나의 가장 큰 기쁨이다.

보충학습

최상급을 이용한 관용표현
㉠ at one's best : 전성기에
㉡ at (the) most : 많아야
㉢ at last : 드디어, 마침내
㉣ at least : 적어도
㉤ at best : 기껏, 아무리 잘 보아도
㉥ at (the) latest : 늦어도
㉦ for the most part : 대부분
㉧ had best ~ : ~하는 것이 가장 낫다(had better ~ ; ~하는 것이 더 낫다).
㉨ try one's hardest : 열심히 해보다
㉩ make the best(most) of : ~을 가장 잘 이용하다.
㉪ do one's best : 최선을 다하다.
㉫ not in the least : 조금도 ~않다.

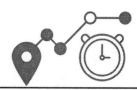

⑷ 최상급을 이용한 양보의 표현

'아무리 ~라도'의 뜻으로, 이 때 최상급 앞에 even을 써서 강조할 수 있다.

(Even) The wisest man cannot know everything.

아무리 현명한 사람이라도 모든 것을 다 알 수는 없다.

= However wise a man may be, he cannot know everything.

⑸ The last + 명사

'결코 ~하지 않을'의 뜻으로 쓰인다.

He is the last man to tell a lie. 그는 결코 거짓말을 하지 않을 사람이다.

= He is the most unlikely man to tell a lie.

1 다음 밑줄 친 부분 중 어법상 옳지 않은 것은?

2020. 8. 22. 국회사무처

> Not all people ① <u>who</u> have heart attacks have the same symptoms or have the same severity of symptoms. Some people have mild pain; ② <u>others</u> have more severe pain. Some people have no symptoms. For others, the first sign may be sudden cardiac arrest. However, the more signs and symptoms you have, ③ <u>the great</u> the chance you are having a heart attack. Some heart attacks strike suddenly, but many people have warning signs and symptoms hours, days or weeks in advance. ④ <u>The earliest</u> warning might be recurrent chest pain or pressure (angina) ⑤ <u>triggered</u> by activity and relieved by rest. Angina is caused by a temporary decrease in blood flow to the heart.

TIP cardiac arrest 심박 정지 recurrent 반복되는 angina 협심증

"the+비교급~, the+비교급~"은 '~하면 할수록, ~하다'의 뜻으로 해당 문장에서 ③은 the greater로 바뀌어야 한다.

「심장마비를 겪는 모든 사람들이 같은 증상이나 심각한 증상을 갖지는 않는다. 어떤 사람들은 가벼운 통증이 있고 다른 사람들은 더 극심한 통증이 있다. 어떤 사람들은 증상이 없다. 다른 사람들은 갑작스러운 심박 정지가 첫 신호 일지도 모른다. 하지만 더 많은 신호와 증상이 있을수록, 당신에게 심장마비가 올 확률이 커진다. 어떤 심장마비는 갑자기 일어나지만, 많은 사람들은 이미 전부터 시간, 일 또는 주마다 경고의 신호와 증상이 있었다. 초기 경고는 흉부 통증이나 신체활동으로 유발되고 휴식으로 완화되는 재발성 흉통이나 압박일 수 있다. 상황의 반복일 것이다. 협심증은 심장으로 흐르는 혈류의 일시적인 감소로 일어난다.」

2 밑줄 친 부분 중 어법상 가장 옳지 않은 것은?

2019. 6. 15. 제2회 서울특별시

> There is a more serious problem than ① <u>maintaining</u> the cities. As people become more comfortable working alone, they may become ② <u>less</u> social. It's ③ <u>easier</u> to stay home in comfortable exercise clothes or a bathrobe than ④ <u>getting</u> dressed for yet another business meeting!

TIP ① 비교 대상이 주어인 명사구 (a more serious problem)이기 때문에 (동)명사구 maintaining the cities는 맞는 표현이다.

② 양, 정도의 비교급을 나타내는 less가 형용사 앞에 쓰였다. 맞는 표현이다.

③ 뒤에 나오는 than과 병치를 이루어서 비교급 easier가 맞는 표현이다.

④ 비교대상이 집에 머무르는 것(to stay)과 옷을 갖추어 입는 것(getting dressed)이기 때문에 비교대상의 형태를 일치시켜 (to) get dressed가 되어야 한다.

「도시를 유지하는 것보다 심각한 문제들이 있다. 혼자 일하는 게 더 편하게 되면서, 사람들은 덜 사회적으로 될지 모른다. 편한 운동복이나 실내복으로 집에 머무르는 것이 다른 사업상의 미팅을 위해서 갖추어 입는 것보다 더 쉽다.」

🔍**Answer** 1.③ 2.④

3 우리말을 영어로 잘못 옮긴 것은?

2018. 4. 7. 인사혁신처

① 그 연사는 자기 생각을 청중에게 전달하는 데 능숙하지 않았다.

→The speaker was not good at getting his ideas across to the audience.

② 서울의 교통 체증은 세계 어느 도시보다 심각하다.

→The traffic jams in Seoul are more serious than those in any other city in the world.

③ 네가 말하고 있는 사람과 시선을 마주치는 것은 서양 국가에서 중요하다.

→Making eye contact with the person you are speaking to is important in western countries.

④ 그는 사람들이 생각했던 만큼 인색하지 않았다는 것이 드러났다.

→It turns out that he was not so stingier as he was thought to be.

> **TIP** ① be good at(~를 잘하다)에서 전치사(at) 뒤에는 명사가 와야 하므로 동사 get을 동명사 getting으로 바르게 표현하였다. 또한 get across (to somebody)는 '(의미가)~에게 전달되다, 이해되다'라는 뜻으로 쓰인다.
> ② 'more ~ than ~ any other 단수명사'비교급으로 최상급 의미를 나타냈고, 비교 대상 the traffic jams를 than 뒤에서 those로 받아 복수형 수일치가 바르게 이루어졌다.
> ③ 주어 역할을 하는 명사구 Making eye contact with the person you are speaking to에서 the person (whom/who) you are speaking to는 관계대명사가 생략되고 you are speaking to가 선행사 the person을 뒤에서 수식하고 있다. 관계대명사가 생략될 때 전치사 to는 관계대명사 앞으로 가지 않고 함께 생략되지도 않는다. 동명사구 전체를 단수 동사 is로 받은 것 또한 맞다.
> ④ not so stingier as →not so stingy as
> 'as(so)형용사/부사 as's로 쓰인 원급비교 구문이다. 비교급 형태로 쓰인 형용사 stingier를 원급 형태로 고쳐 주어야 한다.

4 어법상 가장 옳은 것은?

2018. 3. 24. 제1회 서울특별시

① If the item should not be delivered tomorrow, they would complain about it.

② He was more skillful than any other baseball players in his class.

③ Hardly has the violinist finished his performance before the audience stood up and applauded.

④ Bakers have been made come out, asking for promoting wheat consumption.

> **TIP** ① if절에 tomorrow가 쓰였고, '혹시라도 ~한다면'의 희박한 가능성을 나타내기 위해서 가정법 미래를 썼다. 가정법 미래는 'if S'+should/were to V'(원형), S+조동사 과거형+V'구문으로 쓴다.
> ② any other baseball players →any other baseball player
> '비교급+than any other 단수명사'구문은 '다른 어떤 ~보다도 더 ~한'의 뜻으로 최상급의 표현이다.
> ③ Hardly has the violinist →Hardly had the violinist 'hardly had p.p +when/before S+과거V'는 '~하자마자 ~하다'의 뜻으로 쓰이는 구문이다.
> ④ have been made come out →have been made to come out
> 사역동사 have는 능동형으로 쓰일 때 목적보어로 동사원형(수동의미일 때는 과거분사형)을 취하지만, have 동사가 수동태로 쓰여 목적어 없이 보어만 남게 되면 to부정사로 쓴다.
> 「① 그 상품이 내일까지 배송되지 않는다면, 그들은 그것에 대해 불만을 나타낼 것이다.
> ② 그는 그의 학급에서 다른 어떤 야구 선수들보다 실력이 더 좋다.
> ③ 바이올리니스트가 연주를 끝내자마자 관객들은 일어서서 박수를 쳤다.
> ④ 제빵사들은 밖으로 나와, 밀 소비의 촉진을 요구했다.」

Answer 3.④ 4.①

1 우리말을 영어로 잘못 옮긴 것은?

① 그들은 지구상에서 진화한 가장 큰 동물인데, 공룡보다 훨씬 크다.
→They are the largest animals ever to evolve on Earth, very larger than the dinosaurs.

② 그녀는 나의 엄마가 그랬던 것만큼이나 아메리카 원주민이라는 용어를 좋아하지 않았다.
→She didn't like the term Native American any more than my mother did.

③ 우리가 자연에 대해 정보로 받아들이는 것의 4분의 3은 눈을 통해 우리 뇌로 들어온다.
→Three-quarters of what we absorb in the way of information about nature comes into our brains via our eyes.

④ 많은 의사들이 의학에서의 모든 최신의 발전에 뒤떨어지지 않기 위해서 열심히 공부한다.
→A number of doctors study hard in order that they can keep abreast of all the latest developments in medicine.

> **TIP** absorb 흡수하다 keep abreast of ~에 뒤지지 않게 하다
> ① very는 원급 강조부사로 비교급을 강조할 땐, even, still, far, a lot, much, by far를 써야 한다.
> ② not A any more than B : B가 아닌 것처럼 A도 아니다.
> ③ '분수 of 명사' 구에서 뒤에 오는 명사가 셀 수 있는지 없는지에 따라 수를 일치시킨다.
> Three quarters of <u>what we absorb</u> in the way of information about nature(주어) / come<u>s</u> into(동사)/our brains via our eyes.
> 'what we absorb~'는 셀 수 없으므로, 전체 주어를 단수 취급한다. 따라서 동사도 comes into로 쓰는 것이 맞다.
> ④ the number of ~ : ~의 수 / a number of : 많은

2 어법상 옳은 것은?

① Jessica is a much careless person who makes little effort to improve her knowledge.
② But he will come or not is not certain.
③ The police demanded that she not leave the country for the time being.
④ The more a hotel is expensiver, the better its service is.

> **TIP** ① Jessica is a much careless person ~.→Jessica is a very careless person ~.
> 형용사 careless를 수식하기 위해 부사 very가 와야 한다. much는 비교급 등 특정 단어만을 수식한다.
> ② But he will co me or not is ~.→Whether he will come or not is ~.
> 동사는 is이고 주어 자리에 명사절이 와야 하므로 '~인지 아닌지'를 뜻하면서 명사절을 이끄는 종속접속사 whether가 와야 한다. 비슷한 뜻을 나타내는 접속사 if는 절 안에서 or not과 함께 쓰이지 않으므로 올 수 없다. But은 문장과 문장을 이어주는 등위접속사이며, 의미상으로도 맞지 않다.
> ③ demand 등 요구, 주장 등을 나타내는 동사가 이끄는 목적절에는 'should+동사'가 온다. should는 생략될 수 있으므로 ~demanded that she (should) not leave~는 맞는 표현이다.
> ④ The more a hotel is expensiver, ~.→The more expensive a hotel is, ~.
> expensive의 비교급은 more expensive이다. 또한, 'the 비교급 S+V, the 비교급 S'+V'구문에서 비교급을 분리해서 쓸 수 없다.

Answer 1.① 2.③

3 다음 밑줄 친 부분 중 문법적으로 옳지 않은 것은?

> The second speaker was the ①<u>most amusing</u> of the two, ②<u>though</u> he had ③<u>little</u> ④<u>of</u> substance to add.

> **TIP** amuse (남)을 즐겁게 하다, 재미나게 하다
> ① most amusing → more amusing, 둘을 놓고 비교할 때에는 최상급이 아니라 비교급을 사용하여야 한다.
> 「두 번째 연설자는 덧붙일 내용이 거의 없었음에도 불구하고 두 연설자 중 더 재미있었다.」

※ 다음 문장의 빈칸에 들어갈 가장 알맞은 것을 고르시오. 【4~6】

4
> The more distant a star happens to be, the dimmer _____.

① that seems to us
② seeming to us
③ seeming to us
④ it seems to us

> **TIP** distant 먼, 떨어진, 아득한 dim 어둑한, 희미한, 흐릿한
> ④ 이 문장은 비교급을 이용한 문장으로, 'The 비교급(-er) + 주어 + 동사 ~, the 비교급(-er) + 주어 + 동사 : [~하면 할수록 (그만큼) 더 …하다]'형태를 취하고 있다.
> 「별이 멀리 있으면 있을수록 그것은 우리에게 더 희미한 것처럼 보인다.」

5
> Helium is _____ all gases to liquefy and is impossible to solidify at normal air pressure.

① most difficult
② more difficult of
③ the most difficult of
④ more than difficult

> **TIP** liquefy 액체로 만들다, 용해시키다 solidify 고체로 만들다, 굳게 하다
> ③ 최상급에는 정관사 the가 붙으며, '~중에서'의 의미로 전치사 of가 필요하다.
> 「헬륨은 모든 가스들 중에서 가장 액화시키기 어렵고, 또한 평균 기압하에 고체화하는 것이 불가능하다.」

Answer 3.① 4.④ 5.③

6

There were two large offices on this floor, _____ served as a conference room.

① the larger of which   ② the larger of them

③ the largest of which   ④ largest of that

TIP floor 마루, 층 serve as ~의 역할을 하다, ~으로 쓰이다 conference 회담, 협의, 회의, 협의회

① 비교급에는 원칙적으로 정관사 the를 붙이지 않는다. 다만, 예외적으로 동일인(물)의 성질을 비교할 때, 비교의 범위를 둘로 명시한 어구가 있을 때(of the two 등) 또는 for, because 등이 올 때나 관용표현(The 비교급 ~, the 비교급 ~)에는 비교급 앞에 the를 붙인다. 따라서 앞문장에 two large offices가 있으므로 the larger가 되어야 하며, 뒷문장은 종속절이 되어야 하므로 접속사와 주어 역할을 모두 할 수 있는 관계대명사가 필요하다.

「이 층에는 두 개의 커다란 사무실이 있었는데, 그 (두 개) 중에 더 커다란 것이 회의실로 쓰였다.」

※ 다음 문장의 밑줄 친 부분 중 어법상 가장 어색한 것을 고르시오. 【7~10】

7

Hal's new ①sports car ②costs much ③more than ④his friend Joel.

TIP cost (비용·대가를) 들이다, (시간·노력을) 요하다, (귀중한 것을) 희생하게 하다

④ his friend Joel → his friend Joel's, 비교의 대상 사이에는 항상 대등한 관계(일치)가 성립해야 한다. 이 문장의 경우 스포츠카는 사물이고 친구는 사람이므로 비교할 수 없다. 비교의 대상이 차이므로 친구의 차를 나타내는 소유격 대명사 Joel's를 써야 한다.

「Hal의 새 스포츠카는 그의 친구 Joel의 그것(차)보다 훨씬 더 비싸다.」

8

Ice is less ①denser ②than the liquid ③from which ④it is formed.

TIP dense 치밀한, 밀집한, 조밀한, 짙은, 농후한 liquid 액체(의) less A than B B만큼 A하지 못한[= not so(as) 형용사 as] form (형태를) 만들다, 형성하다

① denser → dense, less를 이용한 열등비교에서 less 다음에는 형용사나 부사의 원급이 온다.

「얼음은 형성될 때부터 액체만큼 조밀하지 못하다.」

9

We ①shall have to agree ②with you when you say that Dick is ③taller than ④any boy in our class.

TIP agree with ~에 동의하다, ~와 일치하다

④ any boy → any other boy, '비교급 + than any other + 단수명사'는 최상급의 뜻을 나타내는 비교급 표현이다.

「네가 Dick이 우리 반에서 가장 키가 큰 소년이라고 말하면 우리는 네 말에 동의해야만 할 것이다.」

Answer 6.① 7.④ 8.① 9.④

10

The scientists ①who are probably ②mostly interested ③in flights to the moon ④are geologists.

TIP mostly 대개, 대부분(= almost) geologist 지질학자

② mostly → the most, much의 최상급이 되어야 한다.
「우주선으로 달에 가는 것에 제일 관심이 많은 과학자는 아마도 지질학자들일 것이다.」

11 다음 대화에 나오는 우리말을 영어로 옮긴 것 중 가장 자연스러운 것은?

A : How was the weather in Toronto this summer?
B : 날씨가 지극히 좋았습니다.

① The weather couldn't have been better.
② The weather could have been worse.
③ We have had exceptionally good weathers.
④ We have had an exceedingly good weather.

TIP exceptionally 예외적으로, 특별히, 대단히 exceedingly 매우, 몹시, 대단히

① 어떤 것이 '지극히 좋다'는 '아주 더할 나위 없이 좋다'는 뜻으로 자주 쓰이는 표현은 couldn't be better이다.
「A : 이번 여름 토론토의 날씨는 어땠나요?」

12 다음 글의 밑줄 친 부분 중 어법상 옳지 않은 것은?

Younger students ⓐwho participated in the survey ⓑsponsored by a weekly magazine turned out ⓒto be less concerned about the serious problems of homeless people ⓓas the older students were.

① ⓐ who
② ⓑ sponsored
③ ⓒ to be
④ ⓓ as

TIP participate in ~에 참여하다, 참가하다 survey 조사 sponsor ~을 후원하다 weekly magazine 주간지 turn out 결국은 ~이 되다, 결국은 ~임이 밝혀지다 concerned 관심(흥미)이 있는, 염려하고 있는 serious 심각한 homeless 집 없는

① 선행사가 사람(Younger students)이고 주격으로 쓰였으므로 주격관계대명사 who가 쓰였다.
② the survey를 수식하는 과거분사이다.
③ 'turn out + to부정사'는 '~임이 밝혀지다'라는 의미이며 to부정사가 to be일 때에는 생략할 수 있다.
④ less와 호응할 수 있는 than이 알맞다.
「한 주간지의 후원을 받은 그 조사에 참여한 좀 더 어린 학생들은 더 나이가 든 학생들보다 집 없는 사람들(노숙자들)에 대한 심각한 문제에 대해 덜 염려하고 있는 것으로 드러났다.」

Answer 10.② 11.① 12.④

13

> Last year, Matt earned _____ his brother, who has a better position.

① twice as many as   ② twice as more as

③ twice as much as   ④ twice more

TIP earn 벌다, 얻다, 획득하다   position 위치, 장소, 입장, 처지, 지위, (몸의) 자세

③ '~보다 몇 배 더 …한, ~의 몇 배만큼 …한'의 배수표현은 '배수사 as 원급 as' 또는 '배수사 + 비교급 + than'을 사용한다. 이때 earn에서 파생되는 money는 불가산·물질명사이므로 양을 나타내는 much를 쓴다(= Last year, Matt earned twice more than his brother, who has a better position).

「지난해에 Matt는 더 좋은 지위에 있는 그의 형보다 두 배 더 많이 (돈을) 벌었다.」

14

> Automobile accidents are far more frequent than _____.

① having an accident in an airplane

② airplanes have accidents

③ airplane accidents

④ when there are airplane accidents

TIP automobile 자동차   accident 우연한 사건(일), (불의의) 사고   frequent 자주 일어나는, 빈번한, 흔히 있는, 상습적인   airplane 비행기

③ 비교구문에서는 비교대상이 일치해야 하므로 than 이하는 Automobile accidents와 병치구조가 되어야 한다.

「자동차 사고가 비행기 사고보다 훨씬 더 자주 일어난다.」

15

> Except for nuclear war or a collision with an asteroid, _____.

① no force has more potential to damage our planet's web of life than global warming

② no forces has more potential to damage our planet's web of life than global warming

③ global warming is the more potential to damage our planet's web of life than any other forces

④ global warming is the most potential to damage our planet's web of life than any other force

TIP nuclear war 핵전쟁   asteroid 소행성(의), 불가사리(의), 별모양의   collision 충돌, 격돌, 대립   potential 잠재적인   damage 피해   web 피륙, 직물, 거미집, 망   global warming 지구 온난화(현상)

최상급의 뜻을 가지는 비교급 표현을 묻는 문제로, '부정주어 + 비교급 + than ~'을 사용해 '~보다 :한 것은 없다'를 나타낸다. '긍정주어 + 비교급 + than any other + 단수명사[all other + 복수명사, anyone(anything) else]'의 구문으로 바꿔 쓸 수 있다.

① no force has more potential to damage our planet's web of life than global warming

= global warming is more potential to damage our planet's web of life than any other force

「핵전쟁 또는 소행성과의 충돌을 제외하고는, 지구온난화보다 지구생태계에 더 잠재적인 피해를 끼치는 힘(영향력)은 없다.」

Answer 13.③   14.③   15.①

13 접속사와 전치사

1 ·· 접속사

(1) 등위접속사

① 등위접속사: 단어·구·절을 어느 한쪽에 종속되지 않고 대등하게 연결해 주는 접속사이다.

　㉠ and : '~와, 그리고, (명령문, 명사구 다음) 그러면'의 뜻으로 쓰인다.

　　I spent most of the day reading **and** sleeping.

　　나는 책을 읽고 잠을 자면서 그 날의 대부분을 보냈다.

　　Another step, **and** you are a dead man!

　　한 발만 더 내디디면 당신은 죽은 목숨이다!

　㉡ or : '또는(선택), 즉, 말하자면, (명령문, 명사구 다음) 그렇지 않으면'의 뜻으로 쓰인다.

　　Will you have coffee **or** tea? 커피를 마시겠습니까? 아니면 차를 마시겠습니까?

　　Hurry up, or you will miss the train. 서둘러라. 그렇지 않으면 기차를 놓칠 것이다.

　㉢ but

　　• '그러나(대조, 상반되는 내용의 연결)'의 뜻으로 쓰인다.

　　　He tried hard, **but** failed. 그는 열심히 노력했지만, 실패하였다.

　　• not A but B : A가 아니라 B, A하지 않고 B하다.

　　　I did **not** go, **but** stayed at home. 나는 가지 않고 집에 있었다.

　㉣ for : '~이니까, ~을 보니(앞의 내용에 대한 이유의 부여설명)'의 뜻으로 쓰인다.

　　It is morning, **for** the birds are singing. 새들이 노래하고 있는 것을 보니 아침이다.

　　We can't go, **for** it's raining hard. 비가 심하게 와서 갈 수 없겠다.

② 대등절의 평행구조

　㉠ 평행구조 : 문장에서 등위접속사는 동일한 성분의 구나 절을 연결해야 하고, 이를 평행구조를 이룬다고 말한다.

　㉡ A and(but, or) B일 때 : A가 명사, 형용사, 부사, 부정사, 동명사, 절이면 B도 명사적 어구, 형용사적 어구, 부사적 어구, 부정사, 동명사, 절이어야 한다.

　　He has **a cat** and **three dogs**(명사끼리 연결). 그는 한 마리의 고양이와 세 마리의 개가 있다.

　　Tom, Judy, and **Mary** are coming to dinner(명사끼리 연결).

　　Tom과 Judy와 Mary는 저녁 식사하러 올 것이다.

　　She is **kind** and **beautiful**(형용사끼리 연결). 그녀는 친절하고 아름답다.

　　He look on me **questioningly** and **distrustfully**(부사끼리 연결).

　　그가 나를 미심쩍고 의심스럽게 본다.

　　She want **to watch** television or **to listen** to some music(to부정사끼리 연결).

　　그녀는 텔레비전을 보거나 음악을 듣고 싶어한다.

　　In my spare time, I enjoy **playing** tennis or **swimming**(동명사끼리 연결).

　　남는 시간에, 나는 테니스를 치거나 수영을 즐긴다.

　　Susan **raised** her hand and (she) **asked** a question(절끼리 연결).

　　Susan은 손을 들고 질문을 하였다.

　　I **looked** for my book but (I) **couldn't find** it(절끼리 연결).

　　나는 내 책을 찾았지만 발견할 수 없었다.

(2) 상관접속사

① 상관접속사 : 양쪽이 상관관계를 갖고 서로 짝을 이루게 연결시키는 접속사로 다음 A와 B는 같은 문법구조를 가진 동일 성분이어야 한다.

　ⓐ both A and B : 'A와 B 둘 다'의 뜻으로 쓰인다.

　　Both brother **and** sister are dead. 오누이가 다 죽었다.

　ⓑ not only A but also B(= B as well as A) : 'A뿐만 아니라 B도'의 뜻으로 쓰인다.

　　Not only you **but also** he is in danger. 너뿐만 아니라 그도 위험하다.

　　＝ He **as well as** you is in danger.

　ⓒ either A or B : 'A 또는 B 둘 중에 하나'의 뜻으로 쓰인다.

　　He must be **either** mad **or** drunk. 그는 제 정신이 아니거나 취했음에 틀림없다.

　ⓓ neither A nor B : 'A 또는 B 둘 중에 어느 것도 (아니다)'의 뜻으로 쓰인다.

　　She had **neither** money **nor** food. 그녀는 돈도 먹을 것도 없었다.

② 주어와 동사의 일치

　ⓐ both A and B : 복수 취급한다.

　　Both you and I **are** drunk(복수 취급). 너와 나 모두 취했다.

　ⓑ not only A but also B(= B as well as A) : B에 동사의 수를 일치시킨다.

　　Not only you but also I **am** drunk(후자에 일치). 너뿐만 아니라 나도 취했다.

　　＝ I as well as you am drunk(전자에 일치).

　ⓒ either A or B : B에 동사의 수를 일치시킨다.

　　Either you or I **am** drunk(후자에 일치). 너와 나 둘 중에 하나는 취했다.

　ⓓ neither A nor B : B에 동사의 수를 일치시킨다.

　　Neither you nor I **am** drunk(후자에 일치). 너도 나도 취하지 않았다.

(3) 종속접속사

① 명사절을 이끄는 종속접속사 : 명사절은 문장 속에서 주어, 보어, 목적어 및 명사와 동격으로 쓰인다.

　ⓐ that : '~하는 것'의 뜻으로 주어, 보어, 목적어, 동격으로 쓰인다.

　　That he stole the watch is true(주어로 쓰임). 그가 시계를 훔쳤다는 것은 사실이다.

　　The fact is **that** he stole the watch(보어로 쓰임). 사실은 그가 시계를 훔쳤다.

　　I know **that** he stole the watch(목적어로 쓰임). 나는 그가 시계를 훔쳤다는 것을 알고 있다.

　　There is no proof **that** he stole the watch(동격으로 쓰임).

　　그가 시계를 훔쳤다는 증거는 없다.

　ⓑ whether와 if : '~인지(아닌지)'의 뜻으로 쓰인다. whether가 이끄는 명사절은 문장에서 주어, 보어, 목적어로 쓰일 수 있으나 if절은 타동사의 목적어로만 쓰인다.

　　Whether he will come is still uncertain(주어 – if로 바꿔 쓸 수 없다).

　　그가 올지는 여전히 불확실하다.

　　The question is **whether** I should pay or not(보어 – if로 바꿔 쓸 수 없다).

　　문제는 내가 돈을 지불하느냐 마느냐이다.

　　I don't know **whether**(**if**) I can do it(타동사의 목적어 – if로 바꿔 쓸 수 있다).

　　내가 그것을 할 수 있을지 모르겠다.

② 시간의 부사절을 이끄는 종속접속사

　ⓐ while : ~하는 동안

　　Make hay **while** the sun shines. 해가 빛나는 동안 건초를 말려라.

기출문제

어법상 옳은 것은?

　　　　　　　　　　　　2017. 4. 8. 인사혁신처

① They didn't believe his story, and neither did I.

② The sport in that I am most interested is soccer.

③ Jamie learned from the book that World War I had broken out in 1914.

④ Two factors have made scientists difficult to determine the number of species on Earth.

　　　　　　　　　　　　☞ ①

보충학습

명사절을 이끄는 종속접속사 that의 생략

ⓐ that절이 동사의 목적어 또는 형용사의 보어가 되는 경우 that은 생략해도 된다.

ⓑ that절이 주어인 경우 또는 주격보어인 경우 that은 생략할 수 없다.

ⓒ that절로 된 명사절이 둘 이상일 때 처음에 나오는 that절의 that은 생략할 수 있으나, 그 다음에 나오는 that절의 that은 생략할 수 없다.

ⓛ before : ~전에

I want to take a trip around the world **before** I die.

나는 죽기 전에 세계일주여행을 하고 싶다.

ⓒ after : ~후에

I'll go to bed **after** I finish studying. 나는 공부를 마친 후에 자러갈 것이다.

ⓔ when, as : ~할 때

The event occurred **when** I was out on a trip.

그 사건은 내가 여행으로 집에 없을 때 일어났다.

He was trembling **as** he spoke. 그는 이야기할 때 떨고 있었다.

ⓜ whenever : ~할 때마다

Whenever she drinks, she weeps. 그녀는 술 마실 때마다 운다.

ⓗ since : '~한 이래'의 의미로 주로 '현재완료 + since + S + 동사의 과거형 ~[~한 이래 (현재까지) 계속 …하다]'의 형태로 쓰인다.

He has been ill since he had the accident.

그는 그 사고를 당한 이래로 계속 아팠다.

ⓢ not ~ until … : '…할 때까지 ~하지 않다, …하고 나서야 비로소 ~하다'의 의미로 It is not until : that ~ (= ~ only after …) 구문으로 바꿔 쓸 수 있다.

He did **not** come **until** it grew dark. 그는 어두워진 후에야 왔다.

= **It was not until** it grew dark **that** he came.

= Not until it grew dark did he come.

= It grew dark **only after** he came.

ⓞ as soon as + S + 동사의 과거형 ~, S + 동사의 과거형 ~ : '~하자마자 …했다'의 의미로 다음 구문과 바꿔 쓸 수 있다.

- **The moment(Immediately)** + S + 동사의 과거형 ~, S + 동사의 과거형
- **No sooner** + had + S + p.p. + than + S + 동사의 과거형
- **Hardly(Scarcely)** + had + S + p.p. + when(before) + S + 동사의 과거형

  As soon as he saw me, he ran away. 그는 나를 보자마자 도망쳤다.

  = **The moment(Immediately)** he saw me, he ran away.

  = **No sooner** had he seen me **than** he ran away.

  = **Hardly(Scarcely)** had he seen me **when(before)** he ran away.

③ 원인 · 이유의 부사절을 이끄는 종속접속사

ⓐ since, as, now(seeing) that ~ : '~이므로'의 뜻으로 쓰이며, 간접적이거나 가벼운 이유를 나타낸다.

Since it was Sunday, she woke up late in the morning.

일요일이었기에 그녀는 아침 늦게 일어났다.

As he often lies, I don't like him.

그가 종종 거짓말을 했기 때문에 나는 그를 좋아하지 않는다.

Now (that) he is absent, you go there instead.

그가 부재중이므로 당신이 대신 거기에 간다.

ⓑ because : '~이기 때문에'의 뜻으로 쓰이며, 강한 인과관계를 표시한다.

Don't despise a man **because** he is poorly dressed.

초라하게 차려입었다고 사람을 무시하지 마라.

④ 목적 · 결과의 부사절을 이끄는 종속접속사

ⓐ 목적의 부사절을 이끄는 종속접속사

- 긍정의 목적 : (so) that : may(can, will) ~(= in order that)의 구문을 사용하며 '~하기 위해, ~하도록(긍정)'의 뜻으로 쓰인다.

I stood up **so that** I might see better. 나는 더 잘 보기 위해 일어났다.

= I stood up **in order that** I might see better.

= I stood up **in order to** see better.

- 부정의 목적 : lest … (should) ~(= for fear that … should ~ = so that … not ~)의 구문 을 사용하며 '~하지 않기 위해, ~하지 않도록(부정)'의 뜻으로 쓰인다.
  He worked hard lest he should fail. 그는 실패하지 않도록 열심히 일했다.
  = He worked hard **so that** he **would** not fail.
  = He worked hard **in case** he **should** fail.
  = He worked hard **for fear that** he **should** fail.

ⓛ 결과의 부사절을 이끄는 종속접속사
- so (that)은 '그래서'의 뜻으로 쓰이며, 이때 so 앞에 반드시 comma(,)가 있어야 한다.
- so(such) : that ~의 구문을 사용하며 '너무 …해서 (그 결과) ~하다'의 뜻으로 쓰인다.
  He is **so** kind a man **that** everyone likes him[so + 형용사 + (a / an) + 명사].
  그는 너무 친절해서 모든 사람들이 좋아한다.
  = He is **such** a kind man **that** everyone likes him[such + (a / an) + 형용사 + 명사].

⑤ 조건 · 양보 · 양태의 부사절을 이끄는 종속접속사

ⓐ 조건의 부사절을 이끄는 종속접속사
- if : '만약 ~라면'의 뜻으로 쓰이며 실현가능성이 있는 현실적 · 긍정적 조건절을 만든다.
  We can go **if** we have the money.
  만약 우리가 돈을 가지고 있다면 우리는 갈 수 있다.
- unless : '만약 ~가 아니라면(= if ~ not)'의 뜻이며 부정적 조건절을 만든다.
  I shall be disappointed **unless** you come.
  만약 당신이 오지 않는다면 나는 실망할 것이다.
- 조건을 나타내는 어구 : provided (that), providing, suppose, supposing (that) 등 이 있다.
  I will come **provided** (**that**) I am well enough. 건강이 괜찮으면 오겠습니다.

ⓑ 양보의 부사절을 이끄는 종속접속사
- whether ~ or not : ~이든 아니든
  Whether it rains **or not**, I will go. 비가 내리든 내리지 않던 나는 갈 것이다.
- though, although, even if : 비록 ~라 할지라도
  Even if I am old, I can still fight. 내가 비록 늙었다 할지라도 나는 여전히 싸울 수 있다.
- 형용사 · 부사 · (관사 없는) 명사 + as + S + V ~(= as + S + V + 형용사 · 부사 · 명사) : 비록 ~라 할지라도, ~이지만
  Pretty as the roses are, they have many thorns.
  장미꽃들은 예쁘지만, 그것들은 가시가 많다.
  Much as he liked her, he didn't marry her.
  그가 그녀를 많이 좋아했을지라도, 그는 그녀와 결혼하지 않았다.
  Woman as she was, she was brave. 비록 그녀는 여자였지만, 용감했다.
- 동사원형 + as + S + may, might, will, would(= as + S + may, might, will, would + 동사원형) : 비록 ~라 하더라도, ~이지만
  Laugh as we **would**, he maintained the story was true.
  우리가 웃었지만 그는 그 이야기가 사실이라고 주장하였다.
- no matter + 의문사(what, who, when, where, which, how) + S + V : 비록 (무엇이, 누가, 언제, 어디에서, 어느 것이, 어떻게) ~할지라도, 아무리 ~해도

No matter what I say or **how** I say it, he always thinks I'm wrong.
내가 아무리 무슨 말을 하거나 그것을 어떻게 말해도, 그는 항상 내가 틀렸다고 생각한다.

Don't believe everything you hear, **no matter who** says it.
아무리 누가 말하든 네가 들은 모든 것을 (모두) 믿지는 말아라.

ⓒ 양태의 부사절을 이끄는 종속접속사 : (just) as를 사용하며 '~하는 대로, ~하듯이'의 뜻으로 쓰인다.

Everything happened **just as** I had said. 모든 일이 내가 말해 왔던 대로 일어났다.

Do in Rome **as** the Romans do. 로마에서는 로마법을 따라라.

❷ ·· 전치사

(1) 시간을 나타내는 전치사

① 특정한 때를 나타내는 전치사

　ⓐ at : (시각, 정오, 밤)에

　　He wakes up **at** six thirty. 그는 6시 30분에 일어난다.

　　at ten, **at** noon, **at** night

　ⓑ on : (날짜, 요일)에

　　I was born **on** the tenth of May, 1978. 나는 1978년 5월 10일에 태어났다.

　　on July 4, **on** Sunday

　ⓒ in : (월, 계절, 연도, 세기, 아침, 오후, 저녁)에

　　in May, **in** winter, **in** 2001, **in** the 21th century, **in** the morning(afternoon, evening)

② 기간을 나타내는 전치사

　ⓐ 'for + 숫자로 표시되는 기간 : ~동안에

　　He was in hospital **for** six months. 그는 여섯 달 동안 병원에 있었다.

　ⓑ during + 특정기간 : ~동안에

　　He was in hospital **during** the summer. 그는 여름 동안 병원에 있었다.

　ⓒ through + 특정기간 : (처음부터 끝까지) ~내내(기간의 전부)

　　He worked all **through** the afternoon. 그는 오후 내내 일하였다.

③ 시간의 추이를 나타내는 전치사

　ⓐ in : ~안에(시간의 경과)

　　I will be back **in** an hour. 나는 1시간 후에 돌아올 것이다.

　ⓑ within : ~이내에(시간의 범위)

　　I will be back **within** an hour. 나는 1시간 이내에 돌아올 것이다.

　ⓒ after : ~후에(시간의 경과)

　　I will be back **after** an hour. 나는 1시간 후에 돌아올 것이다.

④ '~까지는'의 뜻을 가지는 전치사

　ⓐ until : ~까지(동작·상태의 계속)

　　I will wait **until** seven. 나는 7시까지 기다릴 것이다.

　ⓑ by : ~까지는(동작의 완료)

　　I will come **by** seven. 나는 7시까지 돌아올 것이다.

ⓒ since : ~이래(현재까지 계속)

It has been raining **since** last night.

어젯밤 이래 계속 비가 내리고 있다.

⑤ 예외적으로 on을 사용하는 경우 : 특정한 날의 아침, 점심, 저녁, 밤 등이거나 수식어
가 붙으면 on을 쓴다.

on the evening of August 27th

on Friday morning

on a rainy(clear, gloomy) night

(2) 장소를 나타내는 전치사

① 상하를 나타내는 전치사

ⓐ on과 beneath

• on : (표면에 접촉하여) ~위에

There is a picture **on** the wall. 벽에 그림이 하나 있다.

• beneath : (표면에 접촉하여) ~아래에

The earth is **beneath** my feet. 지구는 내 발 아래에 있다.

ⓑ over와 under

• over : (표면에서 떨어져 바로) ~위에

There is a bridge **over** the river. 강 위에 다리가 하나 있다.

• under : (표면에서 떨어져 바로) ~아래에

There is a cat **under** the table. 탁자 아래에 고양이가 한 마리 있다.

ⓒ above와 below

• above : (표면에서 멀리 떨어져) ~위에

The sun has risen **above** the horizon. 태양이 수평선 위에 떴다.

• below : (표면에서 멀리 떨어져) ~아래에

The moon has sunk **below** the horizon. 달이 수평선 아래로 졌다.

ⓓ up과 down

• up : (방향성을 포함하여) ~위로

I climbed **up** a ladder. 나는 사다리 위로 올라갔다.

• down : (방향성을 포함하여) ~아래로

Tears were rolling **down** his cheeks.

눈물이 그의 볼 아래로 흘러내리고 있었다.

② 방향을 나타내는 전치사

ⓐ to, for, toward(s)

• to : ~으로(도착지점으로)

He went **to** the bank. 그는 은행에 갔다.

• for : ~을 향해(방향, 목표)

He left **for** New York. 그는 뉴욕으로 떠났다.

• toward(s) : ~쪽으로(막연한 방향)

He walked **towards** the church. 그는 교회 쪽으로 걸었다.

기출문제

밑줄 친 부분에 들어갈 표현으로 가장 적절한
것은?

2013. 8. 24 제1회 지방직

If you provide me with evidence, I will
have it _____ urgently.

① look up　　② look after
③ looked into　④ looked up to

☞ ③

ⓛ in, into, out of
- in : ~안에[정지상태(＝ inside of)]
  There was no one **in** this building. 이 건물 안에는 아무도 없었다.
- into : (밖에서) ~안으로(운동방향)
  A car fell **into** the river. 자동차가 강물에 빠졌다.
- out of : (안에서) ~밖으로(운동방향)
  He ran **out of** the house. 그는 그 집에서 도망쳤다.

③ 앞뒤를 나타내는 전치사
　　㉠ before : ~앞에(위치)
　　　　The family name comes **before** the first name in Korea.
　　　　한국에서는 성이 이름 앞에 온다.
　　㉡ in front of : ~의 앞에, 정면에(장소)
　　　　There are a lot of sunflowers **in front of** the cafe.
　　　　그 카페 앞에는 해바라기가 많이 있다.
　　㉢ behind : ~뒤에(장소)
　　　　The man hid **behind** the tree. 그 남자는 나무 뒤에 숨었다.
　　㉣ opposite : ~의 맞은편에(위치)
　　　　She sat **opposite** me at the party. 모임에서 그녀는 내 맞은편에 앉았다.
　　㉤ after : ~을 뒤쫓아(운동상태), ~다음에(전후순서)
　　　　Come **after** me. 나를 따라와.
　　　　B comes **after** A in the alphabet. B는 알파벳에서 A 다음에 온다.

(3) 기타
① by
　　㉠ by + (교통)수단 : ~을 타고, ~을 함으로써
　　　　I went there **by** bus(in a taxi). 나는 버스(택시)를 타고 거기에 갔다.
　　　　She earns her living **by** painting. 그녀는 그림을 그려서 생계를 꾸려나간다.
　　㉡ by + the + 단위 : ~단위로
　　　　Eggs are sold **by** the dozen. 달걀은 12개씩 팔렸다.
　　㉢ by + 숫자단위 : ~차이로, ~만큼
　　　　Her husband is older than you **by** ten years.
　　　　그녀의 남편은 당신보다 10살이 더 많다.
② to
　　㉠ 결과를 나타내는 to : to + 명사[(그 결과) ~하게 되다]
　　　　She tore the letter **to** pieces. 그녀는 그 편지를 갈기갈기 찢었다.
　　㉡ 감정을 나타내는 to : to + one's + 명사[(~에게, ~으로서는) ~하게도]
　　　　To my disappointment, the meeting was canceled.
　　　　실망스럽게도, 그 모임은 취소되었다.
③ against
　　㉠ ~에 기대어
　　　　He put his bicycle **against** the wall.
　　　　그는 그의 자전거를 벽에 기대어 두었다.

    ⓛ ~와 대조(대비)되어

       The trees were black **against** the evening sky.

       그 나무는 저녁 하늘과 대비되어 검게 보였다.

    ⓒ ~을 반대하여

       I voted **against** him. 나는 그에게 반대투표를 하였다.

④ ~에 대하여

    ㉠ about : ~(상세한 사정)에 관하여

       He talked **about** the problem. 그는 그 문제에 대해 이야기했다.

    ⓛ of : ~(단순히 생각난 것)에 관하여

       He thought **of** the story. 그는 그 이야기에 대해 생각했다.

    ⓒ on : ~(주제, 전문적인 내용)에 관하여

       He wrote a book **on** British history. 그는 영국 역사에 관한 책을 저술했다.

⑤ (음식이나 차, 커피 등을) 들면서

   We talked about it **over** our supper.

   우리는 저녁을 들면서 이야기했다.

   He talked about it **over** a glasses of beer.

   그는 맥주를 한 잔 마시면서 이야기했다.

   She talked about it **over** a cup of tea.

   그녀는 차를 한 잔 마시면서 이야기했다.

   I waited for her **over** a cup of coffee.

   나는 커피를 한 잔 마시면서 그녀를 기다렸다.

⑥ 분리, 제거, 박탈의 of

    ㉠ clear(relieve, cure) A of B : A에게서 B를 치우다(덜어주다, 고치다)

       He **cleared** the pavement **of** snow.

       그는 도로에 눈을 치웠다.

    ⓛ deprive(rob, rid) A of B : A에게서 B를 제거하다(박탈하다)

       They were **deprived** me food and drink.

       그들은 나에게서 음식과 음료를 빼앗았다.

1 어법상 옳은 것은?

2020. 7. 11. 인사혁신처

① The traffic of a big city is busier than those of a small city.
② I'll think of you when I'll be lying on the beach next week.
③ Raisins were once an expensive food, and only the wealth ate them.
④ The intensity of a color is related to how much gray the color contains.

> **TIP** ① 지시 대명사 those는 traffic을 받고 있기 때문에 that으로 바뀌어야 한다.
> ② 시간을 나타내는 부사절에서는 현재시제가 미래시제를 대신한다. 따라서 will be를 am으로 바꾸어야 한다.
> ③ 형용사 앞에 the가 오면 일반 복수 명사가 된다. 따라서 the wealth를 the wealthy로 바꾸어야 한다.
> 「① 대도시의 교통은 작은 도시의 교통보다 더 바쁘다.
> ② 다음 주에 해변에 누워 있을 때 너를 생각해 볼게.
> ③ 건포도는 한때 값비싼 음식이었고, 부유한 사람들만이 그것들을 먹었다.
> ④ 색의 강도는 색상이 얼마나 많은 회색을 포함하는지와 관련이 있다.」

2 다음 글의 밑줄 친 부분 중 어법상 틀린 것은?

2020. 2. 22. 법원행정처

As we consider media consumption in the context of anonymous social relations, we mean all of those occasions that involve the presence of strangers, such as viewing television in public places like bars, ① <u>going</u> to concerts or dance clubs, or reading a newspaper on a bus or subway. Typically, there are social rules that ② <u>govern</u> how we interact with those around us and with the media product. For instance, it is considered rude in our culture, or at least aggressive, ③ <u>read</u> over another person's shoulder or to get up and change TV channels in a public setting. Any music fan knows what is appropriate at a particular kind of concert. The presence of other people is often crucial to defining the setting and hence the activity of media consumption, ④ <u>despite</u> the fact that the relationships are totally impersonal.

> **TIP** ③번 read는 등위 접속사 or 뒤의 to get up and change와 병렬이 되어야 하므로 to read가 알맞다.
> 「우리가 익명의 사회적 관계의 맥락에서 미디어 사용을 고려해 볼 때, 술집 같은 공공장소에서 텔레비전을 보는 것, 콘서트나 댄스클럽에 가는 것, 혹은 버스나 지하철에서 신문을 읽는 것과 같이 낯선 사람들이 있는 것을 포함하는 모든 경우를 지칭한다. 우리가 우리 주위의 낯선 사람들 그리고 미디어 제품들과 보통 어떻게 소통하는지 통제하는 사회적 규칙들이 있다. 예를 들어, 다른 사람의 어깨 너머로 읽거나 공공장소에서 일어나 설치된 TV의 채널을 바꾸는 것은 우리 문화에서 무례하다고 여겨지거나 최소 공격적이라고 여겨진다. 음악을 좋아하는 사람이라면 특정한 형태의 콘서트에서 어떤 행동이 적절한지 알고 있다. 관계가 완전히 개인적이지 않다는 사실에도 불구하고, 타인의 존재는 종종 설정과 그에 따른 미디어 소비의 활동을 정의하는데 중요하다.」

Answer 1.④ 2.③

3 다음 글의 밑줄 친 부분 중, 어법상 틀린 것은?

2019. 2. 23. 법원행정처

The wave of research in child language acquisition led language teachers and teacher trainers to study some of the general findings of such research with a view to drawing analogies between first and second language acquisition, and even to ① justifying certain teaching methods and techniques on the basis of first language learning principles. On the surface, it is entirely reasonable to make the analogy. All children, ② given a normal developmental environment, acquire their native languages fluently and efficiently. Moreover, they acquire them "naturally," without special instruction, ③ despite not without significant effort and attention to language. The direct comparisons must be treated with caution, however. There are dozens of salient differences between first and second language learning; the most obvious difference, in the case of adult second language learning, ④ is the tremendous cognitive and affective contrast between adults and children.

TIP acquisition 습득   analogy 유사점   salient 현저한   tremendous 대단한   cognitive 인지의   affective 정서적인
③ despite가 어법상 틀렸다. 양보부사절 it is not without에서 it is가 생략된 절이고, not without은 전치사 despite 뒤에 목적어로 올 수 없기 때문에, 접속사 although가 적절하다.

「아동 언어 습득에 관한 연구의 물결은 언어 교사들과 교사 트레이너들로 하여금 모국어 습득과 제2언어 습득 사이의 유사점을 그리고 심지어 제1언어 학습 원리에 기초하여 특정한 교수법과 기법을 정당화하려는 목적으로 그러한 연구의 일반적인 발견의 일부를 연구하게 했다. 표면적으로, 유사점을 만드는 것을 완전히 합리적이다. 정상적인 발달 환경에서 모든 아이들은 그들의 모국어를 유창하고 효율적이게 습득한다. 게다가 그들이 언어에 대한 상당한 노력과 주의가 없는 것은 아니지만, 그것을 특별한 지도 없이도 자연스럽게 습득한다. 그러나 직접적 비교는 주의깊게 다뤄져야 한다. 모국어와 제2언어 습득 사이에는 수 십 개의 두드러진 차이점이 있다.-성인이 제2언어를 배우는 경우 가장 눈에 띄는 차이점은 어른과 어린이 사이의 엄청난 인식과 정서적 대조이다.」

Answer 3.③

1 우리말을 영어로 잘못 옮긴 것을 고르시오.

① 예산이 빡빡해서 나는 15달러밖에 쓸 수가 없다.
→ I am on a tight budget so that I have only fifteen dollars to spend.

② 그의 최근 영화는 이전 작품들보다 훨씬 더 지루하다.
→ His latest film is far more boring than his previous ones.

③ 우리 회사 모든 구성원의 이름을 기억하다니 그는 생각이 깊군요.
→ It's thoughtful of him to remember the names of every member in our firm.

④ 현관 열쇠를 잃어버려서 안으로 들어가기 위해 나는 벽돌로 유리창을 깼다.
→ I'd lost my front door key, and I had to smash a window by a brick to get in.

> **TIP** budget 예산 smash 박살내다
>
> ④ by → with, 벽돌을 도구로 이용한 것이므로 전치사는 by가 아닌 with가 어울린다.

2 밑줄 친 부분 중 어법상 옳지 않은 것은?

Noise pollution ① is different from other forms of pollution in ② a number of ways. Noise is transient: once the pollution stops, the environment is free of it. This is not the case with air pollution, for example. We can measure the amount of chemicals ③ introduced into the air, ④ whereas is extremely difficult to monitor cumulative exposure to noise.

> **TIP** transient 일시적인, 순간적인 introduce into sth (~속에)넣다 cumulative 누적되는 exposure 노출
>
> ④ Whereas는 접속사이다. 따라서 whereas it is 로 완전한 문장이 와야 옳은 문장이 된다.
>
> 「소음공해는 몇 가지 방식에 있어 다른 형태들의 공해와 다르다. 소음은 일시적이다: 일단 공해가 멈추면, 환경은 그것으로부터 벗어난다. 예를 들어 공기오염의 경우는 이렇지 않다. 우리는 공기 안으로 유입된 화학물질의 양을 측정할 수 있다. 반면에 소음에 누적된 노출을 모니터 하는 일은 극도로 어려운 일이다.」

3 다음 괄호에 들어가기 적절한 것을 순서대로 나열한 것은?

(   ) cats cannot see in complete darkness, their eyes are much more sensitive (   ) light than human eyes.

---

① Despite, to

② Though, at

③ Nonetheless, at

④ While, to

> **TIP** complete 완전한 sensitive 민감한, 세심한
>
> ④ 절과 절이 연결되고 있으므로 앞의 빈칸에는 접속사가 와야 한다. 따라서 전치사인 ①과 부사인 ③은 정답이 될 수 없다. sensitive는 전치사 to와 함께 '~에 민감한'으로 쓰이므로 뒤의 빈칸에는 to가 와야 한다.
>
> 「고양이는 완전한 어둠속에서 볼 수 없지만, 그들의 눈은 사람의 눈보다 빛에 훨씬 더 민감하다.」

Answer 1.④ 2.④ 3.④

4 윗글의 빈칸에 들어갈 말의 순서로 가장 적절한 것은?

> A feminist is not a man-hater, a masculine woman, or someone who dislikes housewives. A feminist is simply a woman or man who believes that women should enjoy the same rights, privileges, and opportunities _____ men. Because society has deprived women of many equal rights, feminists have fought for equality. _____, Susan B. Anthony, a famous nineteenth century feminist, worked to get women the right to vote. Today, feminists want women to receive equal pay for equal work. They support a woman's right to pursue her goals and dreams, whether she wants to be an astronaut, athlete, or full-time homemaker. Because the term is often misunderstood, some people don't call themselves feminists _____ they share feminist values.

① like-In contrast-if   ② as -For instance-even though

③ to-However-as   ④ in-By the way-when

TIP by the way (화제를 바꿀 때) 그런데

「페미니스트는 남성혐오자, 남성 같은 여성이나 전업주부를 싫어하는 사람들이 아니다. 페미니스트는 여성이 남성과 동일한 권리, 특권, 그리고 기회를 향유해야 한다고 믿는 여성 또는 남성을 말한다. 사회가 여성의 평등한 권리를 대부분 허용하지 않았기 때문에 페미니스트는 평등을 위해 싸웠다. 예를 들어, 유명한 19세기 페미니스트인 Susan B. Anthony는 여성에게 투표 할 권리를 얻기 위해 운동했다. 오늘날, 페미니스트는 여성이 남성과 동등하게 일하는 것에 대해 동등한 보수를 받기를 원한다. 페미니스트는 여성이 우주비행사, 운동선수, 또는 전업 주부가 되는 것을 원하는지에 관계없이, 여성의 목표와 꿈을 계속 추구 할 수 있는 여성의 권리를 지지한다. 페미니스트 용어에 대한 오해 때문에, 몇몇 페미니스트는 가치관을 지지하고 있을지라도 자신을 페미니스트라고 말하지 않는다.」

※ 다음 문장의 빈칸에 알맞은 표현을 고르시오. 【5 ~ 10】

5
> Paint can be applied to a surface with rollers, _____, or spray guns.

① brushes   ② by brush

③ with brushes   ④ brushes can be used

TIP apply (표면에) 대다, 붙이다, (페인트 등을) 칠하다, (약 등을) 바르다   spray gun (페인트·방부제·살충제 등의) 분무기

① 명사 rollers, spray guns와 함께 전치사 with의 목적어로 쓰이고 있으므로 빈칸에도 역시 명사형인 brushes가 쓰여야 병치(평행)구조를 이룰 수 있다.

「페인트는 롤러, 붓 또는 분무기로 표면에 바를 수 있다.」

6
> We will throw our support _____ the advertising campaign.

① behind   ② in

③ if   ④ at

TIP throw one's support 지지하다, 후원하다, 원조하다   advertising 광고(의)   campaign 운동, 유세, 군사행동   support for ~에 대한 지지

④ 방향, 목표, 목적을 나타내는 전치사 at이 쓰여야 한다.

「우리는 그 광고 캠페인을 지지할 것이다.」

Answer 4.②   5.①   6.④

7

Since last month, the price of an average long-distance call has plummeted, _____ nearly 50 percent.

① on   ② by
③ beside   ④ with

> **TIP** average 평균의, 보통의, 일반의   plummet 수직으로 떨어지다, 갑자기 내려가다, 폭락하다   nearly 대략, 거의
> ② 빈칸부터는 앞문장에 대한 추가설명이며, 정도·차이를 나타낼 때는 전치사 by를 쓴다.
> 「지난달 이래로 일반 장거리 전화요금이 거의 50%까지 떨어졌다.」

8

The man _____ is my brother-in-law.

① of the dark beard   ② with the dark beard
③ to the dark beard   ④ with the dark beard on

> **TIP** brother-in-law 매형, 처남   beard 턱수염
> ② 소유·부착을 나타내는 전치사에는 on과 with과 있다. on은 보통 착용·소지의 의미를 나타내어 '~의 몸에 지니고(걸치고), 입고, 쓰고, 신고' 등의 뜻이다. with는 on보다 더 일반적으로 사용되며 사람의 신체에 어떤 것이 있는 경우에는 with를 써서 그 사람의 (신체적) 특성을 나타낸다.
> 「검은 턱수염이 있는 그 남자는 나의 매형이다.」

9

Ironically, the people of the future may suffer not from an absence of choice, _____ from a paralyzing surfeit of it.

① and   ② or
③ but   ④ neither

> **TIP** ironically 비꼬아, 반어적으로   suffer from ~으로 고통받다, 괴로워하다, 고민하다   absence 부재(↔ presence), 결여, 방심, 결석, 없음   choice 선택(권), 기회   paralyze 마비시키다, 무력(무능)하게 만들다   surfeit 과도, 과다, 범람
> ③ not A but B(A가 아니라 B이다) 구문으로, A와 B의 형태가 '전치사 from + 명사구'의 형태로 일치하고 있다.
> 「아이러니하게도, 미래의 사람들은 선택(할 것)이 없어서가 아니라, 선택(할 것)의 과다로 무력하게 되어 고민할지도 모른다.」

10

My grandfather was decent person except _____ he was rather lacking in confidence.

① what   ② how
③ which   ④ that

> **TIP** decent 버젓한, 더할 나위 없는, 상당한   rather 다소, 어느 정도   lack in ~이 부족하다   confidence 자신감, 신념
> ④ except that절은 '~하다는 것을 제외하고, ~하다는 것 이외에는(= but that)'의 뜻으로 접속사의 역할을 한다.
> 「나의 할아버지는 신념이 다소 부족하다는 것 이외에는 더할 나위 없는 사람이다.」

Answer 7.② 8.② 9.③ 10.④

11 다음 우리말 문장을 영어로 가장 자연스럽게 옮긴 것은?

> 다람쥐 한 마리가 잘 깎인 잔디 위에서 놀고 있다.

① A squirrel is playing at the grass.
② A squirrel is playing on the grass.
③ A squirrel is playing in the grass.
④ A squirrel is playing over the grass.

> **TIP** squirrel 다람쥐 play 놀다 grass 풀, 잔디
>
> '잔디 위에서'라는 표현이 되기 위해서는 on the grass가 쓰여야 한다.
> ① at : 장소나 위치의 한 지점을 나타내는 '~에, ~에서'의 뜻이다.
> ② on : 장소의 접촉을 나타내어 '(표면과 접한) 위에'의 뜻으로 쓰인다.
> ③ in : at보다는 다소 넓은 의미의 '~의 안(속)에(서)'의 뜻으로, 대소를 가리지 않고 장소나 위치를 지리적인 점으로 생각할 때는 at을, 그 구역의 '안에'로 생각할 때는 in을 쓸 수 있다.
> ④ over : '(바로 위쪽으로 약간 떨어진 위치의) ~위(쪽)에, 바로 위에'의 뜻으로 쓰인다.

12 다음 중 틀린 것이 없는 문장은?

① He refused to go except I went him.
② No sooner had he left, it began to rain.
③ I'm sure it will be dark before he gets there.
④ A girl as she was, she was very brave.

> **TIP** refuse 거절하다, 거부하다 except (for) + 명사(구) / except that절 ~을 제외하고는, ~외에는 no sooner ~ than… ~하자마자 / ~끝나기가 무섭게 / ~한 순간에 …하다 rain 비가 오다(내리다) brave 용감한, 용맹한, 용기 있는
>
> ① 전치사 except 뒤에 절(I ~ him)이 뒤따르고 있으므로 명사절을 이끄는 that이 필요하며, except that 대신 같은 의미인 접속사 unless가 들어가도 무방하다. 또한 went는 자동사이므로 with가 있어야 한다(He refused to go except that I went with him).
> ② no sooner ~ than : 은 주절과 종속절을 분리시켜 표현하지 않기 때문에 left 다음에 쉼표를 쓰지 않고 than이 들어가야 한다(No sooner had he left than it began to rain).
> ④ A girl→Girl, as가 양보를 나타낼 때, '형용사·부사·무관사명사 + as + 주어 + 동사'의 형태로 쓰이며 '비록 ~이기는(라고는) 하지만'으로 해석된다.
> 「① 그는 내가 함께 가는 경우를 제외하고는 가기를 거부했다.
> ② 그가 떠나자마자 비가 오기 시작했다.
> ③ 그가 거기에 도착하기 전에 어두워질 것이 분명하다.
> ④ 비록 그녀가 소녀였긴 했지만, (그녀는) 매우 용감했다.」

Answer 11.② 12.③

※ 다음 문장의 밑줄 친 부분 중 어법상 가장 어색한 것을 고르시오. 【13 ~ 15】

13

①Whom did you intend to invite to ②your party ③besides Betty and ④I?

TIP intend to do ~할 작정(의도)이다, ~하려고 생각하다 invite 초대(초청)하다 besides ~이외에, ~에 더하여, 게다가

④ I → me, 이 문장에 사용된 besides는 전치사이므로 I를 목적격 대명사 me로 써야 한다.

「당신은 Betty와 나 이외에 누구를 당신의 파티에 초대하려고 생각하였습니까?」

14

Rubber can be ①made ②too elastic that it ③will stretch more than nine times ④its normal length.

TIP rubber 고무(제품) elastic 탄력 있는, 탄력적인 so~that 너무나 ~해서 …하다, …할 정도로 ~하다 stretch 펴다, 뻗다, 늘이다 normal 정상의, 보통의, 표준의

② too → so, that절이 so와 상관하여 의미상 결과를 나타내므로 too는 so가 되어야 한다.

「고무는 아주 탄력이 좋아서 정상적인 길이보다 9배 이상 늘어날 것이다.」

15

①Every society changes, but ②not change at the ③same rate or in the ④same direction.

TIP rate 비율, 속도, 요금, 가격, 시세, 등급 direction 방향, 방위, 경향, 추세

② not change → does not(doesn't) change, but 등위접속사 뒤에는 문법적으로 같은 구조가 와야 하며, 일반동사를 부정하고 있으므로 do동사를 사용하여 does not의 형태가 되어야 한다.

「모든 사회는 변하지만, 똑같은 속도나 똑같은 방향으로 변하지는 않는다.」

※ 다음 문장의 빈칸에 들어갈 알맞은 표현을 고르시오. 【16 ~ 20】

16

Blinking helps keep the surface of the eye clean _____ moist.

① to
② or
③ so
④ and

TIP blink (눈을) 깜짝이다, 깜빡거리다 surface 표면, 외관, 겉보기 clean 깨끗한, 청결한 moist 축축한, 습기 있는

④ 형용사 clean과 moist를 대등하게 연결해 주는 접속사 and가 필요하다.

「눈을 깜박이는 것은 눈의 표면을 깨끗하고 촉촉하게 유지하도록 도와준다.」

Answer 13.④ 14.② 15.② 16.④

17

> Spider monkeys are the best climbers in the jungle, _____ they do not have thumbs.

① nevertheless
② for
③ despite
④ although

> **TIP** spider monkey 거미원숭이(긴꼬리원숭이의 일종) best(good - better - best) 가장 좋은, 최상의, 최고의 climber : 등산가, 기어오르는 사람(것) thumb 엄지손가락
> ① nevertheless가 쓰일 경우 "거미원숭이가 최고의 등반가임에도 불구하고 엄지손가락이 없다."는 뜻이 되어 의미하는 바가 달라진다.
> ④ '비록 ~하지만'의 의미인 양보절을 이끄는 접속사 although가 와야 한다. 이어지는 문장이 절이므로 전치사인 despite는 올 수가 없다.
> 「거미원숭이는 비록 엄지손가락이 없지만, 정글에서 최고의 등반가이다.」

18

> Not until a pony is several years old _____ to exhibit signs of independence from its mother.

① it begins
② and begins
③ does it begin
④ beginning

> **TIP** not until A + B(도치) A하고서야 비로소 B하다 pony 조랑말, 작은 말 several 몇몇의, 수개(3, 4 또는 4, 5)의 exhibit ~을 보이다, 나타내다, 표시하다 sign 표시, 기호, 신호, 징후, 징조 independence 독립, 자립, 자주
> ③ 원래 문장은 A pony doesn't begin to exhibit signs of independence from its mother until it is several years old이다. 이 문장에서 주절의 not과 종속절 until ~ old가 문두로 강조되었다. 따라서 부정어가 문장 앞에 쓰이면 주어와 동사의 도치현상이 일어나므로 until이 이끄는 종속절이 아닌 주절의 도치가 일어나는 것이다.
> 「조랑말은 서너 살이 되어서야 비로소 어미로부터 독립을 할 수 있는 징조가 나타난다.」

19

> The Irish brought the popular custom of Halloween to America _____,_____ 1840s.

① into the
② in the
③ within
④ during

> **TIP** popular 인기 있는, 유행하는, 대중적인 custom 관습, 풍습, 습관
> ① into : 방향을 나타내는 전치사이다(시간의 추이를 나타낼 때는 '~까지'의 의미로 쓰인다).
> ② in : 세기·연도·계절·월·아침·점심·저녁 등을 표시한다(특정한 날의 아침, 점심, 저녁, 밤이거나 수식어가 붙으면 on을 쓴다). the는 in과 함께 사용되어 연대를 표시한다.
> ③ within : '~이내에'의 의미로 시간의 추이를 나타낸다.
> ④ during : '~동안에'의 의미로 특정 기간과 함께 쓰여 기간을 나타낸다.
> 「아일랜드인들은 1840년대에 미국에 대중적인 할로윈의 풍습을 가져왔다.」

Answer 17.④ 18.③ 19.②

20

> The polite time to comment _____.

① was when he finished his entire speech
② came after he had finished his speech
③ was when he had finished his entire speech
④ was when he was finishing his speech

> **TIP** comment 평가하다, 비평(논평)하다, 주석하다 entire 전부의, 전체의
>
> ① 시간을 나타내는 부사절을 이끄는 when이 사용되어야 하며, 시제는 주절의 시제[과거시제(was)]와 일치되어야 한다.
> 「비평하기에 적절할 시간은 그가 연설을 모두 마치고 났을 때였다.」

※ 다음 문장 중 용법상 옳지 않은 것을 고르시오. 【21 ~ 22】

21
① My services are always on your disposal.
② They have been on friendly terms for many years.
③ It was on a hot summer afternoon when I was introduced to her.
④ I met him on my way home from school.

> **TIP** be at(in) one's disposal ~의 뜻(마음)대로 되는 on friendly terms 친한, 사이가 좋은 on one's(the) way (~하는) 도중에
>
> ① on → at 또는 in, disposal 앞에는 전치사 on이 아니라 at 또는 in이 쓰인다.
> 「① 나의 서비스는 항상 당신 마음대로 할 수 있다.
> ② 그들은 수년 동안 사이가 좋았다.
> ③ 내가 그녀를 소개받은 때는 어느 뜨거운 여름 오후였다.
> ④ 나는 학교에서 집으로 가는 도중에 그를 만났다.」

22
① The wind cleared the air of dust.
② The judge found him guilty of stealing.
③ You've been of great help to me. I'm very grateful to you.
④ I'm looking forward of hearing from you soon.

> **TIP** clear 깨끗이 차우다, 제거하다(of) dust 먼지, 티끌 judge 재판관, 법관, 판사 guilty 유죄의, ~의 죄를 범한(of), (과실 등을) 저지른, 가책을 느끼는 stealing 훔침, 절도 be of help 유용하다, 도움이 되다 be grateful to ~에게 감사하다 look forward to ~을 기대하다, ~을 즐거움으로 기다리다
>
> ④ of → to, '~을 기대하다, (기대를 갖고) ~을 기다리다'는 표현을 할 때는 look forward to를 쓴다.
> 「① 바람은 공기 중의 먼지를 제거하였다.
> ② 판사는 그가 절도죄를 저질렀다고 판결하였다.
> ③ 너는 내게 큰 도움이 되었어. 너에게 매우 감사해.
> ④ 나는 곧 너에게 소식을 들으리라 기대하고 있어.」

Answer 20.① 21.① 22.④

※ 다음 문장의 밑줄 친 부분 중에서 어법상 가장 어색한 것을 고르시오. 【 23 ~ 29 】

23

In order to ①raise public consciousness ②concerning environmental problems, everyone should distribute leaflets, write to ③his or her Congressman, as well as ④signing the necessary petitions.

> **TIP** raise 올리다, 끌어올리다, 일으키다 **consciousness** 자각, 의식 **concerning** ~에 관하여, ~에 대하여 **environmental** 환경의, 주위의 **distribute** 분배하다, 배포하다 **leaflet** 작은 잎, 전단, 리플릿 **congressman** 국회의원 **B as well as A** A뿐만 아니라 B도 **petition** 청원·탄원·진정서
>
> ④ signing → sign, as well as는 등위상관접속사이므로 앞뒤가 병치가 되어야 한다. 따라서 distribute, write, sign 세 동사가 should에 걸려 모두 동사원형이 되어야 한다.
>
> 「환경문제에 관하여 대중의 의식을 끌어올리기 위해, 모든 사람들은 필요한 탄원서에 서명해야 할 뿐만 아니라 전단을 배포하고 각자의 국회의원에게 (편지를) 써야 한다.」

24

American idioms and British idioms ①frequently differ, ②since two languages have ③been evolving separately ④for more than three hundred years.

> **TIP** idiom 숙어, 관용구 **frequently** 자주, 종종 **differ** 다르다, 틀리다 **evolve** 발전하다, 전개하다, 발달하다 **separately** 갈라져, 따로따로, 단독으로
>
> ② since two → for two, differ 다음에 콤마(,)가 있는 것으로 보아 종속접속사가 아니라 등위접속사가 적절하다. 따라서 '왜냐하면 ~이므로'의 뜻을 가진 for가 쓰여야 한다.
>
> 「미국과 영국의 숙어들은 그 두 언어가 300년 이상 따로따로 발달해 왔으므로 종종 다르다.」

25

Most ①country music songs are ②deeply personal and ③deal with themes of love, ④lonely, and separation.

> **TIP** country music 미국 서부·남부지방에 발달한 대중음악(= country-and-western) **deeply** 깊이, 철저하게 **personal** 개인의, 일신상의, 사적인, 사사로운 **deal with** ~을 다루다, 처리하다, 취급하다 **theme** 주제, 화제, 테마 **separation** 분리, 이별, 별거
>
> ④ lonely → loneliness, 전치사 of의 목적어들이 접속사 and에 의해 대등하게 연결된 구조이므로 lonely는 love와 separation과 같이 명사형 loneliness가 되어야 한다.
>
> 「대부분의 country music 노래들은 지극히 개인적이며 사랑, 고독, 이별의 주제들을 다루고 있다.」

🔑**Answer** 23.④ 24.② 25.④

26

The spinal cord is ①the main pathway ②for messages ③travelling between the brain ④to the rest of the body.

> **TIP** spinal cord 척수 pathway (사람만이 다닐 수 있는) 좁은 길, 소로, 통로 message 메시지, 알림, 전언, 통신, 전갈 travel 여행하다, 통과하다, 이동하다 between A and B A와 B의 사이에
> ④ to → and, between A and B이므로 to는 and가 되어야 한다.
> 「척수는 뇌와 그 외의 몸을 오가는 통신의 주요 통로이다.」

27

①There was ②almost ③a nuclear disaster ④in last year.

> **TIP** disaster 재해, 재난, 참사
> ④ in last year → last year, last year는 부사구로서 앞에 전치사가 오지 않는다. 다만, 특정한 연도 앞에는 in을 쓴다(in 1988).
> 「지난해에 거의 핵 재난이 일어날 뻔했다.」

28

①X-ray photographs are ②widely used ③in industry to test and ④in inspecting materials and parts.

> **TIP** test ~을 시험하다, 검사하다 inspect ~을 면밀하게 살피다, 검사하다, 조사하다, 시찰하다, 검열하다 material 재료, 원료, 제재, 자료 part 부분, 일부, 부품
> ④ in inspecting → to inspect, 등위접속사 and, but 등으로 연결되는 단어나 어구들은 문법적으로 같은 형태 혹은 같은 구조를 취하는 것이 원칙이다. 따라서 and 앞에 to부정사 형태인 to test가 있으므로, in inspecting 역시 to inspect로 동일한 형태가 되도록 해주어야 materials and parts를 공통 목적어로 취해 적절한 문장이 된다.
> 「엑스레이 사진은 재료와 부품을 시험하고 검사하기 위해 산업분야에 널리 사용된다.」

Answer 26.④ 27.④ 28.④

29

> The bag was ①so big ②as I ③couldn't put it on ④the shelf.

TIP so ~ that + 주어 + cannot … (= so ~ as not to + 동사원형) …할 수 없을 만큼 ~하다, 대단히 ~해서(하여) …할 수 없다 **put** (어떤 장소에) 놓다, 두다, 설치하다, 얹다, 넣다 **shelf** 선반, 시렁

② as → that, 'so ~ that + 주어 + cannot …'의 형태이므로 as 대신에 that을 써야 한다(= The bag was so big as not to put it on the shelf)

「그 가방은 너무 커서 선반 위에 얹을 수 없었다.」

30 다음 중 밑줄 친 곳에 들어갈 접속사로 옳은 것은?

> The dancing bear at the circus was very entertaining. It was able to balance a ball on its nose _____ it was standing on one foot.

① where

② whereas

③ while

④ now that

TIP balance 균형, 평균, 평형, 조화, ~의 평형(균형)을 잡다(맞추다) **whereas** ~에 반하여(while on the other hand), 그런데, 그러나, 반면에 **now that** ~이므로, ~이기 때문에

「서커스에서 춤추는 곰은 정말 재미있었다. 곰은 한 다리로 서있으면서 공을 코 위에 올린 채 균형을 잡을 수 있었다.」

Answer 29.② 30.③

IV

생활영어

생활영어

1 ·· 전화

- This is Mary speaking. I'd like to speak to Mr. Jones. Mary입니다. Jones씨 좀 부탁드립니다.
- Is that Mr. Jones? Jones씨입니까?
- Who's speaking(calling), please? 누구십니까?
- Whom do you wish to talk to? 누구를 바꿔 드릴까요?
  = Who would you like to speak to, sir?
- Hold the line a moment, please. I'll connect you with Mr. Smith.
  잠시 기다리세요. Smith씨에게 연결해 드리겠습니다.
- The party is on the line. Please go ahead. 연결됐습니다. 말씀하세요.
- What number are you calling? 몇 번에 거셨습니까?
- Speaking. This is he(she). 접니다.
- The line is busy. 통화중입니다.
- He's talking on another phone. He's on another phone. 그는 통화중입니다.
- The lines are crossed. 혼선입니다.
- A phone for you, Tom. Tom, 전화 왔어요.
- Please speak a little louder. 좀 더 크게 말씀해 주세요.
- Who shall I say is calling, please? 누구라고 전해 드릴까요?
- May I take your message? 전할 말씀이 있나요?
  = Would you like to leave a message.
- May I leave a message, please? 메시지를 남겨 주시겠어요?
- Who am I speaking to? 말씀하시는 분은 누구시죠?
- Guess who this is. Guess who? 누구인지 알아 맞춰보세요?
- You have the wrong number. 전화를 잘못 거셨습니다.
- There is no one here by that name. 그런 분은 안계십니다.
- What is she calling for? 그녀가 무엇 때문에 전화를 했지요?
- May I use your phone? 전화를 좀 빌려 쓸 수 있을까요?
- Give me a call(ring, phone, buzz). 나에게 전화하세요.
- I'll call back. I'll call again later. 나중에 다시 전화하겠습니다.

2 ·· 길안내

- Excuse me, but could you tell me the way to the station?
  실례지만, 역으로 가는 길을 가르쳐 주시겠습니까?
- Pardon me, but is this the (right) way to the station?
  실례지만, 이 길이 역으로 가는 (옳은) 길입니까?
- Where am I(we)? 여기가 어디입니까?
- I'm sorry, but I can't help you(I don't know this area). 죄송합니다만, 저도 길을 모릅니다.
- (I'm sorry, but) I'm a stranger here myself. (죄송합니다만) 저도 처음(초행길)입니다.
- Turn to the left. 왼쪽으로 가세요.
- Go straight on. 곧장 가세요.
- Walk until you come to the crossing. 교차로가 나올 때까지 계속 걸어가십시오.

기출문제

두 사람의 대화 중 가장 어색한 것은?

2019. 6. 15. 제1회 지방직

① A : What time are we having lunch?
　 D : It'll be ready before noon.
② A : I called you several times. Why didn't you answer?
　 B : Oh, I think my cell phone was turned off.
③ A : Are you going to take a vacation this winter?
　 B : I might. I haven't decided yet.
④ A : Hello. Sorry I missed your call.
　 B : Would you like to leave a message?

☞ ④

기출문제

밑줄 친 부분에 들어갈 가장 적절한 것을 고르시오.

2014. 6. 21 제1회 지방직

A : Excuse me. I'm looking for Nambu Bus Terminal.
B : Ah, it's right over there.
A : Where? ＿＿＿＿＿＿＿＿
B : Okay. Just walk down the street, and then turn right at the first intersection. The terminal's on your left. You can't miss it.

① Could you be more specific?
② Do you think I am punctual?
③ Will you run right into it?
④ How long will it take from here by car?

☞ ①

- Take the left road. 왼쪽 도로로 가세요.
- Are there any landmarks? 길을 찾는 데 도움이 되는 어떤 두드러진 건물 같은 것은 없습니까?
- How far is it from here to the station? 이곳에서 역까지 얼마나 멉니까?
- I'll take you there. 제가 당신을 그 곳에 데려다 드리겠습니다.
- You can't miss it. You'll never miss it. 틀림없이 찾을 것입니다.

❸·· 시간

- What time is it? 몇 시입니까?
  = What is the time?
  = Do you have the time?
  = What time do you have?
  = Could you tell me the time?
  = What time does your watch say?
- Do you have time? 시간 있습니까?
- What is the date? 며칠입니까?
- What day is it today? 오늘이 무슨 요일입니까?

❹·· 소개 · 인사 · 안부

(1) 소개

- Mr. Brown, let me introduce Mr. Smith. Brown씨, Smith씨를 소개합니다.
- May I introduce my friend Mary to you? 내 친구 Mary를 소개해 드릴까요?
- Let me introduce myself. May I introduce myself to you? 제 소개를 하겠습니다.
- Miss. Lee, this is Mr. Brown. Lee양, 이 분은 Brown씨입니다.
- I've been wanting to see you for a long time. 오래 전부터 뵙고 싶었습니다.

(2) 인사

① 처음 만났을 때
- How do you do? 처음 뵙겠습니다.
- I'm glad to meet you. 만나서 반가워요.
  = I'm very pleased(delighted) to meet you.
  = It's a pleasure to know you.
- Same to you. 저도 반갑습니다.

② 아는 사이일 때
- How are you getting along? 안녕, 잘 있었니? 어떻게 지내니?
  = How are you (doing)?
  = How are things with you?
  = How is it going?
  = What happened?
  = What's up?
- Fine, thanks, And you? 그럼, 고마워, 너는?
- So far, So good. Not so bad. 잘 지냈어.

③ 오랜만에 만났을 때
- •How have you been? 그간 잘 있었니?
- •I haven't seen you for ages(a long time). 정말 오랜만이야.
- •Pretty good. It's been a long time, hasn't it? 그래, 오랜만이다, 그렇지 않니?
- •I've been fine. It's ages since we met. 잘 지냈어. 우리가 만난 지 꽤 오래됐지.

④ 작별인사
  ㉠ 작별할 때
  - •I'd better be going. 이제 가봐야 되겠습니다.
    - =I really must be going now.
    - −I'm afraid I must go now.
    - =I really should be on my way.
    - =It's time to say good-bye.
    - =I must be off now.
  - •So soon? Why don't you stay a little longer? 이렇게 빨리요? 좀 더 있다가 가시지요?
  - •I hope to see you again soon. 곧 또 뵙게 되길 바랍니다.
  ㉡ 작별의 아쉬움을 나타낼 때
  - •It's really a shame that you have to leave. 떠나셔야 한다니 정말 유감입니다.
  - •It's too bad that you have to go. 가셔야만 한다니 정말 유감입니다.
  - •Oh! I'm sorry. I wish you could stay. 이거 유감입니다. 좀 더 계신다면 좋을 텐데.

(3) 안부

- •Remember me to Jane. Jane에게 안부 전해 주세요.
  - =Give my regards to Jane.
  - =Say hello to Jane.
  - =Please send my best wishes to Jane.
- •Sure, I will. 예, 꼭 그러겠습니다.
  - =Certainly.

5 ‥ 제안 · 권유 · 초대

(1) 제안
  ① 제안할 때
  - •Let's have a party, shall we? 파티를 열자.
  - •Why don't we go to see a movie? 영화 보러 가는 게 어때요?
  - •Would you like me to help you study? 공부를 도와 드릴까요?

  ② 제안을 수락할 때
  - •(That's a) Good idea. 좋은 생각이에요.
  - •That's fine(OK) with me. 좋아요.
  - •That sounds great. Why not? 좋은 생각(제안)이야.

③ 제안을 거절할 때
- I'm afraid not. 안 되겠는데요.
- I'm afraid I have something to do that afternoon.
  그 날 오후에는 할 일이 있어서 안 되겠는데요.
- I hate to turn you down, but I have an appointment.
  거절하고 싶지는 않지만, 약속이 있는데요.
- I'd rather we didn't, if you don't mind. 괜찮다면, 그러지 말았으면 합니다만.

(2) 권유

① 권유할 때
- Won't you come and see me next Sunday?
  다음 주 일요일에 놀러오지 않으시렵니까?
- How about going to the movies this evening?
  오늘 저녁에 영화 구경가는 것이 어떨까요?
- Would you like to go out this evening?
  오늘 저녁에 외출하지 않으시렵니까?
- I would like to have dinner with you this evening. Can you make it?
  오늘 저녁에 당신과 저녁식사를 같이 하고 싶습니다. 가능하십니까(괜찮으십니까)?

② 권유에 응할 때
- Yes, I'd like to. Yes, I'd love to. 예, 좋습니다.
- Thank you, I shall be very glad to. 감사합니다. 기꺼이 그렇게 하지요.
- That's very kind of you to say so. 그렇게 말씀해 주시니 매우 친절하십니다.

③ 권유를 거절할 때
- I should like to come, but I have something else to do.
  꼭 가고 싶지만 다른 할 일이 있어서요.
- I'm sorry to say, but I have a previous appointment. 죄송하지만, 선약이 있어서요.

(3) 초대

① 초대할 때
- How about going out tonight? 오늘밤 외출하시겠어요?
- Would you like to come to the party tonight? 오늘밤 파티에 오시겠어요?

② 초대에 응할 때
- That's a nice idea. 그것 좋은 생각이군요.
- Yes. I'd like that. Fine with me. 감사합니다. 그러고 싶어요.

③ 초대를 거절할 때
- I'd love to but I'm afraid I can't. 그러고 싶지만 안 될 것 같군요.
- Sorry. I'm afraid I can't make it. Maybe another time.
  죄송합니다만 그럴 수 없을 것 같군요. 다음 기회에 부탁드려요.

(4) 파티가 끝난 후 귀가할 때

- I must be going(leaving) now. I must say good-bye now. 이제 가야 할 시간입니다.
- Did you have a good time? Did you enjoy yourself? 즐거우셨어요?
- I sure did. Yes, really(certainly). 아주 즐거웠습니다.

기출문제

A에 대한 B의 응답으로 가장 적절하지 않은 것은?

2020. 5. 30. 제1차 경찰공무원(순경)

① A : Oh, I've forgotten my phone again!
  B : Typical! You'ure always forgetting your phone.
② A : Is your shirt inside out? I see the seams.
  B : Actually, they're supposed to show.
③ A : Where can I get a cheap computer?
  B : Shopping online is your best bet.
④ A : Would you like some strawberry shortcake?
  B : Sure, help yourself to more.

☞ ④

기출문제

다음 대화의 빈칸에 들어갈 표현으로 가장 적절한 것은?

2020. 5. 30. 제1차 경찰공무원(순경)

A : How many bottles of wine should I prepare for tonight';s party? I heard there will be many guests.
B : The more, the better. Unfortunately, however, I won'et be able to be with you at the party because of the urgent matters in my office tonight. Instead, _____?
A : Of course! You are always welcome to my world.

① can you give me a raincheck for this
② will you give my best regards to them
③ shall I go home
④ are you being waited on

☞ ①

⑥·· 부탁·요청

- Would you please open the window? 창문을 열어 주시겠습니까?
- All right. Certainly, with pleasure. 예, 알았습니다. 예, 그렇게 하죠.
- Would you mind opening the window? 창문을 열어 주시지 않겠습니까?
- (Would you mind ~?의 긍정의 대답으로) No, I wouldn't. 아니, 그렇게 하죠.
  = No, not at all.
  = No, of course not.
  = Certainly not.
  = Sure(ly).
- (Would you mind ~?의 부정의 대답으로) Yes, I will. 예, 안되겠습니다.
- May I ask a favor of you? 부탁을 하나 드려도 될까요?
- What is it? 무슨 일이죠?
- Sure, (if I can). 물론입니다. 부탁을 들어드리겠습니다.
  = By all means.
  = With great pleasure.
  = I'll do my best for you.
- Well, that depends (on what it is). 글쎄요, (무슨 일인지) 들어보고 해드리죠.
- I'm sorry to trouble you, but would you please carry this baggage for me? 폐를 끼쳐 죄송하지만, 저를 위해 이 짐 좀 날라다 주시겠습니까?

⑦·· 감사·사과

(1) 감사

① 감사할 때
- Thanks a lot. 대단히 고맙습니다.
  = I really appreciate it.
  = I can't thank you enough.

② 응답할 때
- You're welcome. 천만에요.
  = Don't mention it.
  = That's all right.
  = (It was) My pleasure.
  = I'm glad to do it.

(2) 사과

① 사과할 때
- I apologize. 사과드립니다.
- Excuse me. 미안합니다.
- Please forgive me. 용서해 주세요.
- Please accept my apology. 제 사과를 받아주세요.

📄 기출문제

다음 대화를 읽고 빈칸에 가장 알맞은 표현을 고르시오.

2011. 1. 15 기상청

Woman : What took you so long? I've been waiting for hours.
Man : I'm terribly sorry. There was a terrible traffic jam, and I took a detour, but it didn't work out at all.
Woman : Well, it's often better to stick to the road you've chosen in the first place.
Man : ＿＿＿＿＿＿＿＿＿＿＿＿＿＿

① I see. I'll be there right away.
② Well, I'll keep that in mind next time.
③ You must be mistaken about it.
④ I didn't want to miss the house.

☞ ②

② 응답할 때
- That's all right. Don't mention it. 괜찮습니다.
- Don't worry about that. 걱정하지 마세요.
- All right. You're accepted. 좋아요, 사과를 받아들이겠어요.

8 ·· 건강

- You look pale. What's the matter with you?
  얼굴이 창백합니다. 어찌된 일입니까?
- What's wrong (with you)? What's the trouble?
  어디가 아프십니까?
- You're not looking very well today. Is anything the matter with you?
  오늘 안색이 좋아 보이지 않네요. 무슨 일이 있어요?
- How are you feeling today? 오늘 기분은 어떻습니까?
- Are you feeling any better today? 오늘은 기분이 나아진 것 같습니까?
- (I feel) Much better, thank you. 많이 좋아진 것 같아요. 감사합니다.
- Take good care of yourself. 몸조리 잘 하세요.
- I hope you'll soon be all right again. 곧 회복되시기를 바랍니다.
- I have a bad headache. 두통이 심합니다.
- I have a slight stomachache. 배가 조금 아픕니다.
- I have a tough of the flu. 감기기운이 있습니다.
- I have a terrible cold. 독감에 걸렸습니다.
- It's killing me. 아파죽겠어요.

9 ·· 쇼핑

- What can I do for you, sir? 무엇을 찾으십니까?
- What shall I show you, madam? 무엇을 보여 드릴까요, 부인?
- I'm just browsing[looking (around)]. 그냥 둘러보려고요(구경하려고요).
- How do you like this? 이것은 어떻습니까?
- The price is reasonable. 적절한 가격입니다.
- How much is this? What's the price of this? 이것은 얼마입니까?
- That's rather dear, isn't it? 좀 비싸군요.
- I'm afraid it's too expensive for me. 너무 비싼 것 같습니다.
- Can you show me cheaper ones? 좀 더 싼 것은 없습니까?
- I like this. I'll take this one. 이것이 마음에 듭니다. 이걸로 하지요.
- They are out of stock. They are all sold out. 모두 매진되었습니다.

밑줄 친 부분에 가장 적절한 것은?

2014. 4. 19 안전행정부

A : Did you see Steve this morning?
B : Yes. But why does he _____?
A : I don't have the slightest idea.
B : I thought he'd be happy.
A : Me too. Especially since he got promoted to sales manager last week.
B : He may have some problem with his girlfriend.

① have such a long face
② step into my shoes
③ jump on the bandwagon
④ play a good hand

☞ ①

(기출문제)

다음 A, B의 대화 중 가장 적절하지 않은 것은?

2020. 9. 19. 제2차 경찰공무원(순경)

① A : Seohee, where are you headed?
   B : I am off to Gyeongju.
② A : Yusoo, let us ride the roller coaster.
   B : It's not my cup of tea.
③ A : It's too expensive. I don't want to get ripped off.
   B : It's water under the bridge.
④ A : Sohyun, have you been behind the steering wheel yet?
   B : No, but I can't wait to get my feet wet.

☞ ③

⑩ ·· 식당

(1) 주문을 받을 때

• Would you like to order now? 주문하시겠습니까?
  = Are you ready to order?
  = What would you like to have?

(2) 스테이크 요리를 주문할 때

• How would you like your steak? 스테이크를 어떻게 할까요?
• Well-done, please. 잘 익혀 주세요.
• Medium, please. 반쯤 익혀주세요.
• I'd like mine rare. 저는 설익혀 주세요.

(3) 음식을 사양할 때

• Thank you, but I've had enough. 고맙습니다만, 많이 먹었어요.
• No, thank you. It's delicious, but I'm full. 됐습니다. 맛있지만 배가 부릅니다.
• No, thanks. I'm on a diet. 고맙지만 사양하겠어요. 다이어트중이거든요.

(4) 계산할 때

• Would you bring me the check? Check(Bill), please. 계산서 주세요.
• I'll treat (you). This is on me. 내가 낼게요(부담하겠습니다).
• Let's split the bill. 내가 반을 낼게요(부담하겠습니다).
• Let's go Dutch. 각자 냅시다(부담합시다).

⑪ ·· 신상

(1) 직업

• What do you do for a living? 무슨 일을 하십니까?
  = What's your job(occupation, profession)?
  = What kind of job do you have?
• I'm with IBM. IBM에서 근무합니다.
  = I'm employed at IBM.
  = I work for(at) IBM.
• I'm on duty(off duty) this week. 나는 이번 주에 당번(비번)입니다.

(2) 가족

• How many people(members) are there in your family? 가족이 몇 분이나 되세요?
• There are five people(members) in my family. 모두 다섯 식구입니다.
• Do you have any kids(children)? 자녀분이 있으십니까?
• Yes, I have one daughter. 예. 딸이 하나 있습니다.
• Are you married or single? 결혼하셨나요? 아니면 아직 미혼인가요?
• I'm single. 미혼입니다.

📖 기출문제

밑줄 친 부분에 들어갈 말로 가장 적절한 것은?

2020. 5. 30. 제1차 경찰공무원(순경)

A : Would you like to try some dim sum?
B : Yes, thank you. They look delicious. What's inside?
A : These have pork and chopped vegetables, and those have shrimps.
B : And, um, _____?
A : You pick one up with your chopsticks like this and dip it into the sauce. It's easy.
B : Okay. I'll give it a try.

① how much are they
② how do I eat them
③ how spicy are they
④ how do you cook them

☞ ②

- I'm married. 결혼했습니다.
- How long have you been married? 결혼한 지 얼마나 됐습니까?
- I have been married for three years. 3년 되었습니다.

(3) 고향

- Where are you from? 어디서 오셨습니까?
  = Where do you come from?
- (I'm) From Korea. 한국에서 왔습니다.
  = (I come) From Korea.

⑫ ·· 확인 · 동의

(1) 확인

① 상대방이 이해하는지를 확인할 때
- Are you with me? 알아듣겠습니까?
  = Do you follow me?
  = Have you got that?
  = Do you understand?
  = Do you get me?
  = Do you catch me?
- Sure, I'm with you. 알겠습니다.
  = I see. / = I follow you. / = I've got it.
- It's Greek to me. 무슨 소리인지 전혀 모르겠습니다.
  = I cannot make head or tail of it.

② 다시 한 번 말해 달라고 부탁할 때
- I beg your pardon? 죄송합니다만, 다시 한 번 말씀해 주십시오.
  = Pardon (me)? / = Excuse me?
- Will you say that again? 다시 한 번 말씀해 주시겠습니까?
- Could you repeat the last part? 마지막 부분을 다시 한 번 말씀해 주시겠습니까?
- I'm sorry, but I didn't catch what you said. 미안하지만, 당신이 한 말을 못 알아들었어요.
- I said, "I'll have a cup of coffee." 나는 "커피 한 잔 하겠습니다."라고 말했어요.

(2) 동의

- You're right. 당신 말이 맞습니다.
  = You said it.
  = You can say that again.
  = You're got a point there.
  = I couldn't agree with you more.
  = I feel the same way.

📖 기출문제

대화의 흐름으로 보아 밑줄 친 부분에 들어갈 가장 적절한 표현은?

2010. 5. 22 상반기 지방직

A : As beginners, we just have to take it on the chins and move on.
B : _____

① Don't talk around.
② You make no sense.
③ Oh, it's on the tip of my tongue.
④ You are telling me.

☞ ④

⑬ ·· 응답

(1) 물음이 긍정인 경우

• Are you a singer? 당신은 가수입니까?
  →Yes, I am. 예, 그렇습니다. / →No, I am not. 아니오, 그렇지 않습니다.
• Do you like popular songs? 대중가요를 좋아하십니까?
  →Yes, I do. 예, 좋아합니다. / →No, I don't. 아니오, 좋아하지 않습니다.

(2) 물음이 부정인 경우

• Aren't you a singer? 당신은 가수가 아닙니까?
  →Yes, I am. 아니오, 가수입니다. / →No, I am not. 예, (가수가) 아닙니다.
• Don't you like popular songs? 대중가요를 좋아하지 않습니까?
  →Yes, I do. 아니요, (대중가요를) 좋아합니다.
  →No, I don't. 예, (대중가요를) 좋아하지 않습니다.

1 두사람의 대화 중 어색한 것은?

2021. 9. 11. 지역인재 9급 선발시험

① A : Oh, I am starving!

　 B : Why don't we go grab a bite?

② A : Did he win any prize in the singing contest?

　 B : Yes, he won the second prize.

③ A : It's so good to see you here. Can't we sit down somewhere and talk?

　 B : Sure, I'd love to touch base with you.

④ A : I'm an economist. I've just finished writing a book on international trade.

　 B : Oh? That's my field, too. I work in entertainment.

> **TIP** starve 굶주리다　grab a bite 요기를 채우다　touch base with 대화하다　economist 경제학자
>
> 「① A : 아, 배고파!
> 　 B : 가서 뭐 좀 먹을래?
> ② A : 노래대회에서 상을 받았나요?
> 　 B : 네, 그는 2등을 했어요.
> ③ A : 여기서 만나서 정말 반가워. 어디 앉아서 얘기할까?
> 　 B : 좋아, 나도 대화하고 싶어.
> ④ A : 나는 경제학자야. 나는 방금 국제 무역에 관한 책을 다 썼어.
> 　 B : 그래? 그건 내 분야이기도 해. 나는 연예계에서 일해.」

2 밑줄 친 부분에 들어갈 말로 적절한 것은?

2021. 9. 11. 지역인재 9급 선발시험

> A : What do you feel like eating?
> B : I'm not sure. How about you?
> A : I went to a Japanese restaurant last night and I don't like Chinese dishes. How about some spaghetti?
> B : _____

① I'm up for that.

② I'm sorry. I can't find it.

③ I love traveling overseas. I'll see you as planned.

④ Thanks a lot. I'll try to get there as soon as possible.

> **TIP** be up for 찬성이다, ~할 의향이 있다
>
> ① 난 찬성이야.
> ② 미안해. 못 찾겠어.
> ③ 나는 해외여행을 좋아해. 계획대로 보자.
> ④ 정말 고마워. 최대한 빨리 갈게.
> 「A : 뭐 먹고 싶어?
> B : 잘 모르겠어. 너는 어때?
> A : 어젯밤에 일식집에 갔었고 중국 요리는 좋아하지 않아. 스파게티는 어때?
> B : 그건 찬성이야.」

Answer 1.④　2.①

2020. 9. 26. 지역인재 9급 선발시험

3

A : Excuse me, _____ Can you help me?

B : Sure. What can I do for you?

A : I'm trying to find gate 11.

B : Okay. This area only has 10 gates. Do you know which concourse you're leaving from?

A : Yeah. The screen said it would be concourse B.

B : We're in concourse A. Concourse B is up the escalator.

A : Thank you so much.

B : No problem.

① I'm lost.

② It's no big deal.

③ Where were we?

④ What brought you here?

TIP concourse 입구

① 제가 길을 잃었어요.

② 큰 문제가 아니에요

③ 우리가 어디에 있었죠?

④ 당신은 무슨 일로 여기에 와있지요?

「A : 실례합니다만, <u>제가 길을 잃었어요.</u> 저 좀 도와주실 수 있나요?

B : 그럼요. 무엇을 도와드릴까요?

A : 11번 게이트를 찾으려고 하고 있어요.

B : 알겠습니다. 이 구역은 오직 10번 게이트만 있어요. 당신이 어떤 입구에서 나와야 하는지 아시나요?

A : 네. 스크린에 입구B 라고 쓰여있었어요.

B : 우리는 입구A에 있어요. 입구B는 에스컬레이터 위에 있습니다.

A : 정말 고맙습니다.

B : 괜찮습니다.」

Answer 3.①

4

> A : What do you think?
> B : It looks great.
> A : I would like to purchase it.
> B : _____
> A : Here, take my credit card.
> B : Just sign here, please.
> A : Sure. Here you go.
> B : Here's your receipt. Have a nice day.

① It's a perfect fit.

② The color's nice. I love it.

③ How would you like to pay for it?

④ You can try it on in the fitting room over there.

TIP ① 잘 맞네요.
② 색상이 좋네요. 마음에 들어요.
③ 어떻게 결제하시겠어요?
④ 저쪽에 탈의실에서 입어보시면 됩니다.
「A : 어떻게 생각하세요?
B : 근사해 보이네요.
A : 그것 구매하고 싶어요.
B : 어떻게 결제하시겠어요?
A : 여기 제 신용카드 받으세요.
B : 여기에 서명만 해주시면 됩니다.
A : 네. 여기요.
B : 영수증 받으세요. 좋은 하루 보내세요.」

※ 밑줄 친 부분에 들어갈 말로 가장 적절한 것을 고르시오. 【5～7】

2019. 8. 17. 지역인재 9급 선발시험

5

> A : Thank you for calling the Luxe Hotel. This is Rhonda. How may I direct your call?
> B : Good morning. I'm calling about an ad in the newspaper.
> A : Do you want to know about the operator job?
> B : That's right. I want that job. Who can I speak to about that?
> A : You need to talk to Janie Kemp. She's the manager of the department.
> B : Okay. _____
> A : Certainly. Please hold.
> B : Thanks for your help.

① I did not know the fact that she is the manager.

② Can you please transfer me to her office?

③ When can I meet her?

④ I will call her later.

Answer 4.③ 5.②

① 저는 그녀가 매니저라는 사실을 몰랐어요.
② 저를 그녀의 사무실로 연결해 주시겠습니까?
③ 제가 언제 그녀를 만날 수 있을까요?
④ 제가 나중에 그녀에게 전화하겠습니다.

「A : 럭스 호텔에 전화해 주셔서 감사합니다. 론다입니다. 전화를 어디로 연결해 드릴까요?
B : 좋은 아침입니다. 저는 신문광고를 보고 전화했습니다.
A : 운영직에 대해 알고 싶으신가요?
B : 그렇습니다. 저는 그 일을 원해요. 제가 누구에게 말하면 될까요?
A : 제니 캠프와 이야기하시면 됩니다. 그녀가 그 부서의 매니저입니다.
B : 그렇군요. 저를 그녀의 사무실로 연결해 주시겠습니까?
A : 물론이죠. 잠시 기다려주세요.
B : 도와주셔서 감사합니다.」

6

A : Let me quickly just go over our schedule again. The Thursday morning meeting has been postponed until Monday afternoon at 3 o'clock. Is that right?
B : That's right. I'll send you an e-mail on Friday to confirm that time again.
A : OK. We'll just leave it at that unless I hear anything different by Friday.
B : _____. Thanks for your patience.
A : It's no problem. I'll look forward to seeing you on Monday.
B : See you.

① Don't mention it
② I see it differently
③ Leaving on Friday sounds good
④ I'm sorry about having to change our schedule

TIP postpone 연기하다, 미루다
① 별 말씀을요
② 저는 그것을 다르게 봤습니다.
③ 금요일에 떠나는 것이 좋은 것 같습니다.
④ 스케줄을 변경하게 되어 죄송합니다.

「A : 빠르게 우리 스케줄을 검토해 봅시다. 목요일 아침 회의는 월요일 오후 3시로 연기 됐어요. 맞나요?
B : 맞습니다. 제가 금요일에 이메일을 보내 그 시간을 다시 확인하겠습니다.
A : 네. 금요일까지 다른 소식을 듣지 않는 한 우리는 그대로 진행할게요.
B : 스케줄을 변경하게 되어서 죄송합니다. 기다려주셔서 감사합니다.
A : 걱정 마세요. 월요일에 뵙기를 기대하겠습니다.
B : 나중에 뵙겠습니다.」

Answer 6.④

7

> A : Hi. Are you drinking coffee? That's new.
> B : Hi. You're right. I usually don't drink coffee, but I need it today to wake up.
> A : You do look tired. Did you get enough sleep last night?
> B : No, I was worried about today's presentation, so it was hard to fall asleep.
> A : Come on. _____.
> B : Why?
> A : To wake you up and to get some oxygen to your brain before the presentation.
> B : That's a good idea.

① Let's go for a walk
② Please stop drinking coffee
③ I want you not to fall asleep from now
④ You had better pay more attention to it

TIP ① 산책하러 가요.
② 커피를 그만 마셔주세요.
③ 저는 당신이 지금부터 잠들지 않기를 바라요.
④ 당신은 그곳에 더 집중하는 게 좋겠어요.

「A : 안녕하세요. 커피 마셔요? 그건 새로운 모습인데요.
B : 안녕하세요. 당신이 맞아요. 전 보통 커피를 마시지 않아요. 근데 오늘은 정신이 들기 위해 필요했어요.
A : 피곤해 보이시네요. 어젯밤에 충분히 주무셨나요?
B : 아뇨, 오늘 발표에 대해 걱정돼서 잠들기 힘들었어요.
A : 어서, 산책하러 가요.
B : 왜요?
A : 발표 전에 당신을 깨우고 뇌에 산소를 공급하기 위해서요.
B : 그거 좋은 생각이네요.」

Answer 7.①

1 다음 대화에서 빈칸에 들어갈 가장 적절한 표현을 고르면?

> A : I fell off my bike and hurt my ankle. It feels like it's broken.
> B : Let's X-ray this and see what we've got here.
> A : You're the doctor.
> C : How do you feel?
> A : It's starting to throb. But I'm the macho type.
> D : Yeah, right. What did the doctor say?
> A : He sent me to X-ray. We're waiting for the results now.
> C : _____
> A : Me, too. I guess that was kind of stupid of me.

① I was operated on for appendicitis.　　② The doctor will be with you in a moment.

③ I hope it's not serious.　　④ Hmm, do you think you broke your ankle?

> **TIP** fall off ~에서 떨어지다　ankle 발목　feel like ~처럼 느끼다, ~한 생각이 들다　broken 깨진, 부서진, 부러진, 상한　throb(smart) with pain 고통(아픔)으로 맥박이 뛰다, 쑤시다, 아프다　macho 건장한 사나이, 늠름한 사나이　operate 수술하다, 작용하다, 작동하다,(기계 등이) 움직이다　appendicitis 충수염, 맹장염　in a moment 순식간에, 곧
>
> ① 맹장염 때문에 수술을 받았다.　② 곧 의사가 당신을 진찰해 줄 것이다.
> ③ (상처가) 심각하지 않기를 바란다.　④ 음, 당신은 발목이 부러졌다고 생각한다는 것이죠?
>
> 「A : 자전거를 타다가 떨어져서 발목을 다쳤어. 발목이 부러진 것 같아.
> B : 이 부위를 X-ray 촬영을 하고 여기 상태가 어떤지 보자.
> A : (B) 네가 의사 선생님이다.
> C : 증세는 어때?
> A : 욱신거리기 시작했어. 하지만 난 사나이니까 (괜찮아).
> D : 그래, 맞아. 의사가 뭐라고 말했어?
> A : 의사가 보내서 X-ray 촬영은 했고, 지금은 결과를 기다리는 중이야.
> C : (상처가) 심각하지 않았으면 좋겠는데.
> A : 나도 그랬으면 좋겠어. 내가 어리석었어.」

2 다음 중 어색한 대화는?

① A : I'm afraid I must go.
　 B : But the night is still young.
② A : You look gorgeous in that red dress.
　 B : Thank you. I'm very flattered.
③ A : How would you like your eggs?
　 B : Scrambled, please.
④ A : I feel under the weather.
　 B : I'm happy for you.

> **TIP** young (시일·계절·밤 등이) 아직 이른　gorgeous 화려한, 멋진, 훌륭한　flatter (찬사 등으로) ~을 기쁘게 하다, 우쭐하게 하다　scramble 달걀을 버터나 우유 등을 넣고 익히다　under the weather 기분이 언짢은, 몸 상태가 좋지 않은
>
> 「① A : 나는 가야 할 것 같아.
> 　 B : 아직 초저녁이잖아.
> ② A : 그 빨간 드레스를 입으니까 멋지다.
> 　 B : 고마워. 칭찬해줘서 정말 기뻐.
> ③ A : 계란을 어떻게 해드릴까요?
> 　 B : 스크램블로 해주세요.
> ④ A : 기분이 좋지 않아.
> 　 B : 너 때문에 즐거워.」

Answer 1.③　2.④

3 다음 중 여자의 말에 대한 남자의 대답이 의미하는 것은?

> Man : Let's call it a day.
>
> Woman : How about staying for just one more hour? Then, we could totally wrap this up.
>
> Man : How can you still have so much energy?

① He's too tired to continue.

② Know the amount she hourly spends.

③ Call him when she gets the total.

④ Finish up the work as fast as possible.

> **TIP** call it a day (일을) 마치다, 일과를 마치다, 그만하다 wrap up ~에 매듭을 짓다, 결론을 내리다 hourly 한 시간마다, 매 시간마다
> ① 그는 너무 피곤해서 계속할 수가 없다.
> ② 그녀가 몇 시간을 보냈는지를 알아라.
> ③ 그녀가 일을 끝내면 그에게 전화해라.
> ④ 가능한 한 빨리 그 일을 끝내라.
> 「M : 이제 일을 그만하자.
> W : 한 시간 정도 더 머무르는 것이 어때? 그럼 우리는 이 일을 완전히 마무리지을 수 있어.
> M : 넌 어떻게 여전히 그렇게 많은 힘이 남아있니?」

※ 다음 대화의 빈칸에 들어갈 적절한 것을 고르시오. 【4 ~ 9】

4
> A : Will you come to out party?
>
> B : Thank you, _____.

① with pleasure

③ you are welcome

② that'll do

④ here you are

> **TIP** with pleasure 기꺼이, 쾌히 That will do 그것으로 좋다.
> 「A : 우리 파티에 와주겠니?
> B : 고마워요, 기꺼이 갈게요.」

5
> A : Why did you come so late? The show has already started.
>
> B : I couldn't _____ it. My car broke down on the way.

① take

③ get

② help

④ stop

> **TIP** can't help it ~할 수밖에 없다, ~할 도리가 없다 break down (기계 등이) 고장나다 on the way 도중에
> 「A : 왜 그렇게 늦게 왔어? 쇼가 이미 시작했어.
> B : 어쩔 수 없었어. 오는 길(도중)에 내 차가 고장 났어.」

Answer 3.① 4.① 5.②

6

> A : _____
>
> B : No, thanks. I can manage it, I think.

① Need a hand?

② Can you give me a hand?

③ Can you help me with this?

④ Are you kind enough to help me with this?

> **TIP** ① 도와줄까?(=Do you need a hand?)
>
> ② 나 좀 도와줄래?
>
> ③ 이것 좀 도와줄래?
>
> ④ 넌 내가 이거 하는 것을 도와줄 만큼 충분히 친절하니?
>
> 「A : <u>도와줄까?</u>
>
> B : 아니야. 괜찮아. 내가 해낼 수 있을 거라 생각해.」

7

> A : What great muscles you have! How often do you work out in a gym?
>
> B : Every day after work. You're in pretty good shape, too.
>
> A : Thanks. I take an aerobic class twice a week.
>
> B : _____ Hey! Race you to McDonald's for a coke!
>
> A : OK!

① Don't mention it!

② How embarrassing!

③ Good for you!

④ Well, I'll think about it!

> **TIP** muscle 근육 work out (스포츠 등의) 트레이닝을 하다, 훈련하다, (몸을) 단련하다 gym 체육관(= gymnasium), 체육 in good shape (몸이) 상태가 좋은, 컨디션이 좋은 race 경주하다, 달리다
>
> ① 천만에!
>
> ② 얼마나 곤란(난처)하던지!
>
> ③ 그거 잘됐다!
>
> ④ 글쎄, 생각해 볼게!
>
> 「A : 근육이 정말 멋지구나! 얼마나 자주 체육관에서 단련하니?
>
> B : 퇴근하고 매일. 너도 체형이 꽤 좋다.
>
> A : 고마워. 난 일주일에 두 번 에어로빅 강습을 받아.
>
> B : <u>그거 잘됐다!</u> 어이! 콜라 마시러 맥도날드까지 달리기하자!
>
> A : 좋아!」

Answer 6.① 7.③

8

A : May I take your order?

B : Yes, I'll have a double cheeseburger with large fries.

A : Do you want anything to drink with that?

B : Why not? I guess I could use a medium coke.

A : _____

B : I'm running a little late. I'll take it with me.

① Do you have a reservation?　　　② Will that be cash or charge?

③ For here or to go?　　　　　　　④ Can you wait a couple of minutes?

TIP take one's order 주문을 받다　Why not? 좋죠, 그러죠　reservation 예약　a couple of 몇몇의, 두셋의
　　A의 질문에 B가 '늦어서 가져갈 것'이라고 대답했으므로 빈칸에는 "음식을 어디에서 먹을 것인가?"하는 선택을 묻는 말
　　이 쓰여야 한다.
　　① 예약하셨습니까?
　　② 현금으로 하시겠습니까? 아니면 신용카드로 하시겠습니까?
　　③ 여기에서 드시겠습니까? 아니면 가지고 가시겠습니까?
　　④ 잠시만 기다려 주시겠습니까?
　　「A : 주문하시겠습니까?
　　B : 예, 감자튀김 큰 것하고 더블 치즈버거로 하겠습니다.
　　A : 마실 것도 같이 주문하시겠습니까?
　　B : 그렇게 하죠. 중간 크기의 콜라를 주세요.
　　A : 여기서 드시겠습니까? 아니면 가지고 가시겠습니까(포장해 드릴까요)?
　　B : 제가 조금 늦어서요. 가지고 가겠습니다.」

9

A : I'm very proud of my daughter. She has quite a good memory. She does her best to remember all
　　she reads. And she's only nine years old.

B : That's very good. _____ You or your wife?

A : My wife. As a child my wife learned lots of poems by heart. She still knows quite a few of them.

B : I never could memorize poetry. On the other hand, I remember numbers. I never forget an
　　address or a date.

① How can she memorize them?　　　② Whom does she prefer?

③ Whom does she look after?　　　　④ Whom does she take after?

TIP do one's best 전력을 다하다, 최선을 다하다　learn by heart 외우다, 암기하다　look after ~을 보살피다, 돌보다　take
　　after ~을 닮다, 흉내내다
　　① 그녀는 그것들을 어떻게 기억할 수 있죠?
　　② 그녀는 누구를 더 좋아하나요?
　　③ 그녀는 누구를 돌보나요?
　　④ 그녀는 누구를 닮았죠?
　　「A : 난 정말 내 딸이 자랑스러워. 기억력이 정말 좋거든. 그 애는 자기가 읽은 것들을 모두 기억하려고 최선을 다해. 게다가 그
　　　　애는 아직 아홉 살밖에 안됐어.
　　B : 정말 훌륭하네요. 그 애는 누구를 닮았나요? 당신 아니면 당신 아내?
　　A : 내 아내를 닮았지. 어렸을 때 아내는 많은 시들을 외웠는데, 아직도 그 중에 꽤 많은 시들을 알고 있지.
　　B : 나는 도무지 시를 암기할 수가 없어요. 대신 숫자를 기억하죠. 주소나 날짜는 절대 잊어버리지 않아요.」

Answer 8.③　9.④

10 다음 대화 중 어울리지 않는 것은?

① A : Excuse me, but can you tell me the way to the city hall?

   B : Sure. Turn to the right, and you will find it on your right.

② A : May I take your order now?

   B : Yes. I'll take the today's special.

③ A : Can I help you?

   B : I'm just looking around. Thank you anyway.

④ A : My name is Patricia Smith, but just call me Pat.

   B : Yes, I'll call you at 5 o'clock.

> **TIP** city hall 시청 turn to ~쪽으로 방향을 돌리다, 향하다 on one's right ~의 오른쪽(편)에 order 주문 special 특별요리, 특선 look around 둘러보다, 관광하다 anyway 어쨌든, 하여튼
>
> ④ A의 call(이름을 부르다)과 B의 call(방문하다, 전화하다)의 의미가 어긋난다.
> 「① A : 실례합니다만, 시청으로 가려면 어떻게 가지요?
>   B : 아, 예. 오른쪽으로 돌아가세요. 그러면 오른편에 시청이 보일 것입니다.
> ② A : 지금 주문하시겠어요?
>   B : 예. 오늘의 특선요리로 먹겠습니다.
> ③ A : 무엇을 도와드릴까요?
>   B : 그냥 둘러보고 있는 중이었습니다. 어쨌거나 감사합니다.
> ④ A : 내 이름은 Patricia Smith야. 그저 Pat이라고 불러줘.
>   B : 그래. 5시에 전화할게(방문할게).」

11 다음 중 B의 응답으로 가장 알맞은 것은?

> A : Excuse me. I want to get a driver's license. What do I have to do first?
> B : Well, first _____.

① fill out this form

② wait for it to finish

③ pay the fee

④ take the driving test

> **TIP** driver's license 운전면허증 fill out (서식 · 문서 등의) 빈곳을 채우다 driving test 주행시험
>
> ① 이 양식을 작성하십시오.
> ② 그것이 끝나기를 기다리십시오.
> ③ 요금을 지불하십시오.
> ④ 주행시험을 치르십시오.
> 「A : 실례합니다. 운전면허증을 따려고 합니다. 처음에 무엇을 해야 하나요?
> B : 그러면, 우선 <u>이 양식을 작성해 주십시오.</u>」

Answer 10.④ 11.①

※ 다음 대화에서 빈칸에 들어갈 가장 적절한 표현을 고르시오. 【12 ~ 15】

12

A : May I help you?
B : Yes, I'm looking for something quite unusual.
A : _____ We've got it.

① Will you tell it?
② You name it.
③ Are you telling me?
④ Can you name to me?

TIP look for 찾다, 기대하다, 기다리다 unusual 이상한, 색다른, 별난
① 그것을 말씀해 주시겠습니까?
② [무엇이(누구)든지] 말씀만 하세요.
③ 저한테 하시는 말씀입니까?
④ (그것이 무엇인지) 제게 말씀(지목)해 주시겠습니까?
「A : 제가 도와 드릴까요?
B : 예. 꽤 이상한 것을 찾고 있습니다.
A : 말씀만 하세요, 무엇이든 다 있답니다.」

13

A : Chris, I got a good deal on this computer.
B : Oh? It's a used one and so old!
A : Normally it is one million one hundred thousand won, but I got it at only one million fifty thousand won.
B : _____

① Big deal!
② Good buy!
③ Big bargain!
④ Business deal!

TIP get a good deal on ~을 적절한 가격에 사다, ~에 대해 좋은 거래를 하다 used 사용한, 중고의 old 오래된, 낡은, 구식의 normally 보통은, 원래는, 정상적으로(는)
① 참 대단하군(별것 아니군)!
②③ 아주 싸게 잘 샀어!
④ 사업상 거래!
「A : Chris, 나는 이 컴퓨터를 아주 좋은 값에 샀어.
B : 그래? 그거 중고품이나 구식 아냐!
A : 보통은 110만원인데, 나는 그것을 105만원에 샀어.
B : 참 대단하군!」

14

> A : Can't you join us in the excursion?
> B : _____

① I am sorry for you.　　　　② I wish I could.
③ I am afraid so.　　　　　　④ I hope not.

TIP excursion 소풍, 짧은 여행, 유람
① 유감이군.
② 그럴 수 있으면 좋겠는데.
③ 그럴까봐 걱정이야.
④ 그러지 않길 바라.
「A : 우리와 함께 소풍을 갈 수는 없을까?
　B : <u>그럴 수 있으면 좋겠는데.</u>」

15

> Dentist : So, you have a toothache. Let's see. You have a cavity.
> Patient : Is it bad? What are you going to go?
> Dentist : _____ I'm going to have to extract it.
> Patient : How long will it take? And how much will it cost?
> Dentist : It's $ 50. And it will probably take about two minutes.
> Patient : You mean I have to pay $ 50 for only two minutes work?
> Dentist : Only two minutes, huh? Okay, then I'll do it very slowly !

① Are you serious?　　　　　② Take it easy.
③ Are you ready to do?　　　 ④ Are you scary?

TIP dentist 치과의사　toothache 치통　cavity 충치, 움푹한 곳　extract (이빨 등을) 뽑아내다, 뽑다　cost ~의 비용이 들다
patient 환자, 병자　pay for ~에 대해 얼마를 지불하다, 대금을 치르다　huh (놀람·경멸·의문을 나타내는 소리) 하,
흥, 그래, 뭐라고　scary 겁 많은, 잘 놀라는, 무서운
① 진심입니까(진정입니까)?
② 걱정마세요(마음을 편하게 가져요).
③ 준비가 다 되었나요?
④ 겁납니까?
「D : 어디, 이가 아프시다고요. 좀 봅시다. 충치가 있군요.
　P : (많이) 썩었나요? 어떻게 하실 건가요?
　D : <u>걱정마세요.</u> 충치를 뽑아야지요.
　P : 얼마나 걸리죠? 비용은 얼마나 들까요?
　D : 50달러입니다. 그리고 아마도 대략 2분이면 될겁니다.
　P : 겨우 2분 치료에 50달러나 내라는 말인가요?
　D : 하, 겨우 2분이라고요? 좋아요. 그럼 아주 천천히 해 드리죠!」

Answer 14.② 15.②

※ 다음 밑줄 친 부분에 들어갈 알맞은 문장을 고르시오. 【16～17】

16

A : I'm going to the shopping center. Would you like a lift?
B : _____

① Sure. That must be too heavy for you.
② No, you are mistaken. I'm not taking an elevator.
③ Sure. You should turn left at the next intersection.
④ Thank you. I have to buy some school supplies.

TIP lift 들어올리기, (걸어가는 사람을) 차에 태워줌, 도움, 거들기, 감정의 고양(高揚) heavy 무거운, 중량이 있는, 중대한, 중요한, 양이 많은, (교통이) 격심한, 엄격한 intersection (도로의) 교차점, 교차, 교점, 횡단 supply 공급, 지급, 공급량, 준비품, 필수품, 재고, 저장, 양식, 보급품 mistake 틀리다, 오해하다, ~을 잘못 해석하다, ~을 잘못 생각하다, 혼동하다 take (차를) 타다, 타고 가다, 운반하다, 사용하다, 이용하다, 잡다, 획득하다
① 물론이죠. 그건 분명히 당신에게 무거울 거예요.
② 아니요, 잘못 아셨어요. 저는 엘리베이터를 타지 않을 거예요.
③ 물론이죠. 다음 교차로에서 왼쪽으로 돌아야 해요.
④ 고맙습니다. 학교 물품을 좀 사야 되거든요.
「A : 저는 쇼핑센터를 가려고 합니다. 태워다 줄까요?
 B : 고맙습니다. 학교 물품을 좀 사야 되거든요.」

17

A : I would have been here sooner, but I was stuck in traffic.
B : _____

① Everybody knows you came here early.
② You needed to bring your car with you.
③ All right, but don't be late again.
④ Sounds terrible. Were you hurt in the accident?

TIP stick ~을 움직이지 못하게 하다, 갇히게 하다, (계획 등을) 벽에 부딪치게 하다 early 초기의, 조금 이른 bring 가져오다, 데려오다, 초래하다 all right 좋다, 더할 나위 없는, 아주 좋은, 양호한, 괜찮은 hurt 다치게 하다, (감정을) 상하게 하다
차가 막히지 않았다면 어떠했을 거라는 가정의 상황을 말하고 있다.
① 모든 사람이 당신이 여기에 일찍 왔다는 것을 알아요.
② 당신은 차를 가지고 올 필요가 있어요.
③ 좋아요, 하지만 다시는 늦지 마세요.
④ 끔찍하군요. 사고에서 다쳤습니까?
「A : 차가 막히지 않았다면 여기에 더 빨리 도착했을 것입니다.
 B : 좋아요, 하지만 다시는 늦지 마세요.」

Answer 16.④ 17.③

18 다음 A와 B의 대화에서 B가 말한 의미는 무엇인가?

> A : Would you like to own your own business?
> B : I wouldn't mind a bit.

① B would like to have a company of his own.
② B doesn't have time for a job.
③ B has a mind of his own.
④ B couldn't make up his mind.

TIP **would like to do** ~하고 싶다(= want to do)　**own** 소유하다, 자기 자신의　**mind** 꺼리다, 싫어하다　**make up one's mind** 결심하다, 결단(결론)을 내리다

① B는 자기 소유의 회사를 가지고 싶어 한다.
② B는 일할 시간이 없다.
③ B는 제 나름의 의견(마음)이 있다.
④ B는 결정을 내리지 못했다.

「A : 너 자신의 사업을 하고 싶지?
B : 그럼(조금도 싫을 것이 없지).」

19 다음의 대화에서 빈칸에 들어갈 말로 가장 적당한 것은?

> A : I haven't seen you in ages! How have you been?
> B : I've been fine — just fine. And you?
> A : _____ So what's going on? I have so much to tell you!
> B : Me, too! But when can we get together?
> A : Soon — very soon.

① Yes, I do.　　　　　　　　② With pleasure!
③ Thank you!　　　　　　　　④ Great!

TIP **in ages** 오랫동안(= long time)　**What's going on?** 일은 어떻게 진행되고 있니?　**get together** 모이다, 만나다

① 응, 그래.
② 기꺼이, 좋아!
③ 고마워!
④ 훌륭히, 썩 잘(= very well)!

「A : 오랫동안 널 보지 못했구나(정말 오랜만이다)! 어떻게 지냈어?
B : 잘 지냈어. 그저, 잘. 넌?
A : (나야) 최고지! 그래, 지금은 뭐해? 너에게 말할 것이 너무 많아!
B : 나도 그래! 근데, 우리 언제 만날 수 있을까?
A : 곧, 곧 다시 만나자.」

Answer 18.① 19.④

20 밑줄 친 부분에 들어갈 가장 적절한 것을 고르시오.

> A : How did you find your day at school today, Ben?
> B : I can't complain. Actually, I gave a presentation on drug abuse in my psychology class, and the professor _____.
> A : What exact words did he use?
> B : He said my presentation was head and shoulders above the others.
> A : Way to go!

① made some headway

② made a splash

③ paid me a compliment

④ passed a wrong judgment

TIP abuse 남용, 오용, 남용(오용)하다 **psychology** 심리학 **head and shoulders above** 단연 빼어나게, 분명히 더 우수하게 **way to go** 잘했어!
① make headway 나아가다, 진전하다
② make a splash 깜짝 놀라게 하다, 평판이 자자해지다, 많은 관심을 모으다
③ pay a compliment 칭찬하다
④ pass a wrong judgment 잘못된 판단을 하다
「A : 벤, 오늘 학교에서 어땠니?
B : 탄탄대로야. 실은 심리학 수업에서 약물 중독에 관한 내용을 발표했는데 교수님한테 칭찬을 받았어.
A : 정확히 뭐라고 했는데?
B : 내 발표가 다른 사람들보다 분명히 더 우수하다고 했어.
A : 잘했에」

Answer 20.③

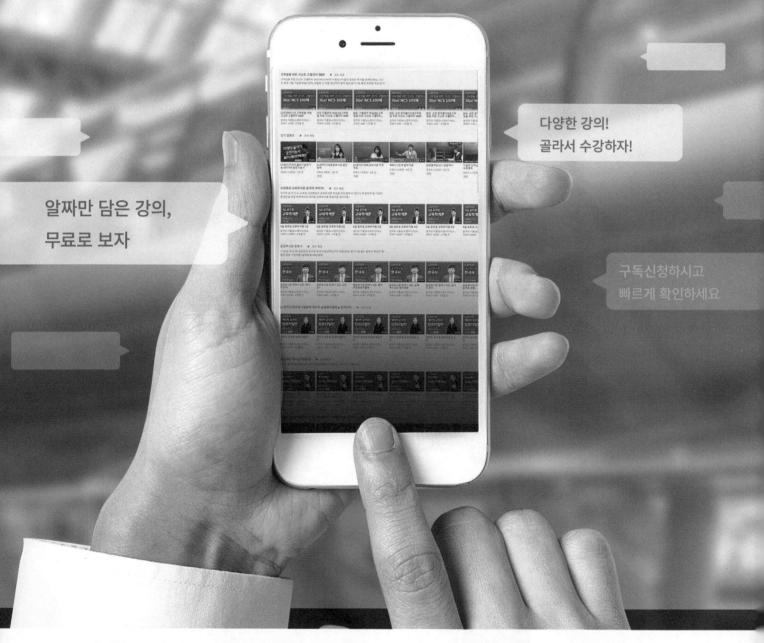